장소와 경험

장소와 경험
철학적 지형학

초판 1쇄 인쇄일 2014년 10월 22일 **초판 1쇄 발행일** 2014년 10월 27일

지은이 제프 말파스 | **옮긴이** 김지혜
펴낸이 박재환 | **편집** 유은재 이정아 | **관리** 조영란
펴낸곳 에코리브르 | **주소** 서울시 마포구 서교동 468-15 3층(121-842) | **전화** 702-2530 | **팩스** 702-2532
이메일 ecolivres@hanmail.net | **출판등록** 2001년 5월 7일 제10-2147호
종이 세종페이퍼 | **인쇄·제본** 상지사

ISBN 978-89-6263-126-5 94300
ISBN 978-89-6263-033-6 (세트)

책값은 뒤표지에 있습니다. 잘못된 책은 구입한 곳에서 바꿔드립니다.

부산대학교 한국민족문화연구소
로컬리티 번역총서 L12

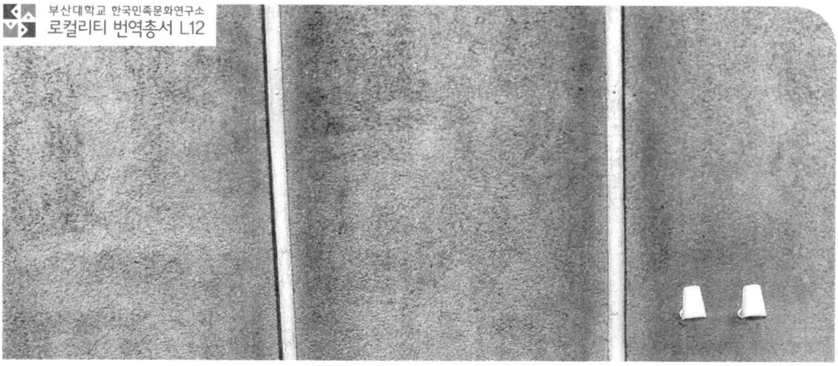

철학적 지형학 | Place and Experience: A Philosophical Topography

장소와 경험

제프 말파스 지음 | 김지혜 옮김

이 번역 총서는 2007년도 정부 재원(교육과학기술부 인문학진흥방안 인문한국지원 사업비)으로 한국연구재단의 지원을 받아 연구되었음(NRF-2007-361-AL0001).

한국어판 서문

《장소와 경험》은 내가 장소 혹은 **토포스**를 철학 연구의 중심 개념으로서 검토한 첫 번째 책이다. 이 책은 도널드 데이비드슨(데이비드슨의 연구는 내 책에서 중요한 역할을 한다)의 철학에 관한 내 초기 연구를 바탕으로, 그리고 이 책을 집필하던 시기에 아직 진행 중이었던 마르틴 하이데거 사상에 대한 위상학적 해석을 바탕으로 성립된 오랜 철학적 사유의 완성을 표상한다. 이후 발표한 《하이데거의 위상학》에서 시도한 바와는 다르게, 《장소와 경험》에서 나는 장소의 문제에 대한 '분석적' 접근을 지향했으며 인지과학과 행위철학, 정신철학 연구를 포함해 영어권 분석서들에서 비롯된 (또한 시, 문학, 예술 전거들에서 도출한) 생각과 주장들에 현상학적 관심들을 연결하고자 했다.

10여 년이 흘러 돌아보아도 이 책에는 수정하고 싶은 대목이 거의 없다. 확실히 이 책의 핵심 주장에 관한 한 수정할 대목이 없다. 사실, 내 연구 대부분이 처음 《장소와 경험》에서 시작된 생각을 좀 더 명확히 하거나 추가로 발전시킨 것이라고 보아도 무방하다. 그렇지만, 돌이켜보면, 좀 더 상세히 설명하거나 명확히 했으면 좋았을 쟁점들이 없는 것은 아니다.

그중 하나가 장소가 공간과 시간에 연결되는 방식에 관한 것이다. 장소를 시간보다 공간에 더 긴밀히 연결된 것으로 이해해야 한다고 생각할 독자도 있을 것이다. 《장소와 경험》은 자아의 **물질적** 구현(Working-out)을 특히 강조한다. 하지만 그런 물질성이 공간적인 것에만 관심을 기울이는 거라고 이해해서는 안 된다. 공간화는 언제나 시간화이며 또한 시간화는 언제나 공간화이다. 필자는 시간을 공간보다 우선시하는 것에 반론을 제기해왔지만 공간을 시간보다 우선시하는 것에 반론을 제기하는 일 역시 마찬가지로 관심을 기울여왔다. 두 입장 모두 장소를 전용하고 있음을 이해할 필요가 있다. 공간도 시간도 장소와 무관하게 존재할 수 없으며 서로에게서 분리되어 이해될 수 없기 때문이다.

세심히 검토해야 할 또 다른 쟁점은 장소의 윤리와 정치에 관한 것이다. 《장소와 경험》에서 이 문제를 건드리기만 했을 뿐 그 이상을 하지 못했다. 그후로 나는 이 주제를 좀 더 직접적이고 구체적으로 다루려 해왔다. 현재 작업 중이며 완성을 목전에 두고 있는 《에토스와 토포스》에서는 이 점을 폭넓게 다루었다. 내가 장소에 자리 잡는 인류의 특성(the placed character of human being)을 명확히 설명하지 않고는 윤리에 진정한 내용을 부여할 수 없다는 시각을 취하는 것도 그리 놀랄 일은 아니다. 장소에 위치하는 정치 행위나 참여의 특성을 이해하지 않고는 정치적인 것을 이해할 수 없기 때문이다. 더욱이 우리가 그런 장소성(placedness)을 이해한다고 해서 보수적이거나 반동적인 형태의 사고에 이르게 되는 것은 아니다. 오히려 **다원주의** 정치로, 그리고 궁극적으로는 **관계의** 윤리로 향하게 된다. 다른 데서 나는 장소에 주목한다는 것은 곧 우리가 세계 안에 자리 잡는다는 것(situatedness)의 근본적 복잡성, 불확정성, 의문성에 주목하는 것을 의미한다고 이야기한 바 있다. 너무 간략하기는 했어도, 《장소와 경험》의 말미에서 장소와 인간의 **허약성**(fragility)이라는 개념을 통해 이를 다루었다. 가면 갈수록, 그런 허약성을 이해하고 인정하는 일이야말로 어떤 형태이든 인도주의적 정치, 혹은 좀 더 넓은 의미에서 '민주' 정치의 근간이며 윤리적 삶의 가능성에 반드시 필요한 것으로 보인다.

언급해야 할 마지막 논점은 있을 수 있는 반론에 관한 것이다. 간혹 어떤 이들은 내가 장소에 부여하는 의의라는 것이 실은 존재란 언제나 **어떤 장소에 있는** 존재라는 사실에 따른 사이비 결론이고, 이는 그저 시공간적 위치(spatio-temporal location)를 갖는다는 것을 의미할 뿐, 장소 그 자체에 부여될 수 있는 어떤 특정한 내용이나 의의가 있다는 것을 함축하지 않는다고 주장한다. 그래서 장소 자체에 어떤 특성이나 정체성이 있을 수 있다면, 그것은 해당 장소에 놓인 것에서 도출되어야 하는데, 장소 자체가 거기 놓인 것의 정체성을 결정하는 데 제대로 된 역할을 할 수는 없다고 주장한다. 그런데 그런 반론은 정확히 이 책《장소와 경험》이 반대하는 장소의 개념에 기대고 있을 뿐이다. 장소가 그저 시공간적 자리에 불과하다는 생각은 장소를 생각하는 하나의 방식일 수는 있으나, 유일한 방식도, 가장 근본적인 방식도 아니라고 말할 수 있다.《장소와 경험》은 정체성과 자아의 관계에서 장소가 지니는 의의를 주장하는 데 관심이 있을 뿐만 아니라 장소의 개념을 재고하는 데 목표를 두고 있다.

나의 다른 책이나 논문들과 무관하게《장소와 경험》을 읽을 수도 있지만, 내 연구가 대체로 그렇듯이, 이 책은 '철학적 지형학(philosophical topography)'이라는 큰 기획의 일부로 보아야 할 것이다. 그러므로 독자들이《장소와 경험》에 그치지 않고 내가 다른 곳에서 발전시킨 관련 개념과 주장들도 살펴봐주기를 바란다. 장소에 관해 내가 지금까지 해왔고 여전히 계속하고 있는 연구들은 물론이고, 언어철학, 해석학 이론, 철학사의 국면들을 다룬 연구들에 관해서도 그렇게 해주기를 바란다. 내가 주장하고 있고 내 연구가 예시하고자 하는 지형학적 접근법은, 철학 자체가 무엇을 포함시킬 수 있는지에 대한 생각을 재정립하는 데 집중하는 철학적 사유의 한 양식으로 의도된 것이다. 그래서《장소와 경험》이 성공적이라면, 설사 부분적일지라도, 전혀 다른 철학적 참여 방식 속으로 진입할 지점을 제공할 것이다.

내 연구가 다른 언어로 번역된다는 것은 언제나 기쁜 일이다. 이 번역본의 출간이 특히 반가운 이유는《장소와 경험》이 좀 더 폭넓은 독자들과 만날 수 있어서이기도 하지만, 최근 한국의 학술 연구에서 지형학적 사고에 특히 관심이 있음을 의미하기 때문이다. 사실 한국에서 장소에 대한 관심이 강하다는 것 자체가 장소에 대한 한국인들의 인식을 드러내는 것이기도 하다. 이는 분명 일본 문화와 중국 문화 사이에 놓인 한국의 지정학적 위치를 반영하는 것은 물론이고 한반도의 분단에서 분명하게 드러나는 정치적 균열을 반영한다. 뿐만 아니라 한국 문화 자체의 어떤 요소와 더불어 장소에 대한 세심한 관심을 반영한다. 이 책《장소와 경험》을 통해 한국인의 지형학적 감성에 좀 더 친숙해질 기회를 얻게 되기를 기대한다.

차례

감사의 글

이 책을 집필하는 과정에서 여러 사람에게 많은 신세를 졌다. 특히 줄리언 영(Julian Young)의 도움이 컸다. 최근에 그녀와 여러 차례 나눴던 철학적 대화는 특히 유익했으며 여러 해 동안 그녀와 쌓아온 우정은 너무나 소중하다. 또한 수 애시퍼드(Sue Ashford)에게도 깊은 감사를 전한다. 이 책을 쓰는 내내 그녀는 더없이 중요하고 소중한 논평들을 해주었고 충고와 지원을 아끼지 않았다. 또 두걸 블리스(Dougal Blyth), 페타 보든(Peta Bowden), 앤드루 브레넌(Andrew Brennan), 마르시아 케이블(Marcia Cavell), 도널드 데이비드슨(Donald Davidson), 허버트 드레퓌스(Hubert Dreyfus), 로빈 페럴(Robyn Ferell), 펠리시티 헤인스(Felicity Haynes), 오노라 오닐(Onora O'Neill), 찰스 스피노자(Charles Spinoza), 라인하르트 슈타이너(Reinhard Steiner)도 이 책의 집필을 여러 모로 도와주었다. 이 책을 출간할 수 있었던 데는 1996년과 1997년 오스트레일리아 연구위원회에서 받은 상과 상금의 역할이 결정적이었다. 그 덕분에 나는 책을 쓰는 동안 강의에서 자유로울 수 있었고, 비록 한시적이지만, (품질과 효율성, 책임의 이름으로 살짝 포장된 채) 지난 몇 해 동안 오스트레일리아 학계를 휩쓸던 파괴적 광기에서 벗어날 수 있었다. 하이델베르크 대학에서 홈볼트 연구원으로 지내면서 처음 몇 개월 동안 원고의 최종 수정과 문서 작업을 할 수 있었다. 이 책에 포함된 자료들은 이 책에서 개진된 바와 조금 다른 형태이기는 하지만 이전에 발표했던 글들에서 차용했다. 그 글들이 게재되었던 여러 학술지의 편집진〔특히, 더모트 모란(Dermot Moran)과 앤드루 라이트(Andrew Light)〕에게 감사의 마음을 전한다. 그들은 내게 이 책에서 충분히 발전시킬 수 있었던 몇 가지 생각을 초보적인 형태로나마 발표할 수 있게 기회를 주었다. 마지막으로 내 아내 마거릿과 두 아들 조너선과 니컬러스에게도 감사를 전한다. 그들은 내가 이 책을 쓸 수 있게 장소를 제공해주었다. 나는 그들이 제공한 장소, 내 가족과 친구들 모두에게 이 책을 바친다. 앞서 언급한 내 가족과 친구들은 내가 감사를 전하고 싶은 사람들의 극히 일부일 뿐이다.

서론: 장소의 영향

땅에서 솟는 수증기처럼 혹은 땅에서 불어오는 바람 속의 무언가처럼 혹은 내 영혼에 기분 좋게 와 닿는 땅의 모든 것들 속에 있는 무언가처럼 …… 그것은 어떤 기운일까?
–헨리 데이비드 소로, 《일기(Journal)》, 1851년 7월 21일[1]

인간의 사고와 활동이 그들이 사는 곳의 풍경에 어떤 영향을 미치는지 우리는 잘 알고 있다. 인간은 다른 어떤 동물도 감히 필적할 수 없는 방식과 규모로 그들을 둘러싸고 있는 지역을 변화시킨다. 우리를 둘러싼 지역은 우리의 실용적이고 기술적인 능력을 반영할 뿐 아니라 우리의 문화와 사회—우리의 필요, 우리의 희망, 우리의 집착과 꿈—도 반영한다. 간혹 이에 대해 주의와 관심을 기울이긴 하지만, 사실, 이 점은 우리의 통념보다 훨씬 더 주의와 관심을 기울여야 할 사실이다(이는 나중에 내가 다시 돌아가려는 주제이다). 더욱이, 땅과 인간의 관계, 그리고 주변 세계 전반과 인간의 관계는 확실히 한쪽이 일방적으로 영향력을 행사하는 관계는 아니다. 물론 환경이 우리의 활동과 사고를 결정하는 경로들이 존재한다. 우리가 어느 한 곳에 집을 짓는 이유는, 다른 곳이 아닌 바로 그곳에 집을 짓는 이유는 그곳이 훨씬 더 안전하기 때문일 것이다. 도로를 건설할 때 강이 있다면 다리를 놓아야 한다. 우리가 망고나무가 아닌 사과나무를 심는 이유는 기후가 너무 춥기 때문일 것이다. 그러나 그보다 훨씬 더 간접적이고, 어쩌면 더 널리 폭넓게 분포하는 다른 이유들도 있다. 거기서 우리가 풍경이나 환경과 맺고 있는 관계는 사실 우리가 **영향을 줄 수 있는 능력**(ability to effect)에 관한 것일 뿐만 아니라 **우리 자신이 영향을 받는 감수성**(our own affectivity)에 관한 것이기도 하다.

장소와 사람의 관계는 워즈워스의 시에 자주 등장하는 주제이다. 그의 '장소 명명(命名)에 관한 시' 가운데 한 편은 '그라스미어 베일(Grasmere Vale: 풀이 무성한 호수 계곡)의 포레스트-사이드(Forest-side: 숲 언저리)'에 사는 양치기 마이클의 이야기를 들려준다. 그에게는 '다듬어지지 않은 채 흩어져 나뒹구는 돌무더기'가 침묵의 기념비를 상징한다. 워즈워스는 마이클과 그가 사는 고장의 관계를 다음과 같이 말한다.

> 대체로 그 남자는 잘못 판단하고 있다.
> 그 푸른 계곡과 시내와 바위들이
> 양치기의 생각 따위에는 관심이 없다고 여기는 것이 분명하다.[2]

여기서 핵심은 양치기 자신이 주변 환경에 끼치는 영향력에 주목하는 것이 아니다. 오히려 환경이 마이클에게 주는 영향에 관심을 기울이는 것이다. 워즈워스는, 시머스 헤니(Seamus Heaney)가 표현하듯이, 어떻게 해서 "웨스트모어랜드(Westmoreland) 산맥이 …… 양치기의 존재를 위한 그림 같은 배경 그 이상의 어떤 것이 되었는지를 명확히 알고 싶어 한다. 곧 웨스트모어랜드 산맥이 얼마나 쉽게 친해질 수 있고 엄밀한 의미에서 '영향력 있는 것인지'를 명확히 하려는 것이다. 이 호수 지대는 생명 없는 돌이 아니라 능동적인 자연이며 인간화되고 인간화(humanized and humanizing)한다."[3] 마이클 자신의 정체성은 자신이 살면서 개성을 얻은 바로 그 지역의 언덕과 계곡에 연결되어 있다. 뿐만 아니라 헤니는 양치기의 인성도 같은 방식으로 해당 지역과 연결되어 있다—자연은 '인간화되고 **인간화하는 것**'이다—고 주장하는 듯하다. 워즈워스 자신이 마이클과 그가 사는 고장의 관계에 관해 썼듯이, "이 들판과 언덕들은 …… 그의 **생명**(living Being)이며 그 자신의 피(his own Blood)보다 훨씬 **더** 소중했다."[4]

물론 인간의 정체성이 장소와 일정한 관계가 있다고 생각한 사람은 워즈워스만이 아니다. 또 그런 생각이 낭만주의 전원시에만 나타나는 것도 아니다. 그런 생각은 수세기에 걸친 오랜 계보가 있고 여러 문화를 망라하며 널리 통용되어왔다. 예컨대, 오스트레일리아의 애보리진에게는 인간의 생명이, 아니 모든 생명이 땅과 떼려야 뗄 수 없이 연결되어 있다는 관념이 있다. 프레드 마이어스(Fred Myers)가 썼듯이, "핀투피족(오스트레일리아 서부 사막 지역의 애보리진)에게 사람들은 각자 고장에서 나며(come from) 이런 관계는 성소를 갖고 해당 지역에서 살아가는 데 기본 토대를 제공한다."[5] 토니 스웨인(Tony Swain)은 임신에 관한 애보리진의 신념을 설명하면서 개인과 땅의 이런 관계를 좀 더 상세히 설명한다. "엄마는 아이의 존재론적 실체에 기여하지 않으며, 땅에 근본을 둔 하나의 생명, 곧 오직 땅에만 속하는 하나의 생명을 '데려오는 것이다'. 아이의 정체성의 핵심은 기원이 되는 장소에 따라 결정된다. 세부적인 것들은 저마다 다를 수도 있다. 장소는 아이가 자궁으로 들어가는 느낌과 직결될 수 있다. ……삶이란 장소와 결합되는 것이다."[6] 이런 이유 때문에 한 아이의 정체성은 구체적인 장소로부터 도출된다. 또 영적이며 토템적인 특정 조상에게서 도출된다. 애보리진에게는 장소와 개인의 이런 결속이 너무나 중요해서 그들 주변의 땅은 어느 곳이나 개인과 조상의 기원을 나타내는 흔적들로 가득하며 이야기와 신화로 가득하다. 전통적 견지에서, 애보리진에게는 자신이 속한 고장 밖으로 내보내진다는 것은 곧 그들의 본질 자체를 박탈당한다는 뜻이다. 그래서 과거에 그렇게 축출된—그리고 특히 축출 후 감금이 뒤따랐을 때—애보리진들이 질병이나 사망에 이르는 일이 허다했다.

사람과 장소의 관계에 대한 애보리진의 그런 시각이 다른 사람들에게는 극단적이거나 독특해 보일 수도 있다. 그러나 그런 시각과 관련된 현상들은 어디에나 있다. 뉴질랜드 타즈만 일대에 사는 마오리족의 신념 역시 정체성의 중요한 요소 가운데 하나로 장소와 땅에 대한 관계를 강조한다. 테 랑기 히로아(Te Rangi Hiroa)가 설명하듯이, "세월이 흐르면서 하위 부족들을 거느리게 된 주요 부족들은 경계가 뚜렷한 한정된 장소를 차지하게 되었다. 그들이 자기 땅에 품는 애정은 열광의 수준으로 발전했다. 언덕과 계곡, 강과 하천, 호수와 절벽과 해안에 부족의 역사가 새겨져 있기 때문이다. 땅과 동굴에는 그들에게 잘 알려진 사람들의 유골이 안장되어 있다. 또 그들의 애가와 탄식에는 고향 땅에 대한 넘치는 사랑을 담은 표현들이 가득하다."[7] 서로 다른 문화와 전통에서 전혀 다른 방식으로 표현되기는 해도, 장소와 인간의 정체성이 연결되어 있다는 기본적인 생각은 꽤 널리 분포한다. 그런 생각은 오스트레일리아부터 아메리카 대륙에 이르는 전근대 문화들에서는 물론이고,[8] 현대 문화에서도 나타난다. 현대 문화의 콘텍스트에서 장소와 인간의 결속에 대한 기본적인 생각은 계(족)보에 대한 집착의 형태로 나타난다. 그래서 현대적인 삶의 특징으로 자주 지목되는 상실감이나 탈구(dislocation)의

느낌으로 표출될 뿐만 아니라, 가족의 인연을 찾아 특정 지역을 찾아가는 것으로 표출된다.[9]

사람의 정체성이 장소와 끊을 수 없이 연결된다는 생각은 유럽이나 서구에서만 나타나는 것은 아니지만, 서양 문화에서, 특히 지난 200~300년 동안 미술과 문학에서 각별하게 다루어온 관념이다. 이와 관련된 사례들은 충분히 많겠지만 장소와 로컬리티에 대한 이런 집착을 보여주는 중요한 문학적 사례로 마르셀 프루스트의 《지나간 것들의 기억(Remembrance of Things Past)》이 있다.[10] 〔프랑스어판 제목은 《잃어버린 시간을 찾아서(A la recherché du temps perdu)》이다〕 제목만 보고서, 이 작품이 시간이나 과거에 초점을 맞춘다고 오해해서는 안 된다. 프루스트의 작품은 과거와 시간에 관한 이야기일 뿐만 아니라(나중에 다시 돌아가게 될 논점이다), 장소와 공간에 관한 이야기이기도 하다. 프루스트는 사람과 장소의 관계를 특히 놀라운 방식으로 다룬다. 프루스트의 작품에서는 장소가 사람들의 개성을 지니게 되고, 사람들도 장소에 대한 그들의 관계를 통해 개성이나 특징을 획득하는 방식으로 사람과 장소가 서로 섞여들게 된다.[11] 로렌스 듀럴(Lawrence Durrell)의 표현을 빌리자면, 사람들은 '마치 어떤 풍경의 기능을 하는 것처럼'—어떤 경우에, 심지어 특정한 방이나 배경의 기능을 하는 것처럼—보인다.[12] 사실, 프루스트의 소설 속 화자 마르셀은 오직 장소들을 다시 찾아감으로써, 곧 자신의 삶을 형성했던 관련 장소들을 다시 찾아감으로써 자신의 삶과 지난 시간을 파악한다. 《지나간 것들의 기억》은 다양한 장소들을 환기하고 탐색하며 장소를 통해 그 장소들과 함께 등장했던 사람들을 환기하고 탐색하는 작업이다. 조르주 풀레(George Poulet)는 다음과 같이 말한다. "그런 다음, 한 치의 오차도 없이, 꿈속에서 그랬던 것처럼 현실에서도 사람들과 장소가 프루스트와 하나가 된다. 프루스트 식 상상력의 경우 금박지나 거울과 같이 작용하는 지역을 배경에 두지 않고는 사물을 인식할 방법을 알지 못할 것이다."[13]

자아가 살고 있는 장소들을 탐사함으로써 자아를 발견할 수 있다는 생각이 가스통 바슐라르의 《공간의 시학》의 핵심이다. 바슐라르는 기억, 자아, 정신에 관한 모든 현상학적/정신분석학적 연구의 근본이 되는 개념들로서 장소에 대한 애착—토포필리아(topophilia)—과 장소에 대한 분석—토포어낼리시스(topoanalysis)—을 이야기한다.[14] 바슐라르의 경우, 정신적인 삶은 인류가 살아가는 장소와 공간들 안에서 모습을 갖추고 그런 장소들은 인간의 기억, 감정, 사고를 형성하며 영향을 끼친다. 이런 식으로, 내적 공간이 외면화되고 외적 공간이 내부로 들어오면서, 내부와 외부의 공간들—정신과 세계—은 서로의 모습으로 변해간다. 이런 점에서 "세계가 완전히 내 안에 있고 내가 완전히 내 밖에 있다"고 썼을 때, 메를로퐁티는 자신의 연구는 물론이고 바슐라르에게서 발견된 관념을 표현하고 있는 듯하다.[15] 그와 동시에 환기된 이분법의 파기를 제안한다. 그러므로 우리 '안의' 삶의 요소는 우리가 살고 있는 외적 공간이나 장소에서 발견되는 반면, 바로 그 공간과 장소들 자체가 우리 '안에' 통합된다. 프루스트의 《지나간 것들의 기억(잃어버린 시간을 찾아서)》은 장소에 대한 그런 탐색을 구체적으로 실천한 사례이자, 바슐라르가 묘사한 토포어낼리시스—이는 찬장, 방과 집 같은 닫힌 공간의 내밀함뿐 아니라 정원, 촌락, 도시, 들판, 바다와 하늘과 같은 더 넓은 공간을 보는 장소에 대한 분석이기도 하다—를 실천한 것으로 볼 수 있다. 그리고 바슐라르와 마찬가지로, 프루스트는 그런 토포어낼리시스가 장소의 탐색을 통한 사랑의 탐색—우리는 프루스트에게서 토포필리아라고 할 만한 것을 발견한다—일 뿐만 아니라 우리 자신의 자아에 대한 탐색이라고 주장한다.

프루스트는 사람과 장소의 관계를 더없이 분명하게 논제로 부각시켰다는 점에서 비범하다고 할 수 있을 것이다. 그러나 인간의 삶을 근본적으로 장소(location)의 삶으로 보고, 자아 정체성을 장소에서 발견되는 정체성의 문제로 보며, 장소 자체를 어느 정도 '인간'으로 채워진 것으로 보는 생각은 패트릭 화이트(Patrick White)에서 토니 모리슨에 이르기까지, 윌리엄 포크너에서 살만 루시디에 이르기까지 모든 시인과 소설가들의 작품에서 공통적으로 나타나며 모든 종류의 풍경과 장소들과 맺는 관계에서도 마찬가지로 나타난다. 워즈워스는 시의 기원 자체가 기억의 각인—묘비명들과 장소의 명명법[16]—에 있다고 여겼다. 그리고 소설은 장소의 탐색이 발휘하는 매력에서 비롯되었으며 어떤 점에서는 기행문에서 발전한 것이라고 여겨진다.[17] 사실, 허먼 멜빌의 경우, 그의 작품들은 장소와 현장(locale)에 대한 문학적 집착의 예로 볼 수 있는데, 멜빌은 "거의 모든 문학이 어떤 의미에서 여행 안내서로 구성된다"고 주장한 바 있다.[18] 그렇게 해서, 프루스트의 위대한 작품이 '인간화되고 인간화하는' 장소를 통해 인간을 검토하고 있듯이, 화이트와 모리슨, 포크너와 루시디, 헤니와 워즈워스의 경우에도 인물과 사건, 삶과 사랑, 문화와 관념에 대한 탐구가 풍경과 장소의 탐구와 하나이자 동일한 것이며 풍경과 장소의 회복과 하나이고 동일한 것이다.

인간의 삶과 정체성이 풍경에 대한 어떤 특수한 관계에서 확립된다는 생각이 실은 일종의 문학적 발상—인간 자체의 특징과 관련된 것이 아니라 소설가와 시인의 창조적이고 창의적인 기법의 일부—에 불과하고, 장소 역시 문학적 발상에 불과하다고 생각할 수도 있을 것이다. 마찬가지로, 애보리진 민족들 사이에서든 혹은 다른 이들 사이에서든, 인간의 정체성을 인간의 로컬리티(locality)와 결부된 것으로 여기는 좀 더 일반적인 생각들이, 인간 심리에 나타나는 어떤 상투적 특질—생물학이나 진화론적 역사에 근거를 두지만 문화와 사회가 달라짐에 따라 함께 달라지는 인간 특성의 그저 우연한 특징인 어떤 경향—에 다름없음을 증명한다고 생각할 수도 있을 것이다. 내 입장에서는 장소와 인간의 관계를 우연한 것으로 여기는 시각은 그다지 설득력이 없어 보인다. 단지 장소에 대한 인간의 애착에서 느껴지는 힘이나 특정 장소나 풍경이 일으킬 수 있는 감정적 효과에 대한 개인적 경험 때문만은 아니다. 인간의 정체성이 꽤 근본적인 방식으로 어느 정도 장소와 결부되어 있다는 생각은, 때에 따라 간접적이기는 해도, 좀 더 경험적인 다른 학과들에서 진행된 최근 연구들을 통해서뿐 아니라 수많은 순수 철학적 고찰을 통해서도 뒷받침되는 듯하다. 그 가운데 일부는 앞으로 전개될 논의에 토대가 될 것이다. 그러나 지금 중요한 것은, 그런 고찰이 어떻게(최소한, 애보리진의 전통과 그 밖의 경우는 물론이고 프루스트와 워즈워스 같은 작가들에게서), 어쩌면 얼마간 윤색된 형태의 관념들을 포착하기에 유용한 사례를 제공하는지 살펴보는 일이다.

앞에서 언급했던 바슐라르가 인간의 삶과 정신을 이해하는 데에서 장소와 공간이 담당하는 역할을 폭넓게 연구했던 중요한 철학자임은 분명하다. 그러나 그런 개념들의 의미에 관심을 기울인 것은 바슐라르만이 아니다. 현상학적 전통과 해석학적 전통 안에서, 사람이 자신이 사는 곳과 분리될 수 없다는 생각은 하이데거의 연구에 특히 중요한 주제이다. 하이데거의 《존재와 시간》은 인간 실존〔혹은 정확히 **현존재**(現存在, dasein)〕의 구조에서 공간성이 담당하는 역할에 대해, 그리고 장소가 담당하는 역할에 대해 다소 논란의 여지가 있는 분석을 제공한다.[19] 하지만 그럼에도 불구하고 인간의 **현존재**는 '세계 안의 존재'라는 하이데거의 기본 생각이 함축하는 바는, 인간을 여전히 환경과 인간 활동의 현실적 구조와 우연히 연결된 존재로만 여겨서는 제대로 이해할 수 없다는 것이다. 《존재와 시간》 이후 하이데거의 사고는 장소와 로컬리티의 개념을 훨씬 더 강조한다. 그 개념들을 너무 강조한 나머지 하이데거는 장소나 자리〔하이데거는 그리스어 '**토포스**(topos)'나 독일어 '**오르트**(Ort)'를 더 자주 사용한다〕의 개념을 자신의 후기 사고에서 핵심 개념으로 제시한다.[20] 《인식의 현상학》에서 체현(embodiment)과 공간성에 대한 메를로퐁티의 분석은 어떤 면에서 하이데거의 연구보다 더 전통적인 현상학에 치우쳐 있기에 정신에서는 데카르트와 후설에 더 기울어 있는 것으로 보이지만, 그럼에도 불구하고 또 다른 중요한 예를 제공한다. 곧 로컬리티의 핵심 역할이, 특히 로컬리티가 체현을 통해 나타날 때 그 핵심 역할이 철학적 토대로 주어지는 또 다른 중요한 예를 제공한다. 메를로퐁티가 보기에 인간의 사고와 경험은 근본적으로 물질적이고 구체적인 것에 토대를 둔다. 또한 그 때문에 구체성과 직접성에서 주변 세계와 긴밀히 연결된다.

하이데거와 메를로퐁티에게 장소나 로컬리티와 연결된 것은 인간의 정체성만이 아니다. 하나의 세계(그리고 좀 더 구체적으로 그 안에 있는 객체와 사건들)**와** 연결될 수 있고 세계에 **관해** 생각할 수 있고 세계 **안에서** 자신을 발견할 수 있는 피조물이 되는 가능성 자체가 장소나 로컬리티와 결부되어 있다. 하이데거와 메를로퐁티의 연구에서 확인되는 '세계 안의 존재'로서 인간과 공간성, 로컬리티, 체현의 긴밀한 관계에 관한 생각이 서로 다른 분야에서 연구하는 여러 사상가들의 연구에 거듭 등장한다.

때때로 장소와 로컬리티의 개념을 분명한 주제로 삼는 데서도 그런 영향을 엿볼 수 있다. 특히, 카르스텐 해리스(Karsten Harries)[21]와 크리스티안 노르베르크 슐츠(Christian Norberg Schulz)[22] 같은 저자들의 연구에서 보듯이 하이데거가 건축 이론에 미친 영향, 그리고 이른바 '인문지리학'[23]과 환경론[24]의 연구 틀 안에서 하이데거가 지리학적 사고에 미친 영향과 관련해 이를 엿볼 수 있다. 하이데거와 메를로퐁티의 영향을 차치하더라도 장소와 로컬리티의 개념은 사회과학과 인문학—신학 같은 영역의 연구를 포함해서[25]—의 많은 동시대 연구에서 일종의 통념이 되었다. 하이데거도, 메를로퐁티도 장소에 초점을 맞춘 철학 연구를 진행한 점에서 독보적 위치에 있는 것은 아니다. 에드워드 케이시(Edward Casey)는 《장소의 운명(The Fate of Place)》을 통해 철학사에서 장소에 대한 관심이 상대적으로 쇠퇴했다는 이야기를 한다. 그리고 데리다와 들뢰즈, 가타리와 이리가레의 연구에서는 물론이고 바슐라르, 하이데거, 메를로퐁티의 연구에서 장소가 중요한 개념으로 다시 등장했다는 이야기를 들려준다.[26]

물론, 때로 장소와 공간의 개념은 그 자체로서 연구되는 개념들이 아니라 '전략적' 개념들—이면에 특정한 정치적 목적이 있는 도구들—로 다루어진다. 일부 페미니즘이 육체성(corporeality)과 공간성의 개념을 채용한 데서 뿐만 아니라, 예를 들어, 들뢰즈와 가타리가 《천 개의 고원》에서 공간성의 개념을 활용해 "노마디즘" 개념을 개진한 경우에도 그랬던 것으로 보인다.[27] 장소와 공간을 전략적으로 활용하는 경우에도 해당 개념들이 구체적으로 왜 그런 전략적 효용성을 지니는가 하는 문제가 제기된다. 간혹 하나의 개념이나 용어는 단순히 다른 용어나 개념에 대한 관계 때문에 전략적으로 중요하다. 특히 해체의 전략들은 (여성 대남성, 정신 대 육체의 경우처럼) 이분법적 대립 관계에 놓인 항들을 조사한다. 그런 관계에서 대립되는 항들 가운데 하나에는 특권적인 역할이 주어지는 반면, 다른 하나는 '억압'된다. 그러나 최소한 장소 개념과 공간 개념의 전략적 중요성은 단순히 이분법적 대립이나 다른 개념들과의 관계 속에서 맡는 역할에서 비롯되는 것 같지는 않고 그것들이 대체로 인간의 사고, 경험, 행위와 분리될 수 없으며 사고와 경험, 행위 어디에서나 나타난다는 사실에서 도출되는 것으로 보인다.

이는 우리가 자신과 다른 것들을 장소와 공간의 관계에서 체험한다는 뜻만은 아니다. 본질적으로 정신의 구조 자체가 로컬리티나 공간성과 뗄 수 없이 연결되어 있다는 뜻이기도 하다. 앙리 베르그송이 이 점을 주목했던 반면, 하이데거는 《존재와 시간》에서 '몰락(fallen-ness)'으로 향하는 **현존재**의 피할 수 없는 경향—언제나 그 실재의 고유한 시간적 특성을 망각하거나 은폐하는 방식으로 이해하는 경향—을 보여주는 하나의 예로서 정신의 구조를 설명하려고 했다.[28] 영어권 철학에서 마크 존슨(Mark Johnson)은 신체가, 그리고 그에 결부된 구조가 사고와 이해의 양상에서 실질적 결정자가 되는 경로에 관한 더 일반적인 명제의 일환으로서 장소와 공간의 개념에 의지해 사고방식들이 유포되는 것을 조사했고 이렇게 말했다. "동물로서 우리는 자연의 세계와 연결된 신체를 가지고 있으며, 우리의 의식과 합리성은 신체적 적응과 결부되고 환경 안에서 환경과 우리의 상호작용에 결부되어 있다. 우리가 신체를 갖는다는 것은 우리가 누구이며 무엇을 의미하는가라는 문제에 결정적으로 중요하며 합리적 추론을 끌어내고 창의적으로 사고하는 데도 필수적이다."[29]

존슨은 영미 철학 안에서 연구하는 철학자이자 장소와 사람 사이에는 통용되지 않을지 몰라도 정신과 육체와 물리적 로컬리티 사이의 관계에서는 분명히 통용되는 중요한 의존 관계를 찾아낸 철학자의 예이다. 개인은 환경과의 관계 속에서 이해되어야 한다는 시각은 독일과 프랑스 이론가들의 연구에만 국한되지 않는다. 콘텍스트는 크게 다르지만 영미 철학자들의 연구—예를 들어, 타일러 버지(Tyler Burge)의 연구[30]—에서 발견되는 정신적 내용에 관한 현상학 이론들 역시 개인을 환경과 분리될 수 없는 것으로 보고 있음을 시사한다. [루드비히 비트겐슈타인(Ludwig Wittgenstein)의 후기 연구에서 유래한 것으로 볼 수 있는] 이런 이론들은 신념, 욕망, 그리고 태도를 대체로 개개인이 놓인 물리적 · 사회적 환경에 의해 결정되는 것으로 여긴다.

도널드 데이비드슨의 연구에서 특히 이런 외재주의(externalism)가 강하게 나타난다. 버지와 달리, 데이비드슨은 의미의 사회적 결정에는 거의 관심이 없다. 그보다 정신의 세계가 오직 외부 세계와의 관계 속에서만 이해될 수 있다는 점에 관심을 기울인다.[31] 데이비드슨이 보기에 외부 세계가 없이는 정신적 삶—정신 자체가 주로 그것을 둘러싼 객체 및 사건들과의 상호작용과 관계를 통해서만 형성될 수 있다—이 있을 수 없다. 외재적 접근법 때문에 데이비드슨은 다양한 방식으로 정신의 사적인 세계와 외재적 객관성의 공적인 세계를 대비시키는 철학에서 전형적으로 볼 수 있는 이분법을 거부하게 된다. 데이비드슨의 연구에는 그런 대비가 없다.[32] 그런 대비를 거부함으로써 데이비드슨은 하이데거와 비트겐슈타인을 모두 연상시키는 방식으로 세계에 대한 우리의 신념이 대체로 잘못되었을지도 모른다는, 어쩌면 우리가 접근할 수 있는 '외부 세계'란 없을지도 모른다는 회의주의자의 주장을 공박할 수 있다. 데이비드슨으로서는 그런 주장을 이해할 수 없을 것이다. 그런 세계에 '접근'하는 것은 우리의 정신적 삶을 위한 가장 중요한 조건이기 때문이다. 우리의 신념이 진실에 가까워지지 못한다면, 우리는 욕망이나 감정이나 그 밖의 것들은 고사하고 신념 자체를 갖지 못할 것이기 때문이다. 우리의 '외부' 세계에 대한 '접근'에 문제가 있을 수 있다는 생각이 회의주의의 토대 위에서 그릇된 문제를 일으킬 수 있다.[33] 우리에게 이해할 수 있는 능력이 있다면 우리 자신이 이미 세계 '안에' 있는 것으로 이해해야 한다.

마르시아 케이블이 데이비드슨의 이런 관념들을 간결하게 요약하면서 쓰고 있듯이, "객체들 주위를 옮겨 다닐 수 있고 우리 모두 동일한 물리적 객체를 다른 관점에서 볼 수 있는 능력이나, 우리의 혀와 입을 움직이고 소리를 낼 수 있는 능력, 우리가 조금 전에 본 것과 무언가를 같은 객체로 인식하는 단순한 행위 속에서 과거를 기억할 수 있는 능력, 여러 형태의 공동체 생활 속으로 진입할 수 있는 능력이 없다면, 우리가 앞서 해석과 사고에서 기본이 된다고 했던 의사소통 행위들은 시작될 수 없다".[34] 케이블은 자신의 논의에서도 프로이트의 객체 관계 이론에 의지한다. 이 이론에 따르면, 개인의 심리적 발달은 언제나 다른 사람들과 맺는 관계의 발전에 따라 예측할 수 있다. 그렇게 해서 케이블은 정신적 삶의 능력이 장소화되고(localised), '세계 속' 존재와 연결되는 또 다른 방식을 시사한다. 만약 다른 사람들을 만날 수 있는 장소와 공간을 파악하지 못한다면 과연 그들과 관계를 맺을 수 있을지에 논란의 여지가 있기 때문이다. 그리고 다른 사람들과 관계를 맺을 수 없다면 자아와도 관계를 맺을 수 없기 때문이다.[35]

영미 철학에서, 정신과 자아를 주변 세계에 연결시키는 관념들의 또 다른 중요 원천은 칸트로부터 도출된 사상에서 찾을 수 있을 것이다. 피터 스트로슨(Peter Strawson)과 개러스 에번스(Gareth Evans)의 연구[36]를 포함해서 이런 사고 노선은 특히 공간적 재현 형식들이 자아의 개념들 및 전반적인 정신적 삶의 능력과 연결되는 방식에 관심을 기울인다. 그렇게 해서 존 캠벨(John Campbell)은 최근에 구조의 공간적이고 인과론적인 파악과 자기 이해를 연결하는 자아관을 주장해왔다.[37] 반면 카심 케이섬(Quassim Cassam)은, 스트로슨의 관념들에 분명하게 의지하면서, 스스로를 생각하는 피조물로 파악하는 것은, 또한 자신을 신체를 갖는 피조물로, 특히 공간상에 위치하는 피조물로 파악하는 문제라는 견해를 피력했다.[38]

그러므로 사람과 장소가 긴밀히 연결되어 있고, 자아와 주변 세계 역시 긴밀히 연결되어 있다는 생각은 문학작품들에서만 찾아볼 수 있는 독특한 특성이 아니다. 또 전근대적 사회들의 잔재도 아니다. 인간 심리의 우연한 특징에 불과한 것일 리도 없다. 장소와 인간의 관계는 인간다운 삶을 가능하게 하는 근본 구조이며, 명확히 할 필요가 있기는 하지만, 어떤 면에서 인간의 정체성을 결정하는 것이라고 생각할 만한 이유가 충분하다. 이 경우, 장소가 〔그리고 이와 연관된 개념들인 공간성과 체현(신체를 갖는다는 것)이〕 너무나 많은 학과들에서 그리고 수없이 많은 저자와 학자의 연구에서 그처럼 두드러지게 되었다는 사실이 그리 놀랍지 않다. 그러므로 장소가 어디에나 존재하고, 장소가 등장하는 콘텍스트가 다양하다는 것은 장소 개념의 중요성을 입증하는 증거이다. 그러나 제각기 다른 여러 장소에 등장하는 탓에 장소의 개념은 하나로 수렴될 수 없는 파편적인 것으로 보인다. 우리는 워즈워스와 헤니〔혹은 나와 출신이 비슷한 뉴질랜드 시인 제임스 백스터(James K. Baxter)를 인용하자면[39]〕의 시에 등장하는 장소의 개념과 하이데거나 바슐라르에게서 나타나는 것일지 모르는 장소의 개념을 어떻게 일치시킬 수 있을까? 일치시키려는 노력이라도 할 수 있을까? 그리고 예를 들어, 데이비드슨이나 에번스가 시사하듯이, 언제나 구체적인 환경 속에 자리를 잡고 그에 의존하는 자아와 정신을 강조하는 것과, 프루스트나 제임스 조이스는 말할 것도 없고, 메를로퐁티나 하이데거에서 볼 수 있는 것처럼, 로컬리티와 참여의 강조를 어떻게 연결시킬 수 있을까?[40]

우리는 이런 식의 병치에서 비롯되는 특유의 기이함—어쩌면 동시대 영미 철학의 콘텍스트에서 더 강하게 느껴질 기괴함—에 멈칫거리게 될지도 모른다. 그럼에도 불구하고 우리가 장소와 결부된 인간의 삶과 사고의 성격에 관한 워즈워스와 헤니 같은 저자들의 주장을 진지하게 받아들여야 한다면, 심지어 애보리진들이 땅과 장소와 연결되는 데서 느끼는 친밀감이 우리 자신의 경험에도 존재한다는 점을 인정한다면, 그런 개념들의 근거가 될지도 모르는 것을 이해하려고 노력해야 한다. 그래서 장소의 개념을 둘러싼 다양한 쟁점들을 통해, 그리고 얼마간 획일적인 방식으로 그에 속했다는 사실을 통해 생각하려고 노력할 수밖에 없다. 이어질 부분에서 내가 추구하려는 것이 바로 장소를 이해하려는 기획이다. 어쩌면 지나치게 야심찬 기획일지도 모른다. 다양한 전거들—그중 일부는 이미 언급했다—에 의거할 것이다. 나는 그저 문학, 심리학, 지리학, 철학 등 서로 다르게 병립하는 방식들에서 나타날지 모를 장소 개념을 제시하는 데 그치지 않고, 장소에 대한 사고방식을 개진할 것이다. 장소라는 개념의 복잡성과 양면성을 염두에 두는 한편, 공간, 시간, 자아 개념들을 포함한 다른 개념들과 장소의 개념이 맺는 관계를 설명하고, 장소와 결부된 개인들의 정체성에 관한 '프루스트의 원칙'이라 부를 수 있을 것(워즈워스의 원칙이라 부를 수도 있을 것이다)을 명확히 하고 설명할 것이다. 더욱이 장소에 매인 것은 사람들만이 아니다. 사물—

객체, 자아, 타자들—의 등장 가능성 자체가 장소가 포괄하는 범위 안에서만 가능하다는 점이 바로 이 책에서 이어질 개념적 고찰의 핵심 주제이다. 아닌 게 아니라, 세계 자체가 장소 안에서 그리고 장소를 통해서 모습을 드러낸다.

그러므로 인간의 정체성이 장소와 결부되는 경로는 언제나 장소 안에 '자리하는' 세계와 우리의 연결—사람이나 사물과 우리의 모든 조우—이 갖는 근본 성격을 나타낼 뿐이다. 그러므로 이 책에서 수행된 연구는 인간의 자아 개념과 자아 정체성의 본성에 관한 것일 뿐만 아니라, 하이데거의 문구를 사용하자면, '세계 안의 인간'이 근거를 둔, 근본적으로 '존재론적인' 종류의 장소 연구와도 관련이 있다(이런 의미에서 이 연구는 사실상 '존재론적'이다. 그래서 나는 문학의 여러 영역에서 이루어지고 있는 이런 쟁점들에 관한 수많은 논의를 지배하고 있는 '장소의 정치'라는 까다로운 문제에 대해 어떤 실제 조사도 시도하지 않았다). 물론 이런 점에서 이 책이 수행한 기획은 순전히 철학적인 것이며 칸트, 스트로슨, 데이비드슨, 하이데거 같은 철학자들의 연구에서 도출된 주장과 개념들에 크게 의지하고 있다. 그럼에도 불구하고 이 기획은 철학적 경향을 띠기는 하지만 철학 밖의 연구와 사람들은 물론이고 철학자가 아닌 이들에게도 말을 건네고자 한다. 이런 이유로 철학 안팎에서 온, 그리고 일정한 범위의 철학적 '전통들'에서 온 다양한 전거들을 인용하고 결합시킨다.

가장 상세한 철학적 작업은, 적어도 논증과 분석에 관한 한, 3장과 6장 사이에서 이루어진다. 거기서 다룬 것이 이 책의 기본 주장들을 구체화하는 데 가장 중요하다. 이 장들에서 장소의 의미—예를 들어, 처음부터 제기되었던 인간 정체성의 문제들과 관련된 장소의 의미—(이 논의, 특히 5장에서 있을 논의가 이 책에서 철학적으로 가장 어려운 부분이 될 것이다)에 접근할 수 있는 토대 위에서 공간성과 행위, 주관성과 객관성 같은 근본 개념들에 대한 설명에 착수했기 때문이다. 이 책의 뚜렷한 철학적 접근법, 그리고 사람, 자아, 경험과의 관계에서 장소와 로컬리티를 이해하려는 연구 경향이 의미하는 것은 이 책이 대체로 새로 착안된 '장소의 철학' 뿐만 아니라 정신의 철학 혹은 '철학적 인류학'에도 손을 대고 있다는 사실이다. 사실, 이 책의 근간이 되는 명제가 타당하다는 점과 장소와 로컬리티를 이해하지 않고는 인간의 존재—그리고 특히 인간의 사고와 경험—를 이해할 수 없다는 점을 고려할 때, 정신이나 자아에 관한 연구는 장소에 관한 연구와 동일하다는 결론에 이르게 된다. 이런 콘텍스트에서, 내가 상당히 일반적이고 전문적이지 않은—예를 들어, **비경험주의적인**—방식으로 생각하고, 느끼고, 이해하고, 활동하는 등의 능력을 포함한 인간의 경험을 언급하기 위해 '경험'이라는 용어를 사용해도 된다면, 이 책은 두 가지에 집중한다고 할 수 있다. 첫째, 넓은 의미로서 '경험'의 가능성에, 그리고 (자아 정체성의 개념들과 나란히) 경험을 이해해야 할 틀로서 장소에 집중한다. 둘째, 장소의 개념에, 그리고 '경험'과의 관계 속에서 장소의 역할을 이해함으로써 장소의 개념을 정교하게 다듬는 일에 집중한다.

당연한 일이겠지만, 이 모두는 장소의 철학적 의미에 관해 조직적인 설명을 제공할 가능성을 증명한다기보다 전제로 한다. 하지만 그런 가능성을 증명하는 일은 이 책에서 전반적으로 수행하고 있고 이어질 지면에서 펼쳐질 고찰과도 무관하지 않다. 장소의 개념을 조사해야 장소의 의미 자체가 부각될 것이다. 그런데 장소에 대한 그런 조사를 시작하려고 해도 시작할 하나의 장소가 필요하고 다루어질 영역에 관한 어떤 생각이 필요하다. 여러 영역과 장르 곳곳에서 장소가 다루어진다는 점을 고려할 때, 이는 특히 중요하다. 또한 이어지는 글에서도 자명해지겠지만, 케이시가 분명히 했듯이, 철학사에서 장소에 대한 관심이 충분치 않았다는 점 때문에도 이 점은 중요하다.

이런 연구에서 논의와 관련된 용어와 개념과 접근법들을 명확히 하는 일은 중요하다(또한 어려운 일이기도 하다). 물론 이는 필연적으로 이 책 전반에 걸쳐 이루어져야 할 일이지만 확실히 1장에서 가장 뚜렷하고 직접적으로 진행된다. 이어질 좀 더 상세한 논의를 준비하기 위해, 나는 1장에서 특히 서양의 철학적 전통에 등장하는 장소와 공간의 개념을 탐구할 것이다. 2장에서는 공간의 개념, 그리고 좀 더 구체적으로 공간의 주관적 개념과 객관적 개념의 구분을 좀 더 면밀히 살펴봄으로써 고찰을 이어갈 것이다. 이 개념들의 분석을 통해 장소의 개념을 좀 더 명확히 할 수 있는 근거를 얻게 될 것이다. 또 연구는 '주관적 공간'이라는 개념의 바탕이 되며 3장과 4장의 논의에서 초점을 맞출 중요한 논점인 주관성 개념—내용(content)과 작용(agency)에 관한 관련 개념들과 함께—의 분석으로 향하게 될 것이다. 5장에서는 앞선 세 장에서 한데 엮일 다양한 가닥 가운데 일부를 끌어들여 (4장에서 이미 소개된) 작용, 공간성, 객관성의 개념들이 서로 연결되는 방식을 검토할 것이다.[41] 6장에서는 객관성의 개념, 특히 상호 주관성(intersubjectivity)과의 연결에 관한 논의를 좀 더 진전시킬 것이다. 여기서 객관성과 상호 주관성의 관계는 물론이고 자아와 타자를 내포하는 주관성의 서로 다른 의미들 사이의 관계 또한 검토될 것이다. 사회생활의 가능성, 그리고 언어와 개념성의 가능성과 관련해서 공간성의 결정적 역할 역시 이 장에서 다룰 논점이다. 7장은 문학적이고 시적인 예—특히 마르셀 프루스트의 작품에서 발견된 예—를 통해서이기는 하지만, 장소의 복합적 일원성에 좀 더 분명히 초점을 맞출 것이다. 7장에서는 장소라는 단일한 구조 안에서 공간과 시간이 결합되는 여러 방식을 정교하게 다듬을 것이며 이 과정에서 앞의 논의에서 다룬 여러 주제가 다시 되풀이되고 연결될 것이다. 8장에서는 사람과 장소가 어떤 의미에서 서로 연결되어 있는지 그리고 우리 자신에 대한 인식에서 이 같은 사실이 무엇을 뜻하는지를 분명히 할 것이며, 동시에 내가 이 장에서 논의를 시작했던 쟁점—장소와 인간의 정체성의 관계라는 문제—으로 돌아갈 것이다. 논의의 마지막 단계에 이르러서야 비로소 이 쟁점을 다시 상세히 다루게 되는 데, 이런 논의가 앞서 진행되는 '장소의 구조'에 대한 좀 더 일반적인 분석에 의지할 수밖에 없기 때문이다. 결론에서는 몇 가지 쟁점들을 가볍게 다룰 것이다. 하지만 경험과 주관성에 대한 이해뿐만 아니라 철학과 이해의 기획이라는 우리의 생각에서 장소의 개념이 지니는 의미에 초점을 맞출 것이다.

철학과 철학 연구의 본성에 관한 문제가 항상 분명하게 드러나는 것은 아닐지라도 앞으로 논의를 전개하는 내내 중요하게 다룰 쟁점이다. 케이블은 다음과 같이 적고 있다. "철학은 그것이 가능한 유일한 장소, **여기**, 사물들의 한복판에서만 시작된다."[42] 이에 관해서는 나중에 다시 살펴보겠지만, 당장 해볼 만한 것은 가능성의 고찰이다. 곧 장소의 성격과 의의, 장소와 인간 경험의 관계가 지니는 성격 및 의의에 관한 탐구에서 철학의 본질과 가능성의 상당한 부분 역시 문제가 될 수 있다는 점을 살펴보는 일이다. 확실히, 철학을 소크라테스까지 거슬러 올라가는 오랜 전통을 지닌 것으로 이해하고, 근본적으로 자기 검토와 자기 인식의 형식과 관련된 것으로 이해한다면, 그리고 인간의 존재가 장소의 성격과 필연적으로 연결되어 있다고 여긴다면, 장소에 대한 연구는 철학적 기획의 핵심에 놓일 것이다. 이는 또한 장소에 대한 연구가 너무나 독특하고 어려운 이유일 것이다.

그러나 이 책은 장소라는 개념이 특별한 도전을 제기하는 데서 비롯될 철학적 관점(perspective)을 제안하는 데 머물지 않는다. 이 책이 논점에 접근하는 방식에서 장소의 개념은 연구의 초점을 정하는 것일 뿐만 아니라 다른 여러 쟁점을 취할 수 있는 하나의 중요한 경로를 제공하는 것이고 또한 연구가 진행되는 토대에 관해 하나의 중요한 방법론적 모델을 제공하는 것이기도 하다. 여기서 중요한 것은 하나의 열린 영역이자 그 안에서 다양한 요소들이 상관관계와 병치를 통해 부각되는 것으로서 장소의 개념이다. 그리하여 장소를 다른 모든 것을 이해할 수 있게 하는 단일한 원칙을 제공하는 개념으로서 이해하기보다는 장소의 개념과 이미지를 (다양한 요소들이 구별될 수 있고 조합될 수 있어서) 단 하나의 복합 구조를 구축할 수 있는 모델로 상정한다. 그러므로 이 책의 바탕이 되는 '방법론'은 근본적으로 '지형학적(topographical)'이다. 다시 말해 하나의 장소, 좀 더 구체적으로 지역의 일정 범위가 내부 특질들 사이의 상관관계를 통해 지도로 그려지듯이, 철학 연구의 객체들 역시 개별적이고 (공통분모를 지니지는 않지만) 서로 연관된 요소들을 통해서만 제대로 이해할 수 있다.

장소의 모호함

서로 다른 두 저자가 '빨간', '어려운', '실망스러운', 등의 낱말들을 사용한다면, 그들이 거의 같은 것을 의미한다는 사실을 의심할 사람은 없을 것이다. ……그러나 '장소'나 '공간' 같은 낱말의 경우 심리적 경험과의 관계가 그만큼 직접적이지 않기 때문에 해석에서 훨씬 더 폭넓은 불확실성이 존재한다.

-알베르트 아인슈타인, 《공간의 개념(Concepts of Space)》에 부친 서문[1]

우리에게 가장 가까이 있어 친숙한 것일수록 간과되거나 망각되기 쉽다는 말은 너무 자명한 이야기다. 그러나 우리가 앞의 서문에서 살펴본 자료는 비록 장소가 친숙한 것이고 어디에나 있는 것이지만 철저히 외면되는 일이 드문 이유를 잘 설명해준다. 그리고 철학에서 장소의 개념 자체를 철학적 의미를 지니는 것으로 다루는 일이 상대적으로 드문 것은 철학에서 장소가 어느 정도 주변화되거나 망각되었음을 나타낼 뿐만 아니라 장소라는 개념이 모호하다는 것을 나타내기도 한다.

장소에 관한 기존 문헌들의 논의는 장소의 개념이 결코 명확히 규정되지 않는다는 것을 분명히 보여준다. 장소에 관한 개념은 보통 단순한 물리적 장소의 개념과 전혀 구별되지 않는 반면, 간혹 암묵적으로 장소의 개념에 의지하고 있는 것으로 보이는 논의들은 공간에 관한 더 좁은 개념만을 분명하게 언급한다. 예컨대, 바슐라르의 《공간의 시학》은 실제로 장소에 관한 책일까? 아니면 공간에 관한 책일까? 이 책이 다루는 공간은 뉴턴이나 아인슈타인이 말하는 공간과 결코 동일하지 않다. 아니, 동일한 것일까? 미셸 푸코는 "현 시대는 무엇보다 공간의 시대가 될 것이다"라고 주장한다. 그런데 그는 몇 가지 다른 개념들과 결합한 것으로 보이는 방식으로 이 말을 설명한다. "우리는 동시성의 시대에 있다. 곧, 우리는 병치(juxtaposition)의 시대, 원근(the near and far)의 시대, 병렬(the side-by-side)의 시대, 분산(the dispersed)의 시대에 있다. 나는 우리가 시간을 통해 길게 전개되는 삶의 세계가 아니라, 지점들을 잇고 우리 자신의 실타래와 교차되는 하나의 연결망으로서 세계를 경험하는 순간에 있다고 믿는다."[2] 여기서는 로컬리티의 개념과, 장소에 관한 더 폭넓은 개념들의 연결을 시사할지 모르는 로컬리티와 위치(position)(원근, 병렬)의 개념들을 포함하는 공간적 개념들이 언급되고 장소들(location)의 체계("지점들을 잇는 하나의 연결망")로서 공간의 개념이 언급된다.

일부 저자들은 장소와 공간을 구분할 필요성을 강조하는 데 관심을 갖는—그래서 엘리자베스 그로츠(Elizabeth Grosz)는 (지도를 작성하고 탐사할 수 있는 영역으로서) 공간이 (점유하고, 머물고, 그 안에서 살아갈 수 있는) 장소에 자리를 내주지 않을 경우 뒤따를 어떤 결과에 대해 이야기하고,[3] 케이시 역시 공간과 장소의 구분을 강조한다.[4]—반면, 장소 개념 자체, 장소 개념과 공간 개념의 관계, 또는 그야말로 다양한 공간 개념들 사이의 관계에 대해 어떤 상세한 분석도 거의 이루어진 바 없다.[5] 이런 점에서 흔히 공간의 활용, 그리고 일반적으로 공간적 이미지와 개념들의 활용에는 명확성이 결여되어 있다는 도린 매시(Doreen Massey)의 불평은 '장소' 개념의 채용에도 그대로 적용된다. 매시가 적고 있듯이, "많은 저자들이 '공간/공간적'이라는 용어에 크게 의지한다. 그리고 저마다 자신들이 뜻하는 바가 명확하고 논란의 여지가 없음을 전제한다. 그럼에도 불구하고 저자들마다 상정하는 의미(그리고—비유적 활용의 경우—비유의 함의)가 크게 다르다. 이처럼 인정되지 않는 불일치 뒤에는 결코 표면화되지 않는 논쟁이 숨어 있는데 그것이 결코 표면화되지 않는 것은 모든 사람이 우리가 이미 이 용어들이 의미하는 바를 알고 있다고 전제하기 때문이다."[6] '공간/공간적'이라는 용어의 의미조차 논란이 될 수 있다는 것은 중요한 시사점이며, 우리는 이를 명심해야 한다. '장소'의 경우, 확실히 너무 흔한 용어이고 일상적인 대화의 일부가 되는 탓에 이 용어를 좀 더 이론적인 콘텍스트 속으로 옮기는 일은 곧바로 문제를 일으킬 공산이 크다.[7] 더욱이, 그런 어려움이 생길 수 있는 이유는, 그 개념이 우리의 일상에 친숙하다는 점 때문이기도 하지만 용어 자체에 따르는 의미의 폭과 복잡성 때문이기도 하다.

영어에서 '장소'는 다양한 의미를 담고 있고 해당 개념의 넓은 범위를 포괄하는 여러 용어들과 밀접한 관련이 있다. 사실, 《옥스퍼드 영어 사전(Oxford English Dictionary)》은 장소라는 명사가 "그러므로, 의미가 많고 정리하기 어렵다"고 말한다.[8] 그리고 이 단어를 설명하는 항목의 분량은 다섯 쪽이나 된다. 그러나 명사로서 '장소'는 대략 다섯 개의 주요 의미를 지닌다고 볼 수 있다. (i) 한정된 열린 공간, 특히 도시나 도회지 안에 위치한 경계가 있는 열린 공간. (ii) 공간, 범위, 차원(dimensionality), '여지(room)'와 같은 더 일반적인 의미(그리고 이런 의미에서 시간에 반하는 것으로서 공간의 특정 개념과 동일한 것으로 이해된다). (iii) 어떤 질서(공간적 질서, 혹은 위계적일 수도 있고 그렇지 않을 수도 있는 다른 종류의 질서) 안에서 위치나 자리. (iv) 나름의 특성을 지닌 구체적 현장(locale)이나 환경. (v) 그 안에 어떤 것이 존재하거나 누군가 살아갈 수 있는 벽돌집(adobe) 따위.[9]

이런 식으로 요약해서는 '장소'가 지닐 수 있는 의미의 뉘앙스를 모두 포착할 수 없다. 또 한 가지 분명한 사실은 위의 다섯 가지 넓은 의미는 결코 서로 무관하지 않고 다양한 방식으로 중첩되며 서로 연결된다는 점이다. 더욱이 '장소'와 연결된 의미들 가운데 일부는 긴밀히 연결되지만 나머지는 서로 첨예하게 대립한다. 특히, 단순히 하나의 위치, 예를 들어, 지도 위에서 좌표로 사용되는 것으로 규정할 수 있는 하나의 점으로서 장소(place)의 개념과, 그 안에 사는 어떤 사람이나 사물을 포함하는 구체적 현장(locale)—무엇보다 사람이 좌표점 안에 살 수는 없는 노릇이다—으로서 장소의 개념 사이에는 뚜렷한 차이가 있다. 현장이나 거처라는 말로 이해되는 장소는 일정한 개방성, 차원, 공간을 요구한다. 위의 설명에서 주목해야 할 점 가운데 하나는 장소가 범위나 공간성의 개념과 분리될 수 없다는 점이다. 장소의 어원에서 이 점이 분명하게 드러난다. '장소'〔독일어 '플라츠(platz)', 프랑스어 '플라스(place)', 이탈리아어 '피아차(piazza)'〕는 '넓은 길', '트인 공간'을 의미하는 고전 라틴어 플라테아(platea)에서, 그리고 역시 '넓은 길'을 의미하는 그리스어 플라테이아(plateia)에서 유래한 것이다.[10] 장소라는 개념의 핵심적 특징(설사 그 용어의 모든 의미를 전하지 못한다 해도)은 경계는 있지만 개방된 공간이나 영역이라는 생각인 듯하다. 그러나 장소의 개념이 개방성과 공간성의 의미를 수반한다고 해도 그것이 전부는 아닐 것이다. 사람이 살 수 있는 장소는 거주 가능한 공간을 제공하고—그것은 거주가 가능하도록 '공간을 준다(gives space)'—살 수 있는 장소는 단순한 '공간' 이상이어야 한다.

그렇다면 공간 자체에 대해 이야기해야 하는 것은 무엇일까? 만약 영어의 '장소'가 명확하게 하기 어려운 용어라면, 매시의 우려에도 불구하고, '공간'이 오히려 더 직설적인 용어로 여겨질지도 모른다. 이는 분명

옳은 듯하다. '장소'에 비하면 '공간'에 결부되는 의미의 범위는 훨씬 더 좁다. 사실, '공간'은 흔히 비시간적인 물리적 범위의 영역—부피, 크기, 형태, 길이, 폭, 높이, 거리와 위치 등 우리가 물리적 객체에 적용할 수 있는 개념들을 이해할 수 있는 영역—을 지시하기 위해 채용되는 것 같다. 넓은 의미—어쩌면 이는 공간이라는 용어의 여러 쓰임에 바탕이 되고 그것을 단일화한다는 점에서 더 근본적인 의미에 해당한다—에서 '공간'은 그저 물리적일 수도 있고 그렇지 않을 수도 있는 '여지'나 범위를 의미하는 것으로 여겨질 수 있다. 이 점에서, '공간'은 무엇보다 차원이라는 상당히 일반적인 의미에 결부되어 있고 그래서 '공간'은 (상당한 크기의 사전을 한 눈에 보았을 때 보게 되는 것과 같은) 순전히 물리적인 범위나 장소에 국한되지 않는 상당히 평범한 일련의 쓰임새를 갖고 있다. 영어 '공간'의 기원은 라틴어 스파티움(spatium)으로 거슬러 올라갈 수 있으며, 그보다 앞서 그리스어 스타디온(stadion)까지 거슬러 올라갈 수 있다.[11] 스타디온은 길이의 표준 단위를 가리키며[12] 라틴어 스파티움은 스타디온을 번역하는 데 사용되었을 뿐 아니라, 그야말로 거리(distance)(혹은 '크기'나 '구간')로 번역될 수 있는 그리스어 디스테마(distema)를 번역하는 데도 자주 사용되었다. '공간'은 단순히 구간이나 차원의 뜻으로 받아들여질 수 있기 때문에 비시간적인 물리적 범위는 물론이고 시간의 지속을 언급하는 데도 사용될 수 있다. 그러므로 그저 시간의 구간을 의미하기 위해 '겨를(space of time)'이라고 말하거나 누군가의 일정에서 '틈(space)'을 말할 수 있다. 독일어는 시간의 용어—차이트(Zeit)—와 공간의 용어—라움(Raum)—를 간단히 결합해서 하나의 단일한 용어 '시공간'—'차이트라움(Zeitraum)'—에 도달한다.[13]

영어의 '장소'가 그리스어 스타디온까지 거슬러 올라갈 수 있고 그리스어 플라테이아와 연결되지만, 그리스 사료에서 장소와 공간에 관한 논의는 영어의 '장소'와 '공간'에 어원적으로 연결된 어떤 용어와도 관련이 없다. '장소'와 '공간'에 직접 해당되는 그리스어 단어는 각각 토포스(topsos)와 코라(chora)이다. 사실, 장소의 유사 개념들에 관한 최근 논의는 이 그리스어 용어들과 결부된 관념들에 크게 의존한다. 예를 들어, 코라는 현대 페미니즘의 일부 논의에서 핵심 용어가 되었다. 관련 논자들은 그리스 철학 안에서, 특히 플라톤의 《티마이오스(Timaeus)》에서 코라가 채용된 방식은 물론이고, 젠더와 성의 정치의 쟁점들과 관련해 서양사회에서 장소와 공간의 개념이 채용되어온 방식에 관해 상당히 정밀한 해석을 제시한다.[14] 더욱이 관련 그리스 용어들이 장소와 공간에 관한 현대 논의에 자주 등장하지만, 이들과 영어에서 '장소'와 '공간'의 차이에 주의를 기울여야 한다. 예를 들어, 토포스와 코라 모두 플라톤과 아리스토텔레스의 작품에 등장할 때, 차원이나 범위라는 중요한 의미를 함축하지만(그런 관념들로 축소될 수는 없다), 동시에 토포스도 코라도 특정한 것들과 관련해서만 사용된다. 즉 아리스토텔레스에게 토포스는 언제나 몸의 가슴 부위였고[15] (그래서 포함되는 몸과 포함하는 몸이 모두 있어야 한다) 플라톤에게도 ('존재하는 모든 것에 하나의 장소'[16] 를 제공하는) 코라의 개념은 언제나 그 안에 등장하거나 수용되는 구체적 객체와 관련해서만 이해된다. 어쩌면 사람들은 두 그리스 용어 모두 영어의 '공간'보다 '장소'에 더 가깝다고 여길지도 모른다.[17] 그러나 자주 가정되는 것처럼 토포스와 코라가 각각 '장소'와 '공간'에 간단히 연결될 수 있음을 뒷받침하는 근거는 없다.[18] 토포스나 코라 같은 그리스 용어들에 의지한다고 해도 장소의 개념을 이해하거나 공간의 개념과 장소의 개념 사이의 관계를 이해할 수 있는 키워드를 얻지는 못한다.

여기서 쟁점이 되는 다양한 개념들을 어떻게든 명료화하는 것은 분명히 중요한 일이다. 하지만 그런 명료화는 관련 개념들의 상호관계를 존중하는 것이어야 한다는 점 역시 중요하다. 장소와 공간의 어휘들을 고려하는 것만으로도 이들이 서로 뗄 수 없이 이어진 연결망의 일부임이 드러난다. 그러므로 특히 장소나 현장의 개념에 초점을 맞출 때, 명확히 구별되는 독립적인 개념들을 발전시키고픈 유혹이 강하지만, 특히 어떤 공간 개념과도 뚜렷이 구별되는 장소의 개념(보통 저자들이 영어보다는 그리스어 용어들을 찾도록 자극받는 원인이다)을 발전시키고픈 유혹을 강하게 느끼지만, 떨쳐야 할 유혹이다. 위에서 주목했듯이, 장소는 차원이나 범위, 그리고 현장이나 환경의 개념과 떼어낼 수 없이 연결되어 있다. 장소의 개념을 탐색하는 것, 그리고 그것을 철학적으로 의미 있는 개념으로 정교하게 다듬는 일은 해당 개념의 복잡성에 합당해야 하고 장소의 개념에는 차원과 현장(locale)의 개념이 필연적으로 함축된다는 사실을 인정해야 한다. 결론적으로 장소에 대한 연구는 공간의 개념에 대한 연구와 반드시 결합되어야 한다. 이 점은 앞으로 이어질 논의를 통해 분명해질 것이다.

공간과 장소를 연결 짓는 것은 장소를 이해하려는 모든 시도에 중요하지만, 동시에 그런 이해에 도달하려는 시도를 어렵게 하는 한 가지 문제를 야기하기도 한다. 서양 사상에서 공간의 개념을 다룬 철학의 역사가 점점 더 물리적 범위와 결부시키는 좁은 견지에서 공간을 이해해온 역사이기 때문이다. 사실, 공간과 장소에 대한 사고에 관한 한, 이는 철학사에서 토포스와 코라 같은 그리스의 개념이 점차 케논(kenon)이나 진공(void)의 개념에 가려진 과정에 반영된다고 볼 수 있다. 근대적 공간 개념의 발달에서 좀 더 중요한 역할을 한 것이 바로 이 진공의 개념이다.

이는 그리스어에서 기원을 찾을 수 있고[19] 중세와 르네상스의 사고[20]를 거쳐 17세기와 18세기까지 추적할 수 있는 개념이다. 진공의 개념은 동질적이며 분화되지 않은 순수한 범위의 영역이라는 관념—예를 들어, 둘러싸고 있는 주변 환경으로부터 사물을 추출해버려 비어 있는 열린 '공간'[21] 외에 아무것도 남지 않을 때 도달하게 되는 종류의 순수한 '봉쇄(containment)' 영역이라는 관념—을 안겨준다. 그리고 이런 관념은 데카르트와 뉴턴의 연구에서 공간에 대한 사고의 핵심에 놓인다. 결국 뉴턴과 더불어 우리는 공간을 그 안에 모든 것이 자리 잡은 하나의 단일하고 동질적이며 균일한 '컨테이너(container)'로 이해하기에 이른다. 그리고 설사 현대 우주 물리학이 더 이상 데카르트와 뉴턴의 사상에서 발전한 시각으로 공간을 이해하지 않는다고 해도,[22] 공간을 주로 물리적 범위의 문제로 보는 시각은 여전히 남아 있다.

더 세련되고 기술적이기까지 한 이런 공간 개념이 발달하면서, 철학적 사유에서는 점점 더 공간에 초점을 맞추려는 경향이 있다. 맥스 잼머(Max Jammer)가 주목하듯이, "공간은 특히 현대 철학에서 형이상학과 인식론 문헌들의 주제이다. 데카르트부터 알렉산더와 화이트헤드까지 거의 모든 철학자가 공간 개념을 자신의 체계를 세우기 위한 초석으로 삼았다.[23] 반면, 철학사—구체적으로 데카르트 이후 사상—에서 공간과 구별되는 것으로서 장소의 개념은 훨씬 더 모호한 위치를 갖는다.[24] 실제로 케이시는 다음과 같이 주장한다.

> 서양에서 지난 3세기—근대의 기간—동안 장소는 부정되었을 뿐만 아니라 적극적으로 억압되었다. 같은 시기 자연과학과 사회과학이 승리를 거둔 탓에 장소에 관한 진지한 언급은 모두 퇴행적이거나 사소한 것으로 여

겨졌다. 시간과 공간에만 초점을 맞추는 하나의 담론이 등장했다. 20세기 물리학자에 의해 시간과 공간이 하나의 합성물인 '시공간'으로 결합되었을 때, 장소에 대한 외면은 다른 수단들을 통해 지속되었을 뿐이다. 한 시대 전체를 통틀어 장소는 근대를 지배했던 두 거대한 우주적 동반자인 시간과 공간의 보잘것없는 의붓형제쯤으로 간주되었다.[25]

철학 논의에 의미 있는 개념으로서 장소가 거의 존재하지 않는다는 사실뿐만 아니라[26] 장소를 공간에서 파생된 부차적인 것으로 보는 경향에도 장소에 대한 이런 외면이 반영되어 있다. 공간이 물리적 범위의 좁은 개념과 결부되었듯이, 장소 역시 더 큰 공간적 구조 안에 있는 단순한 위치의 문제로 여겨지게 되었다. 결국 장소는 공간 개념과 분리될 수 없다. 결과적으로, 공간에 특권적 역할이 주어질 뿐만 아니라 공간이 물리적 범위의 좁은 테두리 안에서만 이해되는 구조 속에서 장소에 대한 이해 역시 편협해지고 '공간화되는' 경향이 있을 것이다.

공간과 장소를 이해하는 데서 모두 나타나는 이런 편협함은 데카르트에게서 확연히 드러난다. 확실히 《철학의 원리(Principles of Philosophy)》에서 장소와 공간은 분리되어 이해될 수 없을 만큼 몸의 개념과 긴밀히 연결된 개념들로서 제시된다. '장소(loci)'와 '공간(spataii)'이라는 용어는 어떤 장소에 있다고 이야기되는 몸만을 나타낸다. 이 용어들은 단지 몸의 크기와 형태, 그리고 다른 몸들에 비추어본 어떤 몸의 상대적 위치를 가리킬 뿐이다. "'장소'와 '공간'의 차이는, 장소가 크기나 형태에 대비되는 것으로서 좀 더 분명하게 위치를 지시하는 반면, 우리가 이야기하는 공간은 크기와 형태에 집중된다."[27] 뉴턴은 누구보다 데카르트와 자신의 지위를 구분하는 데 관심이 있었지만, 그 역시 장소를 공간과 긴밀히 연결된 것으로 여겼다. 뉴턴에게는 장소와 공간이 너무 긴밀히 연결되어서 장소가 공간의 파생물로 여겨질 정도였다. 뉴턴은 다음과 같이 쓰고 있다. "장소는 하나의 몸이 취하는 공간의 일부이다. 장소는 주변 환경이나 몸의 외피가 아니라 공간의 일부이다."[28] 더욱이, (몇 가지 예외가 있지만) 그런 콘텍스트에서 뚜렷하게 장소를 선택하는 경우는 드물지만, 뉴턴에게서 뚜렷하게 나타나듯이, 장소를 공간적 장소나 위치의 문제로 이해하는 것은 현대 철학의 논의에서 나타나는 한 가지 특징이다. 그러므로 리처드 스윈번(Richard Swinburn)은 다음과 같이 쓰고 있다. "말 그대로 장소란 어디든 물질적 객체가 있는 곳, 혹은 논리적 가능성으로서, 물질적 객체가 있을 수 있는 곳이다. ……하나의 장소는 참고 틀을 구성하는 물질적 객체에 대한 공간적 관계를 기술함으로써 확인된다."[29] 공간이 더 일반적이고 기본적인 개념으로 보인다.[30] 장소는 단순히 물리적 공간의 구체적인 영역의 하나이거나 그 안의 어떤 위치— 더 정확히 표현하자면, 장소는 상대화된 공간의 테두리 안에서 일단의 공간적 좌표를 활용해 지정할 수 있는 하나의 영역이나 위치를 지시한다—로 이해된다.

철학사의 대부분 시기 동안 줄곧 뚜렷했던 장소 개념이, 워즈워스의 시에 등장하는 '인간화되고 인간화하는' 장소에 관해서 헤니가 했던 이야기에 내포된 개념과 뚜렷하게 대비되는 것은 분명하다(장소에 대한 전근대적 관점과도 대비되는 것으로 볼 수 있다[31]). 장소를 편협하게 이해해서 공간적 위치나 주관적 감정의 문제로 다루는 태도는 너무 빈약해서 워즈워스—혹은 하이데거나 메를로퐁티—에게서 분명하게 나타나는 장소의 의미에는 합당해 보이지 않는다. 패러다임적으로 공간성을 물리학 이론의 한 개념이자 주로 물리적 범위와 연결된 개념으로 이해하는 것 자체가 근본적 장애물을 표상하며 장소를 철학적으로 중요한 개념으로 보는 시각에 도달하려는 어떤 시도에도 방해가 된다. 그럼에도 불구하고 공간과 장소는 너무 긴밀히 연결된 개념이기에(하나의 장소는 공간을 '주어야' 한다. 내가 앞서 주목했듯이, 일정한 '개방성', 혹은 차원을 가져야 한다), 만약 장소가 물리적 공간 안의 한 곳이나 장소(location)라는 어떤 개념으로 간단히 축소되거나 부차적인 것으로 취급되지 않고 명확해지려면, 장소에 대한 분석이 공간에 대한 좀 더 폭넓은 분석을 포괄해야 한다. 곧 공간을 물리적 범위나 위치의 개념들과 결부된 의미로 제한하지 않아야 한다. 그러므로 장소에 대한 적절한 설명에 도달하기 위해서는 공간을 다시 생각할 필요가 있다.

그러나 장소를 단순한 공간적 위치의 문제 이상으로 취급하는 경우, 이는 공간성에 대한 재고를 통해서가 아니라, 흔히 공간을 근본적으로 주관적인 하나의 심리적 현상으로만 취급함으로써 그렇게 한다. 맥스 잼머는 이런 연결에서 장소 자체를 이야기하지 않지만, 그럼에도 불구하고, 정확히 이런 방식으로 공간에 대한 '원초적' 개념을 다룬다. "원초적인 정신에게 '공간'은 단지 구체적인 방위의 우연한 집합일 뿐이었다. 그리고 다소 서열화된 여러 지역적 방향들로서 각 방위는 특정한 감정적 회상들과 결부된다. 이 원초적 '공간'은 개체에 의해 경험되고 무의식적으로 형성된 것으로서 집단, 가족, 혹은 부족에게 공통적인 '공간'과 조화되었을지도 모른다"고 잼머는 적었다.[32] 그러므로 '원초적' 공간 개념은 인간이 세계를 전유하거나 적응하는 문제이다. 바로 그런 시각이 장소에 관한 여러 논의에서 공통적으로 발견된다. 물리학의 이론 밖에서 이루어지는 논의의 경우 더욱더 그렇다.

장소를 중요한 이론적 개념으로 되살려내려는 저자들의 연구에서 장소는 물리적 환경이나 위치에 대한 인간의 반응이라는 문제로 이해되고 단순한 위치와 구별된다. 그리고 이런 점에서 저자들은 공간의 '원초적' 개념에 대한 젬머의 설명에서 결코 빠지지 않는 심리학적 용어들로 장소를 설명하려는 경향이 있다.[33] 하지만 그런 접근법이 결코 장소의 개념 자체를 명확히 하지는 않는다는 난점이 있다. 왜냐하면 장소는 그저 객관적인 물리적 공간의 일부라는 생각과 그것이 주관적이고 감정적이거나 정서적인 특질, 혹은 특질들의 집합이라는 생각이 결합해 장소를 좀 더 근본적인 개념들의 파생물로 다루기 때문이다. 더욱이 그런 접근법에서 특정 공간과 정서적 특질은 순전히 우연한 관계를 맺는 것일 수 있다. 장소에 대한 그런 경험에서 실제 쟁점이 되는 것이 구체적으로 지형적인 경험이라고 전제할 이유는 없으며 공간적 특성을 지닌 경험이라고 전제할 이유도 없다.[34] 특정 공간과 감지된 특질의 결합은, 물리적인 그리고 이런 이유만으로도, 공간상에 위치하는 주변 환경들의 결합에 의해—어쩌면 완전히 우연한 방식으로—유발된 특정한 반응들의 결과에 불과할 수도 있다. 결국 여기서 중요한 것은 장소 자체가 아니다. 감정적 반응—어떤 장소나 로컬리티 개념에도 근거할 필요 없는 어떤 감응—이라는 개념이 중요하다.

물론, 환경에 대한 인간의 반응은 다양하고, 환경은 거의 모든 경험에서 하나의 역할을 하기 때문에, 장소에 대한 설명 역시 다양하다. 장소에 관한 자료들이 양산되면서 니컬러스 엔트리킨(J. Nicholas Entrikin)은 "장소와 지역에 관한 연구에 관해 때로는 모순적이고 때로는 혼란을 일으키는 주장들이 계속 제기돼왔다"고 말했다. 그리고 다음과 같이 덧붙인다. "이런 혼란이 빚어지는 이유 가운데 하나는 이런 개념들이 지시하는 현상들을 포괄할 수 있도록 장소와 지역을 이론적으로 이해하는 일이 우리의 지적 한계를 넘어서기 때문일 것이다."[35] 장소에 관한 설명들이 여러 학과, 여러 저자들 사이와 다양한 자료와 주제들과 관련해서 곳곳에 산재하는 특성 때문에 장소에 대한 좀 더 단일화된 접근을 발전시키려는 시도가 탄력을 받기도 하지만, 엔트리킨의 경고가 분명히 보여주듯이, 그로 인해 그런 시도에 한 가지 뚜렷한 문제가 발생하기도 한다. 그러나 장소의 개념을 그렇지 않았더라면 그저 느슨하게만 연결된 것으로 보일 수도 있는 일단의 관념과 문제들을 편리하게 모두 쓸어담는 개념으로 다루지 않고, 정말로 나름의 자격을 갖춘 개념으로 다룬다면, 좀 더 단일화된 설명을 발전시켜는 일이 반드시 필요하다. 그런 설명의 틀 안에서라야 장소에 관한 논의에서 발견될 문제와 관념들을 정말로 의미 있게 연결할 수 있다는 생각에 어떤 내용을 담는 일이 가능할 것이다.

문제성이 있기는 하지만 핵심 개념으로서 장소의 등장은 인간 존재와 경험의 측면들을 다루는 논의에서 가장 뚜렷하게 나타난다. 단순한 위치 개념을 넘어서는 장소 개념을 요구하는 것이 물리학 이론만은 아닐 것이다(이는 어쩌면 인간 존재와 경험에 대한 철저히 물리학적인 접근들을 모두 의심스럽게 만드는 한 가지 이유로 여겨질 수도 있다). 이런 점에서 장소를 경험적인 것으로서 강조하거나, 환경에 대한 인간의 반응에 결부된 것으로서 강조하는 일은 실제로 장소 자체를 적절히 설명할 가능성을 차단하지만, 그럼에도 불구하고 도움이 된다. 그러나 장소와 경험의 연결에 관한 결정적 주장은 장소가 오직 경험 '안에서'만 마주하게 되는 것이라는 점이 아니라, 오히려 장소가 **경험의 구조와 가능성 자체에 통합된다**는 것이다. 장소에 대한 이런 사고방식은—케이시가 주장하듯이[36]—다소 '간접적'이기는 하지만 하이데거의 연구에서 나타난다.

《존재와 시간》에서 하이데거는 인간의 존재, 혹은 좀 더 적절히 표현하자면, **현존재**(Dasein)를 근본적으로 세계 '안의 존재(being-in)'라는 말로 규정한다. 이로 인해 하이데거는 인간 존재에 적합한 '안의 존재'와, 아인슈타인과 잼머가 근대의 공간 개념에 중요한 요소로 간주했고 하이데거 자신이 '데카르트적'이라고 규정한 물리적 봉쇄의 의미와 결부된 '안의 존재'를 구별한다.[37] 이런 구분에 실패함으로써 하이데거는 세계와 **현존재**의 관계, 예를 들어, 하나의 상자와, 이를테면, 그 안에 '물리적으로 담긴' 사과들의 관계를 이해하는 일에 골몰한 것으로 보인다. 이런 실패에는 또한 상자, 사과, 혹은 다른 물리적 객체들의 존재와 근본적으로 다르지 않은 방식으로 존재하는 것으로서 **현존재**를 보는 시각이 수반되는 듯하다.[38] 하이데거는 이런 시각이 **현존재** 자체를 제대로 이해하는데 적절치 못하다고 여겨 이를 거부한다. 하이데거의 시각에서 볼 때, 이는 **현존재**와 세계, 혹은 세계 안의 사물들과의 관계의 가능성 자체에 문제를 일으키기 때문에 적절치 못하다. 그리고 하이데거에 따르면, 이런 시각이 적절치 못하다는 점은 상대주의적이고 회의주의적인 사고방식의 등장에서 아주 자명해진다.

이 점에서, 하이데거가 공간성에 대한 데카르트의 시각과 결부시키는 '객관주의'는 '주관주의'와 필연적으로 연결된 것으로 보인다.[39] 그리고 이는 공간을 주로 물리적 우주의 특징으로 보는 시각과, 장소나 '의미 있는 공간'을 하나의 인간적 구성물로, (여기서는) 하나의 주관적 구성물로 보는 시각 사이에서 이미 감지된 관계를 반영하는 듯하다. **현존재**의 공간성과 사물의 공간성을 구별하면서, 하이데거는 **현존재**를 철저히 '객관적으로' 다루는 것, 곧 **현존재**를 다른 객체들 속에 있는 하나의 객체에 불과한 것으로 다루는 것이 불가능하다고 역설한다. 반면 세계와의 관계에서 **현존재**에 대한 어떤 '주관적' 이해도 거부한다. 사실, **현존재**는 이미 세계를 포함하는 것으로서 제대로 이해되고 있기 때문에, 하이데거가 후에 어떻게 해서 다음과 같이 말할 수 있었는지 알 수 있을 것이다. "**현존재**는 장소(Ort)로서 먼저 경험되고 그런 다음 제대로 사고되어야 하는 것이다."[40]

하이데거는 장소의 개념이 인간의 존재를 이해하는 데, 그리고 인간의 사고와 경험을 이해하는 데 중요한 의미를 지닌 것으로 볼 수 있는 중요한 예를 제공한다. 사실, 장소를 **현존재**로 보는 하이데거의 사고가 이 책의 연구에 동기를 부여한다. 물론, 서론에서 지적했듯이, 인간 존재에 관한 물음들이 장소에 초점을 맞추어야 하는 이유를 입증하기 위해서 반드시 하이데거를 살펴보아야 하는 것은 아니다. 예를 들어, 정신적인 내용에 관한 외재주의 이론들은 환경과 장소가 정신의 내용 자체를 결정하는 데 직접적 영향을 미친다고 이해할 수 있는 분명한 예를 제공한다. 다음 장들에서 나는 그런 생각들에 의지할 것이다. 그러나 당장은 장소가 눈에 띄기 시작할 수 있는 그런 방식으로 장소의 개념을 확립하고자 한다. 곧 장소를 그저 시공간적 위치라는 좁은 의미에서 보거나 주관적 구성물로 여기는 대신, 장소를 특징적으로 인간적 존재가 근거할 수 있는 것으로서 보고자 한다. 경험이라는 개념(위에서 비판한 '주관적'이거나 '심리학적인' 종류의 장소에 대한 접근법을 개진한 여러 저자들의 연구에 등장하는 개념이다)에 관한 한, 나는 경험—서론에서 지적했듯이 상당히 일반적이고 비경험적인 방식으로 이해한 경험—의 구조와 가능성을 이해하는 일이 장소의 개념을 이해하고 납득하는 데 필수적이라고 주장할 것이다. 물론, 여기서 문제 되는 장소 개념의 정확한 성격은 여전히 명확히 해야 할 것으로 남아 있다. 그리고 그런 명료화가 이어질 장들의 주요 과제가 될 것임을 고려할 때(더욱이 그 과제는 장소의 개념은 물론이고 공간의 개념을 명확히 하는 일도 수반하게 될 것이다), 지금까지 논의에서는 쟁점이 되는 개념에 따라붙는 몇 가지 결정적 특징들을 지적했다.

장소의 개념에 근본이 되는 것은, 개방되어 있지만 그럼에도 불구하고 경계가 있는 영역이라는 생각일 것이다. 이런 영역 안에서 세계의 사물들이 나타나고 사건들이 '발생할' 수 있다. 물론 이런 장소 개념은 좁게 정의된 지점(point of location)보다는 넓은 것이지만 장소를 단지 하나의 '점'으로 여기는 것은 그 개념의 매우 제한된 용법이고 어쩌면 파생적인 용법일 것이다. 우리가 지극히 기본적인 차원에서 장소를 단순히 특정 위치—현재 내가 자리 잡은 위치, 여기 이 자리에—로 생각할 때조차 이 개념은 통상 어떤 장소의 개념, 그럼에도 불구하고 우리가 그 안에 위치한 우리 자신 및 신체를 인식할 수 있게 하는 충분한 범위와 공간이 있어 우리가 세계를 바라보고 그런 시야를 확보하기 위해 우리 자신을 움직일 수 있는 장소, 지점에 대한 어떤 개념을 지닌다. 그러므로 장소들은 내적으로 분화되고 그 안에 등장하는 요소들의 견지에서 서로 연결된다. 반면 해당 요소들은 다른 장소들과도 연결된다. 그렇게 해서 장소들은 서로 나란히 놓이며 교차된다. 또한 장소들 속에 장소들이 포함돼 있어서 사람들은 어떤 장소 안에 자리 잡은 다른 장소를 찾아 장소의 안쪽으로 움직일 수 있다. 물론 좀 더 포괄적인 현장을 찾아 밖으로 움직일 수도 있다. 장소와 장소들의 이런 특질들 가운데 일부는 앞으로 이어질 논의에서 상당히 중요한 생각이 될 것이다. 예를 들어 장소들의 '영소(nesting)'는 장소와 기억의 중요한 연결점이다.

하이데거가 **현존재**의 '안의 존재'가 공간 '안'에 **현존재**가 물리적으로 봉쇄되는 것으로 환원될 수 있다는 생각을 반대하듯이, 장소 개념은 단순히 물리적 공간 안에 위치하는 것(location)이라는 개념으로 환원될 수 없다. 또 장소가 단순히 사물과 결부된 변경 가능한 위치 체계와의 관계에서 볼 수 있는 것도 아니다. 이는 장소를 물리적 공간에서 완전히 떼어내려는 것이 아니다. 어떤 의미에서 장소는 물리적 공간, 그리고 일반적인 물리적 세계의 '결과로 나타나야' 한다. 그렇게 해서 특정한 장소의 구조는 부분적으로 해당 장소의 출현과 관련된 물리적 지역의 구조를 반영할 것이다. 그러나 장소와 물리적 공간의 관계는 세계에 대한 우리의 일상적 대화 영역과 물리학 이론의 관계 못지않게 복잡하고, 그만큼 환원적 분석이 쉽지 않을 것이다.[41] 더욱이, 장소가 이런 의미에서 순전히 '객관적' 개념—그저 순전히 물리적 공간에 존재하는 객체를 참고하면 설명할 수 있는 개념—으로 여겨질 수 없듯이, 순전히 '주관적' 개념으로만 여겨져서도 안 된다. 장소가 대체로 객관적 개념으로 다루어진다는 사실은 내가 앞서 주목했듯이, 장소에 관한 여러 논의—관련 개념을 되살리려는 논의, 설사 암묵적이라고 해도 그것을 일축하려는 논의 모두—에 공통된다. 그럼에도 불구하고 장소가—물리적 세계와 무관하게 구성되지 않는 것처럼—주관성과 무관하게 구성되지 않는다는 것은 분명하다. 그것은 또 독립적인 주체나 주체들의 존재에 의지하지도 않는다. 대신에 주관성 자체가 장소 안에서, 그리고 장소와 관련해서 성립된다. 장소가 주관성 **위에** 확립되는 것이 아니라 오히려 주관성이 **장소 위에서** 확립되는 것이다. 그러므로 먼저 장소 개념이라는 견지에서 세계의 어떤 특질들을 이해하는 주관성을 갖는 것이 아니다. 그 대신 주관성의 구조는 장소의 구조 안에서 장소의 구조를 통해 주어진다. 주관성과 장소의 연결은 이어질 장들에서 좀 더 분명해지겠지만 주관성을 행위와 연결되고 공간성을 체현하는 것으로, 그리하여 주체를 넘어 객체, 사건,

사람들의 세계까지 확장될 수 있는 하나의 구조와 관련해 구성되는 것으로 볼 필요가 있음을 나타낸다. 이런 구조는 여러 면에서 주체의 성격을 결정하게 된다. 주관성—혹은 좀 더 일반적으로 주체와 객체가 모두 등장하는 구조—은 그런 장소 안에서만 가능하다. '현상(appearance)'은 순수한 범위로서의 공간 안에는 없으며 오직 장소의 분화되고 일원적인 구조 안에만 있다.

이 마지막 논점은 주관성이나 객관성의 개념들 못지않게 사회적이거나 상호 주관적인 개념에 적용된다. 장소는 세 가지 모두 위치해야 하는 틀이다. 물론 장소, 공간과 시간이 '사회적 구성물'이라고 이야기하는 경향(사회 이론과 문화 이론 안에서 '사회적 구성물'이라는 개념을 좀 더 일반적으로 활용하는 데서 비롯된 경향이다)이 있다.[42] 그리고 이런 언급은 흔히 쟁점이 장소인지 아닌지를 모호한 채로 남겨두는 경우가 있는데 현재의 콘텍스트에서 그렇게 하는 것은 적절해 보이지 않는다. 장소의 개념은 특정 장소의 구조 안에서 표현되며 이를 통해 표현되는 (그리고 해당 장소를 부분적으로 결정하는 것으로 여길 수 있는) 사회 활동과 제도의 관념을 포괄하고, 그런 사회 활동과 제도들을 제한하며 (인과적 과정들을 수반하며) 때로는 그것들로 제한되는 세계 속의 물리적 객체와 사건들의 개념도 포괄한다. 하나의 특정한 장 안에서 질서를 부여하는 것—그리고 한 사회가 공간과 시간을 정리하는 구체적인 방식—은 사회적 질서(그것이 사회적인 것을 포괄하듯이 장소 역시 부분적으로 사회적인 것에 의해 정교하게 다듬어진다. 장소가 개별 주체들과 근거가 되는 물리적 구조들에서 도출된 질서와의 관계 속에서 정교해지는 것과 같다)와 무관하지 않다. 그러나 이런 점이 장소, 공간, 시간이 단지 사회적 구성물일 뿐이라는 주장을 정당화하지는 않는다. 사실, 사회적인 것이 장소에 선행해 존재하는 것은 아니다. 이는 장소 안에서 장소를 통해서만—그리고 공간화되고 시간화된 질서를 통해서만—표현된다. 그래서 장소는 사회적인 것으로부터 혹은 사회적인 것에 의해서만 '구성될' 수 없다.[43] 사회적인 것의 가능성 자체가 장소의 구조 안에서 생겨난다.

여기서 쟁점이 되는 장소의 구조를 파악하는 데서, 파악되는 것은 개방된 상호작용의 영역이다. 거기서는 다른 사람들, 다른 사물들, 다른 공간들 그리고 다른 추상적 장소(location)들, 그리고 심지어 누군가의 자아까지도 나타날 수 있고 인식될 수 있고 동일시될 수 있으며 상호작용할 수 있다.[44] 그러나 그런 영역의 '파악'에서 문제는 활동하고 경험하는 피조물과 무관한 무언가를 파악하는 주체가 아니다. 그런 지역이나 장소는 단순히 관찰하는 어떤 주체의 시선을 위해 준비되어 있는 것이 아니다. 오히려 내가 이미 강조했듯이, 쟁점이 되는 구조는 경험하는 피조물 자체를 포괄하고 그래서 주관성의 구조는 장소의 구조 안에서, 장소의 구조를 통해 주어진다. 객관성의 개념에 대해서도 비슷한 이야기를 할 수 있을 것이다. 적어도 객관성의 개념이 단순한 물리적 존재가 아닌 하나의 주체에게 제시될 수 있는 것을 언급하는 것이라고 이해한다면, 그렇게 말할 수 있다.[45] 이런 점에서, 객체의 개념은 그 자체가 오직 장소 안에서만 확립되고 그로 인해 어떤 주체와의 관계 속에서만 확립될 수 있는 것이다. 이렇게 말할 때 주체와 객체 **모두** 동일한 구조 안에 '자리 잡아야(placed)' 하는 것이지 둘 가운데 어느 하나가 해당 구조의 바탕에 놓인 토대가 되는 것이 아니라는 점을 기억해야 한다. 물론—일단의 객체들 혹은 어떤 주체의—어떤 특정 장소의 존재는 **인과적으로** 일단의 물리적 과정과 구조들에 의존할 것이다. 그러나 장소가 이런 과정이나 구조로 간단히 환원될 수 있다는 뜻은 아니다. 장소, 자아와 타자, 주체와 객체의 언어는 물리적 과정의 차원에서만이 아니라 작용과 태도의 가능성과 연결되는 방식으로 세계를 묘사한다. 그리고 특정 장소의 존재는 인과적으로 특정한 물리적 과정의 존재에 의지할 수 있지만 이런 과정들을 묘사하고 경험하고 이해하는 능력—그런 능력들은 객관성과 규칙성의 개념을 통해서만 파악될 수 있으며 심지어 과정 자체의 개념들을 통해 파악될 수 있다—은 장소의 틀 안에서만 생기는 것이다.

그럼에도 불구하고 누군가는 공간과 장소에 대한 물리학 이론의 설명이 다른 설명들보다 더 '객관적'이라고 주장할지도 모른다. 그리고 이와 관련해, 물리학적 설명에서 공간과 장소가 어떤 주체와도 무관하게 존재하는 것으로 다루어지는 데 반해, 여기서 이미 언급되었던 설명들을 포함해서 다른 설명들에서는 주체가 없으면 장소도 없고 어떤 의미에서는 공간도 있을 수 없다는 의미에서, 물리학적 설명이 더 낫다고 주장할지도 모른다. 더욱이 여기서 '객관적'이라는 용어의 사용은 이미 그 자체가 다른 설명들보다 물리학적 설명들에 합치된다는 것을 우선시하는 쪽으로 향하고 있다. 하지만 최소한 이것이 '객관적'이라는 용어의 일차적이고 가장 중요한 사용법인지는 논란의 여지가 있다. 더욱이 (이어질 장들에서 분명해지겠지만 장소를 확립하고 명료하게 하는 것이 작용과 활동에 연결되기 때문에) 주관성과 장소의 상호 의존성을 주장하는 내 설명과, 장소를 그저 주관적 위치의 파악에 따른 산물로 여기는 (그에 따라 장소를 근본적으로 주관의 정신적 삶의 한 특징으로 여기는) 설명들 사이에는 중요한 차이가 존재한다. 내 설명에서 장소와 주체의 존재 사이의 관계는 진실과 화자의 존재 사이에서 얻을 수 있는 관계와 유사하다. 화자가 존재하기만 한다면 진실이 존재한다고 말할 수 있을 것이다. 그럼에도 불구하고 이는 진실이 어느 정도 '주관적' 개념이라서가 아니며 우리에게 이런 의존성을 거두어버릴 좀 더 '객관적인' 분석을 추구하라고 요구하지도 않는다. 화자에 대한 진실의 의존성은 단순히 진실의 가능성이 언어의 존재에 달려 있기 때문일 뿐이다. 그리고 언어와 말하기가 동시에 등장하기 때문에 언어는 화자가 존재하는 곳에서만 존재할 수 있다.

그러나 이런 고려에도 불구하고 사람들이 경험과 사유가 내가 앞서 장소의 관념이라는 견지에서 설명했던 종류의 복잡한 구조로 이해되어야 한다는 생각을 받아들일지도 모르지만, 장소에 관한 그런 이야기가 실은 유비나 메타포에 불과하고 자명하기는커녕 오히려 모호하게 만드는 번드르르한 겉치레일 뿐이기에 그런 이야기가 적절치 않다고 생각할 것이다. 물론 메타포와 유비가 그저 '겉치레' 정도로 다루어져야 하는가를 둘러싸고 논란이 일었고 이는 많은 철학서들에서 논증되었다. 더욱이 실제로 보장되는 것보다 더 선명하게 메타포와 유비를 언어의 '자구적(字句的)' 사용과 구분하는 경향이 있다. 내가 앞서 지적했듯이 공간적이고 지형적인 용어들과 관련된 경우 특히 그렇다. 그러나 이 점을 차치하더라도 **오직** 공간과 장소가 물리학의 '객관적' 언어와의 관계 속에서 채용될 때에만 자구적으로 사용된다고 가정하는 것은 (내가 앞서 주목했듯이, 객관성의 관념을 포함해서) 이 용어들을 이해하는 특정 방식의 우위를 이미 상정하고 있는 것이다. 하지만, 이런 우위는 의문스러울 뿐만 아니라 용어 자체의 개념적 복잡성을 모호하게 하는데도 기여할 수 있다. '장소'가 이런 콘텍스트에서 단지 하나의 메타포로 남을 수 있다는 주장은 간단히 장소의 본질에 관한 구체적이고 상당히 편협한 시각을 재확인하는 것으로 관련 개념의 복잡성에는 걸맞지 않아 보인다.

더욱이, 여기서 자구적 사용과 메타포적 사용을 분리하고 메타포적인 것보다 자구적인 것을 우선시한다는 생각을 고수하는 것은 특정 양식의 철학적 접근법을 지시한다. 철학 연구는 복잡한 구조를 좀 더 단순한 구성요소들의 연쇄로 축소하는 데 골몰하며 거기서 이해란 일차적으로 그런 기본 구성요소들이 부분을 형성하는 더 큰 구조의 관점(perspective)에서 해당 요소들을 이해하는 게 아니라 서로 분리해서 이해하는 문제라고 보는 접근법이다. 이런 접근법의 경우에 메타포적 사용 가능성을 의심하는 것은 당연한 일이다. 그런 사용이 더 단순하고 기본적인 구성요소들의 견지에서 더 잘 분석되는 복잡한 구조를 은폐할 수도 있기 때문이다. 내가 여기서 채용했던 장소 개념이 자구적이거나 메타포적 사용을 수반한다고 봐야 하는지 의문스럽다는 점을 나는 이미 지적한 바 있다. 사실, 그것은 파고들어봐야 별 소득이 없는 질문일 것 같다. 그러나 내가 명확히 하는 데 착수한 장소 개념은 이미 환원이나 단순화보다 상관성에서 구조들의 탐색을 주장하는 하나의 분석 방식(그것이 올바른 단어라면)으로 기울어 있다. 사실, 이 책에 묘사된 종류의 모든 '장소'가 지니는 특성은 그 안에 있는 요소들이 모두 장소의 구조 안에서만 자명한 한편 장소 자체는 안에 있는 요소들의 상관관계에 의지한다는 점이다. 장소는 또 다른 장소들과의 상관관계에도 의지한다. 결과적으로 장소에 관한 이런 개념 자체가 그것을 자율적 구성요소들로 환원시키는 어떤 분석도 거부하는 하나의 구조라는 개념이다.

서론에서 나는 케이블의 주장을 언급한 바 있다. 그는 철학이 시작할 수 있는 유일한 장소는 '여기, 사물들 가운데'[46]라고 주장했다. 그리고 장소 자체가 현재의 연구에 출발점을 제공하기 때문에, 여기 적용된 접근법은 자신의 세계로부터 추상된 주체나 시작을 위한 '장소'로서 주체에서 추상된 세계를 살피지 않고 우리가 이미 우리 자신을 발견하는 현장(locale)이나 장소를 살핀다. 이 장소는 주체와 객체, 자아와 세계가 모두 함께 존재하는 장소이다. 더욱이, 이 출발 장소는 연구 전체에 결정적으로 중요하다. 왜냐하면 이 책에서 진행하는 연구의 목표는 우리를 이런 장소에서 멀어지게 하는 것이 아니라 이를 탐색하고 해당 구조의 윤곽을 드러내는 것이기 때문이다. 내가 앞서 주목했던 것처럼, 장소의 개념은 경험에 대한 탐구에 중요한 초점을 제공할 뿐만 아니라 이 책에 적용된 접근 방식과 이 책에서 개진된 설명의 구조 모두에 하나의 모델을 제공한다.

하나의 장소 안에 있는 다양한 요소들이 함께할 때 그것들이 장소에 특성과 정체성을 부여하듯이, 그리고 나름의 정체성을 위해 장소 자체의 구조에 의지하듯이, 경험의 가능성들이 의지하는 구조적 요소들 역시 어떤 경우에도 해당 요소들을 부분으로 하는 전반적 구조와 무관하게 설명될 수 없다. 그러므로 경험의 구조와 가능성의 문제에 대한 접근 방식은 구조를 하나의 근본적인 요소나 원칙으로 환원하지 않는 방식이어야 한다. 반드시 해야 할 일은 구조를 여러 요소들의 상호작용을 통해 만들어지는 하나의 전체로서 보여주는 것이다. 여기서 문제가 되는 구조는 어떤 풍경의 지형적 특징들의 관계를 통해 보이고 지형도 위에서 윤곽이 그려지는 것으로서—특히 장소에 제대로 초점을 맞춘 형식의 하나로서—예시된다. 그렇게 해서 사실, 지형학적 조사의 실천은 이 책에서 수행된 연구에 말끔한 분석과 모범을 제공한다.

지형학적 조사에 관한 영국의 오래된 국정교과서에 따르면, 지형학적 조사는 "지구의 물리적 특징들을 측정하는 과학, 곧 기술적으로 시행되는 과학이며 지구의 물리적 특징들의 윤곽을 그리는 기술, 곧 과학적으로 통제된 기술"[47]이다. 항공 조사와 위성 지도 기술의 등장은 지난

100년은 물론이고 지난 40년에 걸쳐 실무 작업에 큰 변화를 가져왔지만, 그럼에도 불구하고 지상의 조사자를 위한 기본 원칙들은 여전히 그대로이다. 20세기 이전에 조사자들은 원칙적으로 경위의와 사슬, 좋은 눈과 손, 그리고 튼튼한 두 다리에 의지했다. 예나 지금이나 기본 도구만 가지고 지금껏 지도에 담긴 적 없는 지역을 눈앞에 둔 조사자에게 지형학적 조사는 어떤 지역 안에서 지도를 작성해내야 하는 일이다. 거리와 각도의 측정만으로, 그리고 삼각측정과 횡단을 거듭함으로써만 해당 지역의 지형도를 그려낼 수 있다. 그런 조사자의 경우에 해당 지역을 벗어나면 그 지역에 대한 정확한 지형도를 얻을 수 없다. 그러므로 정확한 지도는 정확히 지역에 대한 조사자의 적극적 개입을 통해서만 만들어질 수 있다. 더욱이 지역에 대한 순수 지형학적 이해는 지형 아래에 있는 심층의 지형을 살피지 않는다. 그 심층의 지형은 지형 안에서 우리의 능동적인 개입을 통해 분명해졌다. 그런데 그렇게 발견해야 하는 '더 깊은' 지형이란 존재하지 않는다. 땅이란—거의 글자 그대로—땅의 표면 **아래**에 감추어진 것이 아니라 표면 **위**에 놓인 것이다. 우리가 이런 지형학의 메타포를 분석을 위한 안내자로서 진지하게 받아들인다면, 문제가 되는 다양한 요소들을 그것들이 환원될 수 있는 바탕의 구조라는 차원이 아닌 그들 나름의 상관관계라는 차원에서 이해하려 할 것이다.(여기서는 다음과 같은 사실을 인정하는 것이 중요하다. 곧 이 메타포가 장소 자체에 대한 구체적 분석을 제공할 뿐만 아니라 그 안에서 분석이 개진될 수 있는 하나의 틀을 확립한다는 점에서 일차적으로 방법론적 의의를 지닌다. 이런 이유 때문에 해당 메타포는, 예컨대, 우리에게 선입견을 주어 장소를 그저 지도로 그릴 수 있는 무엇으로 여기는 설명으로 기울게 하는 것이라고 해석될 수 없다.) 사유, 경험, 지식을 낳는 구조의 이해에 관한 한, 그런 '지형학적' 분석 방식은 문제의 개념들이 단순화가 아니라 상호 의존성을 통해, 곧 환원이 아니라 상관관계를 통해 이해되어야 한다는 것을 함축한다. 이런 점에서, 비트겐슈타인이 수리철학에 관한 강의에서 한 언급들은 특별한 울림을 갖는다. "나는 지금 당신이 특정 국가를 돌아보게 하려고 노력하고 있다. 철학적 어려움들이 생겨나는 것은 …… 우리가 낯선 나라에서 자신을 발견하고 우리의 길을 알지 못하기 때문이라는 점을 보여주려 노력할 것이다. 그래서 우리는 도시의 어느 한 곳에서 다른 곳으로 옮겨감으로써, 그리고 계속해서 그곳에서 또 다른 곳으로 옮겨감으로써 지형을 배워야 한다. 그리고 우리는 너무 자주 이렇게 해야 하기 때문에 어디에 도착하든 곧바로 혹은 잠시 둘러본 후 곧 자신의 길을 알게 된다."[48] 여기서 시사되는 철학의 개념은 나 자신이 지형학의 개념을 활용하면서 좀 더 분명하게 설명한 것이며 이 책의 결론 부분에서 다시 돌아갈 것이다.

장소의 복잡성은 지형학의 조사자가 조사 지역의 지도를 만들기 위해 진행하는 삼각측정과 횡단이라는 복잡한 과정에 반영되어 있다. 지역 전체에 대한 전망을 얻으려면 여러 번 관찰해야 한다. 관찰은 서로 어느 정도 중복된다. 그러므로 지형학의 조사 과정은 지표면을 거듭 횡단하고 하나의 이정표에서 다른 이정표로 옮겨가며 조사를 거듭함으로써 지역의 복잡한 구조에 도달하는 과정이다. 이 과정에서 지역 자체는 시야에서 사라진 것처럼 여겨질 수도 있다. 구체적인 전망과 측정을 강조하면서 지역이 잊혀진 것으로 보일 수도 있다. 사실, 하나의 전체로서 해당 지역에 대한 전망이 조사 지도의 형태로 등장할 수 있는 것은 해당 과정의 마지막 순간뿐이다. 과정의 복잡성과 지역 자체의 분명한 소멸은 구체적 관측과 측정에 초점을 맞추면서 이 책에서 수행된 기획과 유사한 면이 있다. 장소의 윤곽을 그리는 일은 오직 수많은 개념 '지표들'

에서 이루어진 다양한 관측을 아우르고 문제의 지역을 전반적으로 폭넓게 종횡하는 여정을 진행하는 과정에 의해서만 달성될 수 있다. 장소는 오직 그런 여정, 곧 관측과 재관측을 통해서만 이해할 수 있다.

여기서 장소를 결정적 개념—주관적인 것과 객관적인 것을 모두 포괄하는 하나의 구조—으로 받아들이기 때문에 **공간**의 개념이 부정되거나 버려진다고 생각해서는 안 된다. 《존재와 시간》에 등장하는 분석에서 하이데거 자신은 공간성이 **현존재**의 구조에서 담당하는 필수적인 역할을 지지하지 않으려 함으로써 자신의 설명에 극복할 수 없는 문제들을 초래한다. **현존재**에 적합한 공간성을 객체의 공간성과 구별해야 한다는 하이데거의 주장 때문에 《존재와 시간》에서 그는 공간성을 언제나 부차적이고 시간성에서 파생된 것으로 다루게 된다. **현존재**에 합당한 '존재의 공간성'조차 늘 이런 식으로 파생된다고 주장된다. 그래서 《존재와 시간》에서 하이데거는 거의 존재의 공간성을 시간성의 한 형태로 환원하는 듯하다.[49] 그럼에도 불구하고 '객관적' 공간성만으로는 인간의 '세계 안의 존재'를 이해하기에 부족하며, 순전히 시간적인 개념도 마찬가지일 것이다.[50] 사실 공간성에 대한 하이데거의 분석이 초래한 난관이 《존재와 시간》의 미완적인 특성 자체에도 작용하고 있다는 데는 의심의 여지가 없다.

사실, 이미 분명해졌듯이, 공간이 시간과 분리될 수 없듯이, 장소 개념 역시 공간 개념과 분리될 수 없다.[51] 물론, 이는 공간 개념이 쉽게 전제될 수 있다는 의미가 아니다. 장소의 의미를 재평가하고 인정하는 데 공간과 장소의 관계를 인정하는 일이 포함되지 않고, 그래서 공간 개념 자체에 대한 재평가가 포함되지 않는다면, 이는 관련 문제들을 다른 문제들로 대체하는 결과를 가져오고 말 것이다. 다음 장에서는 주로 주관성 개념과 객관성 개념에 대한 면밀한 분석은 물론이고 공간 개념에 대한 면밀한 분석에 중점을 둘 것이다. 공간성을 객관적인 물리적 범위나 위치라는 개념으로만 분석할 수 있는 단순 개념으로 다루기보다 주관적 측면과 객관적 측면을 모두 포괄하는 하나의 복잡한 개념으로서 보여줄 것이다. 사실, 이런 개념들을 표준적으로 다룰 때 공간과 장소의 관계—그런 취급에 따르면 단순한 위치(location)의 문제로 이해된 장소는 공간에 근거한 물리적 범위로 여겨진다—는 이런 개념들을 좀 더 풍부한 의미로 이해할 때 어느 정도 역전된 모습으로 드러날 것이다. 만약 공간의 복잡성은 하나의 피조물이 세계에 개입하는 일과 관련해 생겨나는 것이라고 설명하고 싶다면 공간성이 그저 단일한 공간의 더 큰 구조가 아니라 단일화되고 포괄적인 장소의 구조 안에 놓인 것으로 보는 사고방식을 살펴보아야 한다. 더욱이, 이처럼 더 큰 구조를 탐색할 때는 단지 공간성 개념뿐만 아니라 주관성 개념과 객관성 개념, 상호 주관성 개념의 상관관계를 숙고해야 할 것이다. 물론 작인과 인과성의 개념도 고찰해야 할 것이다.

공간성의 구조

객관적인 공간적 세계라는 관념을 지닌 사상가라면 …… 틀림없이 그가 세계를 인지하는 것은 세계 안에 있는 자신의 위치 때문이며 동시에 그 위치에 있는 세계의 조건 때문이라는 점을 생각할 수 있다. 인식할 수 있는 객관적이고 공간적인 세계라는 바로 그 개념과, 세계 **안**에서 자신의 변화하는 위치와 세계가 존재하는 어느 정도 안정적인 방식 때문에 주체는 그 자신의 인식 과정과 함께 세계 안에 존재하는 것이라는 생각을 동반한다.

－개러스 에번스, 《언급의 다양성(The Varieties of Reference)》[1]

공간을 물리학 이론에 등장하는 견지에서만 보거나 "객관적으로" 인식된 것으로만 보는 데—특히, 많은 현대 철학의 논의에서 나타나는 형식으로 공간을 인식할 때—에 따르는 한계들은, 우리가 우리 자신처럼 사유하는 피조물들이 세계 속에서 자신을 발견하는 방법을 검토할 경우에만, 분명하게 드러난다. "심리적" 공간과 "기하학적" 공간의 차이를 논하면서, 에른스트 마흐(Ernst Mach)가 주목하듯이, "동물에게 반드시 있어야 하는 가장 중요한 것은 **그들 신체의 각 부위**이며 그 신체 부위들 사이의 관계이다. ……**기하학적 공간은 물리적 신체들이 서로** 맺고 있는 관계들만 포용한다. 그래서 이런 관계에 놓인 동물체는 전혀 설명되지 않은 채로 남아 있다."[2] 조만간 분명해지겠지만, 살아 있는 피조물들이 공간 '안'에서 자신을 발견하는 방식, 곧 그들이 자신의 신체와의 관계 속에서 그리고 다른 신체들과의 관계 속에서 자신을 발견하는 방식을 이해하는 데는 물리학 이론 안에서 명확해진 공간 개념 이상의 것이 필요하다. 더욱이, 장소의 개념 자체가 공간의 개념과 연결되어 있기 때문에 물리적이고 객관적인 공간에만 초점을 맞추어 공간을 보는 데서 오는 한계 역시 사실상 장소에 대한 올바른 이해에 도달하려는 모든 노력을 약화시키는 심각한 제약을 초래할 것이다.

결론적으로, 우리가 좀 더 적절한 방식으로 장소의 문제와 공간의 문제를 검토해야 한다면, 공간과 그 안에 위치한 다른 피조물들의 관계를 포함하는 관점에서 공간의 개념을 고려할 필요가 있다. 이는 우리가 공간을 물리적 확장이나 위치의 견지에서 검토해야 할 뿐 아니라 인지할 수 있는 객체들이 존재할 수 있는 하나의 공간으로서, 움직임이나 활동의 공간으로서 보이는 그대로의 공간을 검토해야 한다는 의미이다. 그러나 이처럼 움직이는 주체에 초점을 맞춘다고 해서 여기서 적용된 접근법이 순전히 '심리적' 접근법임을 함축하지는 않으며 '주관적인' 것을 우선시하는 입장에 완전히 편향된 것도 아니다. 이어질 논의에서 명백해지겠지만, 작인의 가능성은 주관성 개념과 객관성 개념을 모두 포괄하며 주체에 의지하거나 주체에서 도출된 특색들의 견지에서만 설명될 수 없는 구조에 의지한다.

세계 속에서 조직적 행동을 할 수 있는 피조물이라면 자신과 자신을 둘러싼 사물들의 차이를 조금이라도 파악해야 하듯이—그러지 않으면, 피조물은 자신이 그저 하나의 수동적 관찰자에 머무는 다른 사건들에서와 다를 바 없이 자신의 행위를 구별하고 통제할 수 없을 것이기 때문이다—어떤 피조물이 신체 부위, 혹은 몸 전체를 조절하고 움직일 수 있으려면 어느 정도 공간을 파악해야 한다. 사실, 스스로 움직일 수 없고 움직이기 위해 외부 에너지원에 의지해야 하는 피조물조차도 자신의 위치와 방향을 감지하려 한다면 어느 정도는 공간을 파악하고 있어야 한다. 어떤 피조물이 공간을 "파악한다"고 말할 때 내가 의미하는 것은 적어도 피조물이 어떤 공간적 틀을 사용할 능력을 지닌다는 뜻이다. 나는 이를 다음과 같은 뜻으로 받아들일 것이다. 어떤 피조물의 행위가 다음과 같을 때, 곧 그 행위에 대한 설명이나 그 행위의 일정한 사례에 관한 설명이 문제의 공간적 틀을 반드시 참고해야 하는 종류의 것일 때, 해당 피조물은 어떻게 조성되었든―그것이 유기적으로 형성된 것이든 비유기적으로 형성된 것이든, 그 존재 방식이 자연적인 것이든 아니면 "제조된" 것이든―"어떤 공간적 틀을 활용할 능력을 지니고 있다"고 할 수 있다. 그래서 미로 속에서 길을 찾아갈 수 있는 쥐의 능력을 최소한으로라도 설명하기 위해 어떤 공간적 틀을 반드시 참고해야 하는 경우, 쥐가 공간을 파악한다고 이야기할 수 있을 것이다.

길을 찾는 능력을 보이는 쥐 같은 경우, 우리가 어떤 구체적인 공간적 틀을 참고하지 않고 그 피조물의 동작을 설명할 수 없다면, 이는 적어도 관련 틀 자체가 동작을 결정하는 데 어떤 역할을 한다―어쩌면 (이것이 결코 논란의 여지 없는 문제제기 방식을 의미하지 않지만) 피조물의 두뇌 속에 그 틀을 내적으로 재현한다―는 주장을 뒷받침하는 자명한 사례라고 상정된다. 그러나 어떤 피조물이 문제의 행위를 설명하는 데 **최소한으로** 필요한 것 이상으로 관련 틀을 파악한다고 상정할 이유는 없을 것이다. 그러므로 미로를 헤매는 한 마리의 쥐가 미로 밖 공간을 파악했다거나 문제의 길 찾기 행위를 성공적으로 완수하는 데 필요한 최소한의 능력을 넘어서서 미로의 공간적 특징들을 파악했다고 여길 필요는 없다. 비록 구체적인 경우에 "최소한의 요건"으로 고려해야 하는 것을 두고 늘 논란이 일기는 하지만 말이다.

그럼에도 불구하고 최소한의 길 찾기 능력을 보이는 피조물에게 실제로 문제의 특정 행위를 설명하는 데 필요한 것보다 더 많은 것을 귀속시키려는 경향이 있다. 그렇게 하는 경우에, 부가적으로 귀속된 능력들이 다른 상황에서 해당 피조물의 행위의 다른 측면들을 설명해주는 한, 그 능력들을 피조물에게 귀속시키는 것이 정당하다고 생각할 수도 있다. 이런 점에서, 문제의 피조물이나 메커니즘이 오직 아주 협소한 행위의 레퍼토리만 보여주는 경우에 일반적인 기술과 능력들을 귀속시키는 데는 각별한 주의가 필요하다. 그러므로 공간의 통행은 매우 제한된 범위의 행위들을 가능하게 하는 지극히 단순하고 계획적이지 않은 체계들에서 검증될 수 있다. 예를 들어, 현대의 미사일 체계는, (걸프전에 사용되어 증명된 것처럼) 실패가 없는 것은 아니지만, 표적을 향해 자동으로 길을 찾을 수 있고 그러면서 먼 거리를 돌파하며 성공적으로 길을 찾았지만, 그럼에도 불구하고 그런 미사일이나 이를 유도하는 컴퓨터 체계가 의미 있는 정도로 공간을 "파악했다"고 여길 필요는 없어 보인다. 미사일의 움직임은 단지 특정 자극에 특정한 방식으로 반응하도록 프로그래밍된 능력에 따른 결과일 뿐이다.[3]

하나의 피조물이 공간을 파악하고 있다는 것은 그 피조물이 반드시 하나의 공간적 틀을 참고해야만 설명할 수 있는 행위를 보인다는 것이다. 이런 규정의 소극적 특성을 감안한다면, 공간을 파악한다거나 이 글에서 사용된 의미에서 어떤 공간적 틀의 채용 능력을 지닌다는 것이 반드시 공간 **개념**을 파악한다거나 그런 틀 **개념**을 파악하는 것일 필요는 없다. "파악하다"라는 개념이 반드시 개념적 사고를 위한 완전한 능력을 지시하는 것은 아니라는 점에 주목해야 한다.[4]

물론, 이 구체적 사례에서, 이는 어떤 피조물이 공간을 파악한다고 주장하는 것이 해당 피조물이 공간의 **개념**이나 **관념**을 갖는다는 또 다른 주장을 약속하는 것으로 받아들여서는 안 된다는 뜻이다. 데이비드슨이 말한 것처럼, "〔하나의〕 피조물은 그것이 속한 세계의 '지도'를 구축할 수 있지만 그것을 어떤 것의 **지도**로 생각하지 못할 수도 있다."[5] 그러므로, 우리는 공간 개념의 파악을 포함하는 공간의 파악과 어떤 동작 능력이나 성향만 있는 공간의 파악을 구별해야 한다.[6]

이어질 논의의 상당 부분이 초점을 맞추고 있는 것은 개념들—다른 개념들은 물론이고 공간 개념들—의 파악이다. 이어질 논의의 상당 부분이 기대고 있는 것은 특정 관념이나 구조들의 필연적 관계들—또 다른 어떤 최소한의 의미로서가 아니라 개념적으로 파악된 것으로서 관념이나 구조들 사이에서 일차적으로 얻은 관계들—에 관한 주장들이다.[7] 그렇다면(특히 내가 지형학적 관념들에 호소했던 것을 고려한다면), 여기서 수행되는 것이 사유와 경험의 가능성에 필수적 선행 조건인 개입(involvement)의 구체적 능력과 형식의 지도를 그려내는 것이라고 말할 수도 있을 것이다. 더욱이 내 주된 관심은 인간에게서 예를 찾을 수 있는 사유나 경험의 가능성에 있기 때문에 내 논의의 대부분은 **개념들을 판단하고 파악하는** 능력과의 관계에서 나타나는 사유나 경험의 가능성에 초점이 맞춰질 것이다. 만약 사유와 경험에 대한 이야기가 **정신적 내용**(mental content)의 가능성(그리고 이는, 부분적으로, 3장에서 구체적으로 문제를 다루는 방식이 될 것이다)에 초점을 맞춘다면, **명제적 내용**(propositional content)이 될 것이다.[8]

공간의 파악과 관련해서, 한 가지 더 명심할 것이 있다. 공간 개념을 파악하는 데 공간에 관한 특정 **이론**이나 공간을 언급하는 데 사용되는 특수한 용어의 파악이 필요하지는 않다. 만약 그래야 한다면, 우리는 유럽인들과 접촉하기 전 오스트레일리아의 애보리진들과 고전 시대 그리스인들이 어떤 식으로든 개념적으로 공간을 파악하고 있었다는 사실을 부인해야 하는 상황에 놓일 것이다. 그리고 (최소한 공간 개념의 근대적 이해라는 견지에서는) 두 경우 모두 공간 자체를 이론적으로 명확하게 파악하지 못했다고 볼 수도 있지만, (비록 우리 자신의 것과 다를지라도) 그들에게 공간과 지형에 관한 복잡한 어휘들이 있다는 사실은 그들이 공간적이고 지형학적인 틀을 개념적으로 뚜렷이 파악하고 있었음을 입증하는 것이다.[9] 나는 공간 개념의 파악이 인간의 경험과 사유에서 특유하게 나타나는 세계에 대한 경험과 이해에 필수적이라고 주장할 것이다. 데카르트 이후 근대 철학의 견지에서 공간을 분명하게 이해하지 못한다는 것 자체가 공간에 대한 이해가 결여되었음을 나타낸다고 상정한다면, 그것은 크나큰 오산일 것이다.

하나의 피조물이 공간을 파악하기 위해서는, 그리고 어떤 공간적 틀의 활용 능력을 갖추기 위해서는, 최소한 주변 환경의 특징과 관련해서 자신의 위치를 알 수 있어야 한다. 이는 하나의 피조물이 균형을 잡고 정해진 방향으로 움직일 수 있으려면 반드시 필요한 선행조건일 것이다. 확실히, 그런 균형 있는 움직임에 의한 동작을 설명하려면 반드시 어떤 공간적 틀을 참고해야 하고 그래서 그런 설명은 해당 피조물이 어느 정도 공간을 파악하고 있다는 증거로 여겨질 수 있을 것이다. 더욱이 이런 식으로 스스로 방향을 정하거나 자신의 위치를 파악하는 데 필수적인 공간 파악을 결여한 피조물이 어떤 식으로든 공간을 파악하고 있다고 말할 수 있을지는 의문이다. 명백히, 공간의 파악이 동작 능력과 직결되고, 그래서 어떤 개념적 파악을 포함하는 것으로 이해되지 않는 경우에, 스스로 방향을 정하고 위치를 파악할 능력이 없다는 것은 공간에 대한 어떤 파악을 갖추고 있는 것에 부합하는 방식으로 동작할 능력이 없음을 내포하는 것으로 볼 수 있다. 그리고 공간의 파악이 공간 개념에 대한 파악을 수반하는 경우에, 자신의 방향을 정하지 못하고 위치를 파악하지 못하는 장기적이고 지속적인 무능력은 공간 개념의 파악에도 불리할 것이다. 왜냐하면 어떤 피조물이 공간 개념을 자신의 경험에 적용할 수 있어야 한다는 것은 해당 피조물이 공간 개념을 지니기 위한 전제조건으로 보이기 때문이다. 문제의 무능력은 "장기적이고 상존하는 것"이어야 한다. 왜냐하면 어떤 피조물이 마비되었거나 일시적으로 장애를 일으켰다고 해서 **그로 인해** 곧바로 스스로 방향을 정하고 자신의 위치를 파악할 수 있는 모든 능력을 상실한 피조물이 되는 것은 아니고 공간 파악을 상실한 피조물이 되는 것도 아니기 때문이다. 반면, 스스로 움직일 능력이 전혀 없거나 환경과 조화로운 방식으로 상호작용할 수 없는 피조물은 해당 환경 안에서 자신의 위치를 파악하거나 이 환경과 관련해서 방향을 설정할 수 있는 피조물이 될 수 없다. 그리고 그렇기 때문에 공간을 파악한다고 이야기할 수 있는 피조물도 아닐 것이다. 어쩌면 어떤 피조물이 자신의 위치를 파악하거나 방향을 정하기에 충분할 만큼 공간이나 공간 개념을 파악하고 있지 않다면, 그 피조물이 공간을 파악한다거나 공간 개념을 파악한다고 얘기할 수 없다고 말하는 편이 쟁점을 좀 더 분명히 하는 일일 것이다.

여기서 쟁점이 되는 방향을 설정하거나 위치를 파악하는 피조물의 능력에 내포된 공간의 파악이 자신과 환경에 대한 피조물의 자각과 긴밀히 연결되어 있음은 분명하다. 그 피조물이 사실상 자각하고 있는 특징들을 수단으로 삼음으로써 자신의 방향을 정하고 위치를 정할 수 있다는 점에서, 공간의 파악—피조물 자체의 과거와 현재의 경험—은 그런 자각과 곧바로 연결되는 것이 분명하다. 그러므로 쟁점이 되는 공간 개념이 피조물 자신의 자각적인 경험과 어느 정도 연결되어 있는 하나의 공간—심지어 우리는 여기서 쟁점이 되는 공간을 '경험적' 공간이라고 이야기할 수도 있다—인 이상, 그것은 공간에 대한 '주관적인', 곧 '자아중심적인' 개념이라고 이야기할 수 있을 것이다. 그런 말은 어떤 피조물이 자신이 놓인 공간을 어느 정도 "파악"해야 한다면 그 공간이 조직되는 주변의 특징 혹은 특징들을 어느 정도 의식하거나 경험해야 한다는 사실을 강조한다. 좀 더 일반적으로 이는 어떤 피조물의 주관적 공간이 정확히 그 피조물 자체가 세계에 개입하는 공간—피조물이 활동하고 그 행위들이 겨냥하고 위치하는 자각의 공간—이 되는 방식을 가리키는 것으로 여겨질 수 있다. 이런 이유 때문에 우리는 그런 공간을 관점(perspectivity)이라는 개념으로 규정할 수 있을 것이다. 그러므로 주관적 공간은 태생적으로 관점의 공간이다.[10] 그러나 관점의 개념이 이런 식으로 채용될 수 있다면, 이는 관점을 단순히 하나의 '점'으로 환원하지 않는 그런 개념이 되어야 한다. 주관적 공간은 관점의 공간이지만 이는 또한 일정한 방향성과 그 방향으로의 확장(범위)을 갖는 공간이기도 하다. 이는 행위를 위한 '공간을 제공하는' 공간이다.

어떤 피조물이 내가 '주관적' 공간이라고 부르는 것을 파악하는 일은 그 피조물이 지닌 감각, 인지, 운동 능력의 복합체와 분리될 수 없다. 활동하고 주변 환경의 여러 측면과 상호작용할 능력과 분리될 수 없을 뿐더러 신체적이고 환경적인 자각과도 분리될 수 없다. 대체로 특정한 주관적 공간이 형성되는 관점을 규정하는 것은 바로 그런 능력들이다. 그런 관점은 일반적 차원에서 감각, 인지, 운동 능력 자체와의 관계에서 규정되어야 한다고 볼 수 있다. 또한 좀 더 구체적인 차원에서, 그리고 구체적인 사례에서 피조물이 현재 구사하는 구체적 능력들과의 관계에서 규정된다고 볼 수 있다. 물론 피조물의 행동적이고 감각적인 개입(engagement)이 변화하는 데 따라 후자의 관점은 변하겠지만, 피조물의 전반적 능력이 시간의 흐름에도 안정적인 상태로 남아 있는 한, 전자의 관점은 훨씬 더 안정된 상태로 남아 있을 것이다. 그럼에도 불구하고 전반적 능력이라는 견지에서든, 특정 사건에서만 구사되는 능력과 관련해서든, 혹은 그런 능력들이 구사되든 그렇지 않든, 문제의 관점은 주관적 공간의 형성에서 단순히 수동적 "시점(point of view)"이 아니라 **능동적 개입**의 관점이다.[11] 결론적으로, 주관적 공간의 파악에는 환경의 지각인식(perceptual acquaintance)이 포함될 뿐만 아니라(깁슨의 노선을 따라, 지각인식을 주변에 대한 직접적이고 실질적인 파악을 전제하는 것으로 간주할 수도 있겠지만[12]), 해당 환경 안에 일상적으로 놓이는 방식의 파악도 포함된다. 주관적 공간의 파악에는 활동하고 움직일 수 있는 자신의 능력과 주변 환경을 연결하는 관계로 주어진 환경의 측면들에 대한 파악이 포함될 테고, 그렇게 해서 실질적 결과를 끌어내기 위해 어떻게 행동해야 하는지를 파악하는 일도 포함될 것이다.[13]

이런 후자의 관점에서 '주관적' 공간 혹은 자아중심적 공간에 대한 내 설명은 자아중심적 공간 틀을 '주체가 행위를 지휘하는 데 즉각 사용하는'[14] 틀로 규정하는 캠벨의 규정과 어느 정도 친화력이 있다. 그러나 캠벨의 규정에는 모호함이 있어서 그 틀을 문제성 있는 것으로 보이게 하는 데 사용될 수도 있다. '주체가 행위를 지휘하는 데 즉각 사용하는' 틀이라는 생각은 ('즉각'이라는 용어에 어떤 의미를 부여하느냐에 따라) 주관적 틀과 객관적 틀에 모두 적용되어도 적절한 것으로 받아들여질 수 있다. 결국 우리는 지도가 '객관적으로' 인식된 공간의 지도인 경우에도 우리의 행위를 지휘하는 데 지도를 사용할 수 있다. 예를 들어, 나는 시드니에서 멜버른으로 향하는 여행의 방향을 정하기 위해 인쇄된 도로지도를 활용할 수 있을 것이다. 그렇다고 해서 그 지도가 주관적이거나 자아중심적인 공간의 재현이 되지는 않는다. 지도를 활용하는 것은 정확히 지역적이고(local) 주관적인 관점에서 공간에 하나의 객관적 틀을 적용하는 문제이고 그런 관점(perspective)에서 표현된 것으로서 그런 공간의 특질들에 관련 틀을 적용하는 문제이다. 당분간, 나는 캠벨의 규정을 한쪽으로 밀어둘 것이다.

주관적 공간은 그런 공간 안에서 자명한 특질들이 지닌 일상의 속성들에 의해서, 그리고 감각 능력, 인지 능력, 행위 능력에 의해 구조화된 공간이다. 그렇게 해서 에번스는 하나의 주관적 공간을, 그의 용어로 하자면, '자아중심적' 공간을 '내부에 지각의 투입과 행위의 산출 사이에 복잡한 연결망이 존재하는 동물을 위해서만' 존재하는 공간으로 규정하고 있다.[15] 그런 연결의 정확한 성격과 복잡성의 정도는, 어떤 피조물이 지니고 있는 실질적 능력들과 함께, 그것이 속한 종에 따라 다양하고 심지어 개인마다 다를 수 있다. 그래서 하나의 피조물을 위해 존재하며 해당 피조물에 의해 파악될 수 있는 주관적 공간 역시 다양할 것이다. 신체적이고 환경적인 자각, 그런 자각에 인도되는 방식으로 행동할 수 있는 능력의 차이는 주관적 공간의 파악에서 나타나는 차이와 상관이 있을 것이다. 예를 들어, 마찬가지로 인지적이지만 부분적으로만 중복되는 감각 능력을 지닌 피조물은 서로 상당히 다르게 구조화된 주관적 공간에 거주할 것이다. 더욱이, 피조물의 감각 인식과 인지 능력과 운동 능력이 더 복잡하고 정교할수록, 피조물이 거주하는 주관적 공간 역시 더 복잡하고 정교할 것이다.

이런 개념의 주관적이거나 자아중심적인 공간은 해당 심리학과 철학

문헌에서 흔히 발견될 자아중심적 공간 개념과 구별된다. 특정 피조물의 공간 파악에 적용되는 것으로서 자아중심적 공간 개념은 보통 관련 피조물의 신체에 집중된 것으로서 공간 개념을 포함한다고 여겨져왔다. 그리고 자아중심적 공간 개념은 타자중심적 공간 개념과 대비되어왔다. 타자중심적 공간은 피조물의 신체와 구별되는 피조물의 환경의 어떤 측면에 집중되거나 그것이 '지시되는' 공간이다. 자아중심적 공간과 타자중심적 공간의 차이를 정확히 그런 공간들이 집중되는 것의 차이로 생각하고픈 유혹이 있지만, 이는 문제의 차이를 이해하는 데는 적절하지 않은 방식이다. 자아중심적 공간, 곧 주관적 공간이, 내가 채용한 용어들에서, 행위의 공간이기도 한 경험적 공간 같은 것으로 이해된다면, 공간이 '집중되는' 방식은 (심지어 우리가 여기서 "중심 잡기"에 관해 이야기해야 한다면) 타자중심적 공간이라는 관념에 내포된 '중심 잡기'와 크게 다른 것이다. 주관적 공간이 피조물의 공간인 피조물의 경험 공간으로서 구조화되고 피조물의 감각, 인지, 운동 능력이라는 차원에서 구조화되는 한, 이는 '신체에' 집중된다. 주관적 공간은 피조물이 '거주하는' 공간이다. 그러나 이런 점에서, 문제의 공간이 단지 어떤 실체나 특징에 **집중된** 덕에 형성되는 것이 아닌 이상, "신체에 집중되는" 것으로서의 공간을 말할 경우 오해를 부를 가능성이 크다.[16] 다른 한편으로, 타자중심적 공간은 정확히 이런 방식으로—어떤 점이나 특질에 집중됨으로써—형성된다. 또한 그것이 "집중된다"는 의미는 적극적인 경험적 관점과 결부되는 것이 아니다.

타자중심적 공간 개념에 관한 많은 논의들이 타자중심적 개념과 **객관적** 공간 개념을 연결시키는 경향이 있다. 그러므로 공간의 재현에 관한 중요한 책의 서문은 '타자중심적인/거리를 둔/지도와 같은/객관적인 공간적 재현'[17]을 언급한다. 그리고 이런 식으로 자아중심적 공간과 타자중심적 공간의 대비를 주관적인 것과 객관적인 것의 대비와 동일시한다. 그럼에도 불구하고 자아중심적 공간과 타자중심적 공간의 구분을 이런 식으로 다루는 것은 적절치 않아 보인다. 하나의 피조물은 그 움직임과 활동 능력에 직결된 공간을 파악하는 가운데 주관적 공간을 파악한다. 타자중심적 공간은 환경의 어떤 두드러진 특징 혹은 특징들을 둘러싸고 조직된 공간이다. 모든 피조물은 주변 환경에서 길을 찾기 위해 타자중심적 공간을 파악하는 것이 필요하다. 그런데 이는 피조물이 주관적 공간 안에서 자신이 위치한 객관적 공간과 관련해 스스로 방향을 정할 수 있는 수단이 된다. 그러나 객관적 공간이라는 개념은 어떤 피조물의 주관적 능력이나 환경에서 주관적으로 제시된 특징들을 둘러싸고 조직되는 것이 아니다. 이 개념은 공간을 하나의 확장된 영역으로서 파악하는 것이며, 관련 영역은 그 안에서 활동하는 구체적 행위자(작인)로부터도 독립된 영역을 의미한다. 그 안에서는 어떤 단일한 특징이나 위치도 공간의 견지에서 다른 것에 우선하지 않는다. 그러므로 자아중심적이고 주관적인 공간 개념과 타자중심적 공간 개념은 결코 완전히 상반되는 용어들이 아니다. 하나의 피조물이 오직 그 환경 안의 그런 특징에 따라 방향을 정하고 하나의 타자중심적 공간을 파악함으로써만 객관적 공간을 파악할 수 있는 것이라면, 타자중심적 공간이 객관적 공간과 중요한 관계에 놓이는 것은 분명하다. 그렇다고 해서 객관적 공간과 타자중심적 공간을 간단히 동일시해서는 안 된다.

행위의 방향과 결부된 자아중심적 공간을 강조한 것에 걸맞게 캠벨은 자아중심적 공간과 타자중심적 공간의 구분보다 그가 '절대적'이라고 부르는 공간과 자아중심적 공간의 구분을 강조한다.[18] 캠벨은 절대/

자아중심 구분에 관해 다음과 같이 적고 있다. "직관적으로, 한편으로 공간을 하나의 참여자로서, 곧 중심으로 뛰어든 누군가로서, 해당 공간 안에서 해야 할 일이 있는 누군가로서 생각하는 것과, 다른 한편으로 공간을 유리된 이론가로서 생각하는 것은 서로 구별된다."[19] 캠벨이 자아중심적 공간을 규정하는 방식에서 인정하기에 조금 망설여지는 부분이 있기는 하지만 그가 자아중심적/절대적 구분을 자아중심적/타자중심적 구분보다 강조하는 대목은 대체로 내가 여기서 적용하고 있는 접근법에 부합한다. 그가 자아중심적/절대적 구분을 개입과 분리라는 견지에서 직관적으로 규정한 것 또한 그렇다. 그렇다면 자아중심적 공간의 틀을 '주체가 행위를 지휘하는 데 즉각적으로 사용하는' 하나의 틀로 규정해볼 만한 것 같다.

지도가 객관적 공간의 재현으로 여겨지는 한, 행위를 지휘하는 데 지도를 활용하는 것이 지도의 객관성을 반박하는 것으로 받아들여져서는 안 된다. 정말로 지도가 그것이 암호화된 형식과 무관하게, 그리고 우리가 단지 그런 암호화 방식에 접근할 수 있다고 상정함으로써 재현하는 것이라면, 적어도 원칙상으로, 우리는 언제나 지도 자체로부터 재현되는 공간을 '읽어낼' 수 있다(이는 바로 우리가 평범한 인쇄 지도에서 하고 있는 바이다). 그러나 어떤 틀이나 지도가 오직 구체적 사례에서 행위를 지시할 때에만 피조물에게 의미를 갖는 경우와, 그런 사례에 활용되는 것에 더해 의미를 지니는 경우 혹은 그런 활용과 **무관하게** 의미를 지니는 경우 사이에는 의심할 나위 없이 차이가 존재한다. 그러므로 한 마리의 쥐는 어떤 내면화된 "인지 지도"를 사용해서 미로에서 길을 찾을 수 있다.[20] 하지만 그 지도를 다른 어떤 목적에도 활용할 수 없을 것이다. 우리는 이것이 바로 공간에 대한 최소의 행위적 파악과 적절한 개념적 파악 사이의 차이에 상응하는 차이라고 말할 수 있을 것이다. 내가 시드니를 떠나 멜버른으로 향하면서 내 행동의 방향을 정하는 데 도로 지도를 활용하는 것과, 한 마리의 쥐가 미로에서 길을 찾는 데 어떤 "인지 지도"가 하는 역할을 구별하는 한 가지 중요한 요소는 내가 지도를 하나의 지도로 파악하고 이를 어떤 공간에 대한 재현으로 파악한다는 점이다. 지도가 개념적으로 파악되는 한, 그래서 하나의 재현으로서 파악되는 한, 지도는 이미 그것이 재현하는 바와는 구별되는 것으로 파악된다. 그로 인해 지도는 행위와 관련해서 '개입된' 방식으로 사용될 수 있고 좀 더 거리를 두고 이론적인 방식으로 사용될 수도 있다. 그러므로 내 설명과 관련해서, 다소 문제성이 있지만, 그럼에도 불구하고 자아중심적 공간에 대한 캠벨의 규정은 행위를 지시하는 데서 공간적 틀의 작용이 문제의 공간적 틀에 대한 개념적 파악에 의지하지 않는 바로 그런 경우들로 관심을 유도하는 것으로 볼 수 있다.

이런 점에서 인간의 행위 대부분은 인간이 아닌 동물들의 행위와 마찬가지로 개념적 파악에 의지하지 않는 공간적 틀의 파악을 통해 방향이 결정된다. 인간의 경우에는, 그런 개념적 파악이 있을 수도 있지만 말이다. 그러므로 내가 내 앞에 놓인 커피를 마시기 위해 커피잔을 자동적으로 파악하는 경우에, 나는 주관적 공간에 대한 개념적 이해에 의지할 필요 없이 그렇게 할 수 있다. 설사 내가 다양한 방식으로 공간을 개념화할 수 있다 해도, 주관적 공간 안에서는 그런 '파악'이 작동한다.[21] 그러나 이 지점에서 한 가지 의문이 생긴다. 캠벨이 그랬던 것처럼, 주체가 틀 자체를 개념적으로 파악할 수 없는 경우, 그리고 마치 주체가 "사용하는" 것이 아니라 그 개념 틀 자체가 즉시 행위를 지시하는 것으로 보이는 경우들이 문제 될 때, 행위를 지시하는 데서 **"주체가 사용하는"**

하나의 공간적 틀에 관해 이야기하는 것이 적절한가 하는 것이다. 이는 실제로 몇 가지 문제를 제기한다. 과연 이런 식으로 틀을 "사용하는" 주체에 관해 이야기하는 것이 적절한가, 또 그런 콘텍스트에서 "틀"과 "지도"에 관해 이야기하는 것이 적절한가 하는 것이다. 재현적이라는 지도의 성격 자체가, 개념화 능력을 결여한 피조물들이 그들의 행동을 지시하고 통제하는 데서 공간적인 틀이나 지도—거기서 공간은 개념에 의지하지 않고도 파악되고, 그래서 공간에 대한 파악이 개념적이지 않을 뿐만 아니라 재현적이지도 않은 것이 분명하다고 주장될지도 모른다—를 활용할 수 있다고 보는 것은 실수라는 시각을 낳을 수도 있다. 여기서 쟁점이 되고 있는 것의 핵심은 무엇이 하나의 재현이라고 생각되는 것인가이다. 혹은, 그야말로, 지도라고 생각되어야 하는 것이 무엇인가이다. 어떤 것이 그렇게 사용되거나 그렇게 사용되도록 의도되었다면 그것이 하나의 재현이나 지도라고 볼 수 있을까? 이런 의문들을 중요하게 여겨야겠지만, 내가 여기서 탐색하려는 쟁점들은 아니다. 그런 문제들에 적용하려는 시각이 무엇이든 논의의 초점이 될 공간성에 관한 더 구체적인 쟁점들에 직접 영향을 끼치지는 않을 것이기 때문이다. 그러나 현재 논의에 적절한 것으로서 더 많은 탐색과 명료화가 필요한 것은 재현으로서 지도의 성격에 관한 것이며 지도와 타자중심성이라는 개념의 관계와 관련된다.

나는 앞서 어떤 것이 정말 하나의 지도라면, 원칙적으로 지도의 암호화 방식에 접근했고 재현된 공간 안에서 자신들의 방향을 정할 수 있는 누군가가 지도를 지도로 사용하지 못할 이유는 없다는 점—그것이 본래 각인된 주관적 틀 밖에서 접근할 수 있는 것이라는 점—에 주목했다. 그 결과, 현재 누군가의 위치에서 다른 사람의 위치에 이르게 하는 일단의 방향 지시로만 이루어진 지도는 다른 사람의 위치에서 자신의 현재 위치에 도달하거나 다른 어떤 위치에서 또 다른 어느 곳에 이르는 데도 사용될 수 있다. 그러므로 지도는 객관적 공간에 대한 패러다임적 **재현**이다. 공간의 구체적인 주관적 질서를 포착하려는 지도조차도 기본적으로 **객관적** 용어들로 공간을 재현하기 때문이다. 다시 말해 그것이 제시하는 시각은 행위자(작인)의 주관적 위치 밖에서 바라보는 시각이 될 테고, 기획된 모든 위치들은 지도를 구성하고 지도의 순서를 결정한 매개변수들은 구체적인 주관적 능력들로부터 도출된다고 할지라도 사용자에게 똑같이 활용될 수 있는 것이다. 이런 지도의 특징은 내가 위에서 주목했던 재현의 특성으로부터 도출된 것으로 볼 수 있다. 곧 본래의 주관적 틀 밖에서의 원칙적 접근 가능성이라는 특성으로부터 도출된 것으로 여겨질 수 있다. 지도가 상당히 구체적인 재현을 형성하기는 하지만 말이다.[22]

이 논의에서 지도의 객관적 성격은 허구적 지도들의 사례에 대한 고려에서 잘 드러난다. 허구의 지도—톨킨(J. R. R. Tolkien)의 《반지의 제왕(The Lord of the Ring)》에 딸린 손으로 그린 흑색과 적색의 지도처럼,[23] 완전히 허구적인 영역에 관한 지도조차도—는 지도 자체의 '객관적' 성격을 방증하지 않는다. 사실, 그런 지도들은 허구지만 손에 닿을 것 같은 실제를 제공하는 방식에서 매력을 얻는다. 그러므로 우리는—여기 지도 위에서—문장으로 상세히 묘사되고 표준 지도에서 실제 장소들의 관계를 볼 수 있는 것처럼 우리가 책을 읽으면서 방문했던 상상의 장소들 사이의 관계를 '볼' 수 있는 행로를 추적할 수 있다. 예를 들어, 문제의 지도가 가상의 요소와 실제 요소들을 결합한 경우에(예를 들어, 하디의 웨섹스 지도에는 가상의 고장이 묘사되어 있다. 그럼에도 불구하고 이 고장은 잉글랜드 남부의 실제 풍경을 꼭 닮은 모습으로 묘사된다.[24] 그리고 실제 풍경과 상상된 풍경 사이에 차이가 거의 없는 경우 지도는 허구의 영역을 실제의 영역 속으로 더욱더 깊숙이 옮겨놓을 수 있다. 허구적인 지도의 관심과 로망스는 많은 부분, 정확히 상상된 것과 실제의 이런 병치—둘 사이의 경계를 섬세하게 지워버리는 데—에서 온다.

물론, 내가 이미 주목했듯이, 지도는 공간 안에서 구체적 방향 설정을 이미 전제하는 방식으로 공간을 재현한다. 더욱이 어떤 지도는 공간이 재현되는 구체적 장소나 영역에 우선권을 부여할 수 있다. 예를 들어, 예루살렘을 중심점으로 삼는 중세 지도들이 존재하며 현대 세계지도들은 대부분 유럽을 상부 중앙에 위치시키는 관행을 유지한다(오스트레일리아인들과 뉴질랜드인들은 이런 '식민주의자들'의 방향을 역전시켜 유럽을 '아래쪽에' 두는 지도에 익숙하다). 하나의 지도가 유용하려면 반드시 공간을 재현해야 하고 지도 안에는 특징들이 있어야 한다. 그것은 지도 사용자들이 접근할 수 있는 방식이어야 하고 사용자가 접근하는 재현 방법을 채용하고 재현된 특징들이 공간에 대한 사용자 자신의 주관적 경험의 특징들과 어울릴 수 있는 방법을 제공해야 한다. 예를 들어, 주요 지점들을 표시하는 것은 물론이고 나침반의 방향과 좌표 체계를 활용한 덕분에 지형학적 조사 지도의 사용자들은 지도를 사용해 움직이는 방향을 정할 수 있다. 이는 그들이 지도를 수단으로 재현된 객관적 공간과의 관계에서 자신의 주관적 공간의 방향을 정하고 위치를 정할 수 있기 때문이다. 그렇다면 그 지도는 객관적 공간 재현에서 언제나 어떤 타자중심적인 틀—곧 지도 사용자의 환경의 구체적 특징들에 맞춰 조율된 틀—을 채용해야 한다고 말할 수 있을 것이다. 그러나 지도가 공간의 재현에서 타자중심적 틀을 채용해야 한다고 해서 하나의 지도를 갖는 것은 이미 객관적 용어의 공간 재현을 갖는 것임을 잊어서는 안 된다. 적절한 재현 방법이 없거나 지도를 사용하려는 사람들에게 적합한 특징들을 담아내는 데 실패한 지도는 지도로서 아무 쓸모도 없을 것이다. 그러므로 영어를 사용하는 오스트레일리아인을 위해 한자만을 사용한 도로 지도를 인쇄할 리 없으며 지도 사용자가 일산화탄소 농도가 높은 곳으로 향하도록 인도하는 도로 체계 확인 방법을 전제할 리도 없다. 대부분의 지도는 관행적이고 구체적인 목적을 지니며 객관적 공간 재현 역시 관행과 목적에 결부되어 있다. 지도는 객관적 공간을 재현한다. 그러나 특정 주체는 이를 파악할 수 있게 하는 방식으로 공간을 재현한다. 그러므로 지도의 구축과 활용에서 타자중심적 참고 틀을 반드시 채용해야 한다. 이것은 지도가 재현이고 그래서 특정한 재현 방식을 채용해야 한다는 사실에 따른 결과이다. 타자중심성은 그런 재현 방식의 한 특징이다. 이로 인해 재현되는 것이 하나의 객관적 공간일지라도 말이다.

지도는 항상 잠재적 사용자나 목표가 되는 사용자의 능력과 관심에 맞게 조율된 재현 방식을 채용해야 하고 행위자(작인)의 위치를 확인하거나 행위자(작인) 특유의 위치 체계를 참고해 객체의 위치를 확인하는 데 사용될 수 있지만, 그럼에도 불구하고 순전히 주관적인 공간을 적절히 재현할 수 있는 지도는 없으며 주관적 공간을 포함할 수 있는 지도가 없는 것이 사실이다. 주관적 공간이 질서정연한 공간의 한 형식이라고 말할 수 있다면, 그리고 이런 질서가 피조물의 행위 능력과 관련이 있을 뿐만 아니라 피조물의 신체적 위치 혹은 피조물 의식 안의 어떤 환경적 특질의 위치와 관련이 있다면, 객관적 공간에는 모든 위치가 서로 상관되어 있는 질서, 그리고 언제나 참고가 되는 중심점이나 특징이 없는 질서가 있다. 하나의 객관적 공간이라고 말하기에 적합한 경험적 공간은 없다. 경험적 공간이란 경험하는 피조물의 위치, 신체 배열, 인지 능력과 운동 능력에서 파생된 뚜렷한 질서를 지닌 공간이며 그것들은 해당 공간 안에서 제공된 질서의 파악에 항상 내포되어 있기 때문이다. 객관적 공간은 주체들의 능력과 관심을 고려하는 차원에서는 재현할 수 있을지 모르지만 그런 개념의 객관적 공간은 경험하고 활동하는 구체적인 주체, 그런 주체와 연결된 구체적 위치를 결여한 공간이다. 이런 점에서, 다음과 같은 점에 주목해야 한다. 데카르트와 뉴턴에게서 발견되는 공간 개념은 객관적인 것으로서 공간의 개념이지만, 그럼에도 불구하고 데카르트의 변형이나 뉴턴의 변형으로서 공간 개념을 파악하지 않고도 객관적 공간 개념을 가질 수 있다. 데카르트의 개념과 뉴턴의 개념은 단지 객관적 공간을 명확히 할 수 있는 구체적 방식들을 재현할 따름이다. 그러므로 데카르트적 사유나 뉴턴적 사유가 존재하지 않는 근대 이전의 사회들도 객관적 공간 개념을 형성할 수 있다. 특정한 경험적 주체로부터 도출된 추상화에서 공간 개념을 파악할 필요가 있을 뿐이다.

물론, 어떤 피조물이든, 곧 개념화할 수 있든 아니든 공간적으로 스스로 방향을 정할 수 있으려면, 객관적 공간을 파악해야 한다. 여기서 객관적 공간의 파악이란 피조물의 공간 파악이 설사 피조물 자신의 관점에서만 가능한 것일지라도 피조물의 환경이 지닌 진정한 특질들과 결부된 것이라는 의미이다. 이런 식으로, 객관적 공간의 파악은 타자중심적 (그리고 주관적으로 표현된) 틀의 파악을 통해 가능하다. 그러므로 객관적 공간이 암호화되거나 재현되는 방식은 객관적이라고 파악된 공간의 장애물이 아니다. 객관적 공간의 파악은 내적으로 재현된다는 시각을 받아들인다면(이것은 비록 내가 열린 채로 놓아둔 쟁점이기는 하지만 어쩌면 여기서 쟁점이 되는 재현 개념에 대한 염려 때문에 이런 수순을 밟게 될지도 모른다), 재현을 내면화하는 피조물의 능력과 연결되어 읽힌다는 점을 고려할 때, 내적 재현은 공간이나 공간의 일정 부분에 대한 객관적 지도 작성을 산출하는 것으로, 심지어 객관적 지도 작성에 존재할 수 있는 것으로 여겨질 수 있다. 물론 이런 식으로 지도가 그려진 공간에 대한 어떤 개념 파악도 불가능할 수 있기 때문에, 그 피조물에게는 내적으로 재현된 지도의 개념이 없을 수도 있다(이는 앞서 언급했던 데이비드슨에서 인용했던 부분의 핵심이다). 다른 한편으로, 객관적 공간의 파악이 그런 공간에 대한 개념적 파악을 의미하는 것으로 받아들인다면(나는 캠벨이 때로 그런 시각에 가까이 다가선다고 생각한다[25]), 객관적이라는 개념을 파악하지 못한 피조물은 객관적 공간을 전혀 파악하지 못할 것임을 의미한다. 설사 그 움직임의 능력을 설명하기 위해 객관적 공간을 참조해야 할지라도 말이다.

만약에 어떤 피조물이 객관적 공간 개념을 파악하지 않고도 객관적 공간을 파악할 수 있다고 상정한다면, 객관적 공간 파악은 어느 정도까지 주관적 공간 파악에 의지하는 것일까? 그리고 주관적 공간에 대한 객관적 공간의 개념적 의존도는 어느 정도일까? 분명, 주관적 공간을 파악하는 피조물에게 공간의 파악은 상상으로나 유전적으로나 피조물의 현재와 과거 경험에 달려 있을지도 모른다. 객관적 공간 파악의 발달은 그런 경험을 갖는 데 달려 있을 것이다. 그러나 이 문제에 관한 일반적 시각들과 반대로, 객관적 공간의 개념이 주관적 공간의 개념에서만 도출될 수는 없다.[26] 예를 들어, 주관적 공간들의 연결만으로 객관적 공간이 도출되지는 않는다. 사실, 그런 연결에 대한 생각은 객관적 공간 개념 자체를 전제한다. 서로의 관계 속에 놓일 수 있는 주관적 공간들의 다원성 인식이 이미 그런 위치가 만들어질 수 있는 하나의 단일 공간 개념을 전제하기 때문이다. 그러므로 그런 공간은 주관적 공간들의 조합에서 도출되지 않으며 그렇게 결합된 다원성이라는 생각에 의해 전제되는 것이다.[27]

《존재하지 않는 곳으로부터의 시각(The View from Nowhere)》에서 토머스 네이글(Thomas Nagel)은 일반적 객관성을 다음과 같이 규정한다. "〔하나의〕 시각이나 사유 형식은 세계 속에서 개인의 형성이나 지위의 구체적인 것들, 혹은 그 개인의 구체적 피조물 유형의 특성에 적게 의지할수록 다른 시각이나 사유 형식들보다 더 객관적이다."[28] 그리고 네이글은 "점진적 분리 과정"을 통해 생겨난 다소 객관적일 수도 있는 시각을 보여준다. "하나의 객관적 관점은 좀 더 주관적이거나, 개인적이거나 혹은 심지어 그저 인간적일 뿐인 관점을 뒤로 함으로써 달성된다."[29] 그러나 마치 관점이 전혀 없이 파악된 하나의 공간을 남기기 위해 누군가의 공간 파악에서 관점의 요소를 제거한 것처럼, 그런 분리 과정을 통해 객관적 **공간성**을 얻을 수는 없다. 분리—네이글이 어느 지점에서 설명한 것처럼, "우리 자신의 밖에" 도달하는[30]—과정은 이미 객관적 공간 개념과 같은 것에 의지한다. 그래서 그런 분리 가능한 피조물은 이미 객관적 공간 개념을 파악하고 있어야 한다. 베르그송도 이와 비슷한 지적을 했다. 그는 공간 개념이 추상화 능력에 근거할 수 없다는 점—상황은 그와 반대이다—을 강조한다. "〔나는〕 동물들이 특별한 방향감각을 지녔다고 말하는 대신에, 인간이 그런 특성 없이도 공간을 인지하고 인식할 수 있는 특별한 능력을 지녔다고 말하는 편이 나을 것이다. 이는 추상화 능력이 아니다. 사실, 추상화라는 것이 선명한 구분을 전제하고 개념이나 상징들이 맺고 있는 관계에서 어떤 외재성(externality)을 전제한다는 점에 주목한다면, 우리는 추상화 능력이 이미 하나의 동질적 매체 …… 이른바 공간에 대한 직관을 내장한다는 것을 알게 될 것이다."[31]

어쩌면 이 점에 관해서는 자칫 오해하기 쉽다. 우리가 구체적인 주관적 공간 개념으로부터 네이글이 설명한 방식의 좀 더 일반적인 공간 개념으로 점진적으로 이행할 수 있는 것처럼 보이는 한, 객관적 공간이라는 개념이 분리나 추상화의 과정을 통해 도달될 수 있는 것이라고 생각하기 쉽다. 그러나 이런 과정의 개념은 주관적 공간 개념을 잘못 재현한다. 주관적 공간은 구체적인 피조물의 경험이나 자각에 대한 의존성으로 규정된다. 사람들은 어쩌면 주관적 공간에 대한 좀 더 일반적인 개념에 도달하기 위해 그런 경우의 구체적인 특징들을 추상화함으로써 구체적 사례로부터, 그 '관점'에서 일반화할 수 있을 것이다. 그러나 한 공간의 **모든** 주관적 특징을 추상화한다는 것은 순전히 객관적 공간 개념을 남기는 게 아니라 공간 개념을 전혀 남기지 않는 것이다. 말하자면, 그런 공간의 경험적 관점에서 추상화할 때, 구체적인 주관적 공간으로부터 '남겨지는 것'은 없다. 공간 자체를 확립하는 것으로서 방향을 갖는 특징들을 제거하면 개방된 중심 없는 공간성의 영역이 남는 것이 아니라 어떤 공간적 영역도 남지 않는다. 그러므로 주관적 공간의 경우, 주관성을 제거하는 것은 공간을 제거하는 것이다. 이런 면에서 네이글이 '존재하지 않는 곳으로부터의 시각'이라는 개념을 활용하는 것에 대해 얘기할 수도 있을 것이다. 그것은 사물에 관한 순수 객관적 개념을 포함하는 것이 아니라 구체적인 경험적 내용이 거의 없어서 가능한 한 넓은 범위의 주관적 시각들과 일치하는 하나의 구체적인 시각을 내포한다고 말할 수 있을 것이다.

주관적 공간으로부터 혹은 주관적 공간의 어떤 구체적인 사례로부터 객관적 공간의 개념으로 이행할 수 있다는 인상은 주관적 공간에 대한 우리 자신의 파악이 이미 객관적 공간에 대한 파악과 뒤엉켜 있다는 사실에서 비롯된다. 우리가 자신의 주관적 공간으로부터 분리될 수 있는 것은 우리가 특정 행위자(작인)〔하나의 특정한 주관적 공간이 그 행위자(작인)를 중심으로 놓여 있다〕가 놓여 있는 좀 더 큰 공간을 파악할 수 있기 때문이다. 그러나 서로 다른 주관적 공간 사이에 우리가 공간에 대한 그런 파악에서 다른 파악으로 이행할 수 있게 하는 필연적 연결은 없다. 그렇다면 구체적인 주관적 공간들로부터 우리 자신을 분리할 수 있게 하는 것은 어떤 구체적인 경험과도 무관하지만 그럼에도 불구하고 특정 행위자(작인)가 위치할 수 있고 경험의 구체적인 점들이 설명될 수 있는 하나의 틀을 제공하는 것으로서 객관적 공간 개념이다. 그러므로 우리 자신을 우리 경험의 주관적 공간(우리 자신의 경우에 객관적 공간의 파악과 무관하게는 결코 발생하지 않는 주관적 공간)으로부터 개념적으로 우리 자신을 '분리하는' 능력은 그러므로 객관적 공간이 주관적 공간으로부터 파생됨을 가리키는 게 아니라 그런 개념적 분리를 가능하게 하는 객관적 공간의 사전 파악을 나타낸다. 베르그송이 말한 것처럼 "추상화 능력은 이미 하나의 동질적 매체 …… 이른바 공간의 직관적 통찰을 내포한다". 결론적으로 하나의 공간을 파악하고 있어서 자신의 주관성의 직접적 공간으로부터 자신을 개념적으로 분리할 수 있는 피조물은 객관적 공간을 파악하고 있을 뿐 아니라 주관적 공간 개념도 파악하고 있는 것이다. 그러므로 '분리'나 '추상화' 개념이 주관적인 것으로부터 객관적인 것으로의 변화를 묘사하는 데 사용될 수 있지만, 그 개념들이 설사 인간적인 경험의 차원에서 천편일률적으로 서로 연결되어 있음을 입증할 수 있다 해도 주관적 공간에 대한 객관적 공간의 단순한 개념적 의존성을 확증하지는 못한다.

나는 객관적 공간이 주관적 공간에서 도출될 수 없다는 사실을 강조해왔다. 그러나—마치 주관적 공간이 단지 객관적 공간의 작은 일부에 불과한 것처럼—주관적 공간 역시 객관적 공간에서 도출될 수 있다고 전제해서는 안 된다. 주관적 공간이라는 개념에 필수적인 것은 경험적 관점이라는 개념이고 객관적 공간의 개념에 결여되어 있는 것은 바로 '시각'이라는 개념이다. '존재하지 않는 곳으로부터의 시각'이라는 네이글의 이야기는 이런 점에서 오해를 불러일으킨다. 네이글이 이런 표현으로 의도하는 것이 무엇이든 객관성—마치 이런 시각들의 차이가 단지 '시점(point of view)'의 차이인 것처럼—이 실은 어떤 관점과 상관될 수 있는 하나의 시각임을 시사하기 때문이다. 그러나 '존재하지 않는 곳으로부터의 시각'은 제대로 된 의미에서 하나의 시각이 아니다. 시각이라는 개념은 관점(perspectivity)과 위치 개념들과 분리될 수 없고 그래서 주관적 공간 개념과도 분리될 수 없다.

이 점은 객관적 공간과의 관계에서 특히 중요하다. 객관적 공간에 관점의 개념이 결여되어 있다면, 거기에는 주관적 공간에 필수적인 것 역시 결여되어 있기 때문이다. 사람들은 객관적 공간에 관한 개념만으로 그런 관점(perspectivity)을 발생시킬 수 없다. 분명히 객관적 공간 안에서 하나의 지점을 확인할 수 있고 이를 특정 관점을 취하기 위한 지점으로 취할 수 있다. 그러나 이는 방향—장소 안으로의 침투라 부를 수 있을—과 전망의 파악을 전제한다. 객관성이 제공하는 위치는 단일한 한 점의 위치인데 그런 지점에는 어떤 방향성도 없다—그것은 다른 점들에 연결된 것과 마찬가지로 한 점과 연결된다. 달리 말하자면, 주관적 공간 개념이 경험이나 자각의 개념과 결부되어 있다면, 그리고 객관적 공간 개념이 정확히 경험과 결부되지 않은 공간 개념이라면, 객관적 공간 개념에는 주관적 공간 개념이 생성될 수 있는 개념적 자원이 없다—주관적 공간과 객관적 공간은 개념적으로 분리되어 있다.

객관적 공간과 주관적 공간은 동일화될 수 없이 다른 개념이지만, 누군가는 적어도 한 가지 의미에서는 그 공간들에 공통점이 있다고 생각할지도 모른다. 두 공간 모두 어떤 지역 안에서 범위의 개념—움직임의 가능성에 걸맞은 개념—을 내포한다. 이런 개념은 어떤 의미에서 '공간'이라는 낱말 자체에 표현된다. 이는 때때로 '여지(room)'라는 개념에서 〔그리고 특히 독일어 '라움(Raum)'[32]에서〕 포착되는 것이기도 하다. 그러나 '여지'라는 개념조차도 문제의 공간이 객관적인지 주관적인지에 따라 달라진다. 객관적 공간에는 제한이 없다. 적어도 그 자체로 재현될 수 있는 제한은 없다. 그래서 이와 결부된 '여지'라는 개념 역시 무제한의 움직임을 허용하는 하나의 '여지'이다. 그러나 객관적 공간인 범위의 '영역'이 한계를 갖지 않는 반면, 주관적 공간의 영역은 제한된 범위의 영역이다. 주관적 공간이 특정 피조물의 신체적 · 환경적 자각에 연결되어 있는 이상, 그것은 특정한 방향 결정 능력과 운동 능력에 결부되어 있다. 주관적 공간의 '여지'는 이런 능력들로 규정된다. 그렇게 해서 주관적 공간은 객관적 공간이 제한되지 않는 방식으로 근본적으로 제한된다. 더욱이, 움직임이나 행위에 관한 제한된 능력의 견지에서 규정된 주관적 공간 개념에서 어쩌면 제한되지 않은 능력과 상관된 하나의 공간에 도달하기 위해 문제의 능력들을 제한하는 것만으로는 '객관적' 공간으로 옮겨갈 수 없을 것이다. 그 능력들은 **능력으로서**, 혹은 구체적인 신체와 결부된 능력으로서의 모든 의미를 상실하지 않은 채 간단히 이런 식으로 부가될 수 없다. 문제가 된 능력들은 근본적으로 제한적이고 한정적이다. 그리고 바로 이것이 하나의 구체적 공간을 규정하는 방식이다.

순수 주관적인 것으로서 공간 개념에서 객관적 공간 개념을 도출할 수 없다고 해서, 혹은 순수 객관적 공간에서 주관적 공간의 개념을 도출할 수 없다고 해서 주관적 공간과 객관적 공간이 전혀 별개의 개념이라고 전제해서는 안 된다. 우리가 개념 파악에 초점을 맞춘다면, 여기에 중요한 상호 의존성이 존재한다. 개념의 파생이라는 의미에서가 아니라 피조물이 주관적 공간 개념을 갖기 위해서는 반드시 객관적 공간 개념을 파악해야 하고 객관적 공간 개념을 파악하기 위해서는 주관적 공간 개념을 파악하고 있어야 한다는 의미에서 그렇다.[33] 사실, 우리의 경험이라는 주관적 공간으로부터 우리 자신을 분리하는 능력 자체가 공간을 객관적인 것으로 파악하는 데 의지하는 방식이 객관적 공간과 주관적 공간의 연결을 시사한다. 구체적인 주관적 시각으로부터 관점의 요소나 주관적 요소들을 점진적으로 '벗겨냄'으로써 '존재하지 않는 곳으로부터의' 객관적 '시각'에 도달할 수 있다는 인상을 주는 이유는 바로 객관적 공간 개념과 주관적 공간 개념이 이처럼 불가피하고 선험적으로 뒤섞이기 때문이다. 주관적 공간은 그런 주관적 공간의 중심이 될 행위자(작인)가 위치할 수 있는 더 큰 객관적 공간과 연결되어야 인식될 수 있다. 사람들은 객관적 공간 개념에 의지할 수 있어야만 어떻게 해서 구체적인 방향 설정과 구체적인 행위와 경험의 능력들이 공간성의 구체적 파악으로 이어질 수 있는지를 설명할 수 있다. 사람들이 피조물들의 능력과 위치가 저마다 다름에 따라 공간에 대해 서로 다른 시각이 있을 수 있다는 가능성을 이해하는 순간, 그들은 객관적 공간을 파악하게 되고 이를 통해 주관적 공간들 안에서 변화를 도모할 수 있다.

그러므로 객관적 공간 개념은 주관적 공간 개념의 파악에도 필수적이다. 더욱이, 구체적인 주관적 공간과 관련해서—곧 우리 자신의 능력과 환경들과 관련해서—객관적 공간의 개념을 이용할 수 있는 경우에 한해, 우리는 객관적 공간을 파악하고 있다고 말할 수 있다. 객관적 공간을 파악하고 있지만 그런 파악을 어떤 주관적 공간, 심지어 자신의 주관적 공간에도 연결할 수 없다면, 이는 그런 객관적 공간의 개념에 대한 어떤 파악도 하지 못했다는 뜻일 것이다. 이런 면에서, 객관적 공간의 개념이 개념적으로는 주관적 공간 개념과 구별되지만, 그럼에도 불구하고 객관적 공간을 파악하고 있다는 것은 누군가 주관적 공간 개념 역시 파악하고 있음을 전제한다. 동시에 주관적 공간의 개념적 파악은 객관적 공간의 파악에 달려 있음을 전제한다. 그렇게 해서 에번스는 우리 자신의 자기 인식이 필연적으로 객관적인 시공간적 틀 안에 우리 자신을 위치시킬 수 있는 능력과 결부되지만, 객관적 질서의 개념적 파악은 그런 질서 안에서 자기 위치를 파악하는 데 달려 있다고 주장한다. "어느 누구도 자신이 존재하는 세계를 모형 삼고 있다는 사실—그가 볼 수 있는 사물들이 그렇듯이, 그 역시 모형 안 어딘가에 하나의 위치를 갖고 있다는 것—을 파악하지 않고는 세계에 대한 '객관적' 모형을 가질 수 없기 때문이다. 그것을 지도로 사용할 수 없다면—인식된 것으로서 세계, 그리고 지도로 그려진 것으로서 세계를 확인할 수 없다면—어떤 것도 인지적 지도일 수 없다."[34] 그렇다면, 객관적 공간을 파악한다는 것은 이 공간과 연결될 수 있는 하나의 관점을 갖는 것이다. 그리고 어떤 관점을 하나의 관점으로 파악한다는 것은 또 객관적 공간을 파악하는 것이다. 그리고 그 공간 안에 관점을 두고 있어 그 공간과의 관계 속에서 그 관점을 이해할 수 있는 피조물의 위치를 파악한다는 것이다. 다른 이유가 없다면, 이런 이유들로 인해, 관점에 따른 개념들은 객관성의 개념 자체를 거부하도록 조장하는 상대주의적 접근법들과 어울리지 않는다. 관점(perspectivity)의 개념이 관점의 영향을 받지 않는 객관적인 것을 함축하고 있다. 설사 그렇게 환원되지는 않더라도 말이다.

객관적 공간 파악이 공간을 파악하는 것인 이상, 자체의 관점과 장소의 파악이 필요하지만 그런 구체적 전망이나 특정 위치에 집중되지 않는 공간 파악인 이상, 현재의 인식에 결부되지 않는—세계에 대한 **나의** 즉각적이고 감각적인 자각을 넘어서는—공간 파악이다. 하지만 이는 그 공간에 대한 과거나 미래의 경험을 넘어서는 공간 파악이며—그에 대한 **내** 경험과 무관한 공간 개념이기 때문이다—다른 피조물의 공간 경험을 넘어서는 공간 파악이다(이 점에 관해서는 5장과 6장에서 좀 더 이야기할 것이다). 이런 점에서 우리는 객관적 공간에 대한 파악이 사실 **비경험적** 공간 파악이라고 말할 수 있을지 모른다. 이는 경험되거나 경험될지도 모르는 것으로서 공간의 파악이 아니다. 어떤 구체적인 공간의 경험을 넘어서는 공간 파악, 곧 이런 의미에서 공간에 대한 어떤 구체적 경험과도 엄격히 구별되는 공간 파악이다.

그러나 이는 객관적 공간이 경험과 분리된 어떤 공간이라는 뜻은 아니다. 확실히, 어떤 피조물이 객관적 공간을 파악할 경우 피조물의 활동의 측면들을 구조화하는 데 효과적이기에 피조물의 세계와의 지속적인 접촉면들을 구조화하는 데도 효과적이다. 개념화할 능력이 없는 피조물의 경우, 그런 구조화는 단순히 객관적인 특성들이 피조물의 행동에 어떤 지시적 영향력(어떤 내적 기제나 내적 체계에 의한 것이든, 혹은 '인지 지도'의 견지에서 묘사되든 아니든)을 행사하는 방식으로 이루어질 것이다.[35] 그러나 객관적 공간을 개념적으로 파악하는 피조물과 관련된 상황은 좀 더 복잡할 것이다. 객관적 특징들이 다양한 방식으로 관련 피조물의 경험을 결정할 뿐 아니라 피조물에게는 객관적 공간의 현 영역들을 재현하고 그런 공간 개념의 예들을 경험적 견지에서—곧, 지도, 그림, 도면, 묘사의 견지에서—제공할 능력이 있을 것이기 때문이다. 이는 어느 정도 경험적인 것으로서 객관적 공간의 일례를 제공할 것으로 생각될 수 있을 것이다. 사실, 개념적 사고 능력을 지니고 있고, 그래서 객관적 공간의 '표현'을 할 수 있는 피조물이 최소한 명확한 의미의 경험적 견지에서 객관적 공간을 파악할 수 있다 해도, 이런 공간 파악은 객관적 공간의 파악이라기에 적절치 않다. 여전히 어떤 구체적 관점 안에서 표현된다는 이유 때문이 아니라면 말이다. 전형적으로 그런 객관적 공간 파악은 타자중심으로 표현되는 만큼 객관적 공간에 관한 것이다(피조물의 직접적인 주변 환경들의 일정한 특징들과 관련해서, 그리고 그것을 수단으로 표현해야 하기 때문에 타자중심적 파악이다). 그러므로 우리는 엄밀히 객관적 공간의 비경험적 특성이라는 의미를 유지할 수 있다. 한편 경험의 구조화에서 객관적 공간이 담당하는 역할과 경험에서 객관적 공간의 타자중심적 표현 가능성을 모두 인정할 수 있다.

'비경험적' 공간으로서 객관적 공간 개념은 콜린 맥긴(Colin McGinn)이 '주관적 시각'이라고 부르는 것에 관한 논의에 내포돼 있다고 볼 수 있다. 맥긴은 특정한 사고의 지시적 특성과 부차적 특질들의 경험을 통해, 주관적으로 결정된 방식으로 세계가 관찰되는 방식을 염두에 둔다. 이와 관련해, 맥긴은 다음과 같이 적고 있다. "우리가 세계를 재현하는 수단의 어떤 면이 주관적 원천을 지니는 것으로 보일 때, 그 면을 제거할 수 있는지 묻는 것은 당연한 일이다. 만약 정신이 사물이 재현되는 방식에 기여할 수 있다면, 이런 주관적 기여가 없는 정신의 재현 형식, 곧 재현 내용이 순수하게 객관적인 형식을 상상할 수 있어야 한다는 뜻이다."[36] 사물에 대한 우리의 인식이나 개념과의 관계에서 생겨날 수 있는 것으로서 이런 질문을 제기하는 또 다른 방식은 어떤 부차적 특질들과 연결되지 않고도 일차적 특질들이 제시될 가능성을 묻는 것이다. 맥긴이 '불가분성 명제'라고 부르는 것은 일차적 특질들이 그렇게 표현될 수 없다—그러므로, 범위는, 말하자면, 색상이나 다른 감지할 수 있는 특질들과 연결된 것으로밖에 달리 표현될 수 없다—는 주장에 있다.[37] 맥긴은 일차적 특질과 부차적 특질을 구분할 수 없다고 주장한다. 그래서 주관적 시각의 지울 수 없는 특성은 사물의 **인지**(perception)에는 적용되지만 **개념**(conception)에는 적용되지 않는다. 그는 다음과 같이 적고 있다. "나는, 우리가 개념에 관해서는 이런 불가분성을 거부해야 하지만 인지에 관해서는 인정해야 한다고 본다. 이런 양분된 태도를 받아들이는 것은 스스로 인지와 개념의 급격한 단절을 인정하는 것이다. 우리는 더 이상 개념을 인지의 '거짓 사본'으로 여길 수 없다. 이는 가상의 인지적 시점(perceptual point of view)의 견지에서 설명할 수 없다. 사실 엄밀히 말해 하나의 **시점**(point of view)이 아니다."[38] 우리가 사물에 대한 객관적 이해에 도달할 수 있지만, 그런 이해가 객관적 '시각'을 형성한다고 여겨서는 안 된다. 이는 정확히 개념이 어떤 종류이든 객관성은 '시각'을 통해 획득할 수 없기 때문이라고 맥긴은 주장한다.

맥긴은 공간성에 특별한 주의를 기울이지 않는다. 또한 자신의 설명이, 예를 들어, 도면과 지도 같은 공간의 재현들에, 혹은 좀 더 일반적으로 개념들의 인지적 표현이나 개념적 구조들에 어떻게 연결될 수 있는지를 고려하지도 않는다. 맥긴은 오직 '정신적 재현들'에만 관심을 기울인다. 그러나 맥긴이 '불가분성 명제'를 어떤 인지적 표현—심지어 그렇지 않으면 '추상적'이거나 개념적인 것으로 이해될지도 모르는 것에 관한 인지적 표현까지 포함해서—에도 적용할 수 있는 것으로 보고 있는 것은 분명해 보인다. 그리고 우리가 맥긴의 분석(예를 들어 '정신적 재현'이라는 언어를 사용하든지 사용하지 않든지)의 세부 사실들을 받아들이든 받아들이지 않든 그의 설명은 객관적 공간의 어떤 구체적 표현 가능성을 배제하지 않는다. 오히려, 우리는 그가 사물에 대한 구체적이거나 개념적인 표현이 항상 세계에 대한 주관적 '시각'이나 관점의 견지에서 객관적 공간의 어떤 구체적 표현이 갖는 필연적으로 타자중심적인 성격에 관해 이전에 했던 주장들을 제시하는 또 다른 방식으로서의 표현이 되는 경로를 강조하는 것을 볼 수 있다.

내가 이 장에서 살펴보았던 공간적 구조들의 상호 연관성을 논하려면 훨씬 더 많은 것들을 검토해야 한다. 그러나 분명한 것은 공간성이라는 개념이 실제로는 공통분모를 찾을 수 없이 다르지만, 그럼에도 불구하고 서로 연관된 구성요소들을 은폐한다는 점이다. 하나의 구체적 피조물이 '공간'을 파악하는 방식을 이해한다는 것은 이런 구성요소들 가운데 오직 하나만 식별해내는 문제가 아니라 그런 구성요소들이 각인된 좀 더 크고 단일한 구조를 드러내는 문제이다. 더 큰 구조는 복합적일 수밖에 없을 것이다. 왜냐하면 환경과 피조물이 놓일 수 있는 객관적 공간을 포괄할 뿐 아니라 구체적인 피조물의 능력과 연결되어 있는 주관적 공간과 환경도 모두 포괄하기 때문이다. 우리는 복잡하기는 하지만 단일한 이런 구조의 파악을 하나의 단일한 '공간' 파악으로 묘사하고픈 유혹을 느낄 수도 있다. 그러나 이는 구조가 실제로 주관적 구성요소와 객관적 구성요소를 모두 포괄하는 방식에 잘 맞지 않는다. 우리가 구조를 이런 식으로 묘사하려고 한다면(어쩌면 그 일원성을 강조하려고 한다면), 우리는 그렇게 묘사된 '공간' 개념에 어떤 내용을 부여할 수 없을 것이다. 그 구조가 필연적으로 상호 의존적이지만 공통분모 없이 서로 다른 공간적 구조들을 포괄하기 때문에, 공간성의 어떤 단일한 형식도 하나의 전체로서 구조를 규정하는 데 적합하지 않을 것이다(그리고 그 구조가 공간성의 주관적 형식과 객관적 형식을 모두 묘사해야 한다고 말한다면 정말로 문제가 되는 것은 **하나의 공간**(one space)이라는 의미가 모호해질 수도 있다는 사실이다).

사실, 1장의 논의에서 이미 시사되었던 장소 개념에 관련된 것으로 여겨질 수 있는 것이 바로 여기서 쟁점이 되고 있는 종류의 복합적 구조이다. 이는 구별되지만 서로 연관된 다수의 구성요소들을 포괄하는 하나의 구조로서 장소의 '지형적' 구조 안에서 뚜렷하다. 더욱이, 장소가 서로 다르지만 연관된 구성요소들을 포괄하고 그래서 '장소 안에서' 자신과 다른 사물들을 파악하는 것 자체가 자신과 다른 사물들을 세계의 특정 질서 안에 놓인 것으로—특정한 관점, 혹은 특정한 주관적 '공간'과 관련해서—파악하는 것, **그리고** 모든 장소가 서로에게 열려 있는 한, 연관된 장소들의 더 넓은 영역과의 관계 속에—역시 객관적인 '공간'과의 관계 속에—놓여 있는 것으로 파악하는 것이 장소의 특성이다. 그러므로 장소 개념은 주관적 공간성 개념과 객관적 공간성 개념 **모두의** 복잡한 상호관계를 이해할 수 있는 틀을 제공한다. 그래서 장소 자체가 공간과 차원성(dimensionality)의 개념들로부터 분리될 수 없지만, 살아 있는 피조물들의 공간적 개입에 충분히 정당할 만큼 풍부한 어떤 의미에서도, 공간성 자체가 장소의 개념을 필요로 한다는 것을 입증한다.[39]

이 장에서 전개된 여러 논의에서 쟁점이 되었던 주관적 공간 개념과 객관적 공간 개념은, 물론 네이글과 맥긴에 관한 논의에서 이미 마주쳤던 주관성과 객관성의 좀 더 일반적인 개념들의 구체적인 예들이다. 그리고 주관적 공간성과 객관적 공간성의 복잡한 상관관계 또한 더 일반적인 개념들의 상관관계를 반영한다. 결론적으로, 주관적 공간과 객관적 공간이 장소의 구조 안에서 서로 연관된 요소가 되는 방식은 장소가 전반적으로 주관성과 객관성을 모두 포괄하는 방식을 지시한다. 여기서 쟁점이 되는 장소의 구조는 구조 안의 어떤 단일한 요소로 환원될 수 없다. 왜냐하면 그것은 사실상, 서로 다른 요소들이 필연적으로 서로 연결되어 있고, 어떤 점에서는 상호 의존적인 것으로 여겨지는 구조이기 때문이다. 주관적 공간성도 객관적 공간성도 단독으로 상대가 근거할 수 있거나 혹은 도출될 수 있는 어떤 근거를 제공하기에 적합하지 않다. 또한 이 개념들 가운데 어느 것도 단독으로 장소의 복잡한 구조를 위한 하나의 근거로 적합하지 않다.

지리학 연구의 중심 개념 가운데 하나로서 장소 개념을 논하면서, 엔트리킨은 다음과 같이 적었다.

> 현대인의 삶에서 뚜렷하게 나타나는 장소의 무의미함, 그리고 그에 따른 장소 연구의 무의미함은 현대인들이 이론적 연구자의 객관적 시각에 보이는 자신감과 관련이 있다. 자연에 대한 우리의 기술적 통제는 전 지구적인 것, 보편적인 것, 객관적인 것을 강조한다. 그리고 자연을 통제하는 데서 거둔 승리는 인간 사회에도 동일한 관점을 적용하게 하는 결과를 낳았다. 이런 시각은 개별 행위자(작인)의 도덕적 고유성을 포착하지 못한다. 그리고 지역적인 것, 구체적인 것, 주관적인 것 속에 있는 행위의 원천이 지니는 중요성을 포착하지 못한다. 장소의 서사들은 주관적인 것과 객관적인 것 사이에 놓인 긴장과 개별 행위자(작인)와, 행위자들(작인)이 작용하는 환경 사이의 긴장을 은폐하지 않고 이런 불균형을 교정하는 데 도움을 준다.[40]

특정한 환원적 분석 스타일들이 지닌 문제성을 지적한 점에서, 그리고 주관성과 객관성을 모두 포괄하는 장소 개념을 향한 분석이 그런 환원적 접근법에 하나의 중요한 대응점을 제공할 수밖에 없는 이유를 제시한 점에서 엔트리킨은 옳다. 엔트리킨의 입장이 내 입장과 다른 점, 그리고 그의 접근법이 문제 되는 지점은, 주관성과 객관성 사이의 대비는 장소와의 관계에서, 이런 대비의 두 극 '사이'에 있는 어떤 위치, 곧 '우리를 서사 형식들의 폭넓은 영역으로 이끈'[41] 어떤 위치를 찾음으로써 설명되어야 한다고 가정하는 데 있다. '서사 형식들'이 정확히 어떻게 우리가 주관성과 객관성을 모두 설명할 수 있게 해주는지는 명확하지 않다.[42] 분명한 것은 엔트리킨에게 장소 자체는 대체로 하나의 주관적 개념으로 남아 있다는 점이다. 그에게 문제 되는 것은 장소의 **경험**이다. 그리고 문제는 어떻게 이 경험을 과학적인 지리학 안으로 단일화할 것인가 하는 점이다. 내 관심사 역시 경험이다(다시 한 번 나는 내가 이 용어를 기술적이지 않은 방식으로 활용한다는 점을 강조하고 싶다). 그러나 앞서 지적했던 점을 분명히 하자면, 나는 경험된 것**으로서** 장소가 아니라 장소를 **그 안에서** 경험(과 행위, 사고, 판단)이 가능한 구조로 볼 수 있는 방식에 관심이 있다. 이를 유념한다면, 우리는 주관성과 객관성의 개념들을 좀 더 면밀히 검토할 필요가 있다. 내가 우선 고려할 것은 주관성 개념이고 이와 결부된 주관적 공간의 개념이다. 그러나 예상하겠지만, 이런 개념의 고찰은 필연적으로 객관성과 객관적 공간의 개념들로 돌아갈 것이다.

전체론, 내용 그리고 자아

그렇다면, 세계의 열린 일원성에 부합하게 개방되어 있으며 무한한 주관성의 일원성이 존재하는 것이 분명하다. 세계의 일원성과 마찬가지로, 나의 일원성은 내가 어떤 인지 행위를 할 때마다, 곧 내가 하나의 자명한 진실에 도달할 때마다, 환기되는 것이지 경험되는 것이 아니다. 그리고 보편적인 **나**는 이런 빛나는 형식들이 두드러져 보이게 하는 배경이다. 나는 한 가지 사유를 통해 모든 사유의 일원성을 이룬다. ……일차적 진실은 확실히 '나는 생각한다'는 것이다. 우리가 그것을 통해 "나는" 세계에 속하는 한편, "나 자신에게 속한다"는 것을 이해한다는 점만 보더라도 그렇다.

–모리스 메를로퐁티, 《지각의 현상학》[1]

주관적 공간 개념은 경험하는 하나의 피조물이라는 개념과 결부되어 있다. 주관적 공간은 그 피조물을 둘러싸고 조직된다. 주관적 공간 개념을 파악하고 있는—그리고 앞서 보았듯이, 주관적 공간 개념의 파악이 객관적 공간 개념의 파악에 필수적이다—피조물에게, 주관적 공간 개념의 파악은 그 피조물의 자아 정체성 파악과 결부되고 좀 더 구체적으로는 그 자체의 개념에 대한 피조물의 파악과 결부되는 것이 분명하다. 그러나 한 피조물의 주관적 공간 파악에 내포된 자아 개념 혹은 주관성 개념과 공간성 개념은 정확히 어떤 관계일까? 좀 더 일반적으로 공간성의 개념들과 주관성과 객관성의 개념들 사이의 관계에 대해서도 동일한 질문을 할 수 있다. 그리고 표면상으로는 주관성 개념과 객관성 개념을 이해하기 위해 공간성 개념들에 의지해야 할 이유가 없어 보이기 때문에, 이를 주관적 공간 개념과 객관적 공간 개념들이 단순히 주관성과 객관성이라는 좀 더 기본적인 개념들을 구체적으로 적용한 것이며 이런 개념들로부터 도출될 수 있다는 시각을 시사하는 것으로 받아들일 수 있다. 그런 시각은 공간과 장소가 사유와 경험의 가능성에서 핵심 역할을 하는 것으로 다루려는 어떤 시도도 의심의 눈으로 바라본다고 간주할 수 있다. 어쩌면 근본적인 것은 주관성과 객관성의 독자적 개념 자체이지 장소나 공간이 아니다 .

그렇다면 주관적 공간 개념의 바탕에 놓인 것으로 보이는 주체 개념이 실제로 그 개념과 무관한지 여부와 주관성이 공간성이나 장소의 개념들로부터 분리될 수 있는지 여부는 특히 주관성과 관련해 중요한 질문이다. 결론적으로, 우리가—객관적 공간 개념을 포함한—개념들의 망은 물론이고 주관적 공간 개념을 좀 더 탐구해야 한다면, 자아 개념과 주관성 개념 자체를 탐구해야 한다. 우리는 주관적 공간—혹은 주관성—의 파악이 내포하는 자아의 파악이 무엇인지 물어야 한다. 더욱이 여기서 쟁점이 되는 '자아'가 정확히 무엇인가? 그런 물음들은 이 장과 곧바로 이어질 장에서 논의의 초점이 될 것이다. 이런 질문들에 대한 설명을 통해 주관성의 구조와 공간성에 대한 주관성의 관계를 더 잘 이해할 수 있을 테고 우리는 객관성의 개념으로, 그리고 객관성과 공간성의 관계로 돌아갈 것이다. 객관성과 공간성의 관계는 5장에서 분명하게 다룰 쟁점이다.

주관성 개념, 그리고 자아와 주관적 공간이라는 개념에서 쟁점이 되는 자아의 개념화를 이해하는 한 가지 방식과 주관적 공간 개념에서 쟁점이 되는 종류의 자기 개념화는 다른 어떤 개념, 경험 혹은 사고를 파악하는 것과 별개로, 그것들에 선행해 주어지며 근간이 되는 자아의 파악이라는 차원에 있다. 이 경우, 우리는 이미 자아 정체성에 관한 원초적 개념을 가지고 있다. 그래서 경험과 사유를 우리 자신의 것으로 **확인할** 수 있고 경험의 주관적 공간을 우리 자신의 것으로 파악할 수 있다. 마찬가지로, 3인칭 관점에서 특정한 하나의 주체를 하나의 주체**로서** 인식하는 것은 특정한 주관적 공간의 확인에 선행한다고 여겨질 것이다. 그리하여 우리는 주관적 공간이 주체의 존재에 부차적이고 의존적인 것이며 주체의 존재가 주관성의 공간〔라틴어 수비엑툼(subiectum)에서 파생된 자아의 자구적이고 본래적인 의미에서〕 밑에 놓여 있다고 가정하기에 이를지도 모른다. 그런 일부 설명—혹은 그와 유사한 설명—이 데카르트에서 그리고 데카르트적 사유에서 코기토(cogito)에 부여되는 근본 역할에서 나타난다고 여겨질지도 모른다. 좀 더 일반적인 의미에서, 그것은 1장에서 마주쳤던 장소의 이해 밑에 놓인 것으로 보였을 수도 있다. 그런 이해에 따르면, 장소는 주관적 태도나 경험의 한 기능이다. 이 경우 주관성은 장소에 선행하고 장소는 주체에 의해 장소에 부여된 무엇으로 파악된다. 물론, 어떤 의미에서 주관적 공간은 그 공간이 조직되는 피조물을 참고함으로써 확인된다고 이야기하는 것이 분명 옳다. 하지만 이는 구체적인 주관적 공간이 세계에 대한 특정 '시각'에서 그리고 세계 안의 구체적 장소의 관점에서 형성된다고 이야기하는 데 불과하다. 이는 주관적 공간 개념에 근본적이거나 원초적인 토대로서 어떤 '자아' 개념도 약속하지 않는다.

어떤 구체적 사유나 경험에도 선행하고 그런 사유나 경험이 의지하는 독립적 토대를 제공하는 것으로서 원초적 주관성이라는 개념은 주체와 사유와 경험—그리고 일반적으로 정신의 상태들[2]—의 관계라는 구체적 관점을 내포한다고 볼 수 있을 것이다. 그런 관점에서 주체는 그 주체에 귀속될 수도 있는 정신의 상태에서도 독립적일 수 있기 때문에—그 주체는 토대로서 어떤 구체적인 주관적 공간 아래 놓일 수 있는 것과 마찬가지로 정신의 상태들 아래 놓일 수 있다—어떤 상태들이 하나의 주체에 귀속될 수 있다는 사실은 정신의 상태들이 아니라 주체에 달려 있을 것이다. 이런 시각에서 하나의 주체가 정신의 상태들을 '소유한다'는 것은 그런 상태들을 그렇게 만든 주체의 활동이나 작용에 달렸을 것이다. 하지만 그런 시각에는 문제가 있다. 정신의 상태들이 경험하고 사유하는 주체와 구별되지만 그럼에도 불구하고 주체에 속한 것으로 인식된다면, 또 그 상태들이 주체에 속하는 것이 주관적 활동이나 작용에 달렸다면, 정신의 상태는 주체와 어떤 본래적 관계도 맺지 않을 것이다. 정신의 상태들이 특정 주체에 속하는 것은 그런 상태들 자체에 내재하는 특질들 때문이 아니다. 주체가 그 상태들을 '전유했기' 때문이다.

주체와 그에 속한 상태들의 관계를 인식하는 이런 방식은 (내 모자는 내 것이라고 말할 수 있듯이) 무언가가 어떤 주체에게 '속한다'고 말할 수 있는 다른 예들에서 자명하게 드러나는 동일한 모델에서 그런 관계를 다룬다. 반면 그것은 여기서 쟁점이 되는 관계, 곧 근본적으로 전체론적 성격을 지니는 정신의 상태들과 갈등을 빚는 것으로 드러나고, 그래서 그런 상태들에 대한 어떤 정밀한 개념에도 적합하지 않은 것으로서 설명되어야 하는 관계를 생각하는 하나의 방식이다. 그럼에도 불구하고 정신의 상태들 사이의 관계를 이런 식으로 생각하는 것은 중요하다. 주관성과 자아의 개념화의 본질을 더 면밀히 검토할 기회를 제공하기 때문만은 아니다. 주관성의 본성에 관한 물음을 내용과 판단의 본성에 관한 물음과 직접 연결하기 때문이기도 하다. 주체와 주관적 공간의 관계, 주체와 그에 속한 내용 있는 상태의 관계에 관한 물음은 또한 정신적 내용의 성격에 관한 물음이기도 하다. 최소한 그것은 개념적으로 사유할 수 있는 피조물의 정신 상태들과의 관계 속에서 떠오르기 때문이다.

때로 사유와 경험을 주체와 분리된 것으로 생각하고 싶기도 하겠지만—우리 자신의 사유와 경험이 우리에게 전적으로 의지하지 않는 내용을 갖는 것처럼 보이기 때문에 그럴 수 있다—그런 생각은 내적 상태들이 실제로 그들 자신을 나타내는 방식과 일치하지 않는 것으로 보인다. 사실, 누군가 어떤 사유나 경험을 한다면 그것이 자기 자신의 사유나 경험임을 의심할 수 없을 것이다. 왜냐하면 소유권이 바로 문제의 상태를 '갖는다는 것'과 함께하기 때문이다. 우리는 때로 자신의 것이 아닌 정신 상태들과 마주칠 수도 있다는 듯이 이야기하기도 한다. 그럼에도 불구하고 그런 말은 전형적으로, 설사 명백히 했더라도, 그런 상태들의 소유권에 관한 것이 아니라 그런 상태들의 진실성, 신뢰성, 출처 혹은 그들과 우리의 동일시에 관한 관심을 나타낸다. 그러므로 나는 내 기억이 정말로 과거의 실제 사건에 관한 것인지〔그것이 정말로 **회상**인지〕 궁금할 수 있지만 이는 **내** 생각에 나타나는 어떤 것이라는 의미에서 그 기억이 내 것인지를 궁금해하는 것과는 다른 문제이다. 설사 구체적인 기억들이 누군가에게 '이식'될 수 있다고 해도—예를 들어, 리들리 스콧의 영화 〈블레이드러너(Bladerunner)〉[3]에서 시사되는 바에 따라 그것들을 '거짓' 기억들로 간주한다면—이는 엄밀한 의미에서 한 사람이 자신의 기억이 아닌 기억을 가질 수 있음을 입증하지 않는다. 하나의 기억은 그것이 보이는 것과 같지 않다는 의미에서 거짓일 수 있다. 어쩌면 다른 누군가의 경험에 관한 기억일 수도 있다. 하지만 그럼에도 불구하고 우리가 회상하는 어떤 것으로서 우리에게 나타난다는 점에서 우리 자신의 기억이다.

물론 기억이 어떻게 우리를 놀릴 수 있는지 보기 위해 굳이 공상과학 소설의 예들을 살필 필요는 없다. 헤럴드 니콜슨(Harold Nicholson)은 신뢰할 수 없는 기억의 성질에 관해 재미있고 시사적인 예를 제시한다. 그는 러시아에서 있었던 철도 사고 장면을 아주 생생히 묘사한다. 그리고 그 장면이 구체적 지역 및 현장(locale)과 너무나 명확히 일치한다는 사실에 주목할 만하다. 그는 우리에게 '최근까지 내가 기억하는 첫 번째 사건이었다'고 말한다. 니콜슨이 쓰고 있듯이 "내 마음에 각인된 것은 드넓게 펼쳐진 초원 지대에 멈춰선 우리 기차의 그림이었다. 눈 덮인 지평선은 별빛 아래 놓인 커다란 흰 접시처럼 반짝였고 앞쪽 기관차에서는 불꽃이 튀어 올랐고 정차의 원인이 된 뒤쪽 객실에선 붉은색의 작은 불꽃들이 튀었다. 그리고 나는 반듯이 누운 채 짐짝처럼 아주 높은 곳에서 들려 내려왔고 수많은 손길이 아래에서 나를 향해 뻗어왔다. ……내게 너무도 생생하고 진지했던 그 장면은 소중한 정신적 자산이 되었다."[4] 그러나 이 기억을 자신의 어머니에게 설명하면서 니콜슨은 "내가 모두 틀렸다"는 것을 알고 실망한다. 사실 그의 어머니는 사고의 어떤 부분들—우선 사고 사실 자체—이 맞다고 확인해주었다. 그러나 생생한 세부 사실들은 완전히 잘못된 것으로 판명되었다. 아기 니콜슨은 사고 내내 꼼짝하지도 않은 채 자고 있었다.

니콜슨의 이야기는 기억이 참인 요소와 거짓인 요소들을 단일한 회상 속으로 결합하는 방식을 보여준다. 이는 다른 요소들—니콜슨이 아이였을 때 누군가로부터 사고에 관해 전해들은 이야기에서 나온 요소들과 자신의 상상 속에서 더 많은 세부 사실들을 덧붙여 다듬은 요소들—로부터 구성된 기억의 예를 나타낸다. 의심할 나위 없이 우리는 이런 식으로 기억을 구성한다.[5] 그리고 어떤 회상이 정말로 자신이 목격한 사건에 관한 것인지 아니면 읽거나 상상하거나 영화에서 본 어떤 것에 대한 기억일 뿐인지를 판단하기 어려운 경우는 흔하다. 프로이트는 어린 시절의 거의 모든 기억이 어쩌면 구성물이라고, 실제 의미를 감추는 '장막'일지 모른다고 주장했다.[6] 그러나 기억의 거짓을 인정한다고 해서 기억이 우리 자신의 정신적 삶의 일부가 아니라는 뜻은 아니다. 러시아의 철도 사고 현장(locale)에 관한 니콜슨의 '기억'이 거짓이라서 자서전에 실린 것은 아니다. 기억, 다른 경험들, 정신적 설명들의 정확성을 판단하는 데서 어떤 기억이 우리 자신의 것인지 여부를 판단하는 문제는 중요하지 않다. 중요한 것은 문제의 기억이 어떻게 우리 삶의 전반적인 양상 안에 통합되었는가 하는 것이다. 자신의 경험이라는 관점에서 나는 내가 회상하는 것의 정확성을 의심할 수 있지만 그 회상이 나 자신의 것인지를 의심할 수는 없다. 마찬가지로, 내가 보거나 들은 것의 정확성을, 내가 헛것에 홀렸는지 아닌지를 의심할 수 있지만 내가 지금 보고 있는 것이 다른 사람이 아닌 **내가** 보고 있는 것임을 의심할 수는 없다. 사실 이는 사유와 경험이 특정한 주관적 공간 안에서 이미 주어진 것이라는 점을 보여준다. 특정 기억을 '내 것'으로 특징짓는 것이 무엇인지를 묻는 일은 내 경험들이 등장하는 주관적 공간을 '내 것'으로 특징짓는 것이 무엇인지를 묻는 것이다. 내가 어떤 경험들을 내 것으로 파악하지 못한다면 나는 그것들이 내 것인지 물을 수 없다. 그리고 그 경험들이 '내 것'이 아니라면 그걸 '내 것'으로 파악할 수 없다.

정신의 상태를 갖는다는 것은 1인칭 관점에서 거의 무의미할지 모르지만, 3인칭으로 설명하기도 쉽지 않다. 분명 한 사람에게 특정한 경험이나 특정한 생각이 있는지를 물을 수 있다. 그러나 경험은 관련된 피조물에게서 '떼어낼' 수 없으므로, 누군가에게 구체적 경험이 주어지는 순간, 그에게는 그 경험이 발생한 구체적인 주관적 공간과 함께, 그 경험을 '지닌' 경험의 주체가 함께 주어진다. 마찬가지로, 누군가에게 사유의 실제 사례에서 구체적인 것—신념이든, 바람이든, 희망이든, 무엇이 되었든 하나의 구체적인 예와 같은 특정한 정신 상태—이 주어질 때, 그런 정신 상태들이 귀속되는 하나의 피조물, 혹은 피조물이라는 개념도 주어진다. 그런 상태는 피조물에게 귀속될 수 있다. 다시 말해 하나의 구체적 경험이나 생각을 확인하는 일에는 이미 그 경험이나 생각이 놓인 경험 체계나 사고 체계가 전제된다. 하지만 그런 체계를 전제한다는 것은 이미 해당 경험과 생각을 지닌 하나의 구체적 주체—하나의 구체적인 주관적 공간과 하나의 구체적인 '관점(perspective)'—를 전제한다.[7] 생각과 경험이 '소유되지 않을 수' 없으며 언제나 경험하고 생각하는 주체에 속한 것으로 나타난다. 그러므로 소유라는 것이 어떤 주체와의 관계에 의해 주체가 관련 상태들에 가한 어떤 작용을 통해 그것들에 부여되는 무엇일 수 없다. 그리고 우리의 경험과 생각을 '우리 자신의 것'으로 인정하는 한, 이는 그런 생각이나 경험에 앞서 주어진 자아에 관한 지식을 수단으로 삼을 리 없다. 그런 해결책은 부조리할 것이다(마치 생각과 경험이 우리가 고르고 선택할 수 있는 것으로서 우리에게 주어지는 것인 양). 그것은 또 주체와 주체에게 속한 상태들의 관계를 '소유'의 평범한 관계라는 차원에서 이해하는 일의 부조리함을 드러낸다.

더욱이 여기에는 여전히 한 가지 문제가 있다. 정신의 상태들을 마치 해당 정신 상태들이 누구의 것인지 물을 수 있다는 듯이 다루는 일이 부조리함을 인정할지도 모르지만 내 정신의 상태는 내 것으로서 제시되고 내 경험의 주관적 공간 안에서 제시된다는 점에서 내 것인 반면, 여러분의 정신 상태는 여러분의 경험이라는 주관적 공간 안에서 여러분의 것으로서 주어진다고 말함으로써 나의 정신 상태와 여러분의 정신 상태의 차이를 설명할 수는 없어 보인다. 그런 접근은 문제가 되는 바로 그 물음을 묻는 것으로 보일 뿐이다. '내' 주관적 공간을 '내 것'으로 만드는 것은 무엇이며 '당신의' 공간을 '당신의 것'으로 만드는 것은 무엇일까? 그러므로 우리 모두에게는 주관성의 구조 자체에 관한 문제, 그리고 주관성으로 이루어진 일원성에 관한 문제가 남는다. 하지만 이 물음을 설명하려면 우리는 정신의 여러 상태가 서로 연결되고 이런 정신 상태들을 소유한 개인들과 연결되는 방식을 좀 더 상세히 고려해야 한다. 이런 문제를 고려함으로써 우리는 왜 우리가 장소나 공간의 개념보다 더 기본적인 것으로서 주관성 개념에 호소할 수 없는지를 좀 더 잘 이해할 수 있고 주관성과 장소의 중요한 특징들을 볼 수 있다.[8]

구체적인 사유나 경험을 파악하는 것은, 그리고 그런 상태들의 내용을 파악하는 것은 경험 안에서 서로 다른 요소들이 연결되는 방식에 달려 있다. 우리는 정신의 상태들이 그런 상태들의 좀 더 큰 체계 안에 포함되어 있어서 상태 자체가 조직되고 내용이 결정된다고 말할 수 있다. 예를 들어, 기억은 그것들에 적합한 더 큰 콘텍스트와 무관한 내용이나 의의를 지닐 수 없다. 그러므로 니콜슨이 어린 시절에 대한 회상이 부정확하다는 사실을 깨닫게 되면서 기억들은 재조정된다. 그리고 러시아의 철도 사고에 대한 생생한 인상은 다시 자리매김된다. 그렇게 하면서, 니콜슨은 자신이 접근했던 이미지와 인상들에 대한 판단을 재조정하고 아주 작은 세부 사실일지라도 자신에 대한 개념을 재조정한다. 사실, 구체적 사유와 경험이 이런 종류의 상관성을 보이는 것은 그것들의 특징이며 우리 자아에 대한 우리 자신의 개념이 갖는 특징이다. 우리의 자아 정체성은 우리의 정신적 삶의 전반적 형태에, 정신적 삶을 구성하는 상태들에 달려 있다. 반면 (최소한 내용에 관한 한) 구체적 정신 상태들의 특성과 정체성은 그 경험들이 경험과 태도들의 더 큰 망의 일부로 통합되는 방식에 달려 있다.[9]

정확히 이런 용어들로 표현하는 일은 드물지만, 정신의 전체론적 특성은 주목할 만한 자서전—우리들 각자가 우리의 지속되는 자아-이미지로서 구성하는 자서전과, 자전적 글쓰기라는 문학 장르 안에서 구성되는 것으로서 자서전 모두—에 꽤 구체적으로 반영된다. 하나의 삶에 관한 이야기를 다시 하려면 일련의 사건들을 보아야 할 뿐만 아니라 해당 삶에서 그 사건들의 일원성을 보아야 하고 해당 개인에게서 그 사건들이 어우러지는 방식도 보아야 하기 때문이다. 달리 말하자면, 해당 사건에 대해 자신이 파악한 것을 보아야 하고 세월이 흐르는 동안 개인의 태도와 행동들 속에서 얻게 되는 일관성도 보아야 한다. 그 삶에 관한 이야기를 함으로써 드러나고—설사 불완전할지라도—어쩌면 부분적으로 설명된 삶의 일원성은 정확히 그런 정신적 내용이 성립할 수 있는 전제조건이 되는 일원성과 정확히 일치한다. 물론 우리가 우리 자신의 이야기의 가장 신뢰할 만한 화자가 되는 경우가 드문 것은 사실이다. 자서전에서 삭제는 흔한 일이며 때로 왜곡도 있다. 하지만 그런 왜곡 때문에 일관성을 갖추지 못했다고 볼 필요는 없다. 자서전 저자가 꼭 의도적으로 왜곡하거나 은폐하려고 하진 않는다. 대신 왜곡과 삭제는 어떤 일원성과 일관성을 갖춘 삶이라는 개념에 필요한 일원성과 일관성을 갖춘 것으로서 하나의 삶을 구축하려는 기획에 합치되는 것으로 볼 수 있다. 더욱이 일원성과 일관성은 삶의 과정 자체에서 명확해져야 한다. 그리고 한 사람의 삶에 대한 이런 지속적인 구성과 재구성—그 지속적 특성상 오류나 삭제에서 자유로울 수 없는—은 단순히 문학의 한 형식에 필요해서일 뿐만 아니라 우리의 자기 이해에 필요하기 때문에 우리가 골몰하는 전체로서의 삶을 파악하려는 더 큰 노력의 일환으로 여겨져야 한다.

우리의 삶을 일원성과 일관성을 갖춘 것으로 파악함으로써—우리 삶의 부분들을 한데 맞출 수 있음으로써—삶이 하나의 삶으로 구성될 수 있고 그런 삶을 구성하는 신념, 행위, 욕구, 희망, 기억들은 오직 그렇게 함으로써 그것들이 가진 내용을 포괄할 수 있는 것이다. 우리 스스로 이야기하거나 우리가 우리 자신을 이해하는 데 사용하는—우리의 과거와 미래 모두에 관한—이야기들 속에서 우리 자아의 구성과 재구성이 우리의 태도와 행위의 내용에 통합된다. 우리가 무엇을 어떻게 믿고 우리는 누구이며 어떤 사람인지에 대한 이해에 이르는 일은 상관되고 포괄적으로 통합되고 일원화될 수 있는 방식으로 우리 삶을 구성하고 재구성하는 문제일 뿐이다. 이는 인류가 이런 종류의 삶에서 서사를 위해 할 수 있는 중요한 역할—정신적 내용과 자아 정체성을 조장하는 상관성은 (상관관계를 얻는 유일한 형식이 아니지만 말이다) 어떤 패러다임적 방식으로 서사와 이야기를 통해 달성될 수 있는 종류의 상관관계일 것이다—을 시사한다. 앨러스데어 매킨타이어(Alasdair MacIntyre)가 강조했듯이, "특정한 이야기체 역사는 인간의 행위를 규정하는 데 기본적이고 필수적인 장르가 되었다".[10] 그리고 행위에 대해서 그렇듯이, 일반적 태도와 정신적 내용에도 역시 그렇다. 명확히 설명된 것이든 아니면 암묵적으로 전제된 것이든, 서사를 통해 사람들은 더 큰 구조 안에서 그런 요소들을 '이해하고' 그 요소들에 일정한 주제의 일원성을 부여하는 방식으로 요소들을 서로 연결할 수 있다.[11]

여기서 내가 호소하고 있는 '서사' 개념은 상당히 광범위하다. 또 그렇게 인정되어야 한다. 그것은 폭넓은 범위의 서로 다른 구조들을 포괄한다. 그 구조들은 시간적으로 순서가 정해진 사건들의 연속이라는 개념을 둘러싸고 느슨하게 조직되었다. 그 사건들 자체가 한 생명체, 혹은 한 생명체의 부분들에 일원성을 부여하는 데 채용될 수 있는 (혹은 반드시 채용되는) 포괄적 주제, 방향 혹은 '목적'의 견지에서 조직된 것으로 여겨진다. 그런 '이야기들'의 범위는 구체적 목표나 목적의 달성을 둘러싸고 조직되는 일련의 행위들에 대한 단순한 설명에서 어떤 의미로는 전체로서의 삶을 포괄하려는 훨씬 더 크고 복잡한 서사에 이른다.[12] 우리가 자신에 관해 들려주는 이야기들과 관련해서, 우리 삶이 끝나는 지점에서 이런 이야기들의 끝이 (기대되는 바는 아닐지라도 실질적으로) 언제나 우리 자신을 넘어선다는 사실이 꼭 서사의 중심 역할에 반한다고 할 수는 없다. 우리의 삶은 우리가 희망하거나 기대하는 것들에 관해 상상된 이야기에 의해 정리되기도 하지만 실제로 일어났던 일에 관한 간단한 이야기로도 정리된다. 어떤 삶에서 질서를 부여하는 서사의 많은 부분이 확인된 구체적 사건들이 아니라 전형적이거나 모범적인 모티프나 인물들에 의존한다(예수의 삶이라는 모범을 따라 사는 삶이라는 그리스도교의 관념은 아마도 그런 모범적인 서사가 바로 그런 삶을 살아가는 데서 삶에 질서를 부여할 수도 있는 방식의 가장 극적이고 놀라운 예일 것이다). 이런 점에서 어떤 삶에 질서를 부여하는 데 작용하는 서사 형식들은, 그리고 자아와 서사성의 관계에 대한 분명한 인식이 있는지 여부는 자연히 당대의 문화-역사적 콘텍스트를 반영할 것이다.[13]

우리가 인간의 자아 형성과 자기 이해의 서사적 구조를 고찰할 때, 혹은 자전적 기억의 특성을 고찰할 때 자명해지는 상태들의 상호 연관성은 내가 앞서 주목했던 것처럼 정신적 상태들의 일반적이고 꽤 기본적인 특징, 총체적으로 구조화된 상태들의 내용에 포함된 일반적이고 기본적인 특징을 예시한다. 그러니까 구체적인 상태들의 동일성은 그런 상태들이 어떻게 다른 상태들과의 관계 속에 위치하는지에 달려 있고, 그것은 일차적으로 상태들 사이에서 (어쩌면, 그런 상태들이 규정되는 문장들 사이에서) 획득되는 함축의 관계에 관한 문제이다. 그러므로, 어린아이였을 때 러시아에서 시간을 보냈다는 신념은 다른 신념들—예를 들어, 런던의 웨스트엔드에서 일생을 보냈다는 신념—을 배제하며 다른 신념들—러시아에 관한 신념들, 어쩌면 어린 시절이나 자신의 정체성에 관한 신념들—을 함축할지도 모른다.[14] 대체로, 인간의 삶과 정체를 구조화하는 데서, 그리고 인간의 태도와 행동들을 이해하는 데서 서사를 너무도 중요한 것으로 만드는 요인은 바로 정신 상태들의 전체론적 성격이다. 물론, 어떤 구체적인 신념과 관련해서, 그 신념에 함축된 다른 신념과 태도들을 모두 구체화할 방법은 없다. 에피스테메(episteme)적이거나 '교조적'인 관계들은 다원적이기에 하나의 신념이 다른 신념을 함축할 수 있는 것처럼, 신념들의 동일성에 관한 확실한 기준이 존재하지 않을 때(어떻게 신념을 설명하는가? 가시두더지가 난생 포유류라는 내 신념은 단일한 신념인가? 아니면 신념들의 복합체인가?) 신념들의 관계를 구체화하거나 신념의 내용 자체를 구체화하는 유일한 방식은 존재하지 않는다. 우리이든 타자이든 진실임을 주장하는 데는 언제나 한 가지 이상의 방식이 존재한다. 이 점에서 실질적으로 다양하게 설명될 수 있거나 조금 다른 강조점을 두기 위해 다양한 서사를 통해 명확해질 수 있는 체제로부터 도출된 단순한 추론으로서 신념이라는 개념을 다룰지도 모른다.[15]

심지어 특정한 신념을 고려할 때, 그 신념이 전혀 공통분모가 없는 다른 신념들과 응집될 수 있는 신념의 양상들—어떤 종류의 이야기—은 언제나 찾을 수 있다. 나는 1960년대에 한동안 러시아에 살았다고 믿을 수 있다. 그리고 경우에 따라서는 과거 소련이었던 곳에서 내 생의 일부를 보냈다고 믿지 않는 것이 이상할지도 모른다. 하지만 그런 신념을 일관되게 견지할 수 있는 상황을 이미 상상할 수 있다. 필요한 것은 내가 가진 또 다른 신념들을 적절히 교정하는 일뿐이다. 이를테면, 러시아 전역이 소련의 일부는 아니었다는 신념이나 20세기 러시아나 정치에 대한 좀 더 전반적인 나의 무지를 교정하면 될 것이다. 물론 신념과 태도들 속에서 상대적으로 명백하고 뚜렷한 모순의 사례들이 등장할 수 있고 또 등장한다. 하지만 그런 모순이 태도들 사이의 연결을 와해시키는 한, 그런 모순의 존재는 그런 태도들의 존재에 명백한 위협이 된다. 결과적으로, 한 사람의 여러 태도 사이에 존재하는 그런 모순이 부각될 때, 어떤 방식으로든—(진실을 주장하는 문장들로 의미하는 바를 수정함으로써) 신념들을 수정하거나 그런 신념들에 대한 이해를 수정하는 방식으로—그런 모순을 해소하라는 강한 압력이 존재한다.[16]

그러므로 우리의 생각과 기억과 경험들은 일관성과 합리성이라는 기본 원칙의 구속을 받는다. 그리고 이런 구속은 서사 구조를 통해 세월 속에서 달성되는 정신적 삶의 통합에서 특히 중요한 형태로 표현된다. 그러나 이는 한 사람의 경험과 기억과 사유가 각각 다른 모든 기억이나 사유 혹은 경험과 합리적으로 연결되어야 한다는 뜻은 아니다. 우리에게는 다른 기억들과 모순되는 기억이 있다. 우리는 간혹 일관성 없는 판단을 하기도 한다. 우리는 우리가 보고 듣고 느끼는 것들에 부합하지 않는 것들을 보고 듣고 느낀다. '불합리성'과 불일치성이 다양한 형태로 존재하는 것은 대체로 정신적 삶의 복잡하고 분파적인 성격에서 비롯되며 한 사람의 모든 생각과 경험을 일거에 표현하기 위해 그것들을 일시에 파악할 수 없다는 데서 비롯된다. 어느 한 순간에 파악할 수 있다 해도 우리의 정신적 삶이 시간상에 폭넓게 펴져 있다는 사실은 새로운 환경에 직면해서 새로운 생각과 경험이 떠오르면 그런 완벽한 일관성이 차츰 부식한다는 것을 의미할 것이다. 그리고 행위와 태도를 파악하려는 시도 자체와 일관되고 일원적인 하나의 전체로서 삶이, 그런 일원성이 달성되는 방식에 따라서, 그리고 다른 것들을 희생하며 어떤 특징들을 강조함으로써 거의 예외 없이 어느 정도의 왜곡과 불일치를 낳을 것이다. 하지만 이에 더해 정신의 상태들 사이의 불일치는 부분적으로 단순히 그런 상태들이 유지되는 방식에서 생겨난 것이며 다른 상태와 사건들과 맺는 합리적일 뿐만 아니라 인과적인 관계들에서 생겨난다고 볼 수 있다.[17]

우리의 생각과 경험들은 다른 생각들과 경험에 의해 유발될 뿐만 아니라 어떤 생각이나 경험과도 합리적인 관계를 맺지 않는 사건들에 의해서도 (때로는 다른 생각과 경험들과의 합리적이기보다는 순전히 인과적인 관계들에 의해) 유발된다. 임상 신경심리학자들의 진료 기록은 이에 관해 충격적인 사례들을 제공한다. 예를 들어, 올리버 색스(Oliver Sacks)는 한 환자에 관해 적었는데, 그녀는 주변 사람 누구도 듣지 못하는데도 마치 근처 라디오에서 흘러나오기라도 하는 것처럼 어린 시절 듣던 대중음악을 생생하게 듣는 증세를 보였다.[18] 사실, 그녀가 들은 음악은 일종의 간질에 따른 일상적인 결과였다. 간질 발작으로 생성된 자극들이 어린 시절의 장면에 관한 이미지와 인상들과 더불어 향수와 행복감을 안기는, 환자가 어린 시절에 듣던 음악에 관한 기억들을 떠올리게 했다. 그러나 이런 환청은 환자가 경험한 다른 특징들과 일치하지 않았다. 예를 들어 음원일지도 모르는 어떤 장치도 없었고 다른 사람들은 그 소리를 들을 수 없었다.

사실, 이런 예를 얻기 위해 굳이 신경심리학자의 낯선 사례들을 살펴볼 필요는 없다. 인지의 모든 예들이 사례가 된다. 여기에서 정신적이지 않은 어떤 사건이 정신적인 사건을 등장시키고 둘의 관계는 인과적이고 불합리하다. 대부분의 경우, 우리에게 미치는 인과적인 영향이 세계 속에 통합된 우리의 위치와 작용에 반영된다는 사실은 우리의 경험과 생각들이 마찬가지로 통합되고 일관성 있음을 의미한다. 하지만 늘 그렇지는 않다. 비정상이 우리의 물리적 통합에 영향을 줄 수 있고 인과적 영향들이 우리의 감각과 뇌에 이례적인 방식으로 각인될 수 있는 것과 마찬가지로, 우리 자신과 세계에 대한 우리의 경험에도 비정상이 생길 수 있다. 비정상의 가장 단순한 예들은 어쩌면 시각적 환영(특수한 환경은 우리가 실제로 존재하지 않는 환경을 보는 결과를 낳는다)일 것이다. 혹은 다른 회상이나 과거 역사에 대한 우리의 지식과도 일치하지 않는 거짓 '기억들'이 그런 예들이다. 물론, 이런 사례들에서조차 그런 경험들과 우리의 나머지 경험들을 통합하려고 애쓰는 엄청난 압력이 존재한다. 우리가 인식과 기억들을 우리의 나머지 생각과 경험에 일치시킬 수 없는 곳에서 무언가 잘못되어 가고 있다고 의심하는 것은 당연하다. 그러므로 주변에서 지속적으로 생생한 음악을 듣기 시작했지만 근처 어디에서도 오케스트라, 라디오, 혹은 다른 소리의 원천도 찾을 수 없는 사람은 현지의 의사나 신경심리학자를 방문해 진단을 받고 설명을 듣는 편이 나을지 모른다. 그들은 여전히 음악을 들을 수 있겠지만 그들의 경험에 나타나는 모순은 그 현상에 대한 물리적 설명을 통해 해소될 것이다. 그리고 물리적 설명을 활용할 수 있다면 그들이 어떤 청각적 자극을 경험하고 있다는 신념은 그런 자극에 외적 원천이 없다는 신념에 합치될 수 있을 것이다.

그릇된 기억이나 시각적 환영의 경우, 특히 우리가 그것들을 그렇게 인식하는 경우, 정신의 상태들이 다른 상태들과의 적절한 통합을 드러내지 못하는 뚜렷한 사례로 받아들여질 수 있을 것이다. 그런 경우에조차도 일원화의 실패는 결코 끝나지 않는다. 내가 그 기억의 정확성을 확신할 수 없고 또한 모순의 고통 없이 다른 기억들의 정확성을 확신할 수 없기 때문에 나의 다른 기억들과 일치하지 않는 어떤 기억의 경우를 생각해보자. 그러므로 나는 나를 어린 시절 러시아의 배경에 위치시키는 어떤 '기억'을 가질 수 있다. 그럼에도 불구하고, 예를 들어, 나는 뉴질랜드의 오클랜드를 벗어나본 적이 없다는 또 다른 신념(내 신념, 기억, 경험들로 뒷받침되는 신념)을 가졌기 때문에, 나는 내가 어린 시절에 러시아에 있었음을 확인할 수 없을 것이다. 그럼에도 불구하고 그런 일치하지 않는 '기억'조차 어떤 측면에서 내 다른 생각과 경험들에 합치되어야 한다. 예를 들어, 그 기억이 의지하는 개념들은 그것들이 내 생각과 경험의 다른 지점에서 형상화하는 개념들과 일치해야 한다. 내가 열차 사고의 기억이라고 여기는 회상을 가지려면, 설사 본래의 기억이 틀린 것일지라도, 그 기억은 다른 기억과 태도들 속에서 그 개념들이 형상화하는 것과 마찬가지로, 내가 철도, 사고 등과 관련된 개념들을 파악하는 것과 일치하는 특징들을 포함해야 할 것이다. 이런 식으로 경험과 생각의 내용은, 설사 판단의 수준에서는 늘 그렇지 않더라도, 언제나 어떤 일관성을 갖는다. 그런 일관성이 반영하는 것은, 내용, 최소한 주장의 내용이 일단의 개념과 언어의 숙달에 의지하는 방식이다. 기억과 태도가 더 큰 기억, 태도, 행동의 콘텍스트에 놓여야 할 필요성 역시 내가 정신적 삶 특유의 특징이라고 주목했던 '서사성', 그리고 그것에 어울리는

이해를 보여주는 좋은 예가 된다.[19]

생각, 기억, 경험의 통합은, 그리고 좀 더 일반적으로 정신적 삶의 통합은 그런 생각과 기억과 경험을 지니는 데 필수적인 하나의 조건이다. 내용과 태도에서 최소의 일관성이라도 보이는 정신 상태들을 어떤 피조물에게 귀속시킬 수 없는 경우, 그 피조물에게는 어떤 정신적 상태들도 귀속시킬 수 없다. 개별 주체에 속하는 것으로 이해된 특정 상태들은 적절한 일원성이나 통합을 드러내는 상태들을 위한 것이기 때문이다. 여기서 문제가 되는 상태들의 통합은 그런 상태들에 대한 주체의 작용을 통해 생기는 것이다. 이는 또한 상태들이 구체적인 어떤 주체에게 '속하는' 근거가 되는 것으로 볼 수 있다. 그러나 그런 가정은 유지될 수 없으며 상태들의 통합은 이전에 확립된 독립적인 '자아'에 의해 작동되는 상태들에 의존하거나 그로부터 생겨날 수 없다.

이런 식으로 주체의 일원성 안에 정신 상태들의 일원성을 위치시킬 수 없는 이유 가운데 하나는 여기서 문제가 되는 상태들의 통합이 바로 그 상태들에 '내재하는' 일원성이어야 하기 때문이다. 곧, 그런 상태들이 서로 연결되는 것은 바로 그 상태들의 내용과 내포된 태도들의 성격 때문임이 분명하다. 예를 들어, 서로를 내포하는 관계인 상태들—누군가 어린 시절에 기차를 타고 러시아 초원지대를 가로질러 여행했다는 신념은 그가 한때 러시아에 있었다는 신념을 내포할 수 있는 것처럼—이 그런 관계에 있을 수 있는 것은 주체가 그런 상태들과 연결되는 어떤 행위 때문이 아니라 상태의 내용 자체 때문이다. 더욱이, 상태들의 가능성 자체가 그들이 일원화될 것을 요구하기 때문에, 그런 상태들의 일원성은 그런 상태들로부터 떨어져 있으면서 그것들에 작용하거나 그 상태들인 것으로 '간주되는' 어떤 것을 준거로 확립될 수 없다. 그런 상태들은 전체적으로 형성된다. 그러므로 그 상태들은 그것들이 그 자체인 덕분에 이미 일원화되어 있고, 그래서 그 일원성은 그런 상태들에 부가된 어떤 것으로 설명될 수는 없다. 그러나 정신 상태들의 전체론적 성격에서 비롯된 그들의 필연적이거나 선험적인 일원성이 주체를 위한 어떤 일원화의 역할과도 구별되는 유일한 요인은 아니다. 주관성 자체가 일정한 문제들을 드러낸다. 내용에 기여하는 상태들의 일관성이 그런 상태들로부터 독립된 어떤 자아에 근거를 둘 수 있다는 생각은 그런 상태들의 일관성에 관한 의문을 그런 상태들을 단일화하는 일관성에 관한 의문으로 바꿀 수 있다. 이런 식으로, 내용의 일관성에 관한 의문은 자아의 일관성에 관한 의문이 된다. 그럼에도 불구하고 어떤 정신적 삶으로부터—그리고 정신 상태들의 어떤 복잡한 체계로부터—독립돼 있어, 주관의 일원성이 원칙적으로라도 내용을 조장하는 상태들의 일원성에서 분리될 수 있는 자아나 주체의 개념에 명백한 의미가 부여될 수 있다는 것은 결코 자명하지 않다. 사실, 주체의 일원성이라는 개념은 주체에 귀속시킬 수 있는 상태들의 일원성이라는 개념과 동일시될 수 있다. 상태의 일원성과 주체의 일원성이 구별되지 않는 상태에서 정신 상태들의 일원성을 위한 토대로서 주체에 호소할 가능성은 있을 수 없다.

이런 고려들은 정신 상태들의 일원성이 밑에 놓인 자아의 일원성에 바탕이 된다는 생각에 그대로 적용될 수는 없다. 그러나 정신의 일원성이 〔대니얼 데넷(Daniel Dennett)의 문구를 인용하자면[20]〕 '하위-개인적(sub-personal)' 메커니즘이나 뇌 안에 존재하는 특정 부위의 일원화 작용에 바탕이 될 수 있다는 생각에는 적용된다. 물론 우리의 경험과 기억과 사고의 존재는 일정한 인과적 과정에 의지한다. 그러나 정신의 상태들이 내용을 갖는 수준에서 그 상태들의 일원성과 순서를 이해한다는 것은, 상태들이 내용과 어떻게 연결되는지를 이해하는 일이지 인과적으로 어떻게 산출되는지 혹은 물리적으로 어떻게 실현되는지를 이해하는 일이 아니다. 사실 이 점은 불합리성에 관한 앞의 논의에서 중요한 것이었다. 바로 이 지점에서 데이비드슨이 경험주의적 인식론의 일부 요소들을 거부하도록 자극했을 뿐만 아니라 그의 변칙적 일원론을 자극했던 사유가 부각된다. 정신적 사건들은 물리적 사건들과 동일하지만 물리적 사건들로 환원될 수 없다. 더욱이, 정신 상태들의 물리적 원인들은, 물리적 설명 아래 주어진 것처럼, 그런 상태들에 대한 합리적 설명도 제공할 수 없으며 그들 사이에서 얻고 그들을 구성하는 합리적 연결—내용 수준의 연결—을 부각시킬 수도 없다.[21]

상태들의 통합은 통합된 상태들로부터 독립되어 있거나 그것들에 선행하는 어떤 자아의 작용에 귀속될 수 없다. 메를로퐁티가 지적하듯이, 나는 '정신적' 행위들의 연쇄가 아니며 사실 그것들을 하나의 종합적 통일체로 묶는 원자적 "나"도 아니다. 나는 그 자체로서 분리될 수 없는 단일한 경험이고 하나의 "살아 있는 응결체"이다.[22] 자아와 그에 속한 상태들의 관계가 임의적이거나 우연한 것이 아니라면—상태들의 '소유권'이 상태 자체와 함께 주어지는 그런 관계라면—이는 상태들의 동일성과 특정 주체가 상태들을 소유하는 것이 한데 연결될 수 있으며 동일한 구조, 동일한 경험에서 내용과 자아 모두를 일원화한다는 뜻이다. 이런 점에서, 상태들의 '내용적' 정체성(그런 내용적 정체성이 여기서 중요하다[23])을 조장하는 상태들의 통합은 구체적인 어떤 주체가 그런 상태들을 소유하도록 조장하는 상태들의 통합과 동일한 것이다. 더욱이, 자아 정체성은 자기 자신의 정신적 상태를 소유한다는 의식과 함께 주어지기 때문에, 정체성은 분명 상태들의 통합 자체와 직결된 것이지 통합에 부차적인 것이 아니다. 그렇다면 자신을 파악하는 일은 한 사람의 사유와 경험이 그런 상태들의 형성 자체에 반드시 필요한 정도의 단일화를 드러내는 것이다. 그리고 이는 한 사람이 그의 사유와 경험을 자신의 것으로 파악하는 데 합당한 것이다.

만약 정신의 상태들이 언제나 '내 것'으로 제시된다면, 그 상태들을 나 자신의 것으로 확인하지 못하는 일은 있을 수 없을 것이다. 그러나 그런 확인에 상태들의 내용에 대한 확인이 수반되는 한, 사실, 나의 어떤 사고나 경험도 의심할 바 없이 '내 것'이라는 데로 귀결되지는 않는다. 그러나 이 점에서 획득한 무결성이 내가 간혹 내 사고와 경험의 내용들을 제대로 확인했는지 여부를 의심할 수 없다는 뜻은 아니다. 사실, 이 점에서, 나는 자신의 신념이나 욕망이나 태도에서, 또는 내 말에 따르는 의미에서 내가 잘못되었음을 발견할 수 있다. 그렇다면 내 생각과 경험들에 수반되며 내가 그런 생각과 경험들을 '내 것'으로서 확인하는 데 실수하지 않게 하는 '내 것 됨(mine-ness)'이 그런 생각과 경험들의 순수한 '형식적' 특징이라고 말할지도 모른다. 이는 사유와 경험이 항상 또 다른 사유와 경험들의 연결망 안에서 결합되는 방식을 반영한다.

더욱이, 정신의 상태들이 합리성과 일관성의 일정한 일반적 원칙들에 구속되는 것과 마찬가지로, 자신에 대한 나 자신의 지식에도 유사한 제약이 적용된다. 상태가 내용을 갖는다는 생각은 그런 상태들이 귀속될 수 있는 주체라는 개념을 전제한다. 그리고 주체가 일반적으로 자신이 무엇을 믿고, 바라고, 욕망하고 의미하는지 등등을 알고 있어야 한다는 사실에도 이런 개념이 반영되어 있다. 이는 주체가 **자기 해석**에서 어떤 경우에도 틀릴 리 없음을 함축하지 않는다. 해석자로서 주체는 자신의 상태에 대해 타자들의 상태에 대해서와 같은 처지에 있기 때문이다.

하지만 그것은 주체가 믿고 의미하고 바라고 두려워하면서 무엇을 믿고 의미하고 바라고 두려워하는지를 알아야 한다는 점을 함축한다. 이런 가설의 결합은 상태들의 속성 자체를 의심스럽게 하는 방식으로 상태들의 통일성을 파괴할 것이다. 이런 점에서 '1인칭 권위'라는 개념(화자는 언제나 그들 자신의 태도와 그들의 말이 의미하는 바를 알고 있다고 가정된다는 생각)은 전체적으로 상호 연결된 정신 상태들의 성격의 직접적 결과이자 그런 상관성에 따르는 통합과 일관성의 요건이다.[24]

그러므로 복잡한 정신 상태들에 어느 정도 각인돼 있고 그로써 정신 상태들을 일원화하는 단순하고 독립적으로 존재하는 '자아' 혹은 주체의 견지에서 주관성 개념을 이해할 수 없다. 정신의 상태들 자체가 그 상관관계를 통해 형성되듯이, 하나의 구조로서 주관성 자체의 일원성은 사고와 경험의 어떤 상관관계라는 견지에서만 확립되고 명확해질 수 있다. 더욱이, 일원적 주체라는 개념이 정신 상태들의 일원성—내용을 형성하는 일원성은 주관성을 조장하는 일원성과 동일하다—과 무관하게 이해될 수 없듯이, 단일 주체의 개념 역시 주관적 공간의 일원성을 위한 어떤 일원화의 원칙이나 토대를 제공할 수 없다. 이런 개념들 가운데 어느 것도 어느 정도 다른 것들을 위한 "토대가 되지" 않는다. 오히려 그들은 서로의 상관관계 속에서만 이해되어야 한다. 하지만 그런 상관관계의 본질을 이해하는 일은 일반적 의미에서 정신적 내용의 전체적 성격이나 주관적 공간의 일원적 구조를 이해하는 문제일 뿐만 아니라 행위자(작인), 서사성, 기억의 좀 더 구체적인 개념들과의 관계에서 구조를 이해하는 문제이기도 하다. 다음 장에서는 바로 이런 견지에서 이 구조를 좀 더 분석해볼 것이다.

일원성, 지역성, 작용

우리가 이성의 진정한 본성을 발견하게 되는 것은, 행위자(작인)들로서 우리의 실제 경험을 고려할 때이지, 사상가로서 우리의 이론적 경험을 고려할 때가 아니다.
–존 맥머리(John MacMurray), 《행위자(작인)로서의 자아(The Self as agent)》[1]

정신의 상태들—그리고 일반적으로 주관성—이 전체적으로 구조화된다는 개념은 글의 초점이 될 장소 개념의 발전에 중요한 요소이다. 한 가지 이유는, 앞 장에서 이미 제시되었던 것으로, 그런 생각은 우리가 주관성을 정신 상태의 체계를 명확히 하는 데 달린 것으로 이해할 수 있게 한다는 점이다. 그때의 주관성은, 주관적 경험의 공간과 함께, 정신의 상태들이 조직되고 근거로 삼는 단순한 바탕의 구조가 아니다. 그리고 주관성이 독자적으로 정신적 내용의 일원성을 확립할 수 없듯이, 그것은 장소의 구조를 확립하는 것으로 취급될 수도 없다. 우리가 주관성의 총체적 성격을 좀 더 면밀히 검토해가면, 특히 작용과 관련해서 그 성격을 검토해가면, 장소보다 주체를 더 근본적인 것으로 여길 수 없다는 사실이 훨씬 더 자명해질 것이다.

신념과 욕망 같은 정신의 상태들은 다른 종류의 정신의 상태들과 상관관계뿐만 아니라 행위와의 상관관계를 드러낸다. 사실, 신념이나 욕망이라는 개념 자체가 행위에—언어적 행동과 비언어적 행동 모두에 직접적으로나 간접적으로 모두—의미를 부여하는 일에서 담당하는 역할과 결부될 수밖에 없는 것으로 보인다.[2] 정신의 상태와 행동 사이의 긴밀한 관계는 퍼스(C. S. Peirce)가 신념을 특히 행동성향의 한 형태로 다룬 데서 분명해진다. 그러므로 퍼스는 다음과 같이 적고 있다. "신념의 본질은 하나의 습관을 확립하는 일이다. 그리고 서로 다른 신념들은 그것들이 일으킨 서로 다른 행위 양식들로 구별된다."[3] 확실히, 정신의 상태들이 행위와 분리되어 다루어질 수 없다는 것은 명백하다. 그것들은 다 함께 하나의 단일한 체제를 형성한다. 더욱이 행위는—단순 '행동'이 아니라—행위로서만 설명될 수 있을 뿐이다. 행위가 다른 행위와 행위 성향들과의 관계에 있을 뿐만 아니라, 일단의 신념과 욕망과 다른 태도들에 연결되어 있는 한 그렇다. 간단히 말해서, 행동의 세부 항목이 행위로서 중요하다는 것은 그것이 행위자(작인)에 귀속될 수 있는 이유라는 차원에서 설명될 수 있다. 행위자의 신체나 뇌에 내재하는 상태들이 이런 식으로 설명될 수 없는 행위를 유발할 수도 있겠지만, 행위자(작인)의 상태들과 어떤 합리적 관계도 없다는 것은 그런 행동을 행위로 볼 수 없음을 뜻한다. 그러므로 행동은 **합리적인** 것으로 이해됨으로써—곧 단순 행동에 부가되는 의도나 목적과 연결될 때에만—행위의 일부가 된다. 이 점을 포착하는 한 가지 친숙한 방법은 행동이 의도적인 것이어서 어떤 설명을 통해서만 행위로 간주될 수 있다고 말하는 것이다. 거기서 설명은 행동을 '의미 있는 것으로 만들거나' 합리적인 것으로 파악할 수 있는 틀을 제공하는 신념과 욕망의 복합체와 연결함으로써 해당 행동을 이해할 수 있게 한다.[4]

이런 면에서, 우리는 서사를 구성하는 능력이 실제로 어떻게 작용 능력과 긴밀히 연결되는지 알 수 있다. 행위에 토대를 제공하는 과거의 콘텍스트를 전유하는 일은 물론이고, 행위에 필수적인 협응과 목적성이 기대고 있는 것은 파악 능력, 곧 목적의 차원에서, 지속적인 기획들과 관계 속에서 규정되는 구체적 행위들이 목적과 기획을 바탕에 둔 서사를 필요로 하는 방식을 파악하는 능력이다. 그리고 물론 구체적 행위나, 목적, 기획은 언제나 더 큰 서사 구조들 안에 놓여 있거나 '그 안에 영소할' 수 있고 그래서 더 큰 기획과 목적들에 기여하는 것으로 파악될 수 있다. 행위는 언제나 '어떤 설명 아래' 나타나고, 그래서 행위를 하나 이상의 설명 아래 파악할 수 있다고 생각하는 것은 행위가 서사에 대해 갖는 이런 의존성을 나타내는 것으로 볼 수 있다. 그러나 문제의 서사는 여러 활동과 결부되고 그런 활동들의 형식을 엄격히 제한하는 관행적인 '이야기'부터 구체적인 개인들 특유의 좀 더 독특한 서사에 이르기까지 다양할 것이다. 사실, 우리는 대체로 서사를 통해서 우리의 삶을 과거와 현재로부터 미래에 투사할 수 있고 그렇게 하면서 미래의 행위 가능성을 탐색하고 도식화할 수 있다. 목적이 있는 행동은, 다시 말해 꽤 복잡한 목적을 갖는 행동은 한 사람의 정신에서 가능성들을 활용하고 행위와 사건들을 하나의 역사와 콘텍스트에 맞추는 능력에 달린 것으로 보인다. 그러므로 일정한 지점에서, 행위 능력은 서사를 구성하고 그것들을 이해하는 능력에 크게 의지한다.[5]

그러나 정신의 상태와 행동의 관계를 인정할 경우 정신의 상태와 행위가 서로 연결된 하나의 체계를 형성하기는 하지만 이 체계에는 언제나 방향이나 지향이 있어야 한다는 점을 인정해야 한다. 체계의 방향이나 지향은 행위의 방향이나 지향에서 도출될 수 있는 것으로 볼 수 있다. 방향과 지향은 행위 자체의 필수적인 특징이다. 행위는 무언가를 야기하려는 시도이다(자제의 경우는 야기하려는 것이 어떤 일이 일어나지 않게 하는 것이거나, 혹은 누군가가 일이 일어나는 데 개입하지 않는 것임을 보여주는 예들이다). 그래서 행위에는 객체, 위치, 그리고 행동하는 사람이 개입된 사건들과 관련해 상당히 구체적인 방향이 요구된다. 어떤 것을 성공적으로 유발하려면 사물들과의 관계가 올바른 것이어야 한다. 뿐만 아니라 성공적이든 아니든, 누군가 행위를 할 수 있으려면, 자신이 행동하는 의도에 어울리는 것들과의 관계 속에서 어떤 위치에 있는 자신을 파악할 수 있어야 한다. 이는 부분적으로 행위가 한 사람의 나머지 태도들과 일관될 필요를 반영한다. 뿐만 아니라, 이것은 행동 자체가 방향성이 있고 조직된 행위 형식이 되는 방식을 반영하기도 한다. 그리고 행위와 결부된 주관적 공간에는 방향과 초점이 뚜렷하다는 특성이 있음을 반영한다.

정신의 상태와 행위가 서로 연결되는 방식은 하나의 전체로서 정신의 상태들의 일원성이 언제나 행위와 관련해서 구성된다는 점을 나타낸다. 단순히 행위자(작인) 앞에 놓인 가능한 행위들과 관련해서만이 아니라, 현재 행위자(작인)가 하고 있는 행위들과 관련해서, 그리고 그런 행위들이 기여하는 행위자(작인)의 지속적 활동들과 관련해서 구성된다는 점을 시사한다. 그렇게 해서 행위와 관련된 정신 상태들의 질서는, 2장에서 논의된 세계 속에서 행위자의 능동적 개입이라는 견지에서, 주관적 공간의 순서를 반영한다. 더욱이 주관적 공간은 물론이고, 신념과 욕망과 태도가 위치하는 "정신의 공간"도 행위와 관련해서, 그리고 작용능력과 관련해서 구성된다. 뿐만 아니라 행위 자체가 특정 객체, 특정 사건의 유발과 관련해서 규정되기 때문에, 정신의 상태는 대체로 객체와 그 객체들이 목적으로 삼는 사건들과 관련해서 규정되고 개별화된다. 이는 정신의 상태가 '목적성'[6]의 견지에서 규정되고 개별화된다는 친숙한 생각에 포함된 중요한 요소이다. 현재의 콘텍스트에서 문제가 되는 '의도성'은 단순한 정신의 상태에 그치는 것이 아니라, 행위가 규정되고 개별화되는 방식의 특징으로 여길 수 있다(보통 두 가지 의미의 목적성을 구별하지만 필자는 여기서 두 의미 사이에서 얻을 수 있는 유사성에 더 관심을 기울일 것이다). 정신의 상태와 행위의 의도성을 어느 정도 유사한 것으로 여기면 한 가지 중요한 결과가 초래된다. 의도성을 정신의 상태와 객체들 사이의 신비로운 관계로 보는 대신에, 언제나 공간적 방향과 인과적 개입에 기반을 두고 있는 것으로 볼 수 있다. 그런데 공간적 방향과 인과적 개입은 우리가 움직이는 객체와 상대할 때 전형적으로 나타나는 특징이다.

어떤 활동을 하고 있는 행위자, 곧 자신을 이해하는 일은 객체와 인과적이고 공간적 관계에 있는 행위자(작인)를 이해하는 문제이고, 관련 객체에 대해 적합한 태도—특히 해당 신념과 욕망—를 지닌 행위자(작인)를 이해하는 문제이다. 일정한 태도를 지닌 행위자(작인)를 이해하는 일은 세계 속에서 행위자(작인)의 공간적이고 인과적인 개입을 파악함으로써 그런 태도의 객체들을 파악할 수 있음을 의미한다. 데이비드슨의 연구에서, 행위자(작인)의 태도에 담긴 내용의 확인은 그런 태도의 원인을 확인하는 데 달려 있다는 생각에서 부분적으로 이런 관념이 포착된다. 여기서 문제는 신념의 직접적인 '구심의' 원인들—말하자면, 머릿속의 사건들, 혹은 피조물의 감각기관들의 표면에 미치는 영향들—이 아니라 그런 신념들의 '원심의' 원인들이다. 다시 말해 특별히 세계의 객체와 사건들, 일정한 설명 아래 화자들이 유지하는 것은 다른 태도들과 합리적으로 연결된 '원심의' 객체들에 대한 신념들뿐이기 때문이다.[7] 행위자(작인)의 태도에 담긴 내용은 태도들 사이의 합리적 관계 자체에도 달려 있지만 그 태도와 객체들의 인과적 관계들에도 달려 있다. 더욱이, 행위에는 행위자(작인)의 행위와 관련이 있으면서도 행위자(작인)와는 별개인 무언가가 필요하듯이, 행위자(작인)의 태도의 객체들 역시, 적어도 가장 기본적인 경우에, 행위자(작인)와 분리되어 있어야 한다. 그러므로 내용의 가능성 자체가 행위자(작인)가 놓여 있고 움직이는 외부 세계와 객관적 세계라는 생각을 전제하게 될 것이다. 그리고 이 점에 관해선 다음 장에서 좀 더 이야기하겠지만, 하나의 행위자(작인)가 태도를 갖는다는 것은 행위자(작인)와 별개인 객체와 행위자(작인)의 관계에 달려 있다. 그 객체와 행위자(작인)의 관계는, 적어도 부분적으로는 태도의 내용과 행위의 상호 관계에서 도출된다고 볼 수 있다.

정신의 상태들이 행위자(작인)의 행위와 관련해서 조직되는 한, 그리고 행위 능력, 곧 행위자(작인)의 능력과 관련해서 조직되는 한, 정신 상태들의 조직 역시 주관적 공간의 질서와 유사하다. 더욱이 주관적 공간은 '관점(perspectivity)'이라는 개념을 통해 규정될 수 있기에 행위자(작인)의 현재 활동이나 전반적 능력의 성격에서 도출된 방향성이나 중심을 갖는 것으로 규정될 수 있듯이, 정신 상태의 체계도 이와 유사하다고 보는 것이 옳을 듯하다. 정신의 상태들이 하나의 '망(web)'을 형성하고 그 안에서 각 상태들이 다른 상태들과 서로 연결돼 있다고 볼 수 있다면, 그 망은 언제나 어떤 특정 방향으로 이끌리는 연결망이다. 파리가 붙잡혀 있고 모든 가닥들이 단일한 지점에서 행사되는 압력을 받고 있는 거미줄처럼, 정신의 상태들 역시 행위자(작인)의 현재 활동과 관련해서 비슷한 방식으로 조직되거나 행위자(작인)의 현재 활동으로 '끌어당겨진다'. 그 망의 일부가 다른 부분들보다 더 많이 뻗치게 되는 것처럼, 어떤 상태들 역시 다른 상태들보다 더 '당겨지기는' 하지만 말이다. 결과적으로 정신의 상태들이 이루는 단일한 체계는 언제나 하나의 일정한 중심을 갖는다. 그리고 이 중심이 제공하는 정신 상태들의 질서는 정신의 상태들 사이에 서로 다른 정도의 통합을 허용한다.[8] 그러므로 상태들—신념과 욕망 등—이 현재 행위자(작인)가 개입하는 구체적 행위와, 그 행위가 기여하는 전반적 활동과 직접 연결될수록, 그런 상태들은 서로와의 관계에서, 그리고 문제의 행위와의 관계에서 더 높은 수준의 일관성과 응집력을 요구할 것이다. 현재의 행위나 활동에서 동떨어진 상태들에 관해서는, 불일치와 응집력의 결여가 훨씬 더 크게 허용될 수 있을 것이다. 그러므로 상태들의 일원성과 일관성은 행위자(작인)의 활동들 사이의 일원성과 통합의 연속선에 있는 것으로 이해되어야 한다. 그러나 여기서 문제 되는 정신 상태들의 단일화는 무엇보다 단순한 행동에 결부되는 것이 아니라 **행위**의 통합과 결부된다는 점은 반드시 강조되어야 한다. 물론 행동이 일반적으로 행위자(작인)가 수행하고자 하는 행위에 부합해야 하는 한, 행동과 중요한 관계에 있기는 하다. 하지만 형편없는 운동 협응이나, 수행 기술의 부족 자체가 정신적 통합의 결여를 입증한다고 볼 수는 없다.

정신의 상태들이 행위와 관련해 순서가 정해진다는 생각은 정신의 상태들은 총체적으로 결정된다는 생각에 따른 필연적 결과로 볼 수 있다. 아킬 빌그라미(Akeel Bilgrami)가 정신의 내용과 행위를 묶은 이유도 부분적으로는 정신적 내용의 총체적 성격에서 비롯된 문제를 처리해야 할 필요성 때문이었다.[9] 빌그라미는 내용의 속성들이 일관성의 요구에 구속된다고 여겼다. 하지만 이런 구속이 행위자(작인)의 개념들 전체(빌그라미가 집합적 수준 혹은 '의미-이론적' 수준이라고 명명한 것이다)에 적용될 수 없음을 인정한다. 무엇보다 행위자(작인)의 모든 신념을 일시에 고정시킬 것을 요구하는 한, 이는 어떤 개념 귀인도 불가능하게 만들기 때문이다.[10] 결과적으로 빌그라미는 개념들의 귀인이 일원성과 로컬리티 모두의 한 가지 원칙에 구속되어야 한다고 주장한다. 그리고 이런 원칙에서 로컬리티의 개념은 설명의 초점으로서, 그리고 개념 귀인의 초점으로서 특정 **행위들**을 참고함으로써 이해할 수 있다고 주장한다.[11] 그러므로, 베스가 문밖을 나설 때 우산을 집어든 일을 설명해줄 신념의 원인을 찾기 위해, 유럽의 지리나 인간의 해부학적 구조와 질병에 대한 베스의 신념을 살필 필요는 없다. 그 대신, 우리가 원인을 설명하려는 신념이 무엇이든, 예컨대, 비가 올 가능성과 날씨에 대처해 자신을 보호하려고 그녀가 집어든 물건의 유용성에 합치한다는 사실을 확인하려 한다. 우리가 행위자(작인)의 신념 전체에 초점을 맞추기보다 일정한 범위의 신념에 초점을 맞출 수 있는 까닭은 우리가 여기서 구체적 행위들, 또 행위를 위한 구체적 **콘텍스트**에 초점을 맞출 수 있기 때문이다(우리가 베스의 행동을 설명하거나 이해하려 한다면 그럴 필요가 있다). 우리의 정신의 삶은 오직 행위와 관련해서만 조직되고 규정된다. 그러므로 우리의 행위들은 우리가 지닌 태도를 나타내는 데 그치지 않는다. 또한 우리의 태도가 형성되고 태도들의 상관관계가 명확해지는 것도 우리의 행위들 안에서이고 행위들을 통해서이다. 구체적 행위들은 하나의 콘텍스트를 확립하고, 이 콘텍스트 속에서 세계의 특징과 행위자(작인)의 개념의 레퍼토리가 지니는 구체적 특징들이 작용한다. 그리고 그렇게 해서 하나의 중심을 제공하고 우리는 이를 통해 자신을 이해하고 가늠할 수 있다. 뿐만 아니라 내용의 구체적 속성들이 만들어질 수 있다.

정신의 상태들의 일원성과 통합은 행위에서 확립된 '로컬리티'와의 관계 속에서 확립되고 유지된다. 더욱이, 행위에 대한 상태들의 일원성은 일시에 그리고 오랜 시간을 두고 획득된다. 물론, 오랜 시간에 걸쳐 행위자(작인)가 연루된 활동들이 변화함에 따라 행위자(작인)의 행동은 변화할 것이다. 그리고 시간상에서 행위자(작인)는 아주 다른 활동들에 관여할 가능성이 있다. 더욱이, 시간상에서 행위자(작인)가 관여하는 활동들뿐만 아니라 물리적 장소들도 다양할 것이다. 정신 상태들의 귀인, 행위의 확인, 행위자(작인)의 존재에 선행 조건인 일원성은 필연적으로 엄청나게 많은 다른 활동, 상태, 장소를 포괄하는 복잡한 일원성일 것이다. 이는 행위자(작인)의 상황 변화 덕분에 어느 행위자(작인)의 삶에서나 어느 정도의 불일치가 항구적 특징일 것이라는 점을 시사한다. 뿐만 아니라 정신적 일원성이 행위와 관련해 구조화되는 방식을 통해 어떤 의미 있는 방식으로 행위자(작인)의 일원성을 형성하지 않고도 불합리성이 생겨날 수 있고 때로는 유지될 수도 있음을 볼 수 있다.

불합리성—특히 의지박약의 경우—을 다루는 한 가지 방식은 불합리성이 어떻게 정신의 '분할(partition)'의 토대에서 생겨나는지를 보여주는 것이다. 이는 도널드 데이비드슨이 적용한 접근법이다.[12] 이런 종류의 접근법이 갖는 한 가지 문제는 그런 분할이 어떻게 일어날 수 있는지를 설명하는 것이다. 그럼에도 불구하고, 일단 우리가 정신 상태들을 행위, 곧 체현과 장소에 결부된 행위와 연결된 것으로 파악한다면, 쟁점이 되는 분할을 이해하는 간단한 방식이 있음을 알 수 있다. 이는 서로 다른 행위들은 행위자(작인)에게 다른 지향을 요구한다는 의미에서 생겨날 수 있다. 지향의 그런 차이는 정신 상태들의 지향(orientation)과 배열이라는 차원의 차이는 물론이고 신체와 그 부분들의 지향의 차이를 수반하는 것으로 여겨질 수 있다. 정신의 '분할'은 단일한 행위자(작인)가 다른 면에서는 공통분모가 없는 태도들을 지닐 수 있게 하는 것으로 볼 수도 있으며, 이 경우에 구별되는 행위와 활동들에 연결된 서로 다른 공간적 지향과 장소들을 통해 생겨나고 거기에 토대를 둔 것으로 이해될 수 있다. 물론, 단일 행위자(작인)의 행위와 활동이기에 어느 정도 관계가 있는 것으로 이해할 필요가 있는 행위와 활동들은 여전히 존재한다. 그리고 행위자(작인)의 활동들에서 지나친 파편화는 행위의 〔혹은 **단일** 행위자(작인)의〕 가정을 의심스럽게 할 수도 있는 행위자(작인)의 정신적 삶의 파편화를 함축할 것이다. 그러나 정신적 '분할'이라는 개념의 핵심은 태도나 행위에서 어떻게 일정한 제한적 불일치성이 생겨날 수 있는지를 설명하는 것이다. 그런 분할이 공간적 지향과 위치의 차이들과 결부될지도 모른다고 생각하면 그런 분할 자체가 작동할 수 있는 수단들에 대해 어떤 설명을 할 수 있다.

행위와의 관계에서 정신과 정신적 내용을 구조화하는 일은 주관성을 작용의 개념과 무관하게 이해할 수 없다는 점을 시사한다. 그러나 작용의 가능성 자체가 하나의 구체적인 주관적 공간 개념과 결부된다. 그런 공간은 대체로 어떤 행위 능력의 견지에서 규정된다. 그렇다면 주관적 공간의 배열은 행위와 연관된 배열이고, 정신의 상태들 역시 이런 식으로 정돈되는 한, 주관적 공간의 배열과 행위자(작인)의 사고와 경험의 배열은 긴밀하게 연결된다. 그럼에도 불구하고 2장에서 명확해졌듯이, 주관적 공간의 파악은 객관적 공간의 파악과 완전히 무관할 수 없다. 자아와 내용과 공간성과 작용 사이의 필연적인 상관성을 입증할 때, 하나의 연결은 이들 개념과 객관적 공간 개념 사이에, 그리고 이들 개념과 객관성 개념 사이에 나타난다. 그러므로 주관적 요소와 객관적 요소가 연결되어 서로 의지하는 구조가 등장하기 시작한다. 사유와 경험은 이런 구조의 토대 위에서 가능하다. 그리고 이어지는 장들에서는 물론이고 이 장과 앞 장에서 취한 이런 구조에 대한 설명과 관찰을 통해서 장소의 구조 자체가 서서히 드러난다.

정신의 구조와 정신적 내용의 구조는 주체가 위치하는 세계의 구조와 분리될 수 없다. 그렇게 보인다. 이는 부분적으로, 이미 본 것처럼, 태도의 내용을 확인하기 위해 주체가 일상적으로 연결되는 독자적 객체들을 살펴야 할 필요성에 따른 결과이다. 또한 작용과의 관계에서 정신적 내용을 구조화한 데 따른 결과이기도 하다. 그러나 정신적 내용과 정신의 필연적 '공간화'를 강화하는 또 다른 관계가 존재한다. 우리가 **기억**의 특성에 더 구체적으로 초점을 맞출 때 생겨나는 관계이다. 기억은 아마도 정신적 내용에 관한 대부분의 논의—적어도 많은 철학 논의—에서 마땅히 받아야 할 만큼 주목받지 못한다. 그리고 내용이 있는 사유와 경험 가능성의 선행 조건으로서 기억에서 일관성과 일원성을 유지하는 것이 중요하다는 점도 잘 인정받지 못할 것이다. 그러므로 철학자들(아마도 이는 철학 이외의 학문에서는 흔치 않은 일이다)은 특히 그런 신념의 에피스테메적 태도의 내용이 추상적으로 혹은 일반적으로 인식된 다른 태도의 내용들과 어느 정도 동시적 관계에 주로 의존하는 것처럼, 그런 태도들에 초점을 맞춘다. 예를 들어, 우리는 눈이 희다는 신념을 가지려면 적어도 눈의 성질, 희다는 것의 성질 등등에 관한 신념들의 망의 부분을 형성하는 다른 신념들 가운데 일부를 가져야 한다는 사실에 관해 이야기한다(그리고 나 자신은 문제를 이런 식으로 본다). 하지만 그런 경우에 얻게 되는 관계들은 다른 종류의 신념들—예컨대 자신과 자신의 삶에 관한 개인적 신념들, 한 사람의 사회에 만연한 사회적 관행들과 일을 하는 방식에 관한 신념들, 세계와 그 안의 사물의 본성에 관한 상당히 일반적인 성격의 신념들—사이에 존재하는 여러 수준에서 획득된다. 그리고 통상 폭넓은 다른 기억들과의 관계에서만 조직된다(그러므로 눈을 보는 것에 관한 한 사람의 신념은 어떤 구체적 경험에 관한 그의 기억과 불가분의 관계에 있다). 여기서 신념이 아닌 기억의 강조(그리고 인간의 기억의 경우, 사람들은 기억을 신념에서 떼어놓을 수 없기 때문에 이는 무엇보다 강조의 문제이다)는 단순히 주관적인 의미론적 선호의 문제가 아니다. 정신적 삶의 배열이 대체로 단순히 무시간적 신념의 배열에 의지하는 것이 아니라 기억의 배열에 의지한다고 생각한다면, 이는 기억의 정신적 삶의 한시적일 수밖에 없는 성격을 부각시키는 방식으로 정신의 삶을 생각하는 것이다. 또한 이를 통해 정신적 내용의 조직에서 서사 구조의 역할과의 관계를 시사한다. 그것은 또한 흥미롭고 중요한 방식으로 공간성—그리고 장소—의 개념을 전면에 부각시킨다.

울릭 네제르(Ulric Neisser)가 특별한 관심을 기울이는 기억의 특징들 가운데 하나는 기억의 '영소(營巢)하는(nested)' 성격이다. 사건들—그리고 사건들에 대한 기억들—은 더 큰 사건 구조들의 구성요소들로 이해될 수 있는 한편, 구성요소인 좀 더 작은 사건들로 구성되는 것으로 이해될 수 있다. 네제르는 영소 개념을 심리학에 대한 깁슨(J. J. Gibson)의 생태학적 접근법(그 환경 속에 놓이는 주체의 특성을 강조하는 접근법)에서 가져온다. 그리고 깁슨은 영소가 세계 어디에나 존재하는 특징임을 강조한다. 깁슨은 다음과 같이 적고 있다. "물리적 실체는 원자부터 은하계에 이르기까지 모든 수준의 측량 크기에서 구조를 갖는다. 내가 **영소**라고 부르고자 하는 것에 의해 더 작은 단위들은 더 큰 단위 안에 놓인다. 예를 들어, 계곡은 산맥 안에 놓인다. 나무들은 계곡 안에 놓인다. 형식들 안에는 크기의 단위가 높아지고 낮아지는 형식들이 존재한다. 단위들은 더 큰 단위들 안에 영소한다. 사물들은 다른 사물의 구성요소들이다. 그들은 하나의 위계질서를 형성할 것이다. 이 위계질서는 범주적인 것이 아니라 이행과 중첩으로 가득하다."[13] 네제르는 세계에 영소하는 사물과 사건들의 성격은 영소하는 기억의 구조에 반영되는 것으로 여긴다.[14] 그러므로, 하나의 글자나 문장을 활자화하는 사건이, 네제르의 예를 활용하자면, 논문이나 책을 쓰는 더 큰 사건 안에 영소하듯이, 해당 사건에 대한 내 경험과 기억은 더 큰 사건이나 과정의 경험과 기억 안에 영소한다.

네제르는 사건들이 영소하는 구조, 그리고 특히 더 크고 자주 불연속적인 과정들 안에 특정한 일들이 영소하는 것은 임의적이거나 그저 부과되는 무엇이 아니다. 그는 다음과 같이 쓴다. "이 같은 사건들은 어떤 객관적 현실도 갖지 않는다—곧 그것들은 우리가 그것들을 인식하고 말하는 방식에 의해서만 존재하게 된다—고 자주 주장된다. 그런 유아론적 가정에서는 세계의 어떤 것도 우리가 그렇게 만들기 전에는 실재하지 않는다. 그런 가정은 발명, 유연성, 임의성과 선택을 혼동하는 것이다. 그 세계는 수많은 설명들을 뒷받침하기에 충분할 만큼 풍부하다. 하지만 그 모든 설명들이 정확한 것은 아니다. '하나의 장을 쓰는 일'은 내가 지금 하고 있는 일에 관한 여러 가능한 설명 가운데 하나일 뿐이다. 하지만 그것은 확실히 참이다. 내가 자전거를 타고 있다고 말하는 것은 거짓일 것이다."[15] 설명의 이런 다원성은 우리의 정신적 삶에 중요한 특징 가운데 하나이다. 태도들의 관계, 경험과 기억의 관계는 다양하며 그런 태도들, 경험들, 기억들을 정리하는 방식은 항상 하나 이상 존재하고 그것들이 놓일 수 있는 서사 역시 항상 하나 이상 존재한다.

네제르가 관심을 기울이는 기억의 영소하는 성격 자체를 정신적 삶의 한 특징으로 여길 수 있다. 정신적 상태들의 전체적 상관관계는 대체로 다른 상태들 안에 상태들이 영소하는 성격의 문제로 다루어질 수 있다. 정신적인 것이 그런 영소하는 구조를 갖는다고 여기는 것은 정신적인 것을 좀 더 단순하고 완전히 일관된 다른 논리적 순서로 완전히 환원되지 않고 언제나 재설명과 재구성의 가능성을 허용하는 다원적이고 중첩적인 상호 관계들로 구성된 하나의 체계를 형성하는 것으로 보도록 허용하는 데 특히 유용하다. 서사와 패러다임적으로 연결된 종류의 일원성이라는 견지에서 정신적 일원성의 규정을 고려할 때, 기억의 영소하는 구조는 놀랄 것도 없이 서사의 두드러진 특질이다. 서사는 사건들의 구체적 순서가 더 큰 사건의 구조 안에서 사건들의 영소를 통해 채택될 수 있는 하나의 장치로 여겨질 수 있다. 그러나 현재의 논의에는 네제르가 기억(그리고 내 설명에서는 정신적 삶 자체)의 영소하는 구조와 장소의 영소하는 구조 사이의 관계를 시사하는 방식이 특별한 의미를 갖는다. 네제르는 다음과 같이 말한다. "'사건들의 영소'는 장소의 영소와 아주 유사하다. 사건들은 더 큰 사건들 안에 내포됨으로써 '위치'된다. 장소들이 더 큰 장소들을 참고해서 위치하는 것과 마찬가지이다."[16] 그리고 다시 한 번 네제르는 이 점에 관해 깁슨을 언급한다. "장소는 공간 안의 한 점과 대비되는 것으로서 환경 안에 있는 하나의 위치이다. …… 한 점은 좀 더 큰 하나의 좌표 체계를 참고해서 자리매김해야 하는 반면, 한 장소는 더 큰 장소에 포함됨으로써 위치할 수 있다(예를 들어, 대평원에서 굽이쳐 흐르는 강 근처 오두막의 벽난로)."[17] 몇몇 논의에서 네제르는 계속해서 개인적 기억이 실은 공간적 이해와 긴밀히 연결되고 공간적 인지에 헌정된 (해마를 중심으로 한) 뇌의 부분이 "개인적 기억을 위한 중요한 도구가 될 수 있을 것"이라는 가설을 개진한다.[18]

네제르는 몇 가지 고려들을 이 가설의 근거로 삼는다. 이 가운데 많은 것이 (공통된 신경심리학적 근거에 관한 더 구체적인 주장과 별개로) 개인적 기억과 공간적 이해가 연결된 전반적 명제의 근거를 제공한다. 네제르는 이런 고려들을 다음과 같이 요약한다.

> 그러므로 공간적 인지 체계는 몇 가지 까다로운 특징을 지닌다. 첫째, 명백히 영소하는 구조를 갖는 영역 위에서 작동한다. ……둘째, 위계적 구조를 아주 효과적으로 포착하는 방식으로 공간적 영역에 관한 정보를 축적한다. 공통된 경험이 시사하는 것은 …… 사람들이 공간적 정보를 상당히 상세하게 그리고 오랫동안 기억할 수 있다는 점이다. 셋째, 우리로 하여금 우리가 한번 마주쳤던 장소들에 실제로 다시 돌아가지 않고도 그 장소들을 '정신적으로 다시 찾을' 수 있게 한다. 사실상, 그것은 우리의 상상력 안에서 그 장소들의 가구를 재배치할 수 있게 한다. 공간적 단위의 이 모든 특징들이 자전적 기억의 특징이다. 우리 자신의 과거에 대한 기억은 또한 영소의 단위들 안에서 조직된다. ……그들은 또한 지극히 세부적인 사실까지 아주 오랫동안 보존한다. 자전적 기억은 우리로 하여금 이전에 방문했던 장소들을 '다시 찾을 수' 있게 한다.[19]

더욱이, 네제르는 개인적 기억과 공간적 인지가 긴밀히 연결된다는 가설에 무게를 싣는 다른 이론적이고 경험적인 고려들을 인용한다. 최근 연구는 기억과 공간적 인지의 공통된 신경정신학적 토대에 관한 네제르의 추측을 지지하는 경향이 있는 반면, 나는 구체적 주장보다는 여기서 쟁점이 되는 더 일반적인 가설에 관심이 있다. 왜냐하면 신경생리학의 문제와는 별도로, (특히 내가 주관성의 인지에서 기억에 강조점을 두는 것을 고려하건대) 기억과 공간적 인지의 더 긴밀한 개념적 고리는 인간적인 사고와 경험의 가능성에서 장소의 개념이 중요한 역할을 한다는 생각을 강하게 뒷받침한다. 그러나 네제르가 자신이 개진한 가설의 도움을 받아 예증하는 개념적 고려들이 상대적으로 취약해 보인다는 것은 흥미로운 일이며 주목할 만하다. 네제르의 주장은, 어떤 강한 개념적 고려보다는 공간적 인식과 개인적 기억의 공통된 신경생리학적 토대를 주장하는 경험적이고 이론적인 증거에 훨씬 더 의지한다.

그것이 상징하는 대로 기억과 장소 모두 영소하는 구조를 지닌다는 사실은 기억과 공간성의 가능한 관계에 관해 우리에게 말해주는 바가 거의 없다. 그러나 '영소' 개념 자체가 공간적 개념들, 혹은 좀 더 나은 것으로 장소 관련 개념들에 의지하는 방식을 고려하는 것에서 시작하면 하나의 연결 고리가 분명해진다. 사실, 하나의 기억이 다른 기억에 영소하는 방식은, 적어도 개인적 기억에서는, 예외 없이 다른 사건이나 객체에서 관련된 실제 사건이나 객체의 영소에 의지한다. 사건이나 객체의 그런 영소를 어떻게 이해해야 할까? 근본적으로 어떤 공간 개념과도 무관하게 이를 이해할 수는 없다. 애초에 그것이 봉쇄의 개념이기 때문이다. 이는 한 사건이 다른 사건에 영소하는 것에 관해서도 마찬가지이다.[20] 그리고 영소하는 구조가 언제나 공간적(혹은 공간적-시간적) 구조인 경우 기억 역시 그런 구조로 특징 지워지며, 이는 기억이 어떤 형태의 공간적 질서에 의존한다는 점을 가리킬 것이다. 물론, 여기서 쟁점이 되는 공간성은 단순히 물리적 범위의 공간성만이 아니다. 폐쇄할 뿐만 아니라 폐쇄된 것으로서 공간의 특성은 안과 밖을 모두 가진다. 다시 말해 안으로 중심을 향하거나 밖으로 주변부를 향할 수 있는 것으로 파악되는 '공간'으로서 문제가 되는 공간의 특성을 가리킨다. 그것은 뉴턴이 인식하는 비어 있는 균질의 공간보다 아리스토텔레스와 플라톤의 토포스나 코라에 더 가까운 '공간'이다. 문제의 '공간'은 단순한 공간이 아니라 장소의 견지에서 더 잘 이해할 수 있다(그 안에 공간을 주는 것이 장소이기는 하지만). 그리고 깁슨과 네제르가 확인했던 식으로 '영소하는' 것은 단순한 공간이 아니라 장소이다.

그런 공간 혹은 장소에 기반을 둔 순서가 다른 장소 안에, 그리고 다른 사물과의 관계에서 사물이나 장소의 영소를 허용하는 방식은 하나의 단일한 구조 안에서 다양한 요소들의 일원화를 허용하는 방식에 관해 무언가를 드러낸다. 깁슨이 지적하듯이, 장소들은 사실 다른 장소들 안에 영소함으로써 위치를 가지며 이는 특정한 견지에서 동시에 하나의 좌표 체계를 구체화할 필요 없이 하나의 위치를 구체화할 수 있음을 의미한다. 결론적으로, 장소에 기반을 둔 위치 체계는 추상적 좌표들의 일단이 아니라 하나의 장소를 참고함으로써 위치를 정할 수 있는 체계이다. 영소와 장소에 기반을 둔 위치 체계는 사실 우리 자신과 같은 피조물—그들 자신과 주변 환경의 개념적 파악이 가능한 피조물들—이 공간적으로 확장된 지역의 서로 상관되고 단일한 성격을 이해할 수 있다. 장소들은 그런 장소들 안에 그렇게 영소하는 상관된 장소들을 포함한다. 그래서 이제 내가 (예를 들어, 내가 앉아 있는 방이든, 내가 사는 집이든, 내가 거주하는 도시이든) 자신을 발견하는 장소에 관해 얼마나 폭넓게 생각하는지에 따라 현재 위치에서 다양한 위치들의 상관된 성격을 파악할 수 있다. 장소들은 또한 다른 장소들과 함께 좀 더 큰 공간적 구조나 행동의 틀 안에—좀 더 큰 어떤 장소 안에—영소함으로써 다른 일단의 장소들에 열려 있다. 그러므로 단일한 장소에 친숙해지면서 한 사람은 장소들의 더 큰 연결망을 잘 알게 된다.

장소들의 영소하는 성격으로 인해 우리는 장소의 개념과 연결된 공간성이나 차원성이 어떻게 분화된 일원성—기억을 조직하는 일에서 특별히 중요한 역할을 하는 것으로 보일 일원성—의 구체적 형식을 가능하게 하는지 볼 수 있다. 그러나 더 일반적으로 기억의 순서가 기억의 **객체들**의 질서에 달려 있는 한 기억의 질서는 언제나 시간적인 것은 물론이고 공간적 질서와 같아야 한다고 말할 수 있을 것이다. 더욱이 이는 개인적 기억(기억되는 경험은, 통상 구체적 환경이나 장소들 안의 경험이기 때문이다)과 좀 더 일반적이고 개인적이지 않은 형식의 기억을 수반하는 사례들에 모두 적용될 수 있다. 쟁점이 되는 기억이 공간적 소재나 위치와 연결된 공간적 구조의 어떤 측면에 대한 기억이나 세계의 좀 더 일반적인 특성, 그 안에 담긴 객체들인 경우들이 분명 그럴 것이다. 그러나 어떤 복잡하고 분화된 구조를 기억하라는 요구를 받는 곳 어디서나 사람들은 예외없이 어떤 종류의 공간적 개념이나 이미지들을 요구할 것이다. 이는 5장의 논의에서 더 분명해질 테지만 일반적으로 공간성은 단지 특정 요소들의 동시적 존재('공존')를 허용하는 차원성의 한 형식이다. 그러므로 사물의 공간적 질서는 사물의 시간적 질서에는 반하는 것으로서 시간의 복잡한 질서가 가능하게 하는 토대이다(이 점은 다음 장에서 다시 다룰 것이다).

만약 이런 식으로 기억, 공간, 장소를 긴밀히 연결된 것으로 생각한다면, 아마도 우리는 그리스인과 로마인들 사이에서 발생했고 중세와 르네상스 시대로 이어졌듯이 전통적 기억술의 핵심이었던 고전적인 '**장소**의 방법(Method of *loci*)'—《기억술》에서 프란츠 예이츠가 특별한 주의를 기울였고[21] 네제르 역시 기억과 공간의 관계에 관한 논의에서 주목했던 하나의 전통—의 효율성은 더 잘 이해할 수 있을 것이다.[22] **장소**(Loci)의 방법은 구체적 장소들로 이루어진 하나의 체계 안에서 구체적인 '장소들(places 혹은 'loci')'과 구체적인 기억의 연결을 통해 작동하는 하나의 기억 체계를 제공했다. 시인 시모니데스가 처음 고안했던 것으로 추측되는 이 체계를 키케로는 다음과 같이 묘사한다. "이 (기억의) 능력을 훈련하려는 사람들은 로컬리티를 선택하고 그들이 기억하려는 것들의 이미지를 형성해야 하며 로컬리티에 이를 저장해야 한다. 그래서 로컬리티의 배열은 사물의 질서를 보존할 것이다."[23] 우리는 '**장소**의 방법' 안에 기억의 명백한 조직을 위한 토대로서 공간과 장소의 영소하는 특성과 직접적으로 의지하는 하나의 시스템을 갖는다.

우리는 자주 시간의 차원성과 관련해서만 기억을 생각한다. 사실, 기억은 시간적인 것 못지않게 공간적인 것에도 연결되어 있는 듯하다. 그래서 케이시는 그가 '기억과 장소의 선별적 친화력'이라고 말한 것에 주의를 기울인다. 그리고 다음과 같이 적고 있다. "각각 서로에게 어울려야 할 뿐만 아니라 서로를 요구한다. 장소에 포함되어 있는 것은 잘 기억되는 것에 좀 더 가깝다. 기억되는 것은 그것이 하나의 구체적 장소—발생 시간보다 선행하는 장소—안에 있는 것으로서 기억된다면, 근거가 충분하다."[24] 기억은 사건들의 연속성을 파악하도록 요구할 뿐만 아니라, 다른 사건과 객체들과 관계 속에서 사건과 객체들의 공간적 영소의 파악을 요구한다. 그리고 시간성과 공간성이 기억의 구조에 얼마나 중요한지 보면서, 우리는 정신적 삶의 조직에서 시간성과 공간성의 중심성을 볼 수 있을 것이다. 더욱이, 케이시가 그 문제에 대한 자신의 논의에서 강조하는 것처럼,[25] 기억과 장소의 연결은 기억과 신체, 정신적 내용의 체현과 가능성의 긴밀한 상관관계를 나타낸다. 여기서 공간성**과** 시간성의 중요성, 그리고 체현의 중요성은, 정신적 삶의 중요한 구성요소들로서 신념이나 태도에 초점을 맞춤에 따라 놓치기 쉬운 어떤 것이다. 그럼에도 불구하고 정신적 삶은 근본적으로 공간과 시간에 관련한, 그리고 시간적으로도 공간적으로도 확장된 **장소—행위를 하는 것**이 가능하다는 점을 덧붙일 수 있는 하나의 장소—와 관련한 자아 통합의 문제라는 생각은 사고나 경험의 가능성 자체를 적절히 이해하는 데 중요하다. 그러나 이런 결론의 논증은 충분히 구체화해야 할 것이다.

물론, 여기서 아직 더 추구해야 할 좀 더 큰 논점이 있기는 하지만, 3장 도입부에서 언급했던 주관성의 본질에 관한 좀 더 구체적인 고려가 이제 하나의 결론에 이르렀다. 주관적 공간성은 단순히 바탕에 있는 주체나 자아에 근거한 것으로 여겨질 수 없다. 주체는 이미 공간성에 의존하는 방식으로 구성된다. 결론적으로, 이 장과 앞 장에서 전개되었던 주관성 분석은 주관성의 구조에서 작용과 공간성의 중심적 역할을 인정하는 데 이르기는 했지만, **행위자**(작인)로서 주체라는 개념을 통해 독립적이고 근본적인 주체라는 개념을 되살리지 못했다. 우리가 만약 주관적 공간을 대체로 작용의 어떤 일원성에 의지하는 것으로 여긴다면, 내용의 가능성을 조장하는 정신적 상태들의 일원성 역시 바로 그 작용의 일원성에 근거할 것으로 보인다. 그러나 3장의 분석에서 이미 명확해진 것처럼, 문제의 일원성은 행동 가능성의 바탕이 되는 주체로 여겨지는 **행위자**(작인)로부터 도출되는 일원성이 아니다. 작용의 일원성은 서로 다른 요소들—하나의 구체적 신체, 구체적 객체들, 구체적 환경, 구체적 능력들—의 상관관계 속에서, 그것을 통해 유발되고 유지되는 일원성이다. 자아, 정신적 내용, 일원적인 주관적 공간의 가능성을 조장하는 일원화를 행하는 것은, 하나의 결과로서 활동 자체를 넘어서는 어떤 것이 아니며, **행위자**(작인)의 이전 존재에 근거하지도 않는다. 정신적 상태들 사이의 일원성이나 하나의 공간의 일원성을 **산출하는** 주체, 그리고 구체적 상태들이나 구체적 공간들이 속하는 주체의 요구와 관련된 문제는 대체로 사라진다. 그런 일원화하는 주체가 필요하지 않다. 일단의 구체적인 정신적 상태들이나 구체적인 주관적 공간을 고려할 때, 그런 상태들이 귀속될 수 있고 그 공간이 이해될 수 있는 초점으로서 하나의 구체적 주체가 주어지기는 하지만 말이다.

주관성의 전반적 구조가 행동의 구조 주위에서 조직된다는 생각은, 주변에서 조직된 것으로서 주관적 공간이라는 근본적인 생각에, 그리고 주체의 행위 능력과 인지 능력과의 관계에 이미 전제된 것으로 볼 수 있다. 더욱이, 행동을 주관성의 구조화에 몹시 중요한 역할을 하는 것으로 여기는 데서, 그리고 주관적 공간이 피조물의 행위 능력과 인지 능력에 따라 구조화된다는 생각을 이미 상정하고 있는 데서, 나는 생각과 경험의 개념으로 향하는 내 설명을 물리적인 객체와 사건들과의 관계에서 필연적으로 구체화되고 작동할 수 있는 피조물의 작용과 연결된 것으로—달리 말하자면, 공간적일 수밖에 없는 존재 방식(동질적인 물리적 범위의 공간만으로 제공된 것보다 훨씬 더 복잡한 공간성)에 묶인 것으로—전제했다고 볼 수 있다. 이렇게 하면서, 내가 사실상 공간적 개념과 지형학적 개념들이 중심 역할을 하게 될 설명에 기울어 있었다고 생각할 수도 있을 것이다.

더욱이, 나는 지금까지 구체적 행동과 지속적 활동을 둘러싸고 조직된 것으로서 상태들의 서로 연관된 특성의 문제인 자아의 일원성을 이해하는, 그리고 인지적이고 경험적인 상태들의 일원성을 이해하는 방식에 관해 나름의 주장을 펴왔다. 하지만 그런 일원성이 행동은 물론이고 하나의 물리적 공간 안에서 구체화된 행동과 결부되어야 하는 이유를 설명하지 않았다. 행동과 작용이 필수적인 **초점**(foci)을 제공하고, 그 초점들을 둘러싸고 사고와 경험이 일원화된다면, 왜 비공간적 영역—순수하게 '청각적인' 영역, 예를 들어, 피터 스트로슨의 《개인들(Individuals)》에 나오는 '비공간적 세계'[26]—에서는 문제의 행동이 일어날 수 없었을까? 그리고 여기서 요구되는 작용은 비공간적 견지에서 그 자체를 이해하는 주체의 작용으로서 이해될 수 없었을까? 이 질문에 대한 답을 이해하면 주관성이 근거한 구조와 그런 구조 안에서 작용의 역할을 좀 더 명확하게 이해할 수 있을 것이다. 이런 식으로 우리는 장소의 복잡한 구조의 이해에서 좀 더 나아갈 수 있을 것이다.

작용과 객관성

그 구조에 의해 움직임의 가능성이 부양되는 피조물만이 감각하는 존재일 수 있다.
-어윈 스트라우스(Erwin Strauss), 《감각의 원초적 세계(The Primary World of the Senses)》[1]

이 연구에서 내 일차적 관심은, 이미 내가 지적했던 대로, 인간의 경험에 특징적인 '개념화 된' 종류의 경험이며, 판단과 개념성에 결부된 것으로서의 사유이다. 그렇지만, 이 연구에서 특별한 관심을 기울이고 있고 공간성과 작용과 경험 사이에서 얻는 관계들 가운데 많은 것이 사실상 매우 원초적인 단계에서 생겨난다. 앞서 나는 신체 전체이든 아니면 신체의 일부이든 정해진 방향으로 움직일 수 있는 피조물이라면 그런 움직임이 가능한 어떤 공간 안에 위치해야 할 뿐만 아니라, 그 공간을 파악하고 있어야만 하는데(반드시 개념적으로 파악할 필요는 없다), 그런 파악은 주관적으로 제시되어야 하고 그 안의 어떤 구체적인 관점으로부터도 독립되어야 한다고 주장한 바 있다. 이는 개념의 견지에서 생각할 능력이 있든 없든 모든 피조물에 적용된다. 마찬가지로, 조직되고 일반적으로, 해당 피조물의 개념적 능력과 관계없이, 정신적 삶의 조직과 통합을 가능하게 하는 데 결정적이다. **어떤** 행위 능력도 결여한 피조물은 경험을 조직하는 어떤 **초점**도 결여한 피조물일 것이다. 그런 피조물은 경험 안에서 **눈에 띄고** 서로 **구별되는** 구체적 특징들을 선별할 수 있게 하는 어떤 구조도 결여했을 것이다. 그러므로 행위는 경험의 가능성에서, 그리고 어떤 종류이든 정신적 삶의 가능성에서 결정적 역할을 한다. 우리는 작용의 가능성에 주의를 기울이는 요건들을 고려함으로써 경험, 사고, 공간성의 연결이 지니는 성격을 좀 더 분명하고 상세히 이해할 수 있다. 그러나 작용과 공간성의 연결, 그리고 공간성과 경험 사이의 연결은 단순하지 않은 연결이다. 그러나 여기서 쟁점이 되는 많은 개념들이 그렇듯이, 그 연결은 서로 관련이 있는 개념들의 연결망을 함축한다. 결과적으로, 반드시 뒤따르는 관계들은 하나의 가닥이 아니라 여러 개의 서로 다른 가닥들이다.

이 가닥들 가운데 첫 번째는 방향이 정해진 조직적인 행동이 가능한 모든 피조물—행동할 수 있는 모든 피조물—과 관련해서 그런 피조물이 최소한 피조물과 그 세계의 구분이라는 견지에서 주관성과 객관성의 구별을 파악해야 하는 필요성에 관한 것이다. 이런 구별은 단순해 보일지 모르나 여러 개의 서로 다른 형식들로 나타난다. 물론 그 가운데 하나가 주관적 공간과 객관적 공간의 구분이다. 주관적 공간의 파악은 2장에서 이미 자명해진 것처럼, 행위의 가능성과 직접 연결되므로 주관성과 객관성 사이에 존재하는 이런 공간화된 형태의 구별을 간단히 전제할 수는 없다. 또한 작용에 함축된 다른 개념들의 경우에도 마찬가지이다. 그러나 그 개념들은 공간성의 직접적이고 객관적인 함의들을 수반한다. 그러므로 자아와 세계의 구분은 또한 신체의 이미지나 신체 도식이라는 관념 속에 내재하고 이런 개념은 행위에 직접 함축되지만, 신체 이미지나 신체 도식이라는 개념이 공간성이나 행위에 대한 관계에 간단히 전제될 수는 없다. 이 개념은 이미 공간적인 것, 다시 말해 어떤 주관의 체현된 존재와 그 공간적 체현을 파악할 수 있는 주체의 능력이라는 개념에서 파생되고 그에 의존하기 때문이다.

그럼에도 불구하고 신체의 이미지나 신체 도식이라는 개념은 간단하게라도 더 고려할 가치가 있다. 그런 개념의 파악이, 혹은 우리가 공간성에 관해 질문하는 것을 피하고자 하는 경우, 그와 유사한 것의 파악이 행동할 수 있는 모든 주체에게 필수적인 것으로 보일 것이기 때문이다. 숀 갤러거(Shaun Gallagher)는 문학에서 '신체 이미지'나 '신체 도식'과 다른 유사한 용어들의 활용을 둘러싸고 상당한 혼란과 모호함이 있다는 점에 주목했다.[2] 겔러거에 따르면, 나는 신체 이미지를 '자세와 움직임을 감시하고 통제하는 데서 능동적 역할을 하는 …… 무의식의 체계'로서 신체 도식과 '신체의 의식적 재현이나 신체에 대한 일단의 신념들'을 구별할 것이다.[3] 확실히, 신체 이미지와 신체 도식 모두 행위에서 하나의 역할을 할 것이다. 그러나 정해진 방향으로 균형 잡힌 신체적 행동을 할 수 있으려면, 행동하는 피조물이 신체와 신체 부위들의 위치와 자세를 감시할 수 있고 세계에서 그 움직임을 계획하고 지시하기 위해 자신의 신체 구조 전체를 어느 정도 파악하는 것이 중요하기 때문에, 신체 구조의 역할은 특히 중요할 것이다. 우리 자신의 경우, 우리는 항상 그런 신체적 '지식'에 의존한다. 예를 들어, 달릴 때 길게 뻗은 가지를 피하기 위해 고개를 숙이거나 손가락을 깨물지 않고 부서지기 쉬운 음식을 손가락으로 집어먹을 때를 생각해보라. 이런 점에서 우리는 신체 도식을 어떤 피조물의 주관적 공간이라는 개념에 이미 내포된 어떤 것으로 볼 것이다.

특히 행위를 가능하게 하고 통제하는 데 신체 도식이 중요하다면, 행동할 수 있는 피조물은 자신이 위치한 세계와 구별되는 것으로서 자신을 어느 정도 파악해야 하며 자신에게서 나타나는 변화가 행동과 관련이 있다면, 그 변화들을 모니터할 수 있어야 한다. 더욱이 하나의 피조물은 자신의 신체에서 나타나는 변화라는 견지에서 자신이 하는 행동을 파악할 수 있을 때에만, 그리고 그것을 신체와 연결되고 어쩌면 신체 이미지와 연결된 것으로 파악할 수 있을 때에만 행동할 수 있을 것이다. 행동할 수 있다는 것은 적어도 자신의 변화를 통해 세계에 어떤 변화를 가져올 수 있다는 것이다. 어떻게 그런 변화를 일으킬 수 있는지 '앎'으로써만 자신이 아닌 다른 데서 변화를 일으키는 법을 알 수 있다. 그리고 자신의 체현을 파악한 피조물에게 그것은 분명 자신의 몸에서 변화를 일으키는 법을 '안다'는 뜻이다. 이는 자신 안의 인과적 메커니즘을 어느 정도 파악한다는 의미이다. 누군가가 그런 메커니즘을 파악한다는 것, 그리고 그런 파악에 의지한다는 것은 누군가가 일상에서 의식적으로 성찰하는 어떤 것이 아니다. 마찬가지로, 우리가 실제로 행동할 때 신체로 할 수 있는 것에 의식적으로 주의를 기울이는 경우는 드물다. 우리의 행동은 그런 의식적인 주의에 기대지 않는다(주목할 만한 예외가 있기는 하다. 새로운 기술이나 기교를 배우는 상황, 그리고 운동이나 춤처럼 자신의 신체로 행하는 것에 초점을 맞추는 경우를 생각할 수 있다[4]). 이런 이유로 우리는 '내 손을 컵으로 향하고 컵을 들어 올려 내 입술로 기울이고 내 입으로 그 액체를 마시는 것'과 같은 기본적인 신체 동작이라는 견지에서 행위를 개념화하지 않는다. 행동의 목표, 이 경우 물 마시는 행위의 목표가 되는 세계의 변화를 포착하는 용어들로 행위를 개념화한다. 그리고 그런 행위는 사건들 사이의 다양한 의존성에, 그리고 행위를 하는 피조물이 사건 자체와 그것을 둘러싼 세계 속의 그 사건 사이의 여러 의존성을 파악하는 데에 달려 있는 한편, 그런 행동 역시 세계와 세계 속 사물들 사이의 차이의 파악에 달려 있다. 그런데 사람은 사물에 **대해** 작용하고, 사물은 사람 자신의 일부로서 사람은 사물을 **통해** 혹은 **사물을 수단으로 삼아** 행동한다.

우리는 '의도하는' 사건을 행하는 데 기인하는 것을 '야기하려 하는 것'이라고 부를 수 있을 것이다. 그러나 '의도한다는 것', '야기하려 하는 것' 혹은 '위반의 행동'에 관해 말하는 것이 모호하게 만들어버리기 쉬운 사실은, 그렇게 의도한다고 해서 실질적인 수단이 저절로 제공되지는 않는다는 것, 실행에 옮겨진 어떤 의도에 따르지 않았더라면 그와 구별되었을 하나의 객체나 사건을 변화시키는 데 활용할 실질적 **수단**이 제공되지 않는다는 것이다. 그러므로 내가 앞에 놓인 잔의 물을 마시기로 결심했을 때 내 의지가 물을 마시려는 의도와 마시는 것 사이의 인과적 연결을 형성하는 것은 아니다. 오히려 내 손으로 잔을 파악하고 입가로 가져가 물이 입속으로 흘러들어갈 수 있을 만큼 충분히 잔을 앞으로 기울일 수 있고 물을 삼키는 데 필요한 근육을 수축시킴으로써 내 의지는 효력을 갖는다. 사실, 의지라는 개념은 이를 실행하는 수단인 구체적 능력들과 무관하게 어떤 내용을 가지며, 그런 능력들이 세계의 다른 사물과 사건들과 인과적으로 맞물리는 방식을 통해 이해되는 능력인지는 확실치 않다. 어떤 것을 **의도한다**는 것이 무엇인지 이해한다는 것은 무언가를 **한다는 것**이 무엇인지 이해하는 일이다. 하는 일이 실패하거나 좌절되는 경우에조차 그렇다.[5] 내가 어떻게 해야 무언가를 하는 일에 착수할 수 있는지를 생각하지 않으면, 그걸 의도할 수 있는지 여부도 확실하지 않다.

하나의 피조물이 자신의 신체에 어떤 일을 일으킴으로써 어떻게 일을 일으킬 수 있는지 파악할 필요가 있다는 점을 강조할 때, 행동에서 우리가 먼저 세계에 무언가를 일으키는 신체적 움직임을 '의도한다'고 주장하는 것은 아니다. 그러나 의도한다고 해서 언제나 행하는 것도, 그렇게 하려고 노력하는 것도, 행하고자 하는 것도 아니며, 어떻게 해서 그렇게 하는 일을 시작할 수 있는지에 대한 파악이 전제되는 것도 아니다. 내가 어떤 것을 의도할지도 모르지만—내가 그렇게 행하려고 노력할지도 모르고—그럼에도 불구하고 그 일을 어떻게 해야 할지 모른다—의도한 목적에 이르는 수단을 모른다—고 가정하는 것은 모순이다. 이는 한 사람이 어떤 행동이나 사건에 적합한 인과적 구조 전체를 파악해야 한다는 의미는 아니다. 하지만 의도된 결과에 적합한 인과적 구조를 파악할 필요가 있다(설사 완전히 의식적으로 파악하는 것은 아닐지라도).

자아와 세계의 구별이 중요한 이유는, 그런 구별이 행위의 구조 속에서 나타나기 때문이기도 하지만 행위가 행위**로서** 개념화되는 데 필요하기 때문이다. 행동한다는 것은 일이 목적이 있고 방향이 정해진 방식으로 일어나게 한다는 것이다(그것은 **활동**이나 **작용**을 수반한다). 그리고 이 점에서, 행위는 단순히 누군가에게 일어난 것과 누군가 관찰한 것—**수동성**의 상태를 수반하는 것—에 대비된다. 행동할 수 있다는 것은 한 사람의 경험 안에서 능동적 결과와 수동적 결과를 구분할 수 있다는 것이다. 이를 구분하지 못할 경우 행위를 통제하거나 지시할 수 있는 능력이 부재하게 된다. 이는 결과적으로 한 사람의 힘과 능력—세계나 자신의 변화에 영향을 줄 수 있는 능력의 견지에서 기술되든 아니든—에 대한 지식을 와해시킬 것이기 때문이다. 행동할 능력이 거기에 달려 있다. 지극히 제한적이지만 여기서 문제가 되는 기본 주장의 구체적인 예를 제임스

러셀이 언급한다.

> 초파리들은 …… '시운동성 반사(optokinetic reaction)'를 한다. 이는 초파리들이 세계가 움직이는 방향으로 향하는 것을 의미한다. 만약 어떤 자극이 초파리의 왼편으로 향하면, 초파리는 왼쪽으로 움직인다. 이제 동물들이 시각 정보에서 자아가 일으킨 변화와 세계가 일으킨 변화를 구별하지 못하는 데 따른 결과들을 살펴보자. 어떤 자극이 동물의 시야를 가로질러 왼쪽으로 움직이고, 파리가 고개를 왼쪽으로 움직이고, 그 시야가 동물의 오른쪽으로 움직이는 것처럼 보인다. 그러면 파리는 **오른쪽**으로 움직여, 시야가 왼쪽으로 움직이는 것처럼 보이게 한다. ……확실히, 파리가 분명하고, 스스로 발생시킨 시야의 움직임을 진정한 움직임으로 다루고 있었다면, 이는 시운동성 반사를 할 때마다 부리단의 당나귀처럼 마비될 것이다. 그러므로 시각적 결과에서 자신이 일으킨 변화 **자체를** 암호화할 수 있음이 틀림없다.[6]

초파리의 사례는 러셀이 자아와 세계(혹은 한 사람의 수동성에 반하는 것으로서 한 사람의 행위로 초래된 인지적 결과의 변화)의 구별을 파악하지 못한 상태에서는 행위가 불가능하다—그렇게 파악할 수 없는 피조물은 완전히 마비될지도 모른다—는 점에 관한 좀 더 일반적인 명제를 입증하기 위해 사용한다. 덧붙이자면 그런 피조물은 행위 능력뿐 아니라 정신생활의 능력 자체도 결여할 것이다.

스트로슨이 작용의 개념에 많은 주의를 기울이기는 하지만, 《개체들》에서 논의의 핵심은 자아와 세계, 주관성과 객관성의 구별이다. 스트로슨은 여기서 문제가 되는 구별을 자기 방식으로 대조의 차원에서 설명한다. “어떤 사람 자신의 경험이나 의식의 상태인 구체적 사건, 과정, 상태 혹은 조건들과, 어떤 사람 자신의 경험이나 의식 상태가 아닌, 혹은 그런 경험의 객체일 수도 있는 다른 누군가의 경험이나 의식 상태가 아닌 개별자들 사이의 대조라는 차원에서. 그러므로 어떤 나무가 벼락을 맞는 것과 내가 벼락 맞는 나무를 보는 것은 별개의 사건이다. 칼이 내 살을 파고드는 것과 내가 고통을 느끼는 것은 별개의 일이다.”[7] 스트로슨은 《개체들》의 2장에서 하나의 피조물이 여기서 쟁점이 되는 구별을 파악하는 데 필요한 것이 무엇인지 묻는다. 더 구체적으로 하나의 피조물이 그런 개별자들이 “사고하는 사람에 의해 자신과 구별되고, 자신의 경험이나 정신의 상태와 구별되며 그런 경험의 실질적이거나 가능한 상태들로 간주되는” ‘객관적 개별자들’에 관한 사유를 확인할 능력을 부여하는 조건들을 확인하는 데 관심이 있다고 적고 있다.[8] 본질적으로, 스트로슨은 객관성을 어느 정도 파악할 수 있게 하는 선행 조건을 추구한다. 설사 어떤 점에서 네이글이 채용했던 것과 구별되는 객관성일지라도 말이다.[9]

지금까지, 나는 스트로슨의 객관성 개념에 함축된 자아와 세계의 구별을, 그리고 그것이 필연적으로 작용을 함축한다는 것을 세심하게 살펴보았는데, 그런 구별과 공간성 개념 사이의 어떤 연결도 질문에 열려 있게 하는 방식이었다. 그러나 객관성 개념이 객관적 공간 개념과 분리될 수 없다는 점을 전제할 만한 이유는 충분하다. 에번스가 지적하듯이, 객관적으로 그리고 어떤 주관으로부터도 독립적으로(에번스의 홉스적 문구로 표현하자면 ‘정신이 없는 채로’) 존재하는 개념을 갖는다는 것은 공간 안에 존재하는 사물의 개념을 갖는다는 것이다. 에번스는 다음과 같이 언급한다. “공간과 객관성의 관계는 우리의 개념 구도 안에 너무 깊숙이 놓여 있어 많은 철학자들이 자신들이 묻는 질문에 주의를 기울이지도 않은 채, '객관적인 것'에서 '외부의 것'으로 넘어간다. 주관적 존재가 '정신 속에' 있는 것으로 간주되기 때문에 객관적 존재는 '정신 밖에' 있는 것이 되고 그래서 우리에게 홉스와 같은 정신 밖의 존재라는 개념이 있다면, 공간 개념이 있다고 말하기 쉽다."[10] 사실, 에번스는 객관성 개념이 공간성 개념을 함축한다는 것에 이론을 제기하지 않는다. 오히려 이런 연결의 이유, 그리고 본질에 관한 탐색을 촉구한다. 스트로슨은 《개체들》에서 공간을 파악하지 못하고 있음에도 불구하고 객관성을 파악하고 있는 피조물의 세계를 묘사하려 함으로써 바로 그런 탐색을 실행한다. "개념 구도"에서 스트로슨이 구사한 어휘들이 중요하다(그 자체의 문제를 지닌 어휘들이다). 문제는 다음과 같다. "완전히 비공간적인 객관적 개별자들의 체계를 고려할 때 하나의 구도가 있을 수 있을까?"[11]

스트로슨은 그의 연구의 일반적인 형식과 더불어, 그리고 부분적으로, 그 내용과 더불어, 이 문제가 칸트를 떠올리게 한다는 점에 주목한다.[12] 사실, 스트로슨의 논의와 에번스의 주장은 공간성과 객관성의 관계에 관한 근본적으로 칸트적인 일단의 직관들 위에서 발전하고 확립된다. 그런 연결은 비판 시기와 비판 이전 시기 칸트의 저술에 중요한 주제이다. 칸트가 공간 개념에 의지할 수밖에 없는 분리되어 구별되는 동시적 존재라는 개념을 취함으로써 '객관적'과 '공간적'은 서로를 지시하는 표현이 된다. 이런 논점은 때때로 칸트의 모호한 언어로 인해 모호해진다. 그래서 자주 칸트가 마치 에번스가 주목했던 방식에 근접한 것에서 쟁점이 되는 문제를 묻고 있는 듯하다. 오노라 오닐은 칸트가 '공간적'을 의미하기 위해 사용하는 '외부적'과 '객관적' 사이에서 말끝을 흐린다고 지적한다.[13] 그리하여, 칸트는 1770년 〈교수 취임 논문

(Inaugural Dissertation)〉에서 다음과 같이 쓰고 있다. "내가 내 밖에 있는 무언가를 나 자신이 있는 공간과는 다른 공간에 있는 것으로 재현하지 않는다면 인식할 수 없으며 그것들을 공간의 다른 부분에 배치하지 않는다면 사물들을 서로의 밖에 있는 것으로 인식할 수 없다."[14] 그리고 다시 《순수 이성 비판》에서 주장한다. "공간은 조건이다. ……그 조건 아래에서 우리에게는 외부적 직관만이 가능하다."[15] 만약 여기서 '외부적'이라는 말이 '공간적'이라는 것을 의미하는 것으로 받아들여진다면, 이런 주장들은 사소하고 불필요한 것으로 보인다. '외부적'이라는 말이 '객관적'—최소한 하나의 분리되어 구별되는 존재를 지닌다는 의미에서—이라는 것을 의미하는 경우에만 그런 주장들은 일리가 있다. 그리고 그 말들이 이런 의미로 받아들여진다면, 그 말들은 그런 주장들에 정말로 중요한 의미를 지닌다.

사실, 우리는 칸트에게서 누군가가 공간을 파악할 때에만, 구별되지만 또한 공존하는 것으로서 개별자들을 이해할 수 있다는 주장의 근거를 발견하는 것 같다. 이런 주장이, 예를 들어, 〈관념론의 논박(Refutation of Idealism)〉 B 판본의 핵심에 놓인 것으로 보인다. 오닐이 지적하듯이, 버트런드 러셀의 초기 연구에서도 아주 유사한 주장이 발견된다. 러셀은 다음과 같이 쓰고 있다. "동시에 존재하는 사물의 다양한 가능성은 …… 시간에 의해서만 주어질 수 없으며, 하나의 현존(presentation)의 동시적인 부분들을 위한 외연의 형식에 의해서만 주어질 수 있다. 달리 말하자면, 감각의 지각 객체가 실질적인 복잡성을 지닐 수 없다면, 그리고 그런 복잡성에 관해 우리가 시간 이외의 외연성의 형식을 요구할 수 없다면, 우리는 상관된 여러 사물의 존재를 결코 추론할 수 없다."[16] 오직 공간의 외연성만이 객관성에 반드시 필요한 동시적 구별을 허용한다는 주장은 어느 정도 펼쳐내어 살펴볼 필요가 있다. 그런 뒤에야 실제 쟁점을 볼 수 있다.

스트로슨은 하나의 가상 세계를 구성함으로써 이 문제의 해결을 시도한다. 스트로슨은 이를 "비공간적 세계"라고 부르는데[17] 순전히 청각의 차원에서만 하나의 피조물에게 파악되는 세계이다. 스트로슨은 우리가 듣기를 통해 어떤 공간적 속성들을 파악할 수 있다고 인정한다. 그리고 "감각적 경험이 성격상 청각적일 뿐만 아니라 촉각적이고 감각적(kinaesthetic)이기도 한 곳에서—혹은 대부분의 경우에 그렇듯이, 촉각적이고 감각적이고 시각적인 것으로서—우리는 때때로 듣는 힘에만 공간적 속성들을 부여할 수 있다"[18]고 말한다. 그럼에도 불구하고 스트로슨은 이로부터 성격상 순전히 청각적인 경험의 형태를 띤 공간적 개념을 위한 자리가 있다는 주장이 뒤따른다는 것을 부정한다. 스트로슨은 소리에는 "고유한 공간적 특징들이 없다"[19]고 주장한다. 그리고 청각적 경험들만으로 "공간적 개념을 유발하기에 충분할 것이다"[20]라고 주장한다. 이 마지막 논점은, 예를 들어, 오닐이 그랬듯이 논쟁하고 싶을 수도 있는 문제이다.[21] 적어도 지금은 문제의 주장에 관해 스트로슨에게 동의할 수 있지만 말이다.

일반적 형태의 객관성 개념은 경험하고 사유하는 주체의 구체적 관점(perspective)으로부터의 독립이라는 개념과 결부된다. 스트로슨의 논의에서 이런 개념은 객관적으로 존재하는 것은 인식되지 않을 때에도 여전히 존재한다는 생각 속에 하나의 형태로 등장한다. 스트로슨이 묘사한 청각의 세계에 객관적 개별자들이 존재하는가의 문제는, 대체로 스트로슨의 세계가 인식되지 않을 때 개별자들의 존재를 수용할 수 있는가라는 문제로 이해할 수 있다. 이는 개별자들을 확인할 수 있을 뿐만 아니라 이를 수적으로 동일한 것—이전 사건에서 마주쳤던 동일한 개별자—으로 재확인할 수 있는 가능성에 달려 있다. 개별자들이 인식되지 않을 때에도 계속 존재하고 확인되고 재확인될 수 있는 것으로 이해할 수 있으려면 "인식되지 않은 개별자들이 **서로에 대해**, 그리고 인식된 개별자들에 대해 **어떤 종류의 체계적 관계 속에** 동시에 존재하는 것으로 여겨질 수 있는"[22] 시간의 차원과는 다른 어떤 차원이 필요하다고 스트로슨은 주장한다. 통상 여기서 쟁점이 되는 차원을 제공하는 것으로서 공간으로 돌아가고자 한다. 그러나 "장소라는 개념, 그리고 그와 더불어 객체의 공간적 체계라는 개념에는 순전히 청각적인 견지의 의미가 부여될 수 없다"[23]고 주장하기 때문에 스트로슨은 개별자들이 서로의 관계 속에 놓이는 것을 허용하고 그래서 ("더 가깝거나 훨씬 더 멀리 떨어진) 거리와 위치의 개념에 유사한 무언가를 허용하기에 충분한[24] "공간의 유비"[25]가 반드시 제공되어야 한다고 주장한다.

스트로슨의 주장처럼, "어떤 특징 음질의 소리"의 존재를 통해 스트로슨의 청각적 세계에 그런 유비가 적용될 수 있다. "……〔그 소리는〕 지속적으로 들려오며 높이가 다양하기는 하지만 지속적으로 크게 들려온다. ……〔그리고 그 소리는〕 그 지속성에서 독특하다."[26] 스트로슨은 이 "마스터 사운드"를 한 사람이 다른 소리를 들을 때 늘 따라다니는 것으로, 잘 작동되지 않는 라디오에서 가끔 들려오는 "쉿소리"에 비교한다. 주파수를 바꿀 때, 그리고 방송국을 바꿀 때 쉿소리 역시 높이가 달라지고 각 방송국은 수반되는 쉿소리의 특정한 높이와 연결될 수 있을 것이다. 비슷한 방식으로, 스트로슨의 청각의 세계에서 마스터 사운드는 서로 다른 모든 소리의 배경으로서 지속적으로 들려온다. 그러므로 서로 다른 소리들은 마스터 사운드에서 서로 다른 지점에 "위치할" 수 있다.

그리고 정리된 높이의 순서로 뒷받침되는 순서를 통해 각 소리는 다른 모든 소리들과 관계에서 특징적인 위치에 놓일 수 있다.[27] 그러므로 마스터 사운드의 도입은 다양한 소리들이 "배제될" 수 있고 동시에 존재하지만 서로에게 독립적으로 파악될 수 있는 단일한 차원을 제공한다. 스트로슨은 이 공간의 유비를 객관적 개별자들의 체계가 가능하도록 허용하고, 또한 인식되지 않은 채 존재할 수도 있을 개별자들의 가능성을 허용하기에 충분한 것으로 여긴다. 그러나 그것이 자아와 세계의 구별을 허용하기에 충분한 것인지는 별개의 문제이다.[28] 스트로슨의 설명에서는 적어도 객관적 개별자들의 체계가 그런 개별자들과 구별되는 것으로서 주체의 존재에 관해 아무것도 함축하지 않는다. 이는 그저 인식된 개별자들과 인식되지 않은 개별자 모두를 마스터 사운드 위의 어떤 위치에 존재하는 것으로 규정하도록 하나의 틀을 제공하는 듯하다.

에번스는 스트로슨의 주장을 객관성과 공간성의 연결에 대한 칸트적 강조를 지지하는 주장으로 받아들인다. 스트로슨은 위에서 인용된 러셀의 말로 "동시에 존재하는 다양한 것들의 가능성은 …… 시간만으로는 주어질 수 없는 것이며 오직 외연성의 형식에 의해서만 주어질 수 있다"는 칸트와 러셀의 저서에서 발견된 주장을 되풀이하는 듯하다. 스트로슨이 칸트와 러셀과 다른 점은 여기서 요구되는 외연성을 "자구적" 의미에서 공간적인 것이 아니라 "**공간의 유비**"라는 형태를 취하면 되는 것으로 여긴다는 것이다. 이제, 공간 개념에 따르는 모호성을 고려하건대, 자구적인 것과 유비적인 것의 대비에 대한 스트로슨의 호소가 어디에 근거를 두고 있는지 궁금할 것이다. 그리고 자구적인 것과 유비적인 것의 대비 자체가 문제를 야기할 수 있다. 하지만 그런 문제를 차치하고, 스트로슨은 어떤 경우에도 공간에 대한 오직 하나의 유비만 제공하지 않는다. 마스터톤(mastertone)이 그런 유비로 기능하기 위해서는 공간성이라는 선행 개념이 필요하다.

내가 앞서 주목했듯이, 스트로슨 자신은 순전히 청각적인 경험 자체로는 공간적 개념들을 초래하기에 충분하지 않다고 강조한다. 그러나 스트로슨이 의미하는 것은 마스터 사운드의 소개로 순전히 청각적인 경험이 공간의 "자구적" 의미에서 어떤 공간 개념을 초래할 수는 없지만 그런 개념들과 유사한 것들을 초래할 수 있다는 것일 뿐이다. 다소 당혹스러운 주장이다. 자구적 의미를 파악하지 못하는 사람이 어떻게 비유적 의미를 파악할 수 있을까?(스트로슨의 순전히 청각적인 세계는 공간성의 "자구적" 의미를 파악하기 위한 토대를 제공하지 않는 듯하다.) 그러나 왜 마스터 사운드를 공간의 유비로 받아들여야 할까? 우리가 청각의 세계에서 제시받는 것은 시간적으로 질서가 부여된 소리들의 시퀀스뿐이다. 이는 하나의 지속적인 음색으로 구성되며 일관된 음색에 수반되는 다른 다양한 소리들과 함께 높이가 오르내리는 것이다. 어떤 경험하는 주체의 관점(perspective)에서 보면, 이 세계는 오직 높이가 변동하는 하나의 음색을 수반하는 다양한 소리들의 견지에서만 경험된다. 어떤 근거에서 이 순전히 시간적인 경험이 그에 대한 비시간적 측면을 갖는 것으로 설명될 수 있을까? 분명, 누군가가 **이미** 비시간적 차원성의 개념에 먼저 접근할 때만 그럴 수 있다. 그렇다면 마스터톤의 개념은 청각의 세계 안에서 이 비시간적 차원성의 개념에 내용을 부여하는 데 사용될 수 있다. 그러나 마스터 사운드 자체는 이에 적절치 않아 보인다.

경험하는 어떤 피조물이 움직일 수 있는 위치로서 마스터톤이 전달할 수 있는 다양한 높이의 음에 관해 고려해야 한다는 생각을 살펴보면, 이 점이 특히 명백해진다. 스트로슨이 윤곽을 그린 청각적 경험은 마스터 사운드에 의해 증폭되었을 때조차 움직임의 개념을 제공하기에 충분치 않다. 그것은 오로지 경험의 변화라는 개념을 제공할 뿐이다. 그리고 경험상의 모든 변화가 움직임이라는 경험의 사례는 아니기 때문에, 단순히 **경험적 변화**의 파악만으로 **위치 변화**의 파악을 설명할 수는 없다. 현재 위치 변화와 유사한 것으로 들리는 마스터 사운드의 높이 변화를 다룬다는 생각 자체가 그런 변화의 해석 모형을 제공하는 공간성의 파악이 선행됨으로써 생겨나는 것일 뿐이다. 그러므로, 에번스의 주장이 크게 잘못되지는 않았다. 비록 그가 다음과 같이 말할 때 추론의 근거들이 조금 다르기는 하지만 말이다. "스트로슨이 객관성의 개념으로부터 추론했던 공간은 그가 숨어든 공간이다."[29] 혹은 이미 내가 제시했던 논증의 견지에서 마스터 사운드는 선행한 공간 개념을 이미 전제하기 때문에, 오직 "**공간의 유비**"만을 제공한다.

공간을 사유하는 데서 지속적으로 나타나는 한 가지 경향은, 곧 의심할 바 없이 공간에 대한 과학적 이해에 따라붙는 우선성에서 도출되는 한 가지 경향은, 공간을 비시간적인 차원의 **구체적** 형식의 하나로만 다루는 것이다. 그러나 공간과 시간이 차원 **자체**—공간의 사례에서는 동시적이거나 공존하는 차원이고 시간의 경우에는 순차적이거나 연속적인 차원—의 기본 형식들과 다른 것이라고 가정할 이유는 없다. 시간과 공간을 개별 형식으로 생각하기보다 어쩌면 한데 묶일 때에만 적절한 차원으로 구성되는 것들로 여겨야 한다. 그러므로 공간에서 한 지점은 시간을 통하지 않고는 어떤 차원도 갖지 않는다. 시간상의 한 점은 공간을 통하지 않고는 어떤 차원도 갖지 않는다(이는 시간과 공간을 언제나 결합되는 것으로 생각할 필요가 있다는 것을 나타낼 뿐만 아니라 공간이나 시간상의 한 점이라는 개념의 인위성을 나타낸다). 공간이 이런 식으로 공존하는 차원의 견지에서 사유된다면, 개별자들과 독립적으로 그들과 공존할 수 있는 차원을 파악하는 것은 정확히 공간을 파악하는 것이다. 스트로슨은 공간성의 "자구적" 개념을 동시적이거나 공존하는 차원의 구체적 형식의 하나로, 말하자면, **물리적** 확장의 동시적 차원이라는 견지에서 이해된 동시적이거나 공존하는 차원의 구체적 형식으로 가정하는 것으로 보인다. 그러므로 공간적인 것과 다르지 않은 '유사' 차원을 파악할 필요가 있다고 주장하기에 이른다. 추측건대, 이로 인해 그는 한 사람이 비공간적인 것과 동시적인 차원의 한 형식을 초래할 수 있다고 가정하는 것이다. 만약 한 사람이 동시적 차원을 공간성과 동일한 것으로 여길 수 있다면, 공간적 차원을 파악할 수 있게 하기에 너무 빈약한 경험은 동시적 차원의 어떤 형식 자체를 제공하기에도 너무 빈약할 것이다. 만약 그렇다면 여기서 요구되는 자원들을 결여한 것이 청각적 경험만은 아닐 가능성이 있다. 아마도 공간성인 동시적 차원과 진정으로 유사한 것을 제공할 수 있는 단일한 감각 양상은 없을 것이다.

시각—내게는 의심스럽지만 흔히 공간적 차원의 파악을 수반하는 것으로 아무런 문제의식 없이 가정되는 양상이다—의 경우를 생각해보자. 사실, 시각 영역은 적절한 차원의 의미를 제공하지 못한다. 그 안에 있는 요소들의 관계를 개념화할 방법을 제공하지 못하기 때문이다. 순전히 시각적인 경험들은 오로지 색상과 (혹은) 음영으로 구성된 하나의 배열을 제공할 뿐이다. 그러나 동시적 개별자들의 구별은 그런 개별자들이 위치할 수 있는 적절한 차원을 파악하는 것이 아니다. 그런 색채와 음영들은 자신이나 다른 사람들의 "위"나 "오른쪽"에 위치한 것으로 파악할 수조차 없다. 그런 방향들이 순전히 시각적 견지에서 주어지는 것이 아니고 공간 안에서 우리 몸 전체의 파악에 달려 있기 때문이다(마찬가지로 시각적 경험에서 깊이를 감지하는 것은 의심할 바 없이 시각적 투입만의 기능이 아니기 때문이다). 한 사람은 그런 개별자들의 전반적 양상을 파악할 수 있겠지만, 이는 차원의 파악이 단일한 현시(presentation)의 견지에서 시야를 파악하는 능력이라고 주장하는 것은 아니다. 이 점에서, "시각적 장면의 색편들의 일시적 상태들은 어느 순간 서로의 공간적 관계를 시각적으로 보여준다"[30]는 스트로슨의 주장은 너무 많은 것을 전제하는 듯하다. 특히 스트로슨은 자신이 "청각적 장면의 소리로 채워진 일시적 상태들이 즉석에서 서로의 공간적 관계의 청각적 유사성을 청각적으로 들려주지 않는다"[31]고 주장하는 소리의 경우와 이를 대비시킨다. 시각적 배열과 함께 주어진 것은 분화된 시각적 영역을 함께 구성하는 질적으로 구별되는 개별자들뿐이다. 이런 점들에서, 시각은 다른 어느 감각 형식과도 다를 바 없다. 청각이나 촉각의 영역에 관해 말하는 것에 스트로슨 자신이 의구심을 품기는 하지만,[32] 만약 우리가 그런 영역으로 의미하는 것이 그저 구별 가능하고 동시에 나타나는 일단의 감각적 개별자들이라면, 그렇다면 각 감각 양상마다 그런 하나의 영역이 가능하다. 그리고 각 형식이 어떤 감각적 배열이나 영역과 짝을 이룬다면, 각 양상은 하나의 단일하지만 "평평한" 등방성의 영역 안에서 구별할 수 있는 개별자들의 현시에 결부된 단순한 차원과 다를 바 없는 차원을 산출한다. 한 사람이 다른 감각에서 획득한 경험과 결합하여 청각적 경험으로부터 차원에 대한 적절한 감각을 도출할 수 있다면, 어떤 감각으로부터도 다른 감각들과의 결합에서만 완전한 차원을 도출할 수 있다.

위에서 스트로슨이 최소한 기초적 형식으로 자신이 묘사한 객관적 위치 체계를 자아와 세계의 구별에 적절한 것으로 여기지 않는다는 점을 언급한 바 있다. 자아와 세계의 구별을 파악하는 것은, 스트로슨이 인정하듯이, 객관적 위치 체계의 개념을 파악하기 위한 충분조건이다. 하지만 그는 객관적 개별자들의 파악만으로는 자아와 세계의 구별을 파악하기에 충분하지 않다고 주장한다. 스트로슨은, 다른 경우라면 관찰된 개별자와 관찰되지 않은 개별자들의 구분이 자아와 세계의 구별을 확실히 함축한다는 점에서 그런 구별을 내포한 "흡인력 있는" 추론 노선이 존재한다는 점을 인정한다. 특히 관찰된 것과 관찰되지 않은 것의 구별이 "**스스로** 서로 다른 시대, 서로 다른 장소에 존재한다고 생각하는"[33] 관찰자들에게 달린 경우에 그렇다. 그럼에도 불구하고, 스트로슨은 이런 저항 노선이 저지되어야 하고 저지될 수 있다고 주장한다. 그런 다음 스트로슨은 "우리가 일반적으로 1인칭 단수 대명사와 그에 결부된 형식들로 표현하는 것 같은" 어떤 생각이 필요하지 않은 "'관찰된 것—관찰되지 않은 것'의 평범한 구별과 다른 면들에서 견줄 수 있는" 구별을 위한 수단을 개진하도록 제안한다.[34] 제안된 수단은 개인적인 청각적 경험들을 기록하지만 더 큰 경험적 전체와 그런 경험들의 단일화에 관해 언급하지 않는 보고서 쓰기 형식이다. 그렇게 생성된 보고서의 이야기들은 "N은 M으로 이어지는 L에서 관찰되었다"의 형식에 관한 것이다.[35] 그 보고서들은 관찰자에 대한 언급과 관계없이 하나의 장소와 개별자를 결합할 수 있다는 점에서 완전히 "객관적"이다. 혹은 그렇게 보인다. 그럼에도 불구하고 이것이 관찰된 것과 관찰되지 않은 것의 구별에 "견줄 만한" 구별을 가능하게 하는 방법으로 여겨진다면 우울한 실패로 보일 것이다. 그 보고서들 안에는 관찰된 것과 관찰되지 않은 것의 구별이 존재하지 않는다. 관찰되지 않은 것에 대한 언급을 전혀 담고 있지 않기 때문이다. 사실, 스트로슨의 규정에서 "관찰되었다"는 문구의 활용은 문제성이 있어 보인다. 그 문구가 관찰자에 대한 언급을 담을 필요는 없지만, 논리적으로 따져서 그런 관찰자가 있었다는 것이 분명하기 때문이다. 일반적으로 이해된 것으로서 객관적 개별자들의 체계는 마스터 사운드가 수반되는 일련의 위치에 있는 개별자들의 규정과 다를 바 없는 것을 허용하는 하나의 체계이다. 그 자체의 견지에서 이해된 체계는 관찰된 것과 관찰되지 않은 것의 구분을 위한 어떤 근거도 제공하지 않는다.

자연히, 그런 체계 안의 어떤 특권적 위치라는 개념—말하자면, 관찰자의 위치 같은 위치 개념—을 도입한다면, 한 사람은 관찰자의 위치에 있는 것과 그렇게 관찰된 것, 그리고 다른 위치에 있는 것, 그렇게 관찰되지 않은 것을 구별할 수 있다. 그럼에도 불구하고 그런 개념을 도입하지 않으면 관찰되지 않은 것으로부터 관찰된 것을 구별할 가능성이 없다. 더욱이 이미 확인되었듯이, 하나의 피조물이 객관적 공간을 파악한다고 얘기할 수 있으려면—이는 그런 공간과 "유사한 것"에도 역시 적용할 수 있다—피조물은 자신의 경험에, 그리고 자신의 위치에 해당 공간을 연결할 수 있어야 한다. 게다가, 하나의 피조물이 객관적 공간을 파악하고 있다는 것은 자신의 주관적 공간을 파악하고 있다는 것이다. 그러므로 객관적 개별자들의 존재를 파악하는 것과 인지되지 않은 채로 존재하는 개별자들의 존재를 파악하는 것이 어떤 객관적 위치 체계의 파악에 달려 있다면, 이는 또한 그런 체계와 관계 속에서 하나의 피조물이 자신의 위치를 파악하는 것에 달려 있어야 한다. 그러므로 이는 객관적 공간과 주관적 공간 모두를 파악하는 데 달려 있고, 그래서 자아와 세계의 구별, 주체와 객체의 구별을 파악하는 것에 달려 있다.

스트로슨은 계속해서 피조물의 움직임과 움직여짐—능동적 움직임과 수동적 움직임—의 구별을 "비공간적 세계"에 도입하려 하는데(그 세계에 거주하는 피조물과 마스터 사운드를 높이고 낮추는 피조물의 움직임과 관련해서) 이는 행위를 파악하는 것과 자아와 세계의 구별을 파악하는 것 사이의 관계에 대한 내 초기 논의와 어울리지 않는 방식이다. 스트로슨은 그런 구별을 파악한다고 해서, 해당 피조물이 행위자(작인)로서의 그 자신과, 자신과는 다른 것으로서, 자신이 그에 대해 혹은 그와 관련해 행동하는 것으로서의 행위자(작인)의 구별을 파악할 수 있는 것은 아니라고 주장하는 듯하다. 그의 주장은 다음과 같다. 곧 피조물이 가진 경험의 '보고서들'은 간단히 비개인이고 '과학적인 보고서들'에 등장하는 구별과 같은 종류의 구별을 할 능력이 있어야 한다는 것이다. "비개인적이고 과학적인 보고서에 등장하는 구별은, 그럼에도 불구하고 그 안에서 행해진 것과 일어났음이 발견된 것 사이에서 이루어진다. 〔그리고〕 …… 우리는 보고서의 언어에서 개인적 형식과 비개인적 형식의 구분이 필요하지 않을 '보고서들'에 나타난 것과 같은 구분이 필요하다"[36]는 것이다.

스트로슨이 여기서 '묘사'의 형식에 관한 개념에 초점을 맞추면서 배제한 것은 정확히 어떤 피조물이 어떻게 그 자신과 자신이 행동하는 세계의 구별을 파악하지 않고 "비공간적 세계"에서 행동할 수 있는가라는 질문이다. 내가 앞서 개진했던 설명에서는, 그런 행위의 가능성은 해당 피조물이 어떤 사유나 경험을 할 수 있는 가능성에서 필수이다. 더욱이, 행위의 가능성은 스트로슨이 구상하는 세계에 관해 더 많은 질문을 제기한다. 예를 들어, "비공간적 세계"에 거주하는 피조물은 세계 속에서 그 자신의 체현을 파악할까? 그리고 그 체현은 어떤 형태를 취할까? 스트로슨은 논의가 끝날 무렵 이 문제들 가운데 일부를 지적한다. 그러나 그런 복잡성에 관한 한 "공상은 장황해질 뿐 정교하게 다듬기 어려울 것이다"[37]라고 결론짓는다. 에번스는 작용을 위한 선행 조건들을 고려함으로써 초래된 난관들을 고려한다. 그는 스트로슨의 청각적 우주에 거주하는 주체〔에번스는 그를 주인공(Hero)이라고 부른다〕가 지녀야 하는 세계의 개념에 관해 그 개념 안에서 "소리는 공간을 차지해야 하며 그 안에 놓일 뿐만 아니라 힘과 침투 불가의 개념들이 어떻든 하나의 자리를 차지해야 한다"고 쓰고 있다. 또 "그래서 우리는 주인공에게 침투할 수 없는 신체를 제공하지 않고도, 그가 자신의 세계에서 하나의 행위자(작인)가 되고 그 세계를 조작하는 사람이 되도록 허용하지 않고도 이를 이해할 수 있는지 의문을 제기할 것이다"[38]라고 쓰고 있다. 에번스는 이런 접근법을 완전히 거부하지 않는 반면, "이는 어쩌면 추구하기에 잘못된 노선일 것이다"라고 덧붙인다. 그럼에도 불구하고 스트로슨이 주의를 기울이는 것은, 스트로슨의 "비공간적 세계"에 관한 적절한 개념화가 스트로슨이 허용하는 것보다 더 강하게 연관된 훨씬 더 풍부한 개념들—작용의 개념 주위에 단단하게 결박된 것으로 보일 수 있는 개념들—에 의지해야 하는 방식이다.

나는 이미 사유와 경험의 가능성에서 작용의 중심성을 주목한 바 있다. 더욱이 우리는 이제 객관성에 대한 최소의 고려를 통해 어떻게 작용이 공간성과 연결되는지, 그래서 사유와 경험이 어떻게 공간성과 객관성에 의지할 수 있는지 볼 수 있다. 그럼에도 불구하고 공간성과 객관성의 관계에는 부가적인 탐색이 필요하다. 비록 탐색 자체가 작용의 본성과 선행 조건들, 특히 작용과 인과성의 관계를 더욱더 명료하게 하는 데 의지한다 해도 그렇다. 작용과 객관성과 공간성의 관계에 대한 더 풍부하고 상세한 개념화는 인과성의 개념으로 가능해진다.

작용을 파악하는 것은, 행동 능력 자체와 함께, 세계에 인과적으로 각인된 자아를 파악하는 것과 불가분의 관계이다. 그러나 어떤 설명들과 관련해 인과성의 개념은 작용의 개념에 부차적인 것이다. 이는 정확히 행동과 인과관계에 관한 행위자(작인) 중심 이론들의 핵심이다. 그런 이론들에 따르면 인과관계의 개념은 "초래함"의 사건으로서 구체적 작용의 개념에 의지하거나 그로부터 도출된다. 티모시 오코너(Timothy O'Connor)의 표현을 빌리자면, "그[인과성의] 개념의 핵심 요소는 어떤 효과를 생산하거나 '초래한다'는 **원초적** 생각"[39]이고 이런 생각은 한 사람의 생산적 작용의 형식으로 "초래함"의 경험을 통해 도달되는 개념이다. 더욱이 작용은 초래하는 힘을 경험하게 하기 때문에 우리의 통제를 벗어나는 것으로 보이는 동인들에 의해 그런 "초래함"을 방해받는 경험도 제공한다. 그러므로 작용의 경험은 우리 자신의 신체에 신체를 통해 주어지는 인과적 힘을 파악할 토대를 제공하는 것으로 보인다. 그리고 그런 힘에 대한 저항의 토대를 제공한다. 왜냐하면 그 힘은 우리의 신체 활동을 통해 세계의 저항에서 경험되는 것이기 때문이다. 그런 시각은 토머스 볼드윈(Thomas Baldwin)이 분명하게 개진한다. 그는 "우리가 신체적 힘과 인과적 관계를 파악하게 되는 것은 바로 작용의 경험을 통해서이다"[40]라고 썼다.

볼드윈의 설명에서 한 가지 중요한 전제는, 행위가 신체의 움직임과 무관한 어떤 의지의 행위를 수반하는 것이라고 이해할 게 아니라, 그런 움직임을 포괄하는 것이라고 이해해야 한다는 생각이다. "작용의 경험은, 단지 정기적으로 수수께끼처럼 신체적 움직임들과 연결되는 의지의 여러 행위 가운데 하나가 아니다. 그것은 행위자(작인)가 직접 통제하는 신체 부위들로 자신을 확장하는 의지의 여러 작용 가운데 하나이다." 그래서 작용의 경험은 "신체적 힘의 환원할 수 없는 경험"이다.[41] 볼드윈은 그런 신체적 힘을 경험하는 것은 가능성을 경험하는 것—신체적 힘을 경험하는 것은 결국 초래함(bringing about)을 직접 경험하는 것 가운데 하나—인 반면, 신체 활동의 저지를 경험하는 것은 불가능성을 경험하는 것이라고 주장한다. 그런 불가능성은 우리들 밖에 놓인 것—우리에게 작용하는 외부의 힘들—에 근거하는 것으로 여겨지기 때문에, 그것은 우리가 신체적 힘들을 성공적으로 행사하지 못하도록 차단하는 데서 인과적으로 영향력을 발휘하는 객관적 영역이라는 개념을 초래한다. 그렇다면 인과관계의 파악은 작용의 실행에서 힘과 저항의 경험, 가능성과 불가능성의 경험에 달려 있다.[42] 볼드윈의 설명에서 나는 많은 부분—내가 앞서 언급했듯이, 적어도 신체의 움직임을 포괄하는 것으로서 의지의 강조—에 공감한다. 그럼에도 불구하고 의지에 대한 이런 설명에서 인과성이 작용의 경험에 근거한다는 주장으로 나아가는 것은, 내가 보기에는, 오류인 것 같다. 마찬가지로, 나는 인과성의 파악이 작용의 파악과 긴밀히 연결된다는 볼드윈의 주장에는 이견이 없지만, 인과성의 파악이 작용의 파악에 근거한다거나 작용의 파악을 통해 도달된다는 주장에 동의하지 않는다.

볼드윈은 대체로 세계와 그 안에 있는 객체들의 저항이 뚜렷해지는 원초적 양상으로서 촉각의 경험—"예를 들어, 내가 지금 테이블을 누를 때 나의 경험"—에 초점을 맞춘다.[43] 후에 이런 저항의 경험을 다른 감각적 양상들, 특히 시각으로 유사하게 확장한다. "시각적 경험의 내용의 어떤 측면들이 그 방향과 달리 의지에 지배되지 않는다는 사실을 발견함으로써 주체는 시각적 경험 안의 어떤 불가능성(촉각적 저항에 상응하는 시각적 저항)에 직면한다."[44] 물론 감각적 감수성이 어느 정도 작용할 수 있는 어떤 능력(설사 그것이 한 사람의 감각기관들이 인지적 자극의 원천들로 향하게 하는 하나의 능력일 뿐이라고 해도)에 의지한다고 해도, 단순한 감각적 감수성 자체가 어떤 신체적 힘을 능동적으로 행사하는 것으로 여겨지지는 않는다. 이는 스트로슨의 "비공간적 세계"에 관한 논의에서 아주 명확해지는 어떤 것이다. 단순한 감각적 자극의 수용이 작용으로 간주되지 않는 것처럼 어떤 단순한 감각—촉각이나 시각—도 "힘"이나 "저항"의 "경험"을 전달하지 않으며 가능성이나 불가능성의 "경험"도 전달하지 않는다.

내가 내 손으로 테이블을 누르고 내 촉각으로 표면의 저항을 경험할 때 나는 이를 세계 속에서 내 신체와 객체의 인과적 힘에 대한 내 자신의 파악과 결합된 감각적 정보의 결합을 통해 저항으로 파악한다. 달리 말하자면, 내가 내 손으로 테이블을 누르는 것을 신체적 힘의 행사로서, 혹은 힘을 행사하려는 시도로서, 그리고 그런 힘에 대한 저항의 실례로서 파악하기 위해 나는 이미 인과성의 개념을 포함한 개념들의 망을 파악해야 한다. 그러므로 작용은 인과성을 파악하는 토대가 아니고, 내 작용 능력 자체가 인과적 구조의 파악에 의지한다. 일반적으로 누군가가 이미 자신을 원인으로 작용할 수 있는 존재로서 파악하고 있지 않고서 어떻게 자신을 "어떤 것을 초래하는" 존재로 이해할 수 있는지 알기 어렵다. 그러나 그렇다고 해서 작용이 인과성에 부차적인 것임을 의미하지는 않는다〔볼드윈이나 인과관계에 관한 행위자(작인) 중심 이론들을 지지하는 사람들이 주장하는 바와는 반대이다〕. 오히려 작용과 인과성은 더 큰 개념들이 형성하는 망의 일환이다. 객관적 공간과 주관적 공간이 서로에게로 환원될 수는 없지만, 그럼에도 불구하고 여러 면에서 서로를 함축할 수 있듯이, 인과성과 작용의 개념 역시 마찬가지이다. 내가 1장에서 개괄했고 주관적 공간과 객관적 공간의 개념들 사이에서 획득되는 것으로 보이는 "지형학적" 구조와 동일한 것이 적용된다.

그런 인과성이 작용의 개념이 놓인 필수적 배경의 일환일지 모른다는 것은 볼드윈이 인과성의 개념을 작용의 경험에 근거한 것으로 처음 소개하면서 간단히 고려한(그러나 볼드윈이 거의 주의를 기울이지 않는) 점이다. 볼드윈은 막스 셸러(Max Scheler)의 시각에 대한 하이데거의 비판을 인용한다. 셸러는 "거기 있는 어떤 것으로서 존재를 갖는다는 것은 …… 본래 추구의 행위에서만 경험되는 실체의 저항에만 …… 근거한다"고 주장한다.[45] 그러나 하이데거는 셸러의 주장에서 어떤 측면들(주로 사물의 파악이 "지적 기능들"에 근거한다는 생각을 부정하는 것)에 대해서는 동의하지만, 여기서 저항의 경험이 기본 현상이 아니라는 점을 지적한다. 하이데거가 쓰고 있는 것처럼, "저항은 이미 하나의 세계를 전제하는 현상적 특성이다".[46] 더욱이, 이런 주장은 단순히 저항을 하나의 근본 개념으로 여기려는 시도에 맞서 작용할 뿐만 아니라 신체적 힘의 행사라는 경험의 견지에서 이해된 것이든 그런 힘들의 방해라는 경험의 견지에서 이해된 것이든 신체적 행위의 경험을 근본적인 것으로 여기려는 어떤 시도에도 맞서 작용한다.[47]

인과성이 작용에 근거한다는 볼드윈의 논의는 객관성과 작용이 긴밀히 연결된다는 주장을 위한 더 큰 논의의 일환으로서 제시된다. 사실, 볼드윈은 하나의 피조물을 객관적 세계를 경험할 수 있는 것으로 인식한다는 것은 그 피조물을 행위자(작인)로서 인식한다는 뜻이라고 주장하고[48] 위에서 추론된 바와 다르지 않은 고려의 토대 위에서 이런 주장을 논증한다. 완전히 명확해진 것은 아니지만 볼드윈의 접근법에 바탕이 되는 추론은 두 부분으로 이루어진 듯하다. 첫째, 행동할 수 없는 피조물은, 근본적으로 행동을 설명하는 데서 담당하는 역할에 따라 규정되는 상태들이 신념이라는 점에 근거할 때, 신념을 귀속시킬 수 없는 피조물이라는 주장이다.[49] 둘째, 신념이 없는 피조물은 인식 능력을 지닌 것으로 볼 수 없는 피조물일 것이다. 혹은 적어도 "객관적" 인식들을 향유할 수 없는 피조물일 것이다.[50] 이 두 번째 추론은 "우리는 어떤 인식에 객관적 내용을 부여하면서 그것이 그 환경의 특징을 지닌 주체를 표상하는 것이라고 생각한다"는 주장에 의지한다. 그리고 해당 주체를 그 자체로 생각한다는 것은 정확히 그 주체의 인지적 질서에서 인식의 역할에 관해 생각하는 것이다.[51]

작용과 객관성의 연결에 관한 볼드윈의 논의는 결국 위에서 내가 전개한 논의의 초점이 되었던 인과관계와 행위의 관계에 관한 그의 탐색으로 이어진다. 이 문제를 고려하는 과정에서 볼드윈은 에번스에게서 인용한 글을 언급한다. 에번스는 작용의 탐색이 공간성과 객관성의 관계를 부각시키는 데 기여할 가능성을 지지한다. 볼드윈은 어떤 경험들의 공간적 위치가 그런 경험의 객관성에 충분치 않다고 주장한다(그는 고통의 예를 인용한다. 고통은 위치가 있는 것으로 경험되지만 주관의 경험과 무관한 것이라는 의미에서 객관적 특징은 아니다[52]). 그리고 덧붙인다. "만약 한 사람이 객관성과 작용의 관계를 논하기 위한 콘텍스트를 제공하기 위해 객관적 경험의 객체들의 공간성에 의지하지 않는다면, 다른 입구가 필요하다. ……인과성에 대한 고려가 하나의 입구를 제공한다."[53] 볼드윈은 계속해서 경험은 경험의 객체인 세계 속 사물들과 인과적으로 연결된 것이라고 파악함으로써 객관적인 것으로 파악할 수 있다고 주장한다. 볼드윈은 바로 이 지점에서 현재 쟁점이 되는 인과성의 파악이 작용의 경험에서 도출된다는 것을 보여주려 한다. 이 논증의 최종 단계를 거부하면서 나는 인과성이 어느 정도 작용으로 환원될 수 있다는 생각을 부정했다. 뿐만 아니라 암묵적으로 인과성 자체가 객관성을 이해할 수단을 제공한다는 생각을 거부했다. 거기서 인과성은 객관성을 근본적으로 공간성과 연결된 것으로 보는 입장에 대한 하나의 대안이다. 객관성과 인과성의 관계를 좀 더 면밀히 검토하는 일은, 작용과의 상관관계는 물론이고 공간성과의 상관관계도 모두 드러낼 수 있는 근거를 제공할 것이다.

단순히 인식의 상태, 혹은 신념과 같은 다른 상태들이 그런 상태들의 내용의 일부이기도 한 다른 객체들과 인과적으로 연결될 필요성에 작용과 인과성과 객관성의 관계가 자리 잡는 것은 아니다. 다른 경우라면 인지하는 사람이나 믿는 사람들로부터 독립적이었을 상태들과 인과적으로 연결될 필요성에도 그런 관계가 자리 잡는다. 작용, 인지, 신념의 경우에는 주체와 독립적으로 존재하는 객체를 파악할 필요가 있지만, 그것들 자체가, 그런 객체들을 파악하는 데 사용되는 감각적 개별자들 자체가 우선 객체와 연결된 감각 작용으로서 이해될 수 있는 방식으로 조직될 필요가 있다. 이런 점에서, 어떤 피조물이 세계 안의 구체적 위치에 놓인 것으로서 감각적 개별자들을 파악함으로써만 세계를 "객관적으로" 파악한다는 생각은 근본적으로 모순이다. 만약 우리가 이미 개진된 논증을 근거로 작용이 사유와 경험의 가능성에 필수적이라는 점을 받아들인다면, 작용 능력 자체는 하나의 조직된 경험의 영역을 지니고 있어서 그 안에서 행동할 수 있는 행위자(작인)—세계 안에서 활용할 수 있는 가능성과 그 자체의 행위 가능성에 대한 행위자(작인)의 파악과 연결된 방식으로 조직된 경험 자체—에게 달려 있다. 자신의 경험이 자신의 작용의 힘을 파악하는 것과 상관없는 행위자(작인)는 행위할 수 없는 행위자(작인)일 것이다. 그리고 세계와 완전히 무관하게 작용의 힘을 파악하는 행위자(작인) 역시 활동을 할 수 없을 것이다.[54]

경험이 적절히 정리되고 경험 안의 서로 다른 요소들이 서로 관계를 맺는 것으로 여겨질 때만, 경험의 영역 안에서 변화를 일으키기 위해 한 사람의 행위들을 정리할 수 있다. 요컨대, 작용은 경험 속에 주어지고 그렇게 파악될 수 있는 객관적 질서를 파악할 필요가 있다. 경험 자체가 세계 속에서 객체에 대해 경험되는 것이 무엇인지를 언급할 능력을 필요로 하는 한, 그것은 또한 서로 다르게 경험된 속성들을 하나의 일원화된 외형 속으로 결합하는 구체적 객체들을 둘러싸고 감각적 개별자들을 정리할 것을 요구한다. 그러므로 나는 단단하고 묵직한 것으로서, 다양한 선과 나선들이 표시된 것으로서, 광택이 있어 빛을 반사시킬 마감재를 지닌 것으로서, 다른 객체들과 내 신체의 무게를 지탱할 수 있는 것으로서, 그리고 바닥 위로 일정한 거리의 어떤 위치에 있는 표면 자체를 지탱하는 다른 구조들 위에 놓인 것으로서 내 앞에 놓인 평평하고 부드러운 표면을 경험한다. 내가 보는 것은 내가 앉은 낡은 나무 책상이다. 그리고 내 앞에 놓인 하나의 구체적 객체로서의 그 책상의 견지에서 내 경험이 조직된다. 단일한 객체의 부분으로서 서로 연관된 표현이라는 견지에서 다양하게 경험된 요소들—매끄러움, 묵직함, 반사성 등등—의 조직에는 전반적인 사유와 경험의 특징인 동일한 종류의 상관관계가 반영된다. 그리고 단일한 생명의 일부로서 기억의 상관관계 속에서, 신념과 다른 태도들의 상관관계 속에서, 그리고 다른 행동과 태도들과 경험들과 행동의 상관관계 속에서 드러났던 동일한 종류의 상관관계를 반영한다. 그럼에도 불구하고 여기서 쟁점이 되는 상관관계는 **경험**의 요소들 사이의 상관관계일 뿐만 아니라 객체 속에서 그리고 객관적 요소들 속에서 발견되는 상관관계로서 그 자체가 **경험되는** 것이다. 그리고 덧붙일 것은, 이는 근본적으로 인과적 관계들에 대한 파악과 연결된 하나의 질서라는 것이다.

객체의 속성들 사이의 상관관계를 파악하는 것은 그저 묘사된 어떤 것의 특징들인 양 제시된 속성들을 추상적으로 파악하는 데 그치지 않는다. 일상적 물품들, 과일, 도구, 수프 캔을 모아 찍은 사진—사진 리얼리즘의 신봉자가 찍은 사진일지도 모르지만 그래도 사진이다—을 예로 들어보자. 우리는 사진 속 요소들을 사진 속에서 서로 연결된 것으로서 경험한다. 하지만 실제 객체가 합쳐진 요소들을 파악하는 것과는 다른 방식이다. 사과나 배를 찍은 사진 속 요소들은 서로에 대해, 그리고 하나의 전체로서 사진에 대해 인과적 관계에 놓인다. 그런데 그것은 실제 사과나 배를 형성하는 요소들과는 다른 인과 관계이다. 사진을 사진으로 배를 배로 파악하는 것은 존재하는 것을 제대로 분류하는 문제(형태 표현이 아주 흡사할 수 있다)가 아니다. 요소들의 서로 다른 인과적 상관관계들을 파악하는 문제이며 객체에 대한 서로 다른 인과적 상관관계를 파악하는 문제이다. 그러므로, 하나의 객체에서 나타나는 요소나 속성들을 일원화하는 것은 그것들의 인과적 통합의 문제이자 객체 자체를 좀 더 큰 인과적 구조 속으로 통합하는 문제이다. 그러나 이 지점에서 경험이 객체를 둘러싸고 조직될 필요가 있다는 주장을 뒤집기 위해 제기할 수 있는 논증의 노선이 있다. 그것은 심지어 공간 파악은 객관적 공간에 대한 파악과 주관적 공간에 대한 파악을 모두 요구한다는 관념에 반하는 식으로 작용할 수 있다. 예를 들어, 캠벨은 객체들에 대한 어떤 파악도 필요하지 않는 객관적 공간을 파악할 수 있다고 주장하는 듯하다. 캠벨은 장소의 확인과 재확인은 객체의 확인과 재확인에 달려 있다(그리고 그 반대 역시 성립한다)는 스트로슨의 주장을 쟁점으로 삼는다.[55] 그러므로 객체의 재확인이 아니라 특징의 재확인에 의지하는 장소의 재확인 체계를 제안한다.

그러나 캠벨의 예는 우리에게 공간에 대한 파악이 없는 경우를 전혀 표상하지 않는 듯하다. 또한 주관성 개념과 객관성 개념을 파악하는 것과 무관할 수 있는 경험에 대한 설명 모형을 제공하지도 않는 듯하다. 확실히 이런 식으로 작동할 수 있는 순전히 기계적인 체계를 그려볼 수 있다. 어쩌면 스트로슨의 청각적 세계는, 어떤 판본의 경우, 그런 체계를 모형으로 삼은 것이라고 상상해볼 수 있다. 이런 체계 속 "주체"는 단순히 어떤 특징들을 유지하거나 따를 것을 요구하는 지침을 따름으로써 자신의 활동을 통제한다. 마찬가지로 항해사는 그런 단순한 특징을 유지함으로써—"언제나 바람을 당신의 등 뒤에 두고 키를 돌려라", "당신의 오른쪽 어깨에 태양을 두는 항로를 유지하라"—자신의 항해를 통제할 수 있다. 그러나 그런 특징에 기반을 둔 통제 체계는 공간과 위치에 대한 개념적 파악을 모형으로 삼기에는 적합하지 않다. 다른 능력들이 함께 하지 않는다면 그것들은 항행 체계로도 적합하지 않다. 비둘기는 오직 이런 최소의 의미에서만 항행을 "파악"할 것이다. 하지만 그런 파악은 더 넓은 일단의 경험적 능력들 안에 놓인다. 그리고 그 능력들은 캠벨의 예가 제시했던 최소의 방식에서 주어질 수 있는 것보다 훨씬 더 상세한 규정을 요구한다. 이로부터 중요한 결론을 도출할 수 있다. 항행 공간이, 그리고 그 안의 장소들이 이런 식으로 구조화될 수 있지만, 공간 파악은 객체에 대한 최소의 파악 능력을 포함한 능력들과의 관계 속에서 이해될 때에만 모형이 될 수 있다. 경험의 가능성 자체와 함께, 작용은 감각의 개별자들이 정돈될 것을 요구하는데, 이는 개별자들이 나타난 하나의 피조물이 세계와 피조물의 능동적 능력들 사이의 관계는 물론이고 개별자들 사이의 상관관계를 파악할 수 있게 하는 방식이어야 한다. 이 점을 인식하면 우리는 작용, 객관성과 인과성의 관계를 더 잘 이해하고 공간성과 그 세 가지 모두가 연결되는 방식을 더 잘 파악할 수 있다.

객관성의 개념은 행위와 경험의 정리라는 견지에서뿐 아니라 객관성 개념 자체의 견지에서도 인과성의 개념과 중요한 관계에 있다. 어떤 것을 하나의 객체로 파악하는 것은 바로 일단의 부분들이 한데 결합되는 방식을 파악하는 것이다. 그리고 여기서 문제가 되는 결합은 근본적으로 인과적 연결에 의지하는 결합이다. 어느 객체의 한시적인 부분들—시간적으로 구별되는 두 개의 구성요소는 그들 사이에 적절한 인과적 관계가 있을 때에만 단일 객체의 부분이 된다—의 경우, 뿐만 아니라 공간적으로 확장된 객체들과의 관계에서, 이는 진실이다. 작용에 가장 중요한 인과관계는 바로 단일 객체의 부분들 사이에서뿐만 아니라 서로 다른 객체의 부분들 사이에서 얻어지는 것으로 볼 수 있는 연결성이다. 더욱이, 객체를 공간적으로 확장된 것으로서 파악할 때에만 우리는 어떤 사물의 수정이 다른 것의 수정을 결과할 수 있는 방식을 파악할 수 있다. 물론 이는 바로 행동에서 우리가 반드시 해야만 하는 것이다. 왜냐하면 행동에서 우리는 우리 자신의 신체에서 어떤 변화를 일으킴으로써 우리와 동시간대에 존재하는 어떤 것에서 하나의 변화를 일으키기 때문이다.

이런 면에서, 또한 우리가 세계에서 분화의 결과들과 연관될 수 있는 행위에서 어떤 분화 가능성을 파악할 수 있게 하는 것은 바로 우리 신체의 공간적 분화이다. 설사 이런 차이들이 인지된다고 해도 나는 내 자신 안에서만, 곧 내 자신의 신체 안에서만 서로 다른 변화들을 초래할 수 있다. 그리고 내 세계와 나 자신 사이에서 획득되는 다양한 인과관계들을 파악하는 능력과 연결된 것은 이런 신체적 차이들에 대한 내 자신의 파악이다. 이 점과 동일한 어떤 것이 칸트에서, 곧 공간성의 파악이 신체적 분화와 방향 설정에 대한 우리의 파악과 연결되는 방식을 강조하는 칸트에서 명확하게 나타난다. 그가 쓰고 있듯이, "우리가 만약 우리 신체의 측면들을 참고함으로써 아주 질서정연한 사물들을 지역에 부여할 수 없다면, 그리고 서로 연관된 위치 체계 전체를 지역에 부여할 수 없다면, 우리의 지리적 지식은, 심지어 장소의 위치에 관한 가장 일반적인 지식조차도 우리에게 도움이 되지 않을 것이다."[56]

이런 점에서, 스트로슨이 설명한 "비공간적 세계"에 관련된 문제 대부분은 사물을 청각적으로만 파악하고 있는 하나의 피조물이 자신이 놓인 청각적 세계 안에서 마스터 사운드만 주어져도 가히 그 방향을 파악할 수 있는 방식과 관련이 있다. 확실히 마스터 사운드는 방향이 취해지는 지점들을 줌으로써 방향을 확정할 수단을 제공한다. 그리고 청각적 세계 안에 있는 피조물은 아마도 하나의 위치와 다른 위치 사이의 음 높이의 차이를 파악할 수 있을 것이고 그렇게 해서 음계의 위나 아래의 특정 방향이라는 개념을 파악할 수 있지만—그래서 **이** 소리는 **저** 소리보다 낮은 높이(거기서 "더 낮은"이라는 개념은 순전히 수학적으로 이해된다) 쪽에 있다—인지적 구별의 이런 차이는 어떻게 움직임을 통제하는 능력의 차이로 번역될 수 있을까? 그런 움직임의 통제는 피조물 자체에 내재된 어떤 분화—곧 외적 방향 결정을 허용하는 어떤 내적 분화—가 없이는 불가능할 것이다. 그러나 순전히 청각적인 세계, 곧 오직 하나의 감각적 차원의 용어로만 표현되는 세계는[57] 그런 분화와 방향을 지지하는 원천을 제공할 수 있는 듯하다.

순전히 청각적인 세계에서는 한 사람의 신체를 공간 안에서 확장된 것이자 동시에 어떤 이항의 비대칭을 지닌 것으로 파악하는 일이 불가능해 보일 것이다. 그리고 한 사람의 신체가 분화된 신체 능력을 지닌 것으로 파악할 수 있다는 점을 차치하더라도, 이런 파악이 없이는 앞, 뒤, 위, 아래, 오른편, 왼편 같은 식으로 스스로 방향을 정하는 일이 불가능해 보인다. 그런 식으로 신체의 능력이나 신체의 방향을 파악하지 못하고서는 균형 있고 방향이 정해진 방식의 행동을 위한 실행 능력을 발휘할 수 없다. 그러므로 체현, 곧 공간 안에서 한 사람의 확장되고 분화된 위치인 체현과 그런 체현의 파악은 작용의 가능성에 필수적일 뿐만 아니라 경험과 사유에도 필수적이다. 새러 퍼니스(Sarah Furness)는 이를 다음과 같이 요약한다. "신체에서 분리된 지성은 위치를 가질 수 있지만 확장된 범위는 가질 수 없고 그래서 분화 가능한 부분들을 가질 수 없고 그러므로 교체될 수 없다. 그것은 확장된 범위도, 면도, 방향도 갖지 않을 것이다. 신체에서 분리된 지성은 자신의 위치도 다른 어떤 것의 위치도 알 수 없을 것이다. 그것은 자신에게 위치나 …… 방향을 부여할 수 없기 때문이다. 그런 의식은 다른 방향에서 보는 것조차 가능하지 않다." 전반적으로 그녀는 다음과 같이 결론짓는다. "위치는 있지만 범위가 없는 지성은 경험이라는 사실과 그것이 경험한 바가 무엇인지를 절대 구분할 수 없을 것이다. 그러므로 주관성과 객관성을 전혀 구분하지 못할 것이다."[58] 나는 그런 "지성"에 정신적 삶을 귀속시킬 수 없다는 점을 덧붙일 수 있을 것이다. 다시 말해 그것은 전혀 "지성"이 아니다.

행동 능력이 신체의 범위와 신체의 분화에 결부되어 있는 이상, 피조물의 행동 능력은 피조물의 신체 분화에서 분명하게 드러난다.[59] 더욱이, 신체와 신체의 움직임의 복잡성 자체가 피조물이 할 수 있는 작용의 복잡성을 나타내는 표지이다. 루트비히 비트겐슈타인은 이렇게 말했다.

"인간의 신체는 인간 영혼의 최상의 사진이다."[60] 물론 한 사람의 신체에 나타난 행위 능력을 파악하는 것은 대체로 주관적 공간의 파악과 관련된 것이다. 그런 공간의 파악은 구체적인 세계 안의 위치—다른 능력들과의 관계에서, 그리고 그 능력들을 통해 드러나는 위치—와 결합된 한 사람의 작용 능력과 감응 능력에서 생겨나는 행위의 가능한 차원들을 파악하는 문제이다. 그러므로 작용은 한 사람의 신체 구조를 포함해서 행위의 틀이 되는 복잡한 시공간적 구조 안에 놓인 사건과 객체들의 복합체에 달려 있다. 작용의 가능성은 주관적 요소와 객관적 요소들이 모두 관련된 복잡한 구조의 생성 가능성에 달려 있다.

물론, 정신적 삶의 가능성이 작용의 가능성과 결부되듯이, 우리는 이 지점에서 정신적 삶이 객관적 세계 속 시공간적 체현의 구조에 달려 있다는 생각으로 되돌아간다. 다른 정신 상태들의 구조와 가능성은 물론이고 기억의 구조와 가능성, 욕망과 신념의 구조와 가능성은 세계의 능동적 개입과 그런 개입을 통해 분명하게 드러나는 것으로서 세계의 구조 자체와 분리될 수 없다. 이 마지막 논점을 다소 도발적으로 제시하자면, 신념(혹은 다른 정신적 상태들)을 갖는 것은 가장 직접적으로 복잡하고 조직화된 행위를 위한 능력으로 표현될 수 있는 체현되고 조직된 작용 능력을 갖는 것이라 말할 수도 있다. 그리고 세계 전반에 대한 지식이나 이해를 갖추는 것은 근본적으로 어떤 복잡하고 조직적인 방식으로 세계 안에서 행동하고 움직일 수 있는 능력의 문제이다. 그런 사유의 노선을 따르면서 한 사람은 계속해서—그리고 어쩌면 좀 더 도발적으로—인식론 자체는 그야말로 행위와 작용의 가능성에 대한 탐색이라고 주장할 수 있다. 사실, 작용과 움직임—공간성과 로컬리티—에 결부된 지식의 개념을 포착하는 '지식'의 의미는 동시대 런던에서 다소 흥미로운 형태로 발견된다. 런던에서 택시 운전면허를 얻기 위해서 지원자는 '지식'으로 알려진 시험을 통과해야만 한다. 이는 운전 기술에 관한 시험이 아니라 런던 중심가의 지리, 좀 더 구체적으로 말하자면, 채링 크로스의 반경 6마일 안에 있는 1만 5842개의 거리와 그곳의 공공건물과 시설물들에 대해 지원자가 얼마나 잘 알고 있는지를 확인하는 시험이다. 이 경우 지식은 런던의 택시 운전자들을 위한 상당히 구체적이고 현장(locale)과 밀접하게 관련된 지식에 해당한다. '지식'은 단순히 거리 명칭과 위치에 관한 지식이 아니다(한 장소에서 다른 장소로 향하는 길이나 "흐름"에 관한 지식으로 설명될 수는 있지만). 그것은 무엇보다 특정 지역에 관한 지식이며 그 주변을 움직일 수 있는 능력이다.[61]

아마도 여기서 항행 지식이나 좁게는 '공간적' 지식의 구체적 형태로 발견되는 지식의 의미를 일축하기는 쉬울 것이다. 그러나 런던 택시 운전자의 '지식'은 행위와 신체를 움직이는 능력에서와 같이 명제들을 추상적으로 파악하는 데 있는 것이 아니라(언어가 지식의 가능성에서 중요한 역할을 하지 않는다는 말은 아니다), 행동하고 움직일 수 있는 신체의 능력에 있다. 곧 누군가가 장소에 위치한 자기 자신의 존재와 세계의 시공간적 구조를 실제로 파악하는 데 있다. 더욱이 그런 예는 그런 구체적인 위치의 파악과 시공간적 구조가 항행이나 움직임의 능력과 분리될 수 없다는 점 또한 보여준다. 누군가가 자신의 위치를 파악하거나 자신을 발견하게 되는 좀 더 큰 공간을 파악하는 것은 근본적으로 그런 공간 안에서 그리고 한 위치에서 다른 위치로 항행하고 움직이는 능력과 연결된다. 런던 시내에서 택시 운전자의 위치 파악은 한 위치에서 다른 위치로의 '흐름'을 파악하는 것이다. 구체적 위치들은 그들 사이의 통로 파악을 통해 연결된다. 그리고 위치들의 연결을 파악하는 것은 근본적으로 그런 통로들을 파악하는 문제이다. 세계를 부분적으로만 파악하는 피조물들에게 어떤 공간 안에서 위치들의 상관관계는 피조물 자신이 하나의 위치에서 다른 위치로 이어지는 통로들을 파악하는 것에 근거한다. 그러므로 구체적인 한 장소의 일원성은 대체로 관련 공간 안에서 가능한 행위와 움직임의 일원성을 통해 파악된다. 한 사람의 주관적 공간의 경우 그런 일원성은 행위와 움직임의 현실적 능력에 연결되어 있다. 반면 객관적 공간의 경우 그런 일원성은 단순한 움직임의 가능성을 훨씬 더 추상적으로 파악하는 것과 연결된다.[62] '공간화된' 인식론이라는 주제로 돌아가서, 세계 속에서 자신의 길을 찾는 능력이 전혀 없는 피조물은 세계나 자신에 대해 알 수 있는 능력이 전혀 없는 피조물이기도 하다는 것은 이와 같은 고려의 결과라고 말할 수도 있다.

공간성과 체현—그래서 또한 행위가 자리하는 로컬리티 개념—은 작용의 가능성에 필수적이다. 더욱이, 작용이 주관성의 구조에서 분리될 수 없는 요소인 것처럼, 주관성 자체는 공간성과 체현에 의지하는 것으로 여겨질 수 있다. 카심 케이섬은 다음과 같이 쓰고 있다. "자의식은 …… '하나의 객체로서' '비물질적' 실체로서가 아니라 물리적 객체들의 세계에 있는 하나의 물질적 객체로서 주체의 의식과 밀접하게 연결된다."[63] 확실히, 주체 개념은 객관적 공간 안에 위치한 조직적이고 분화된 신체라는 개념과 분리할 수 없이 묶여 있지만 정신적 삶의 질서—그리고 주체의 심리적 조직—는 주체가 위치할 뿐 아니라 그 관계를 통해 주체를 규정하는 공간과 공간들의 질서에 근거한다. 그렇다면 주관성은 주관적 공간의 토대가 될 수 없다. 왜냐하면 어떤 특정 주체는 위치가 있고 방향이 있으며 **공간화된** 자신의 작용과 관련해서만 확인되기 때문이다. 생물학적 유기체—말하자면, 인간이라는 동물—라는 개념조차 그런 유기체와 결부된 행위의 주관적 공간을 위한 자율적 근거를 제공하지 않는다. 유기체와 그 유기체가 속한 행위의 공간은 상호 의존적인 개념이고 서로 떼어서 이해할 수 없는 것이다.

그러므로 주관성은 공간적 분화와 연결되며 그런 분화—주관적 공간의 분화를 위한 것조차—를 위한 단순하고 독립적인 근거를 제공하는 것으로 이해될 수 없다. 주관성 개념은 그런 근거를 제공하지 않는다. 주관성 자체가 주관적 공간성과 객관적 공간성의 형식을 모두 요구하는 작용과 행위의 형식들을 통해서만 확립되는 것으로 이해되어야 하기 때문이다. 더욱이, 주관성이 주관적 공간성의 확립에도 기여할 수 없다면, (주관적인 것으로 이해되든 객관적인 것으로 이해되든 관계없이) 공간성 역시 주관성을 위한 어떤 근거도 제공할 수 없다. 주관성은 순전히 공간적 구조로 환원될 수 없다. 여기서 쟁점이 되는 깊이 있고 폭넓은 의미의 공간성은 작용과 행위, 주체와 무관하게 파악될 수 없는 것이기 때문이다. 2장에서 보듯이, 공간성은 주관적 분석이나 객관적 분석만으로 설명될 수 있는 단순한 개념이 아니기 때문이다. 주체의 존재는 이런 복잡한 형태의 공간성의 존재와 "동시적"—체현되고 공간화된 작용의 존재와 "동시적"—이라고 말할 수 있을 것이다. 주관성과 공간성의 상호 의존은 이런 점에서 주관적 공간성과 객관적 공간성의 상호 의존과 유사하다. 이들 두 형식의 공간성이 장소의 더 포괄적인 구조 안에 각인된 것으로 이해되어야 하듯이, 주관성과 공간성의 상호 의존 역시 더 포괄적인 "지형적" 구조 안에서 요소들의 상호 의존으로 이해되어야 한다.

자아와 타자의 공간

자아가 등장할 때면 언제나 다른 이의 경험을 수반한다. 자아의 경험은 홀로 존재할 수 없다. …… 자아가 경험 속에서 등장할 때는 타자에 맞서 승리하는 것으로 보인다. 그리고 우리는 인간이라는 동물의 경험에서 이 타자가 등장하는 조건, 곧 개인이 타자에게서 불러일으킨 것과 동일한 반응을 자기 자신에게서 불러일으키는 협력 활동의 그런 자극이 존재하는 조건을 서술해왔다.

-조지 허버트 미드(George Herbert Mead), 《정신, 자아, 사회(Mind, Self and Society)》[1]

객관성의 파악은 공간성의 파악, 곧 객체가 놓일 수 있고 서로 연결될 수 있고 분리될 수도 있으며 객체를 인지하는 자로서 자아와 연결될 수도 있고 구별될 수도 있는 공간성의 파악을 요구한다. 마찬가지로, 다른 사람들을 파악하기 위해서는 공간의 외재성을 파악하는 일 역시 필요하다. 다른 사람들의 주관성과 공간성의 연결이라는 생각은 베르그송이 분명하게 인정하는 것이다. 베르그송이 썼듯이, "동질적 공간의 직관적 통찰은 이미 사회적 삶으로 향하는 걸음이다. ……아마도 동물들은 그런 감각에도 불구하고 우리와 달리 자신과 별개인 외부 세계를 그리지 않을 것이다. 그것은 의식이 있는 모든 존재들의 공통된 속성이다. 이런 사물의 외재성과 매체의 동질성이라는 선명한 그림을 구성하려는 우리의 경향은 우리로 하여금 함께 살아가며 말을 하게 하는 충동과 동일한 것이다."[2] 공간적인 것과 사회적인 것의 뚜렷한 결합은 에마뉘엘

레비나스(Emanuel Levinas)의 연구에도 등장한다. 그러나 레비나스의 연구에서 그런 개념은 약간 다른 어휘에, 곧 '타자성'과 외재성이라는 개념들 사이의 연결이라는 견지에 놓이는 것으로 보인다. 그러므로 '타자'와의 조우, 레비나스의 표현을 빌리자면, '대면'의 경험은 내 밖에 놓인, 그리고 공간적인 것의 영역 안에 놓인 것과의 조우로 여겨진다. "타자로서 인간은 밖에서, 하나의 분리된—성스러운—얼굴로서 우리에게 온다. 그의 외재성, 곧 그가 내게 갖는 호소력이 그의 진실이다. …… 대면은 최종적으로 환원될 수 없는 관계로 어떤 개념도 새로운 대담자 앞에서 즉각 자신을 발견하고 그 개념을 생각하는 사람이 없이는 포괄될 수 없는 관계이다. 그 관계는 사회의 다원주의를 가능하게 한다."[3] 물론, 공간성과 타자의 주관성 사이의 관계는 적어도 두 가지 방식으로 등장한다. 첫째, 타자를 자신 밖에 위치시키고 자신 밖의 공간에 타자를 위치시켜야 하기 때문이다. 이 점에서, 공간성과 타자들의 주관성 사이의 관계는 공간성과 객체의 존재 사이에서 획득한 관계와 유사하다. 둘째, 주관성의 개념 자체가 위치와 체현된 작용의 개념에 결부되기 때문에 어떤 주체도, 자신이든 타자든 공간적으로 위치되고 체현된 것으로 파악되어야 한다.

그러므로 '타자-주관성'이라 부를 수 있을 개념은 객관성의 개념에 의지한다. 그리고 어느 정도는 주관성 개념에 의지한다. 그런데 여기 관련된 주관성 개념은 무엇일까? '타자-주관성'의 개념은 주체로서 자신이라는 개념—'자아-주관성'이라 유사하게 이름 붙일 수 있을지 모르는 것—과 분명하게 구별될까? 혹은 하나의 객관적 공간 안에서 다양한 위치의 가능성이라는 개념과 결합된 자기 자신의 주관성을 파악함으로써 간단히 도달할 수 있는 것일까? 그렇다면 현재 자리 잡은 곳과 다른 위치에 놓인 자신의 가능성을 이해함으로써 타인을 이해할 수 있을 것이다. 만약 그렇다면, 타자의 주관성을 파악하는 일은 자신의 주관성을 파악하는 일에 종속될 것이다. 이는 타자의 정신에 관한 전통적인 문제들에 대한 구체적 해결책을 합법화하는 것으로 보일 뿐만 아니라 일반적으로 타자에 대한 이해는 일차적으로 공감이나 '자극'의 문제라고 주장하는 셈이 될 것이다. 이는 자아와 세계의 대조—자아와 그에 종속된 것으로서 타자의 대조—를 사고와 경험의 가능성에 근간이 되는 구조로 만드는 게 될 것이다. 경험이나 사고의 가능성에서 그 필연적 함축을 고려하건대, 객관성의 파악과 그 자신의 주관성을 파악하는 일이 반드시 일방적 관계일 필요가 없는 것은 분명하다. 그리고 타자-주관성이 객관성과 자아-주관성에 의지한다는 사실이 다른 방향에서도 작용하는 의존성을 배제할 필요는 없다.

2장에서, 나는 객관적 공간의 파악이 해당 공간에 대한 내 과거나 미래의 경험을 넘어서 확장되어야 **하고** 다른 피조물의 공간 경험 너머로 확장되어야 하는 것이라는 점을 언급했다. 이는 객관적 공간의 개념이 이미 상호 주관적인 것으로서 공간 개념을 수반한다는 생각으로 귀결될 것이다. 객관적 공간이라는 개념이 그 안에 위치나 장소의 다원성이라는 개념을 수반한다면, 위치들과 상관된 가능한 관점들의 다원성이라는 개념을 포함한다고 전제할 수 있다. 그리고 가능한 관점들—관점들로서 그 자신의 것과 가깝지만 그럼에도 불구하고 다른 곳에 위치하는 관점들—의 다원성은 타자-주관성이라는 개념에 포함된 것으로 여겨질 것이다. 그러므로 이런 설명에 따르면, 객관적 공간은 이미 상호 주관적 공간으로서 자신의 주관적 공간이라는 개념(객관적 공간의 개념이 늘 연결된 개념)과 결합되어 자신의 것은 아니지만 객관적 공간 안의 다른 위치들과 상관된 다른 주관적 공간들이라는 개념을 즉시 산출한다.

그런 추론은 아주 매력적이지만, 아무리 매력적으로 보여도 잘못된 것이다. 위치의 다원성이라는 자명한 개념과 가능한 주관적 공간의 다원성이라는 개념 사이에 너무 큰 간격이 있다. 그리고 다양한 위치 하나하나의 가능성이 가능한 자신의 관점과 서로 연결된 하나의 위치가 된다고 파악할 수 있지만, 그런 위치들이 자신의 것과 다른 주관적 공간들과 상관관계에 있을 수 있다는 개념과는 다르다. 하나의 다른 **위치**와 결부된 주관성의 파악이 다른 **주관성**과 결부된 위치의 파악이 되는 것은 아니다. 이는 사람들이 자신의 이전 시대나 이후 시대에 존재하는 다른 주체의 가능성을 파악할 수 없다는 뜻은 아니다. 단지 여기서 문제가 되는 차이는 서로 다른 시기에 존재하는 피조물들과의 관계에서뿐만 아니라 동시에 존재하는 피조물들과의 관계에서 얻을 수 있는 차이이다. 나는 분명히 다른 지점에 위치할 수 있다는 점을 파악함으로써 다른 위치들과 결부된 다른 '관점들'을 파악할 수 있다. 하지만 이것이 동시간대이지만 다르게 위치하는 관점들의 가능성을 파악하는 것은 아니다. 그리고 그렇기 때문에 그것은 타자의 주관성이라는 개념에 내포된 것의 파악이 될 수 없다. 마찬가지로, 나는 내 현재 위치와 결부되어 있는 관점, 그럼에도 불구하고 내가 지금 있는 곳에 대신 놓일 수 있고 어쩌면 세계에 대해 동일한 관점을 지녔을지 모르는 나 자신과 **다른** 어떤 피조물의 가능성이라는 개념의 파악이 되지는 못하는 관점을 파악할 수 있다.

쟁점이 되는 주장을 예시하기 위해 다음을 고려해보라. 하나의 객관적이고 물리적인 공간의 어떤 부분에 내가 위치한다고 해보자. 나는 그 공간 안에서 돌아다닐 수 있고 다른 위치들을 차지할 수 있다. 여기서 문제의 공간이 스트로슨이 말한 순전히 청각적인 세계의 방식으로 파악된 '공간'이라고 가정해보자(그리고 당분간 그 세계의 기본 전제들을 받아들이도록 하자). 그 경우, 공간 안에서 내 움직임은 마스터 사운드를 따라 움직일 수 있고 그 소리와의 관계에 따라 서로 다른 위치를 차지할 수 있는 능력이라는 견지에서 파악될 수 있을 것이다. 스트로슨이 물질들을 제시하듯이, 나는 나와 구별되고 내가 그런 '객체들'을 파악하지 못할 때조차 계속 존재하는 것으로 파악할 수 있는 다른 '객체들'을 위치시키는 데 마스터 사운드를 사용할 수 있을 것이다. 나는 또한 제한적인 방식일지라도 그 안에서 돌아다닐 때 '비공간적 세계'에 대한 자신의 관점이 변화하는 방식을 파악할 수 있다. 그러므로 같은 시간에 서로 다른 공간에 나와 함께 존재하는 서로 다른 객체들이라는 개념을 파악할 수 있다. 또한 서로 다른 시기에 서로 다른 장소들과 결부된 서로 다른 관점들이라는 개념을 파악할 수 있다. 그런 관점의 변화는 내 자신의 움직임의 결과일 것이다. 그러나 이런 틀 안에서 **동시에** 서로 다른 위치와 결부된 서로 다른 관점이라는 개념의 파악을 내게 요구하거나 그런 파악을 할 수 있게 하는 것은 없다. 나는 오직 한 번에 한 장소에만 있을 수 있으므로, 위치의 차이라는 개념은 시간의 차이라는 개념이기도 하다. 설사 이것이 그저 암묵적인 것일지라도 그렇다. 이런 점에서, 스트로슨이 마스터 사운드를 도입함으로써 자아와 타자의 구별을 자아와 객체의 구별로 이해해 파악하기에 충분했다 해도, 그래서 스트로슨이 좁은 의미의 '비유아론적(non-solipsistic) 의식'이라 부르는 것의 조건들을 충족시킬 수 있다고 해도, 그것은 여전히 자아-주관성과 타자-주관성의 구별에 대한 파악을 포함하는 다른 의미의 '비유아론적 의식'의 조건들을 분명하게 충족시킬 수 없을 것이다.

이를 고려함으로써 우리는 다음과 같은 결론에 이르게 된다. 곧 주관성 개념은 두 가지 환원 불가능한 구성요소들—자아 개념과 타자성의 개념—을 포함하고 있다는 결론에 이른다. 이 구성요소들은 모두 객관성의 개념을 필요로 하는 것이므로, 서로를 필요로 할 것이다. 그러나 어느 것도 상대로 환원될 수 없으며 상대보다 더 근본적일 수 없다. 타자-주관성과 자아-주관성의 환원 불가능성, 혹은 조금 다르게 표현하자면, 전자가 후자에서 도출될 수 없다는 사실은 그 자체가 유아론적 관점들—최소한 다른 사람들의 지식을 거부하는 데 존재하는 유아론의 형태들—의 유혹이 지시하는 바이다. 부분적으로 자신의 주관성이나 그 자신의 관점에서 본 시각이 다른 주관성이나 다른 관점에서 본 시각에 대한 동시적 접근을 배제하는 방식에서 그런 유아론이 생겨난다. 한 사람의 주관성이나 관점의 단일성—어떤 사람 자신의 관점과는 다른 관점에 대한 직접적인 경험적 접근의 완전한 결여—은 형이상학적으로 신비스러운 것이 아니다(그런 단일성은 내가 한 번에 여러 위치에 있을 수 없다는 사실에 다름 아닌 것으로부터 도출된다). 그러나 그것은 적어도 부분적으로는 자아와 타자 사이의 대비가 완전히 '타자'인 것—완전히 **외부**인 것—과의 조우로 간주될 수 있는 이유를 설명할 수 있는 하나의 방법을 제시한다. 이는 레비나스 같은 저자들이 특별히 강조했던 점이다. 물론, 유아론이 구체화하는 오류는 타자들의 주관성 파악이 한 사람 자신의 주관성을 파악하는 것과 동일한 형태를 취해야 한다는 가정의 오류이다. 그럼에도 불구하고 객관성의 파악이 주관성의 파악과 구별되듯이, 자아-주관성의 파악 역시 타자-주관성의 파악과 구별된다. 그러나 주관성과 객관성은 상호 의존적인 개념들이고 자아-주관성과 타자-주관성 역시 마찬가지이다. 그러므로 세 가지 개념—자아, 타자와 객체의 개념들—이 모두 상호 의존적이고 환원 불가능한 것으로 이해되어야 한다.

앞 장에서, 나는 행위가 가능한 피조물은 객체를 하나의 복잡한 구조—다양한 속성들을 단일한 '표현'으로 일원화하는 것에서나 그들의 인과적 구조에서 모두 복잡한 구조—로 파악할 필요가 있다고 주장했다. 하나의 객체라는 개념은 분명히 데이비드슨이 '공통 원인'이라고 부르는 것[4]으로 기능할 수 있는 어떤 것—여러 인과적 속성들을 지니기 때문에 서로 다른 관찰자들에게 자신을 다르게 표현하는 것을 포함해서 동시이지만 서로 다른 효과를 발생시킬 수 있는 어떤 것—의 개념이다. 이런 점에서, 객체를 공통 원인으로 여기는 개념은 동일 객체의 구별화하는 측면들, 얼핏 보기에 일관성 없는 측면들의 동시 관찰 가능성을 함축하는 것으로 보일 것이다. 그러므로 동일한 색으로 고르게 채색된 표면이 위치가 서로 다른 관찰자들에게 서로 다른 색으로 보일 것이다. 호수에 반쯤 잠긴 가지는 수면 위에서 보는 관찰자에게는 어떤 방향으로 휜 것처럼 보일 수 있고 수면 아래의 관찰자에게는 다른 방향으로 휘어 있는 것처럼 보일 것이다. 같은 음식과 음료가 한 사람에게는 쓰고 다른 사람에게는 달게 느껴질 수 있다. 이런 경우들—그럼에도 불구하고 다양한 인식이 단일한 객체와 연결된 것으로 파악되는 경우들—은 문제의 주장을 극적으로 보여주는 예를 제공한다. 그러나 서로 다른 관찰자들이 개인적 인식의 공통된 원인으로서, 그들의 사고와 경험의 동일한 객체로서 단일한 객체에 수렴할 때마다 동일한 관념이 예시된다.

예상할 수 있겠지만, 앞 장의 논의를 고려할 때, 공존하는 개별자들을 발생시킬 수 있는 것으로서 객체의 개념—동시에 일어났지만 서로 다른 인식은, 그것들이 동일한 객체를 객체로 하는 이상, 하나의 공통된 객관적 원인을 갖는다—은 공간성 개념과 인과성 개념의 파악을 요구하는 것으로 보일 것이다. 어떤 객체를 하나의 공통된 원인으로 인정하기 위해서는 그것을 인과적으로 또 의도적으로 연관된 관찰자와의 관계 속에 위치시킬 수 있어야 한다. 그리고 관찰자들과 나란히 그 객체가 더 큰 인과적 틀 안에 놓인 방식을 어느 정도 파악해야 한다. 이는 객관성 개념에 대한 인과성 개념의 중요성은 물론이고 공간성의 중요성을 증대시킨다. 그러나 이런 객관성 개념은 단순히 공간성의 개념과 인과성의 개념뿐 아니라—자아와 타자 모두의—주관성 개념 또한 요구한다. 물론, 객관성 파악과 주관성 파악의 상호 의존성은 앞의 장들에서 진행된 논의의 많은 부분에서 중심이 되는 주장이다. 이제 자명한 것은, 주관성과 객관성의 상호 의존성은 단순히 양방향의 상호 의존성이 아니라 두 개의 대조적 개념 쌍, 말하자면, 주체와 객체, 자아와 타자의 상호 주관적인 쌍들과의 관계에서 조직된 것으로 이해될 수 있는 적어도 세 개의 서로 다른 개념들—자아-주관성, 객관성, 타자-주관성—사이에서 획득된다.[5] 세계에 대한 서로 다르지만 동시적인 관점들의 가능성을 파악하는 것—한 사람의 주관성과 타자들의 주관성 파악을 함축하는 동시에 존재하지만 서로 다른 주관성의 공간을 파악하는 것—을 고려할 때, 한 사람은 서로 다르지만 동시에 나타날 수 있는 것으로서 객체의 개념을 적절히 파악할 수 있다.

확실히, 홀로 있는 피조물은 타자의 개념 없이는 동일 객체가 어떻게 동시에 서로 다른 '시각들'을 줄 수 있는지 이해하기 어려울 것이다. 그런 피조물은 피조물의 현재적 전망과 다른 '시각'에 대한 개념이 없을지도 모르기 때문이다. 그런 피조물은 객체와 피조물의 서로 다른 조우에 상응하는 시간상에서 서로 다른 시각들을 등장시키는 객체의 가능성을 파악할 것이다. 하지만 이는 **시간상에서** 하나의 공통 원인(객체 자체의 변화에 따라 그 표현이 달라지는 원인)이라는 개념만을 요구한다. **한 번에** 하나의 공통 원인(객체의 차이가 아니라 관찰자의 차이에 따라 그 표현이 달라지는 원인)이라는 개념을 요구하지 않는다. 객관성 개념은 동일 객체가 서로 다른 관찰자들에게 다르지만 동시 효과를 가질 수 있는 방식을 어느 정도 파악할 것을 요구하는 듯하다. 그리고 이런 점에서 객관성은 다른 주관성이라는 개념과 분리될 수 없어 보인다. 마찬가지로, 한 사람의 주관성을 파악하는 일이 자신의 객관성을 위치시킬 수 있느냐에 달려 있다면 이는 또한 자신과 같은 다른 사람, 그럼에도 불구하고 자신과는 다른 사람들이라는 개념에 대한 언급을 포함하는 방식으로 자신을 파악할 수 있느냐에 달려 있다.

자아-주관성 개념, 타자-주관성과 객관성 개념의 상관관계는 이들 세 개념들이 한 무더기로 등장한다는 사실을 함축한다. 자신을 파악한다는 것은 모두를 파악한다는 것이다. 비록 조금 다른 용어로 표현하기는 하지만 이와 매우 유사한 주장이 데이비드슨의 연구에도 나타난다. 〈지식의 세 가지 변형(Three Varieties of Knowledge)〉에서 그는 다음과 같이 적고 있다.

> 주관성의 철학적 인식은 어떤 역사를 짊어지고 있으며 어떤 발언의 의미나 어떤 생각의 내용과 외적 현실에 대한 질문들을 차단하고 '내' 세계와 타자들에게 보이는 세계 사이의 논리적 간극을 유발하는 정신과 의미의 성격에 관한 일단의 가정들을 짊어지고 있다. 이런 일반적인 인식은 주관적인 것이 객관적인 것에 우선한다고 주장한다. 내가 여기서 그려내는 사고와 의미의 그림이 타자들의 정신과 세계의 지식에 관한 자아의 지식을 서술하기 때문에 그런 우선성의 여지를 남기지 않는다. 그러므로 객관적

인 것과 상호 주관적인 것은 우리가 주관성이라 부르는 어떤 것에 필수적이다. 그리고 그것이 형태를 갖추는 콘텍스트를 형성한다.[6]

그렇게 해서 데이비드슨은 쟁점이 되는 세 가지 요소—그가 제시하는 대로 하자면, 주관성, 상호 주관성, 객관성—가운데 어느 하나도 나머지를 위한 토대가 될 수 없다고 본다. 세 가지 요소는 상호 의존적이지만, 그럼에도 불구하고 서로 환원될 수 없다. 더욱이 데이비드슨은 내가 위의 논의에서 채용했던 것과 유사한 차원에서 논증으로 이런 결론을 도출한다. 하나의 '공통 원인'으로서 객체의 개념은 데이비드슨이 '삼각법'이라고 부르는 것의 토대 위에서 등장한 객관성 개념을 발전시키면서 시작된다.

어떤 피조물(아이일 수도 있다)이, 어떤 객체(나무 탁자라고 해두자)를 마주하고 있다고 상상해보자. 아이와 탁자 사이에 선을 그어 연결하라. 선의 어느 지점에 실제로 아이의 관심을 끄는 객체가 있을까? 그것은 탁자가 놓인 지점일 수도 있다(아이가 향하는 것이 탁자 자체일 수도 있다). 그 지점이 아이의 감각기관의 표면일 수도 있다. 누군가는 그것이 아이의 정신에 있는 '내적 공간'의 어느 지점에 위치한다고 가정할지도 모른다. 다른 곳에서, 데이비드슨은 이 문제를 조금 다른 말로 제기한다. 태도가 겨냥하는 객체를 확인하려면 원인을 참고해야 한다는 시각을 받아들이면서 데이비드슨은 '가능한 많은 원인들 가운데 어느 것이 옳은가?'를 묻는다.[7] 우리가 홀로 있는 피조물이 활용할 수 있는 원천만 살펴본다면, 다른 곳이 아닌 어느 한 곳에 객체를 위치시킬 토대가 없어 보인다. 그래서 객체가 확인될 수 있는 토대도 없는 것 같다. 데이비드슨의 주장은 우리에게 오직 두 개의 피조물만이 있다면, 그래서 말하자면 피조물로부터 객체로 향하는 두 개의 "선"이 있다면, 물론 피조물들의 부분에 반응이 유사한 하나의 '기본 선' 역시 있다면, 우리는 두 선이 교차하는 지점에 놓인 것으로서 두 피조물 모두가 초점을 맞추고 있는 객체를 볼 수 있을 것이다. 데이비드슨은 다음과 같이 설명한다.

> 아이들은 탁자들이 비슷하다는 사실을 발견한다. 우리는 탁자들이 비슷하다는 것을 발견하고 비슷한 탁자들이 있을 때 아이들이 보이는 반응을 알게 된다. 이제 우리가 아이들의 반응을 탁자에 대한 반응이라고 부르는 것은 이해할 수 있는 일이다. 이 세 가지 반응을 고려하건대, 우리는 이제 아이들의 반응을 이끌어내는 자극에 어떤 위치를 부여할 수 있다. 해당 자극은 우리가 자연스럽게 유사함을 발견하게 되는 객체와 사건들로 우리가 유사하다고 여기는 아이들의 반응과 서로 연결된다. 그것은 삼각법의 한 형식이다. 하나의 선이 아이에게서 탁자의 방향으로 그어진다. 그리고 한 선은 우리에게서 탁자의 방향으로 그어진다. 그리고 제3의 선이 우리와 아이들을 연결한다. 아이에게서 탁자로 그리고 우리에게서 탁자로 향하는 선들이 수렴하는 곳에 '그' 자극이 위치한다. 아이와 세계에 대한 우리의 시각을 고려하건대, 우리는 아이들의 반응의 '그' 원인을 포착할 수 있다. 그것은 우리와 아이들의 반응을 일으키는 공통 원인이다.[8]

동일 객체와 직면한 두 피조물 사이에 열린 상호 주관적 공간은 또한 객체 자체를 파악하게 하고 상호 주관적으로 접근하는 객관적 공간을 파악할 수 있게 하는 공간이기도 하다.

데이비드슨 자신은 이런 식으로 제시하지 않지만, 그가 여기서 채용한 '삼각법'의 메타포가 기대고 있는 것은, 홀로 있는 피조물에게는 객체들과 조우하고 시간상에서 그것들과 다시 조우하는 경우를 제외하고 그 객체들을 포착할 수단이 없다는 생각이다. 하지만 그런 연속되는 조우는 오직 연속적인 표현들만 제공할 뿐 그런 표현들에 공통된 하나의 객체라는 어떤 개념도 제공하지 않는다. 이런 점에서, 사람들은 현재와 과거의 조우를 비교함으로써 스스로를 '삼각화'하는 단일 피조물이라는 개념에 호소하지 않는다.[9] 그런 개념은 여기서 필요한 것을 전하지 않는다. 말하자면 동시적 표현들이 단일 원인의 결과일 수 있는 방식을 파악하지 않는다. 그럼에도 불구하고 바로 이런 개념이 객관성 개념의 중요한 요소이다. 사실, 실수와 불일치의 개념에 깔려 있다고 얘기될 수 있는 것이 바로 이런 개념이다. 내가 동일 객체가 적어도 두개의 '얼굴'—하나는 내가 파악한 얼굴이고 다른 하나는 다른 사람이 파악한 얼굴—로 제시될 수 있음을 파악할 수만 있다면, 내가 지금 사물을 보고 있는 방식이 그 사물이 현재 보일 수 있는 유일한 방식이 아니며 반드시 사물이 현재 존재하는 방식도 아닐 수 있다는 가능성을 파악할 수 있다. 시간상에서 연속되는 조우는 명백히 일관성이 없거나 다원적인 표현을 바탕에 깔고 있는 것으로서 동일 객체와 같은 개념을 요구하지 않는다. 동일 객체가 자신을 서로 다르게 보여줄 가능성을 피조물이 파악할 수만 있다면, 더불어 유사하지만 구별되는 피조물의 주관적 재현 형식이 파악될 수만 있다면, 그런 피조물이 객관성을 파악하고 있다고 말하는 것은 정당할 것이다.

물론 여기서 필요한 것은 한 사람의 것과 다른 주관성의 **개념**이 전부라고—하나의 피조물이 자아-주관성과 대비해서 타자-주관성의 가능성만 파악할 수 있어도, 그 피조물은 객관성 개념을 파악할 수 있다고—생각할 수 있을 것이다. 그럼에도 불구하고 이 논의에서 쟁점은 객관성이나 주관성의 추상적 개념이 아니라 구체적 사고와 경험에 적용될 수 있는 객관성과 주관성의 파악이다. 예를 들어, 객관성 개념에 관한 한, 중요한 것은 구체적 객체를 파악할 가능성이지 어떤 추상적이고 일반적인 개념의 객관성이 아니다. 사실, 데이비드슨 자신이 객관성의 가능성에 필수적인 것으로서 상호 주관성 개념을 도입한 것은 어떤 피조물에 대해 언급할 필요가 있기 때문이고, 이는 유사한 반응들과 함께 구체적 객체들을 그런 반응들의 공통 원인으로 채택할 수 있는 수단—**특정** 객체를 고르는 능력이 요구되고, 그래서 추상적 위치가 아니라 상호 주관적 장소인 실제 위치에서 다른 피조물들과 관계하는 것이 요구되는 해석과 자아 해석의 특정 문제들과 관련해서(하나의 주체로서 자신이나 다른 사람들을 파악할 가능성과 관련해서) 등장하는 상호 주관성으로의 전환—으로서 다른 피조물을 참조해야 하는 필요성이라는 견지에서이다.

객관성, 자아-주관성, 타자-주관성이 긴밀히 연결된 하나의 조를 이루는 개념들을 형성하는 이상, 하나를 인식하는 피조물은 셋 모두를 파악해야 한다. 그러나 2장에서 언급했듯이, 객관적 공간을 파악하는 것이 그런 공간 개념의 파악을 함축할 필요는 없다. 그렇게 해서 우리는 어떤 객관성 개념을 언급할 필요가 있을 것이다. 그리고 수많은 피조물들의 행위를 설명하면서 자아와 타자 개념을 언급할 필요가 있을 것이다. 그리고 그 피조물들이 객관성이나 주관성을 어떤 식으로 '파악'했다고 말할 테지만, 그럼에도 불구하고 피조물들이 문제의 개념들을 어떻게든 개념적으로 파악한다고 여길 필요는 없다. 피조물의 행위가 복잡할수록, 그 자신의 파악, 다른 피조물들에 대한 파악, 그리고 피조물의 세계를 구성하는 다른 객체들의 파악 역시 더 복잡해야 한다. 특히 높은 수준의 행동의 복잡성은 그들 자신이나 그들의 세계라는 개념을 파악할 수 있고 타인들의 정신 상태는 물론이고 자신의 정신 상태를 성찰하고 해석할 수 있는 피조물에게만 가능하다. 이와 같은 피조물들만이 세련된 정신의 삶이나 명제의 내용을 갖춘 상태를 지닐 수 있다. 하지만 그런 개념화, 성찰, 혹은 해석이 가능한 피조물은 그런 정신의 상태가 향하는 자율적 객체를 확인할 수 있어야 한다(그 객체들은 생각이 의문시되는 피조물의 존재에 의지해 존재하지 않는다는 점에서 '독자적'이다). 이제 자명한 것은 이를 하려면 세계의 다른 객체들과 상호작용하는 것은 물론이고 다른 피조물들과 상호작용할 수 있는 능력이 필요하다는 사실이다. 결국, 자신의 경우이든 다른 사람의 경우이든 정신적 상태들의 내용을 결정하는 것은 사고의 독자적 객체를 결정하는 것과 동일하며 이는 상호 주관적 공간에서만 가능하다. 그리고 자신의 주관성뿐만 아니라 타인의 주관성을 어떤 식으로든 파악할 때에만 가능하다.

데이비드슨은 "우리가 독자적 객체라는 개념을 활용할 수 있게 만드는 것은 무엇인지" 묻고 다음과 같이 대답한다. "그 활용 가능성은 무엇보다도 다른 사람들의 확증을 요구한다. 곧 우리와 마찬가지로 동일한 기본 사건과 객체들에게로 향하고 그 사건과 사물에 대한 우리의 반응으로 향하는 다른 사람들의 확증을 요구한다."[10] 그런 확증은 자연히 의사소통 가능성에 의지한다. 그러나 확증과 의사소통 자체는 사물의 구체적 표현을 구성하고 이해할 수 있는 능력과 결부된다. 그런데 사물의 구체적 표현은 특정한 실험적 관점과 결부되지 않으며 그런 구체적 관점 밖에서 접근할 수 있는 것이다. 자신의 반응과 다른 사람들의 반응을 상관시킬 수 있고 세계에서 마주치게 된 공통의 객체들에 대한 반응을 연결시킬 수 있는 피조물은 근본적으로 의사소통이 가능하고 상호 주관적 형식(특정한 주관성과 결부되지 않은 형식)으로 사물을 파악하고 표현할 능력을 지닌 피조물이다. 그런 표현 형식은 앞서 지도와 도표들의 특징인 '재현' 형식에 관한 논의에서 마주쳤던 것이다. 그럼에도 불구하고 표현의 '객관적'이고 상호 주관적인 양식—그에 따라 주체는 근본적으로 사물에 대한 비경험적이고 개념적인 파악이자 세련된 의사소통의 상호작용을 가능하게 하는 수단이 되는 것의 구체적인 경험적 표현(지도, 도표, 가장 일반적인 의미에서 하나의 기호나 일련의 기호들)에 접근한다—이라는 개념은 정확히 언어적인 것이라는 개념의 핵심에 놓인다. 이런 점에서 복잡한 정신적 삶을 영위하는 능력, 자신은 물론이고 자신과 같은 다른 피조물과 세계의 공통된 객체들을 섬세하게 파악하는 능력, 그리고 언어 능력 사이에는 필수적인 관계—또한 데이비드슨이 분명하게 언급한 관계이기도 하다—가 있다.[11]

내가 앞에서 주목했듯이, 맥긴은 인식과 개념의 "심한 불일치"가 존재한다는 시각을 받아들인다. 그는 다음과 같이 쓰고 있다. "개념은 …… 상상된 관점의 견지에서 설명될 수 없다. 사실 엄밀히 말하면 하나의 시점도 아니다."[12] 개념적으로 사고할 수 있는 능력—일반성에서 개념들을 채용할 수 있는 능력, 개념들의 관계를 파악하는 능력, 서로 다른 개념 틀에 따라 구체적인 것들을 분류하고 재분류할 수 있는 능력, 개념을 재배치하고 새로운 개념을 고안하는 능력—이 자신과 세계를 경험적 인식에 대한 파악이나 특정한 주관적 공간에 한정되지 않는 방식으로 파악하는 능력과 동일한 것은 아니다. 이 점은 이미 네이글의 "입각점이 없는 시각(view from nowhere)"에 관한 논의에 내재해 있었다. 자신을 자신의 관점으로부터 분리하는 능력은 객관성의 파악을 수반하는 개념적 추상화 능력에 달려 있다(이는 네이글의 입장에 **반하는** 것으로 정확히 "입각점 없는 시각"이 아니며, "시각" 자체가 아니라 세계의 파악을 이룰 수 있는 능력을 수반한다). 그리고 이런 능력은 복잡한 형태의 의사소통과 추상적 표현 능력과 상관이 있다. 여기서 언어, 개념성, 상호 주관성—명제의 내용을 지닐 수 있는 상태들의 가능성 자체는 물론이고—은 가능성이 다른 것들의 가능성에 의존하는 방식으로 객관성 개념과 서로 얽힌 것으로 보일 수 있다.

어떤 공간이 특정 위치가 다른 위치에 대한 우선권을 갖지 않는, 곧 관점이 없는 공간인 경우에, 객관적 공간 개념은 근본적으로 비개인적이거나 '익명의' 공간이다. 그렇게 해서, 객관적 공간과 객관성의 '익명성'은 상호 주관성의 가능성을 허용하는 데 중요하다. 내가 자신의 주관성을 경험한 것과 동일한 방식으로 다른 사람의 주관성을 경험할 수는 없다. 내가 그렇게 할 수 없다는 것은 사람들이나 자아의 특정한 형이상학적 특질에서 비롯되는 것이 아니라 사물을 동시에 두 가지 관점에서 파악할 수 없고 사물을 파악하는 관점은 무엇이 되었든 필연적으로 **내 관점**이라는 사실에서 비롯된다(사실 이는 위의 3장에서 누군가가 정신의 상태를 지니는 문제와 관련해 등장했던 것과 동일한 논점이다). 사람들이 다른 개인들의 주관성을 파악하는 것은, 다른 사람들의 반응에 자신의 반응을 일치시키고 다른 사람들을 각자 접근할 수 있는 객관적 공간 안에, 그리고 공통된 객체와 사건들과의 관계 속에 위치시킴으로써 가능한 일이다. 더욱이 나는 자신의 능력 덕분에 하나의 주체로서 나 자신을 표상할 수 있다. 그것은 단순히 나 자신을 위해 사물을 **경험하는** 능력일 뿐만 아니라 객관적 공간 안에서, 동일 객체와 사건들과의 관계 속에 자신을 **위치시키는** 능력이다. 그러므로 누군가 타인들의 개념을 파악할 수 있고 이를 통해 자신이라는 개념을 파악할 수 있는 것은 바로 '익명'의 비개인적 영역을 통해서이다. 나는 동일한 '익명의' 객관적이고 상호 주관적인 틀 안에서 모든 것을 파악할 수 있는 능력을 통해 나와 타인을 재현할 수 있다.

이 점에서, 나는 자신의 주관성, 세계 안의 구체적 위치와 그 위치의 경험에 의지하는 것으로서, 다시 말해 다른 여러 위치와 경험들 가운데 그저 하나일 뿐인 세계 속의 어느 한 지점에 위치하는 것으로서 내 주관적 공간을 인식할 수 있는 내 능력을 통해 자신을 인식할 수 있다. 여기서 문제가 되는 객관성과 객관적 공간의 파악은 정말로 익명적이고 비개인적인 세계, 그리고 나 자신이 포함된 가능한 관점들이 존재하는 세계의 파악이다. 누구에게도 속하지 않으며 모두에게 속하는 세계의 파악이다. 비슷한 방식으로, 객관적 공간성의 파악을 함축하는 상호 주관성의 파악은 주관적 공간의 파악을 포함한다. 그런데 이 주관적 공간의 파악은 내 자신의 주관성을 파악하는 것에 국한되지 않고 내 자신의 경험이 이루어지는 주관적 공간을 일단의 다른 가능한 공간들의 우위에 두거나 대비시키지도 않는다. 오히려 거기에는 단일한 틀 안에 위치하며 누구도 다른 이들보다 더 중심적이거나 특권적인 지위를 갖지 않는 주관적 공간에 대한 파악이 수반된다. 그러므로 상호 주관성의 개념은 하나의 객관적 공간과의 관계에서 이해된—관점이나 시점의—주관적 공간들의 전 범위를 포괄한다.

상호 주관성의 개념이 하나의 객관적 틀 안에서 주관적 세계와 이를 둘러싼 다른 주체들과의 관계를 통해 이해해야 하는 주체-입장의 다원성이라는 개념의 파악을 수반한다는 생각은 상호 주관성의 이해에서 사람들이 자신의 주관성을 뒤로 미뤄두어야 한다는 점을 시사할 것이다. 마찬가지로, 공간을 객관적인 것으로 파악하는 데서 사람들은 자신의 주관적 공간의 의미를 상실할 것이다. 확실히, 내가 여기서 도식화를 시도한 개념적 관계들이 받아들여진다면, 누군가 자아의 개념에 도달할 때, 세계에 대한 자신의 관점에서 추상하는 방식으로 자신을 생각해야 한다는 점 역시 받아들여져야 한다. 사람은 자신을 인식할 때, 어느 정도는 자신을 자신과 '다른 것'으로 인식한다(이런 의미에서 자아 인식은 언제나 자기소외의 한 형태이다). 하지만 여기에 미스터리 같은 것은 없다. 사람은 자신을 인식할 때, 자신의 관점에서 추론하며 자신의 실질적이고 직접적인 경험과 구별되는 방식으로 자신을 생각한다. 이런 식으로 자신을 이해하는 피조물은 일정하게 자기소외를 할 수 있는 피조물이다(비록 그 형식은 문화와 상황에 따라 다양할 수 있고 결코 명확히 표현되지는 않지만 말이다). 그것은 자신의 주관적 공간을 넘어서서 다른 여러 공간들의 가능성을 생각해갈 수 있는 피조물이다. 하지만 그런 피조물은 자신의 주관성 개념을 상실하지 않는다. 자기 자신의 공간을 넘어서 생각할 수 있는 능력 자체가 그런 공간 안에서 생각하는 능력과 상호 의존 관계에 있기 때문이다. 그러므로 스스로를 파악할 능력이 있는 피조물은 그 자신과 타자들 사이에서 통용되는 익명의 동질성만이 아니라 거기서 통용되는 차이 또한 파악할 수 있는 피조물이다. 그러므로 상호 주관성의 개념은 근본적으로 우리 자신의 주관성 개념과 그와 함께하는 주관적 공간 개념, 그리고 객관적 공간 개념에서 구체화되는 순전히 객관적인 질서의 개념을 모두 포함하는 다른 개념들의 망과 서로 연결되어 있고 서로 의지한다.

앞선 논의에서 분명해졌듯이, 객관적 공간의 개념은 주관적 공간의 파악으로부터 추정해내거나 주관성으로부터 어떤 분리 과정을 통해 도달할 수 있는 것이 아니다. 객관적 공간 개념은—자아와 타자의—주관성 개념을 포함해서 관계는 있지만 그럼에도 불구하고 공통분모 없이 구별되는 개념들로 이루어진 연결망의 일부이다. 더욱이, 객관적 공간 개념이 어떤 종류의 주관적 공간으로부터 도출되는 것이 아니라면, 어떤 사람이 자신의 주관성을 파악하는 데서 도출되거나 추정된 타자들의 주관성이라는 개념 역시 마찬가지이다. 우리는 처음에 우리 자신을 주체로 파악하고 그다음에 타자들의 주관성을 파악하는 것이 아니라 타자들의 주관성을 이해해가는 과정에서—우리가 사회성의 이해에 이르는 과정에서—주체로서 우리 자신의 존재를 이해하게 된다. 그러므로 우리는 감정이입이나 공감 능력을 통해서가 아니라 우리가 위치한 공간의 객관성을 파악함으로써 다른 주관적 공간들—다른 사람들의 존재—의 가능성을 파악한다. 자아의 파악 역시 그렇다. 객관적 공간의 파악은 필연적으로 자아-주관성과 타자-주관성의 개념 모두를 파악하는 것과 상관이 있으며 상호 주관성의 파악과 상관이 있다. 이는 우리가 타자를 이해하는 데 공감이나 동정이 중요한 요소라는 점을 부정하는 것이 아니다(공감이나 동정은 어떤 형태의 윤리적 삶에도 중요한 요소일 것이다). 오히려 우리가 이미 자신이 공감하는 객체의 존재를 파악한다는 전제에서만 공감이 가능하다는 점을 강조하는 것이다. 객관적 공간 안에 있는 서로 다른 위치라는 개념—확장된 시공간적 틀 안의 서로 다른 상황들이라는 개념—을 파악함으로써 우리는 위치와 방향에서 그런 차이를 통해 경험의 차이라는 가능성을 파악할 수 있다. 공감을 통해 우리는 위치상의 그런 차이가 빚어낼 차이를 상상한다. 그렇게 해서 "우리 자신이 타인의 입장에 선다". 하지만 그런 공감적 사고는 우리가 타자를 생각하는 데 중요한 요소이기는 하지만 그 자체가 타자에 대한 우리의 사고가 발견되는 것을 구성하지는 않는다.

다른 피조물의 존재를 파악하는 것은 우리들 자신과의 관계 속에, 그리고 세계에서 조우하는 객체들과의 관계 속에 그 피조물들을 위치시키는 문제이다. 이런 상호 의존성은 타자에 대한 우리의 이해에 적용되는 만큼 우리 자신에 대한 우리의 이해에도 적용된다. 자신의 신념과 태도를 알 수 있는 피조물이 된다는 것은 그 자신에 대한 개념, 그리고 이와 상관된 것으로서 타인이라는 개념, 외적 객체들이라는 개념, 모든 것이 위치하는 세계라는 개념을 형성할 수 있는 피조물이 된다는 것이다. 더욱이, 이런 개념들의 파악이 다른 사람들과의 소통 능력과 불가분의 관계에 있으며 다른 사람들과 객체들과의 관계 속에서 행동하는 능력과도 분리될 수 없는 것인 이상, 그리고 필연적으로 (물론, 사물들 사이의 인과적 상관관계들을 포함하여) 사물들의 공간적 위치와 시간적 순서와의 관계에서 사물에 대한 일원화되고 일관된 시각을 달성할 능력에 의지하는 이상, 자아의 개념을 파악하는 것은 다른 사람들, 객체들, 세계들은 물론이고 자신에 대한 일원화된 이해에 도달하는 문제이다. 이 능력은 사물을 객관적으로 인식하는 능력과 자신의 주관적 경험에 객관적 인식을 적용할 수 있는 능력을 수반한다.

앞서 3장에서 나는 자아를 정신적 상태들의 바탕에 놓여 있고 그런 상태들이 귀속될 수 있는 실체로 이해하거나 귀속되는 행위들에 의지하고 어느 정도 그런 행위들을 인도하고 지시하는 것으로 이해하는 것 역시 적절치 않다고 이야기했다. 내가 개진했던 설명에서 자아는 서로에 대한 관계라는 견지에서 스스로 형성된 행위와 태도들의 복합적 일원성을 통해서, 그리고 가장 중요한 것으로 세계 속의 객체와 사람들과 맺는 관계를 통해서, 그리고 세계 안에서 어떤 위치와 작용들에 연결됨으로써만 형성되는 것으로 이해되어야 하는 것이다. 그렇다면, 자아의 개념을 갖는다는 것은, 그리고 자신의 정체성—리쾨르(Paul Ricoeur)의 용어를 빌리자면, '자성(自性, ipseity)'이나 자아[13]—을 안다는 것은 그 자신인 어떤 단순하고 바탕이 되는 자아를 갖는 것이 아니라 오히려 세계 안에서 하나의 구체적 장소를 갖는 것이다. 장소를 그런 식으로 이해하는 것은 개념적으로 복잡한 하나의 구조—공간성의 서로 다른 형식, 자아 개념, 타자 개념, 그리고 사물의 객관적 질서와 같은 개념을 포괄하는 하나의 구조—를 파악하는 것이자 언어적으로 반드시 명료해질 수밖에 없는 장소에 대한 이해이다. 언어를 갖는 것과 장소를 이해한다는 것의 연결은 개념성과 언어의 관계에 관한 문제일 뿐만 아니라 정신적 내용의 명제성과 결부된 구조의 견지에서 그리고 정신적 삶 자체의 서사성의 견지에서 (자아와 타자의 주관성을 바탕에 둔) 주관성의 구조화를 동반하는 장소의 필연적 상호 주관성의 문제이기도 하다. 이런 점에서 다음 두 장(이 연구의 마지막 장들)을 특징짓게 될 장소에 대한 좀 더 문학적이고 시적인 설명으로의 뚜렷한 전환은 언어적이고 서사적인 명료화를 위한 능력과 장소의 인식을 분리할 수 없다는 문제에 대한 성찰로 여겨질 수 있다.

그러나 계속하기 전에, 이 시점에서 설명해야 할 쟁점—앞 장의 결론에서처럼 인식론의 문제에 관한 하나의 쟁점—이 한 가지 더 있다. 철학자들은 지식의 본성을 그 일반성에서 규정하고자 하는 설명—예를 들어, **방법**(how)의 지식(기술이나 '노하우'와 관련된 지식)과 **그**(that) 지식(통상 정당화된 진정한 신념이라는 개념과 관련해서 규정되는 명제적 지식)을 구분하는 설명—을 제공하지만, 지식의 가능성에 관한 물음은 서로 다른 형태를 취하는 경우가 많으며 문제가 되는 지식의 객체가 무엇인지에 달려 있다. 예를 들어, 자연과 다른 사람들에 대한 지식의 가능성이라는 문제는 우리 자신이나 외부 세계에 대한 우리의 지식이라는 문제와는 구별되는 상당히 구체적인 문제로 여겨져왔다. 데카르트의 경우에 외부 세계에 대한 지식의 근거를 우리 자신에 대한 지식에 둠으로써 그것을 안전하게 만들려고 했지만 사실은 세계에 대한 지식을 훨씬 더 불안전한 것으로 만들었을 뿐이라고 이야기된다. 그럼에도 불구하고 자아, 타자와 세계가 내가 여기서 개괄한 방식으로 서로에게 묶여 있다면—그래서 자신을 파악하는 것이 세계를 파악하는 것이고 그런 세계의 질서를 파악하는 것이며 타자를 파악하는 것이라면—자아에 대한 지식, 타자에 대한 지식, 혹은 세계에 대한 지식의 본질과 가능성의 문제(그것이 문제라면)는 간단히 해결되는 단순한 문제임이 분명하다. 지식의 문제는 그것이 우리 자신에 관한 것인지, 타인에 관한 것인지, 혹은 쟁점이 되는 세계에 관한 것인지에 따라 달라지지 않는다. 그리고 그 문제는 일반적으로 사유나 경험, 정신적 내용이 어떻게 가능한가라는 문제와 동일한 것이다. 이는 데이비드슨이 다루는 문제들에 내포되어 있다. 그가 주관성의 개념, 상호 주관성의 개념, 그리고 객관성의 개념 사이에서 획득한 것으로 윤곽을 그린 삼각 구조는, '지식의 세 가지 변형'인 자아에 대한 지식, 타자에 대한 지식, 객체에 대한 지식 사이에서 획득된 것으로 이해할 수 있는 구조이다.[14]

지식이나 경험의 가능성 자체가 경험의 내용이 여러 면에서 세계의 객관적 질서와 연결될 것을 요구한다. 피조물은 그것이 어느 정도 파악하고 있는 객관적 세계 안에 놓인 것으로 파악될 때에만, 어떤 종류이든 정신적 삶을 지닌 것으로 이해될 수 있다. 이는 타자에 대한 우리 자신의 이해와 관련해서는 물론이고 우리 자신에 대한 우리의 이해에 관련해서도 마찬가지이다. 그렇다면, 공간성, 인과성, 작용의 관계와 주관성과 객관성의 관계를 파악하는 것에는, 어떤 형식이든 전 지구적 회의주의, 우리가 위치한 세계에 대한 우리의 파악을 의심스러운 것으로 만들어버릴 전 지구적 회의주의의 모순을 인정하는 것 또한 수반된다. 그런 회의주의가 위협적인 것이 되려면, 우리가 사유와 경험을 지닌다는 사실 자체를 의심스러운 것으로 만드는 대가를 치러야 한다. 하지만 이 경우에는, 회의주의 자체가 의심스러운 개념일 수 있다. 우리의 사유와 경험의 진실성을 의심하는 데 채용되지 않는 회의주의라면 무슨 소용이 있는가? 우리에게 그런 사유와 경험이 있음을 의심하는 것은 회의적인 탐구의 초점이 무엇인지를 의심하는 것이다.

그럼에도 불구하고 현재의 논의에 아주 단순한 실수가 개입되어 있을 수도 있다. 문제의 개념들은 드러난 대로 서로 연결되어 있는 특성을 지녔을 수 있다. 게다가 이는 회의주의의 문제 혹은 지식이나 경험의 가능성이라는 문제를 전혀 부각시키지 않는 것으로 여겨질 수도 있다. 우리는 이 개념들을 함께 **생각해야** 하고 만약 우리 자신이 사유와 경험을 할 수 있다고 생각한다면 우리 자신을 하나의 객관적 공간 안에 놓인 체현된 피조물들로 생각해야 한다는 것이다. 그러나 이는 이런 사유들이 실제 사물들에 상응하는지에 관해 아무것도 보여주지 않는다. 사물이 이런 식으로 존재하는 것으로 **생각해야** 한다고 해서 사물이 우리가 생각하는 그대로인지 아닌지에 관해 증명되는 것은 없다. 이에 대한 반론은 아주 잘 알려져 있다. 그것은 회의주의를 와해시킬 수 있는 방식으로 경험에 필수적인 경험의 특질들을 드러내려 시도하는 이른바 '초월적' 논증에 대한 표준적 형태의 반응으로서 개진되었다. 내가 지금까지 전개한 논증, 혹은 일련의 논증이 이런 의미에서, 곧 사람들이 지식과 경험과 사유가 존재한다는 암묵적 가정을 토대로 지식, 경험, 사유의 선행조건에 관한 결론을 도출하려 한다는 점에서 초월적 논증으로 비칠 수 있을 것이다.[15] 그리고 모든 논증의 경우처럼, 도출될 수 있는 모든 것이 가설적 성격의 결론들이라고 주장할 수 있을 것이다. 우리가 자신을 사유와 경험을 지닌 존재로 생각할 수 있다면 우리는 자신을 체현되고 어딘가에 위치하는 존재 등으로 생각해야 한다. 그러나 이는 우리가 실제로 이런 식으로 체현되거나 위치하는지 여부에 관해 아무것도 보여주지 않는다. 설사 보여줄 수 있다고 해도, 그것은 오직 사물이 그런 듯 **보이는** 방식이 바로 사물**인** 방식이라는 확증주의 전제를 유효화함으로써 그럴 수 있다.[16]

그럼에도 불구하고 그런 반론은—최근 많은 철학 문헌들에서 추론의 초월적 형식에 대한 반대로 널리 수용되었지만—근본적으로 잘못된 것으로 보인다. 당연히, 하나의 일반 규칙으로서, 우리가 일정한 방식으로 사물을 사유할 수 있다는—그리고 어쩌면 그런 식으로 생각하는 것이 필수적이거나 유용하다고 여긴다는—사실은 확실히 실제로 사물이 그런 식으로 존재하는지 여부와는 거의 혹은 전혀 관계가 없다. 예를 들어, 우리는 다양한 학문이나 활동에서 발견적 절차들에 너무 친숙하다. 그 절차들은 어떤 일을 하거나 생각하는 특정한 방식을 수용하는데 그 방식은 실질적으로 우리가 다루는 사물이나 과정의 바탕이 되는 구조를 반영하지 않는다. 그러나 이른바 '초월적' 논증에서 전형적으로 문제 되고 현재 논의에서 쟁점이 되는 관계와 사고방식들은 우리가 발견적 유용성 때문에 채택하는 사고방식들이 아니다. 대신에 문제의 다양한 개념들은 서로가 서로의 구성요소이며 그들이 적용되는 영역의 구성요소이다. 그렇게 해서, 예를 들어, 신념이라는 개념은 주관성 개념, **그리고** 객관성 개념, 상호 주관성 개념들과의 상관성과 무관한 어떤 내용을 지니는 개념이 아니다. 신념, 태도, 행동의 개념, 주관성의 개념과 객관성의 개념, 자아와 세계의 개념이 어떤 개념도 홀로 존립할 수 없는 개념들의 연결망 안에 놓이고 그래서 그 개념 체계 전체에 접근할 때에만, 우리는 질문을 구성하거나 답을 개진하거나 의심하거나 희망하거나 두려워하거나 믿는 능력에 접근할 수 있다. 《확실성에 관하여》에서 비트겐슈타인이 회의주의를 거부한 것은 널리 알려진 바인데, 비트겐슈타인의 거부에서 핵심적인 생각이 이와 매우 유사한 주장이다. "우리의 의심은 어떤 주장들이 의심에서 자유롭다는 사실, 말하자면, 그것들이 제 축을 중심으로 돌고 있는 것 같다는 사실에 달려 있다."[17]

여기서 도전이 반드시 전통적인 형식의 인식론적 회의주의—환원적이고 물질주의적인 접근에서 생성될 수 있을 유사한 도전—에서만 나오는 것은 아니다. 그러므로 우리는 사실상 신념과 태도, 행동과 판단, 자아와 타자를 포함하는 '민간심리학적' 개념들의 복합체라는 견지에서 우리를 이해하며, 이런 식의 이해는 실질적으로 순전히 물리적 체계로서 우리의 진정한 본성을 모호하게 한다고 할 수도 있다. 우리가 순전히 물리적인 분석을 우리 자신에게 적용하는 데 어려움을 겪는다는 사실이 우리의 진정한 본성에 관해 말해주는 것은 전혀 없다고 주장할 수도 있다. 그럼에도 불구하고 신념과 욕망, 행동과 판단, 서사와 장소의 언어로 후퇴하는 것이 단순히 우리 자신에 대한 이해의 특징이지 우리가 실제로 어떠한지에 관한 특징이 아니라고 전제한다면, 이는 대체로 우리의 자아 개념과 자아 이해의 언어에 의해 우리가 무엇인지가 결정되는 방식을 잘못 이해하는 것이다. 우리가 믿고 욕망하고 판단하고 행동하는 것은 자기를 이해하려는 시도의 출발점이다. 더욱이 이런 개념들이 단일하고 독립적인 체계를 형성함에 따라, 그것들만으로 인간의 존재를 기술하고 설명하는 데 적절할 순전히 물리적인 개념들을 위해 그런 개념들이 폐기될 수 있거나 폐기되어야 한다고 가정하는 것은 우리가 실제로는 믿지도, 욕망하지도, 판단하지도, 행동하지도 않는다는 사실을 가정하는 것이나 다를 바 없다. 사실, 우리는 사유하고 판단하고 행동하는 피조물로서 우리의 특성을 인식하는 토대 위에서만 우리 자신의 본성에 대해 묻는 일에 착수할 수 있다. 혹은 사실상 그런 토대 위에서만 우리 자신과 타인을 찾을 수 있으며 이를 통해 세계 자체를 볼 수 있는 장소의 본질에 대해 질문을 시작할 수 있다.

장소의 일원성과 복잡성

장소는 언제나 하나의 영역을 열어놓는다. 그 안에서 장소는 사물들을 그러모아 함께 속하는데 …… 물리적-기술적 공간의 방식 이후, 장소는 사전에 주어진 공간에 놓이지 않는다. 물리적-기술적 공간은 오로지 한 영역의 장소들을 지배함으로써 펼쳐진다.
–마르틴 하이데거, 〈예술과 공간(Art and Space)〉[1]

생각을 하고 세계를 경험할 수 있는 피조물이 되는 가능성 자체가 세계 속에서 객체와의 관계 속에서 행동할 능력이 있는 피조물이 되는 데 달려 있다. 또 자신의 능력과 상관된 주관적 공간과 피조물이 주변 환경과 함께 위치하는 객관적 공간을 모두 파악하는 피조물이 되는 데 달려 있다. 이를 파악하는 피조물이 된다는 것은 세계에 대한 자기 인식과 타자들의 인식을 구별할 수 있는 피조물이 된다는 것이다. 생각을 하고 세계를 경험할 수 있는 피조물이 된다는 것은 단순히 물리적으로 확장된 공간에 놓인 피조물이 되는 것만이 아니라 늘 피조물 자체, 다른 피조물과 다양한 객체들과 환경적 특징들을 포용하는 복잡하고 일원적인 장소 안에 위치한 자신을 발견하는 피조물이 되는 것이다.

여기서 문제가 되는 장소의 개념은 이전의 논의에서 분명해진 것으로서 흔히 좁은 의미로 이해된 공간과 결부되는 물리적 범위나 단순한 위치의 견지에서만 이해될 수 없고 그런 논의와 완전히 동떨어져서 이해될 수도 없다. 마찬가지로, 이런 좀 더 풍부한 장소 개념과 연결되어 등장한 공간성 개념은 단순한 물리적 범위보다 더 풍부한 개념이다. 지금까지 논의의 초첨은 장소 자체가 아니라 장소의 구조를 형성하는 요소들이었다. 그 결과 가장 자주 무대의 중심에 있었던 것은 공간성, 주관성, 객관성 같은 개념들이다. 그러나 이제 장소 자체를 좀 더 직접적이고 구체적으로 살펴보아야 할 때이다. 그런 작업에서 기댈 수 있는 철학적 자료들이 거의 없는 까닭에 논의의 많은 부분이 철학 밖의 콘텍스트에서, 특히 문학에서, 그리고 구체적으로 프루스트의 작품에서 장소의 등장을 살펴볼 것이다.

이런 식으로 장소의 문제를 좀 더 분명하게 취함으로써 이전 논의에서 중심이 되었던 주제의 일부를 요약하고 지금껏 다소 주변적인 방식으로 다루어온 여러 쟁점들을 취하는 일이 모두 가능할 것이다. 프루스트의 《지나간 것들의 기억(잃어버린 시간을 찾아서)》은 이런 관점에서 특히 유용하다. 그 작품은 아주 다른 형식이고, 때로 변화무쌍한 형식이지만 장소를 이해하는 데 중심이 되는 주제들을 통해 장소의 개념, 자아의 개념, 공간의 개념, 시간의 개념에 대한 문학적 탐구를 제공한다. 더욱이, 《지나간 것들의 기억(잃어버린 시간을 찾아서)》이 초점을 맞추고 있는 삶의 탐구에서 우리는 삶의 일원화, 그리고 그 삶이 살아지는 세계의 일원화를 가능하게 하는 한편 다양성과 복잡성의 의미를 보존할 수 있게 하는 장소 개념의 탐구를 찾아볼 수 있다.

《지나간 것들의 기억(잃어버린 시간을 찾아서)》 첫 권에 현대문학에서 가장 유명하고 자주 인용되는 단락의 하나—차에 적신 케이크 조각의 맛에서 갑작스럽고 예기치 않게 밀려든 회상의 물결을 묘사한 단락—가 등장한다.

> 그리고 갑작스럽게 기억이 되살아났다. 그것은 작은 마들렌 조각의 맛이었다. 일요일마다 콩브레에서 내가 레오니 아주머니의 침실로 인사를 하러 가면 아주머니께서 홍차나 라임차에 적셔 내게 주셨던 작은 마들렌 조각의 맛이었다. ……그리고 그 맛을 깨달은 순간 …… 아주머니의 방이 있던 낡은 잿빛 집이 연극의 무대 장치처럼 떠올랐고 그 뒤편으로 내 부모님을 위해 정원을 향하도록 지은 작은 별채로 이어졌다(그 순간까지 내가 볼 수 있었던 것은 외진 벽면이 전부였다). 그 집과 함께 아침부터 저녁까지 온갖 날씨의 마을 모습이 떠올랐다. 점심 전에 내가 가야했던 광장, 심부름을 하며 달리곤 했던 거리, 날씨가 좋으면 거닐곤 했던 시골길 …… 우리 집 정원과 스완 씨의 정원에 온갖 꽃들과 비본느의 수련과 선량한 마을 사람들과 그들의 자그마한 집들과 마을 성당, 콩브레와 그 부근 전부가, 마을과 정원과 함께 제 모습을 갖추고 견고해져서 내 찻잔 속에서 떠올랐다.[2]

《지나간 것들의 기억(잃어버린 시간을 찾아서)》은 기본적으로 노스탤지어적 회상을 다룬 작품이 아니라 복원과 교정의 기획이다. 프루스트의 작품에서 화자—마르셀—의 삶은 현재와 긴밀히 결합되고 미래를 향해 열리면서 과거를 포괄하는 시간의 복원을 통해, 그리고 과거를 구성하는 사람들, 장소, 사건들의 복원을 통해 재발견되고 다시 돌아온다. 마들렌의 경험 자체가 한 순간에 일어난 바로 그런 시간—일단 잃어버렸고, 잠깐일지라도 다시 얻은 시간—의 경험이다. 그렇게 해서 삶의 일원성의 복원은, 곧 마르셀의 삶의 복원은 시간의 복원과 동일하지 않다. 그 결과 프루스트 작품의 마지막 권—《복원된 시간(Le temps retrouvé)》—은 단순히

과거(la passê)를 다시 포착하는 것이 아니라 **시간**(le temps)을 다시 포착하는 것에 관한 이야기다. 그리고 이 작품의 프랑스어 원제—《잃어버린 시간을 찾아서》—는 마찬가지로 과거의 추적이 아니라 **시간**의 추적을 말한다. 그리고 지나간 시간이 아닌 **잃어버린** 시간의 추적을 언급한다.[3]

프루스트의 작품에서 일어난 일은 중요한 모든 경험, 특히 경험의 전 영역을 포괄하는 것—하나의 삶이나 삶의 구체적인 부분을 포괄하는 것—으로서 시간의 경험이다. 그런 경험들은 모두 단 한 순간에 세계 전체가 열리는 "시간의 체현"을 수반한다. 그래서 소설의 맨 마지막에, 화자 마르셀은 자기 소설의 시작을 생각하면서, 자신이 구상하는 작품에 관해, 마치 프루스트가 자신의 작품에 관해 말하듯이, 이렇게 말한다. "그 작품에서 나는 사람들을—그들에게 괴물 같은 피조물의 외형을 주어야 한다 하더라도—공간 안에서 그들에게 할당된 지극히 제한된 장소보다 시간 안에서 훨씬 더 중요한 장소를 차지하는 존재로 묘사할 것이다. 반대로 장소는 무한히 확장된다. 그들은 거인처럼, 아주 먼 시간까지 뻗어 올라가, 자신들의 삶의 국면들에 동시에 닿을 것이다. 그 사이에 무수히 많은 날들이 끼어들어 시간상에서 매우 넓게 분리된다."[4] 이런 점에서, 시간은 열린 지역—하나의 장소—의 형태를 취하고 그 안에서 하나의 삶이 형성되고 특정 장소, 사람, 사물들에 정체성과 형태가 부여되는 것으로 보일 수 있다. 결론적으로 조르주 풀레는 《지나간 것들의 기억(잃어버린 시간을 찾아서)》에서 수행된 기획이 잃어버린 시간의 추구이자 잃어버린 장소의 추구라고 적고 있다. 프루스트가 하려고 한 일은 기억의 "장소화(localization)"를 통해 시간의 재획득으로 향하는 것이라고 풀레는 주장한다. "프루스트적 존재가 찻잔 속에서 솟아나는 것을 본 것은 어린 시절의 특정 기간만이 아니다. 그것은 하나의 방과 교회와 확고한 지형적 전체, 더 이상 방황하지 않고 흔들리지 않는 전체이기도 하다."[5] 그리고 장소 안에서의 이런 시간의 복원 속에서 마르셀 자신의 삶 또한 복원된다.

다른 곳에서는 공간과 장소의 관계를 좀 더 신중하게 바라보지만,[6] 위에 인용한 단락에서 풀레는 "장소화"와 장소에 관한 이야기에서 공간에 관한 이야기로 쉽게 넘어가는 듯하다. 사실, 풀레가 지지하는 프루스트의 해석에 따르면 시간의 재포착은 **공간**의 형태로 제시함으로써 달성된다.

> 프루스트의 소설이 끝나는 순간 …… 바로 그때 지금까지는 고립되고 병치된 일련의 그림과 같았던 불연속적이고 다양한 에피소드들이 그의 마음 속에 여지를 만들고 그가 그 속에 모든 것을 포용하는 것이 발견된다. 서로 연결된 이미지들은, 서로가 서로를 부각시키며, 말하자면 **스스로를 구성하는** 이미지들의 일관된 리얼리티를 위해 …… 프루스트의 소설이 끝나고, 회고적으로, 그 총체적인 모습이 드러나는 순간, 그 소설은 시간적이기를 멈춘다. 정확히 이미지들 속의 프랑스 역사와 마찬가지로 그것은 더 이상 하나의 역사가 아니라 이미지들의 집합이다. 그 이미지들이 한데 모이면 하나의 장소를 장식하고 **삽화가 그려진 공간**을 형성한다. ……그는 등장인물 가운데 한 사람인 장 상퇴이으에 대해 "**그에게 시간은 공간과 같다**"고 쓰고 있다. 그리고 그의 소설에 대해서도 동일한 방식으로, 콩브레의 교회처럼 기억으로 가득한 게르망테라는 특정 장소에 대해 말한다고 할 수 있다. "**그곳에서 시간은 공간의 형태를 취했다.**"[7]

풀레에 따르면, 프루스트의 작품에서 공간성은 필연적 일원성의 틀을 제공하는 것으로서, 하나의 영역을 제공하는데 그 안에서는 "요소들이 …… 외면화 …… 〔될〕 것이다. 어떤 것은 다른 것들에 대해 상대적으로 외면화되고 어떤 것은 다른 것들을 넘어 제휴된다."[8] 그런 일원성을 확립하면서 현재는 물론이고 과거를 포괄하는 것으로서 시간이 다시 획득된다. 그러므로 풀레는 프루스트의 작업 방법은 근본적으로 병치의 방법이라고 쓰고 있으며, 그것을 "대체"나 "중첩(superposition)"과 대비시킨다. 그리고 병치는 정확히 공간성을 통해서만 가능한 개별자들의 동시적 표현의 문제이다. 병치란 무엇인가? 하나의 사물을 다른 것과 **나란히** 두는 것이다. 병치는 하나의 실체를 다른 실체로 대체하는 것이 아니라 둘을 나란히 두는 것이다. 반대로 중첩은 "다른 하나가 등장하기 위해 하나가 소멸되어야 한다. ……그러므로 인류의 연속적 이미지들을 덧입힌다(superimpose)는 것은 시간의 리얼리티가 하는 것처럼 행동하는 것이다. 곧 다가올 것을 위한 자리를 만들기 위해 더 이상 존재하지 않는 것을 치워버리는 것이다."[9] 여기서 풀레는 5장과 6장의 논의에서 몹시 중요했던 공간성의 바로 그런 측면, 곧 오직 공간의 외부만이 하나의 틀을 제공할 수 있고 그 틀 안에서 다양한 요소들은 동시적 병치 상태로 존재하는 것으로서 파악될 수 있다.

풀레가 프루스트의 해석에서 이런 식으로 공간성을 강조한 것이, 풀레 자신도 주장했던 것처럼, 프루스트에 대한 베르그송의 설명과 배치되는 것으로 보인다는 사실은 주목할 만하다. 베르그송의 설명에 따르면, 이 작품이 추구하는 시간은 순수한 지속의 '실제 시간'이다.[10] 이런 베르그송의 입장은 일반화되어야 하는데, 이는 공간의 차원에서 풀레의 프루스트적 시간에 대한 해석이나 장소의 한 형태로서 시간이라는 개념에 반론을 제기하기 위한 것이다. 이에 대한 근거는 그런 접근법들이 시간을 다시 얻지 못하지만 함께하면 이를 해낼 수 있다는 것인데, 이유는 그 접근법들이 '실제적인 것'—현실에서 하나의 단일 공간—을 사물, 장소, 사람들이 전시될 수 있는 영원한 현재의 순간에 존재하는 것으로서 다루는 것처럼 보이기 때문이다.[11] 확실히, 풀레의 '공간화된' 프루스트 해석은 흥미롭고 의미 있는 것이기는 하지만 풀레에게서 뚜렷이 나타나는 시간보다 공간에 우위를 두는 태도는 프루스트의 틀 안에서조차 문제성이 있다고 주장할 수 있을 것이다. 예를 들어, 풀레의 설명에서 시간은 공간에 의해 잊혀지는 것이지(혹은 전시되는 것이지) 되돌아오는 것이 아니다. 더욱이, 장소와 공간의 구분은 언제나 문제성이 있다. 위에서 인용된《복원된 시간》의 단락에서 프루스트는 시간과 공간을 선명하게 대비시켜 시간의 복원을 통해 다시 얻는 것은 단순한 **공간**이 아니라 "공간 안에 …… 할당된 지극히 제한된 장소보다 훨씬 더 중요한 하나의 장소, 곧 정반대로 무한히 확장하는 하나의 장소이다"라고 말한다. 프랑스어 원문은 다음과 같다. "une Place si considérable, à côté de celle si restreinte qui leur réservée dans l'espace, une place au contraire prolongée sans mesure."[12] 여기서 결정적 개념은 단순한 공간이 아니라 장소의 개념이다. 사실 풀레 자신이 장소화(localization)와 장소의 개념과 메타포들을 활용한 것을 고려할 때, 이는 풀레 자신이 크게 반대하지 않을 결론일 것이다. 그리고 장소를 강조하는 것이 공간을 배제한다는 의미는 아니라는 점에 주목하라. 장소를 강조하면서 우리는 공간성에 중심이 되는 동시적 차원의 개념을 포함하지만 거기에 한정되지는 않는 하나의 개념을 강조한다.

후자의 관점에서《지나간 것들의 기억(잃어버린 시간을 찾아서)》에서 시도되고 성취된 시간의 복원은, 타인들의 삶은 물론이고 마르셀 자신의 삶을 포용하고 규정하며 마르셀 자신의 존재와 얽힌 구체적 장소들을 포괄하고 규정하는 **장소**—이미 나 자신의 논의에서 윤곽이 그려졌고 그 안에서 다양한 요소들이 결합되어 장소 자체를 형성할 뿐만 아니라 서로를 규정하는 열려 있지만 일원적인 지역—의 확립과 동일하다. 그럼에도 불구하고 그것은 시간에 반하는 영역을 확립하는 것이 아니며 또한 시간이 공간에 의해 전시되거나 공간으로 변하는 영역을 확립하는 것도 아니다. 때로 풀레가 정반대의 주장을 함에도 불구하고 풀레의 서사—《복원된 시간》의 마지막에서 마르셀이 구상하는 서사—를 통해 확립되는 장소는 시간과 공간을 화해시켜야 하고, 시간의 망각이 아니라 시간의 복원을 달성하는 서사이다. 풀레는 하나의 공간적 틀 안에서 이미지와 경험의 외면화가 그런 이미지와 경험들을 허용하는 방식에, 풀레의 문구를 빌리자면, "서로에 의해 부각되게" 하는 방식에 우리가 주목하게 한다. 5장과 6장의 좀 더 추상적인 분석이 입증하듯이, 개별자들의 "공존"이 공간성을 요구한다는 것은 분명한 진실이다. 그뿐만 아니라 그것은 시간성 역시 요구한다는 것도 진실이다. 그러므로 프루스트에서 외양들의 표현은 언제나 공존하는 개별자들의 표현으로서 일어난다. 그럼에도 불구하고 그런 공존은 오직 공간 안에서만 가능하다. 이유는 이것이 정적인 과정이 아니라 역동적인 과정일 수 밖에 없기 때문이다. 그래서 그것은 언제나 시간 역시 요구한다(그리고 또한 풀레가 시간적인 것과 결부된 대체물로 취급하는 것 역시 요구한다). 이런 점에서, 프루스트의 성과는 경험의 다원성과 일원성을, 그리고 장소의 시공간적 전개를 통해 발생하는 어떤 것으로서 세계의 다원성과 일원성을 드러내 보였다는 것이다.

장소가 그 안에 있는 요소들 가운데 하나로 환원될 수 없으며 대신 공간성과 시간성, 주관성과 객관성, 자아와 타자를 구성하는 하나의 구조로서 이해되어야 한다는 점을 강조하는 과정에서 장소의 복잡성은 이미 분명해졌다. 사실, 이런 요소들은 그 자체가 서로에 대한 관계에서만, 그리고 오직 장소의 지형적 구조 안에서만 확립된다. 프루스트 작품에서 핵심은 장소 자체의 구조의 윤곽을 그리는 데 있는 것이 아니라 자아의 형성에서 장소의 역할에, 그리고 자아와 타자, 자아와 객체가 조우하는 세계를 확립하는 데 있다. 그러나 자아와 세계는 어느 정도 마르셀이 마들렌의 맛을 경험하는 통찰의 순간에 각각 등장한다는 것이 꼭 옳은 것만은 아니다. "비자발적 기억"의 순간과 동일한 통찰은 언제나 이미 거기 있는 것—그리고 그 순간에만 "등장하는" 어떤 것이 아닌 것—을 드러낸다. 말하자면 과거를 현재에 연결시키는 복잡하고 구분된 하나의 통일체를 형성하는 것, 사물의 실체가 나타날 수 있는 포괄적 '장소'의 견지에서 이해될 수 있는 것으로서 마르셀 자신의 삶을 드러낸다. 그러므로, 마르셀이 깨닫게 되는 것은 언제나 장소의 갑작스럽고 일원성 있는 "회상"에서 경험되었고 경험되는 것으로서 자신의 삶의 특성이다. 이 점은 특히 풀레의 분석에서 중요한데, 풀레가 프루스트의 작품에서 발견했고 마들렌의 맛에서 예시되었으며 그 맛이 일으킨 "공간화"가 통찰적 기억의 가능성은 물론이고 경험의 가능성 자체에도 필수적이 되는 방식을 설명해주기 때문이다.

지나치듯 하기는 했지만 풀레의 설명에서 병치(竝置)의 개념이 대체(代替)의 개념과 대비되는 방식에 관해서는 이미 언급한 바 있다. 풀레가 공간을 우선시(풀레는 그런 공간의 우선시를 프루스트에게 귀속시킨다)하면서 설명하고자 한 문제 가운데 하나는 시간이 흐르면서 발생하는 개별자들의 "대체"가 선행한 각 개별자들의 망각과 어떤 지속적인 존재의 상실 또한 수반하는 방식이다. 프루스트가 키스하면서 알베르티네에게 "슬로 모션"에 가깝게 다가가는 마르셀을 묘사한 비현실적 단락이 이를 보여주는 듯하다. "내 입술이 알베르티네의 뺨을 가볍게 스치고 지나갈 때, 내가 본 것은 열 명의 알베르티네였다. 이 젊은 여인은 여러 개의 머리를 지닌 여신처럼 보였고 내가 마침내 본……."[13] 알베르티네의 이런 증식에서, 그리고 하나의 알베르티네가 또 다른 알베르티네로 연이어 대체되면서 '진짜' 알베르티네는 영원히 상실된 존재로 보일 것이다. 풀레의 해결책은, 그리고 그가 프루스트에게 귀속시킨 해결책은 리얼리티는 단순히 개별자들의 연속에서 찾을 수 있는 것이 아니라 오직 그것들의 병치—공간과 같은 시간, 그 안에 서로 다른 개별자들이 나란히 놓일 수 있고 별개의 상태로 남아 있지만 일원화되고 통합될 수 있는 시간 안에서 그들의 일원화, "함께 있음"—가능성에서 찾을 수 있다는 것이다. 풀레가 제시한 문제는, 동일한 객체의 동시적이지만 서로 구별되는 측면들의 가능성을 파악하지 못했을 때 객관성의 적절한 파악이 불가능하다는 점에 관해 5장과 6장에서 좀 더 단조로운 견지에서 검토했던 문제와 유사하다. 내 설명과 풀레가 개진한 설명 모두 시간적 틀 안에서만 객관성을 파악할 수 없음을 가리키는 것으로 받아들일 수 있다, 그러나 풀레는 공간화의 필요성으로 이끌기 위해 이 문제를 취한 반면, 내가 유사한 문제들을 고려한 것은 공간성**과** 시간성을 포함하는 좀 더 복잡한 일단의 개념들이 필요하다는 것을 인정하도록 유도하기 위해서였다. 이는 풀레 자신의 설명이, 그리고 병치**와** 대체에 부여한 역할이 시사하고 있는 것으로 보일 수도 있다.

풀레는 시간상에서 개별자들의 증식은 문제가 있다고 보지만, 프루스트가 그런 증식과 분화를 통해 실재하는 것을 주어진 것으로 제시하는 방식을 잘 알고 있다. 이는 반응의 문제로 《지나간 것들의 기억(잃어버린 시간을 찾아서)》은 이에 대한 해결책을 내놓으려 하고, 실질적으로 해결책을 구성한다. 프루스트의 설명에서 세계는 우리에게 끊임없이 **대체되는** 개별자들의 흐름으로서 스스로를 보여준다. 그래서 사물의 실체는 지속적으로 상실되고 우리에게서 멀어지며 다시 얻을 수 없어 보이는 과거로 던져진다. 입맞춤의 과장된 예에서 마르셀은 개별자들이 다양화되는 가운데 진정한 알베르티네를 느끼지 못하게 된다. 게다가 개별자들의 지속적인 증식과 대체는 세계의 일원화된 파악의 가능성에, 곧 경험의 일원성에 문제를 일으키지만, 분명한 것은 경험이 하나의 가능성으로서 등장하는 것은 바로 그런 증식으로부터라는 것이다. 경험은 다원적이고 다면적인 객체, 사건, 사람들의 단일하고 복잡한 세계의 일부로서 한데 모인 다원적 요소들을 파악하는 문제이다. 풀레가 주장하는 바는 다양한 개별자들의 일원성, 즉 경험에서 분명하게 나타나고 그래서 세계의 파악이 자리 잡고 있는 다양한 개별자들의 일원성이 공간성을 통해 그리고 병치를 통해 달성된다는 것이다. 그러나 여기서 풀레가 염두에 두고 있는 것으로 보이는 공간성은 움직임, 활동, 그리고 대체와 분리할 수 없이 결부된 공간성으로 이는 필연적으로 시간성을 요한다.

프루스트의 근본 문제가 다양성에 직면한 일원성의 문제라는 점을 고려할 때, 그리고 공간성에 대한 풀레의 강조와 이 문제에 대한 해결책으로서 그것이 결부되어 있는 병치의 문제를 고려할 때, 적어도 풀레에게는 다음과 같은 문제가 즉각 제기된다. "공간의 일원성은 무엇에 있는가?" 한 곳에서 풀레는 공간의 일원성에 관한 이 문제를 다소 추상적인 의미의 개별 장소로 이해된 장소들의 상관성에 관한 문제의 견지에서 제기한다. 그는 묻는다. "서로에게서 독립적으로 존재하는 장소들을 어떻게 소통시킬 것인가?" 그리고 즉각 답한다. "공간의 지엽적 움직임으로, 곧 공간의 대체를 통해."[14] 풀레가 보듯이, 대체가 문제를 유발할지도 모르지만 그 자체는 해답의 일환으로 보인다. 완전히 정적인 공간, 이미지들의 동시적 표현만을 허용하는 공간은 그런 이미지들의 일원화 가능성을 제공하는 공간일 것이다. 대신에, 그런 이미지들은 연결되어야 하고 그런 연결은 움직임과 연결된다. 그래서 이는 시간상에서 일어나는 공간의 대체를 통해서만 가능하다.

활동이나 움직임의 견지에서 명확해진 것으로서 공간의 일원성, 그리고 그런 행동과 연결된 것으로서 객체의 (그리고 또한 주관의) 일원성은 풀레의 논의에서 《지나간 것들의 기억(잃어버린 시간을 찾아서)》의 결정적 단락들을 통해 예시된다. 그런 단락 가운데 하나는 움직이는 마차에서 본 세 개의 종탑에 대한 프루스트의 묘사와 관련이 있다. "첫 번째 광경은 마르탱빌의 쌍둥이 뾰족탑으로 그 위로 저무는 해가 장난을 치고 있었다. 다음 광경은 세 번째 뾰족탑, 비외비크의 뾰족탑으로 언덕과 계곡으로 인해 마르탱빌의 탑들과 갈라져 멀리 지면보다 더 높이 솟아 있지만 그 탑들 옆에 서 있는 것처럼 보인다."[15] 종탑들의 변하는 광경을 통해, 세 탑은 **서로** 가까워지고 **마르셀 자신에게도** 가까워진다. 그렇게 해서 비틀리고 회전하는 마차가 지나는 길은 마르탱빌의 종탑과 비외비크의 탑, 그리고 마르셀이라는 사람을 복잡하기는 하지만 일원성 있는 틀 안에 함께 모아놓는다. 공간적 대체를 통해 분명하게 달성된 일원성을 더 강조하기는 하지만 풀레가 우리의 관심을 유도했던 또 다른 단락에서 같은 생각들이 분명해진다. 철길 위를 달리는 열차 안에서 동이 터오며 하늘과 풍경에서 이는 변화를 지켜보는 마르셀은 "창에서 창으로 옮아가며 쾌청하고 붉은 빛이 끝없이 변하는 아침의 …… 조각들을 하나의 캔버스 위에 모아 다시 붙이고 드넓게 펼쳐진 광경과 하나의 지속적인 그림을 얻으려 하면서" 시간을 어떻게 보냈는지 들려준다.[16] 이 단락 전체에 대해 풀레는 다음과 같이 적는다. "여기서 문제가 되는 것은 더 이상 두 객체를 하나로 합치는 것이 아니다. 대립적이고 파편적이며 시간과 범위에 묶여 있는 두 객체 모두가 하나의 총체성과 연속성을 형성하는 방식으로 그것들을 좀 더 가깝게 하는 문제이다." 그는 계속해서 다음과 같이 말한다. "그러므로 객체, 존재, 장소들은 고유성을 잃지 않으면서 배타성을 상실한다. 각각은 타자의 무한성과의 관계 속에 있다. 각 존재는 각 장소와 마찬가지로 가능한 위치들을 무한히 제공한다. 사람들은 그것들이 하나의 위치에서 다른 위치로 지나가는 것을 본다."[17]

움직임은 동일한 객체나 장면이 우리에게 제시하는 측면들에서 어떤 다양성을 허용한다. 그러나 오로지 다양성만을 낳을 뿐이라면, 사람들은 그런 표현들의 혼돈 속에서 길을 잃을 것이다. 그러나 움직임은 언제나 구체적인 주관적 관점 안에서 파악되는 것이다. 그래서 그런 관점과 연결되고 그런 관점에 묶여 있는 활동 능력과 연결된다. 그리고 하나의 객관적 공간—주체와 그 주체를 둘러싼 객체들이 모두 놓일 수 있는 하나의 공간—과 관련해서 지도가 그려진다. 그러므로 움직임, 일반적으로 행동은 공간이 복잡성 속에서 파악될 수 있는 수단인 반면, 움직임의 가능성은 공간 안에서 사물의 질서를 세울 수 있게 한다. 그런 질서는 언제나 움직임과 활동 능력에 달려 있는 질서이기 때문이다.[18] 그러므로, 프루스트의 작품에서 그리고 5장과 6장에서 개진한 분석의 토대 위에서 세계와 우리 자신을 포함한 사물들이 정확히 공간화되고 체현된 활동을 통해 파악되고 이해될 수 있음은 분명하다.

풀레가 채용했던 것으로서 병치와 대체의 개념들은 공간과 시간의 개념들과 상관되어 있을 수 있기에 프루스트의 작품에 예시된 대체와 병치의 관계는 5장의 논의에서 자명해진 공간성과 시간성의 관계와 매우 유사한 것으로 볼 수 있다. 대체와 병치는 공존하며 연속하는 차원성의 형식으로 이해되는 공간성과 시간성과 동일한 것으로 여겨질 수 있고 마찬가지로 독립적인 개념들로 여겨질 수 있다. 공간과 시간이 함께할 때 객체들의 등장을 허용할 수 있는 것과 마찬가지로, 오직 병치와 대체를 통해서만 분화되었지만 일원적인 여러 개별자들이 존재할 수 있다. 우리는 심지어 공간성과 시간성을 각각 병치와 대체의 차원에서 유발된 차원성의 형식에 상응하는 것으로 다룰 수도 있다. 더욱이 여기서 문제가 되는 차원은 필연적으로 활동과 움직임과 연결된 것이기 때문에 (움직임의 주관적 공간에서 도출될 수 없는 객관적 공간조차도 우리가 우리 자신을 위치시킬 수 있는 공간이기 때문에) 공간과 시간은 그 자체가 활동과 움직임에서 발생하는 개별자들의 병치와 대체를 통해서만 파악된다. 이런 점에서 우리는 어쩌면 공간성과 시간성을 활동 자체에 통합되어 있고 장소의 개념에 근간이 되는 단일 차원성의 측면들과 상관된 것으로 생각해야 할지 모른다. 그런 설명에서 활동은 공간성이나 시간성에 우선하는 것이 아니다. 대신에 활동 자체는 공간적 차원과 시간적 차원에 의지하는 것으로 이해할 수 있는 질서의 형식이다. 반면 공간성과 시간성은 행동 안에서 그리고 행동을 통해 확립되는 질서의 형식으로 여겨질 수 있다.

물론, 공간성과 시간성을 이런 식으로 활동과 묶는다고 해서, 여기서 쟁점이 되는 것이 **주관적으로 파악된** 시간과 공간뿐이라고 상정해서는 안 된다. 세계에 능동적으로 관여하는 한 사람의 능력—행위자(작인)로서 한 사람의 능력들—은 5장의 분석에서 분명해졌던 것처럼 물리적 움직임의 구체적 능력에 달려 있을 뿐만 아니라 세계의 인과적 상관성을 파악하는 데 달려 있기도 하다. 작용의 가능성에 도움이 되는 구체적 능력에 관한 한, 부분적으로 그런 인과적 상관성의 파악은 자신과 관련된다.[19] 그러므로 주관적 공간의 구조화는 누군가의 인과적 능력과의 관계에서 이해되는 공간의 인과적 구조의 문제이다. 그럼에도 불구하고, 누군가가 세계를 객관적으로 생각할 때, 그는 더 이상 공간을 "내가 들기에는 너무 무거운", 혹은 "내 몸무게를 지탱할 수 있는", 혹은 "내 시선을 가리는" 것과 같은 차원이 아니라 자신에 대한 언급과 무관한 인과적 속성이나 능력의 견지에서(이는 그 안의 구체적인 위치와는 무관한 것으로 인식되는 공간으로서 객관적 공간의 특성을 반영한다) 생각한다. 그러므로 한 사람의 주관적 공간은 자신에게 지시된 인과성의 개념들과 연결된 활동의 개념들 언저리에서 구조화되는 반면, 객관적 공간에 대한 파악은 이런 식으로 지시되지 않는 인과성의 추상적 개념과 연결된 '사건'의 개념(활동의 개념이 내포되어 있다) 언저리에서 조직된다. 그러므로 공간과 시간의 차원(각각은 장소의 일원적 차원이라는 측면을 구성한다)은 쟁점이 되는 서로 다른 공간적 시간적 구조들에 따라 서로 다른 방식으로 활동과 사건의 개념에 서로 연결되어 있다.

풀레가 채용한 병치와 대체의 개념은 그들의 관계에서 인과성과 차원의 개념이나 주관성과 객관성의 개념 못지않게 관계가 복잡하고 독립적이다. 병치와 대체는 단순한 대비의 관계에서 서로 상반될 수 없고 떼어놓을 수 없이 묶여 있다. 대체는 개별자들의 다양성이 발생하도록 허용한다. 병치의 방법은 다양한 개별자들이 서로 연결되도록 허용한다. 사물을 가까이 가져오면서, 병치는 대체에서 발생한 다양성을 서로 별개이지만 그럼에도 불구하고 많지는 않더라도 상당히 구체적인 면에서 서로 연결된 다양한 개별자들로 파악할 수 있게 한다. 그러므로 병치가 일원화에 필수이듯 다양성은 병치의 방법에 필수적이고 그래서 풀레는 자신이 대체와 병치를 통해 달성한 개별자들의 일원화가 "단순화에 의해 성취되지 않으며, 반대로, 서로 대립되는 객체들이 제공한 측면들의 다양성에 의해 달성된다고" 쓸 수 있었다. "마치 무한한 다양성을 의식해야만 누군가 그들의 진정한 본성을 이해할 수 있음을 보여주는 것 같다."[20] 풀레는 그런 다양성을 일차적으로 그가 공간적 차원에서 다루는 하나의 구조 안에서 생겨나는 것으로 다루는 경향이 있지만(비록 문제의 공간이 어느 정도까지 장소의 형식과 동일하지 않은지는 여전히 분명치 않지만), 풀레가 공간을 필연적으로 대체와 움직임과 상관된 것으로 볼 뿐만 아니라 시간성과 함께 물리적 확장보다 훨씬 더 많은 것을 수반하는 하나의 풍부한 구조로 인식하기도 한다는 것은 분명한 사실이다. "프루스트적 공간"에 대한 풀레의 설명은 거의 손에 닿을 수 있으며 봉인된 것으로서 중첩되고 교차하는 시각과 지역들이 빼곡히 밀집된 하나의 구조, 다양성의 공간, 행동과 움직임의 공간으로서의 공간에 대한 설명이다.

풀레가 움직임과 활동의 관계에서 공간을 강조하는 것 자체가 여기서 쟁점이 되는 공간의 개념이 객관적이거나 물리적인 공간의 개념으로만 축소될 수 없음을 시사하기에 충분하다. 그렇게 제한적인 개념은 능동적 주관성의 개념과 연결되어 등장하는 것으로서 공간성의 복잡한 구조에는 적합하지 않다. 이는 현상학자 스트라우스 역시 강조했지만 풀레의 설명이나 나 자신의 설명과는 방식이 다소 달랐던 논점이다. 스트라우스는 공간의 질서가 피조물의 움직임 가능성과 관련해 확립되는 점을 강조한다. 그는 이렇게 말한다. "벽으로 둘러싸인 한 방의 공간은 내부 공간이 된다. 오직 그 자체의 전체성이 세계의 전체성과 연결되고 그 활동의 가능성의 한계와 조우하는 존재에게만 방의 경계는 인간을 그의 세계의 전체성으로부터 분리시키는 경계이다. 그에게 그런 경계 너머로 걸어갈 수 있는 가능성이 있기 때문에 그 벽과 문은 한계가 된다." 그에게는 한 사람의 개인으로서 자신을 세계의 총체성과 연결하는 힘이 있기 때문에 이 한계 자체는 널리 분포하며 다면적인 것이 분명하다. 그 경계들은 연결되어 있는 사람의 행동 체계와 상관된다.[21] 그런 고려를 바탕으로 스트라우스는 "내부와 외부의 관계가 공간적 현상이 아니라 행동의 범위에 관한 현상"이라고 주장한다.[22] 이런 주장은 스트라우스가 "내부와 외부는 객관적이고 일반적인 공간적 관계들로 여겨진다"[23]는 시각에 맞서 개진한 좀 더 큰 주장의 일부이다.

그와 결부된 것으로서 스트라우스가 특별한 주의를 기울이는 "경계"의 개념은 물론이고 "내부와 외부"의 관계—양자 모두 "봉쇄"의 일반적 개념을 함축하는 것으로 여겨질 수 있다—는 장소에 대한 탐색에서 특히 중요하다. 장소의 개념은 근본적으로 경계가 있지만 개방된 한 지역이라는 개념으로서 그 안에는 일단의 상관된 요소들이 놓일 수 있다. 반드시 "봉쇄"의 형식을 수반하는 것으로서 장소의 개념—경계 안의 봉쇄—은 4장에서 장소의 "영소하는" 특성에 관한 논의에서 이미 주목되었던 것이다. 거기서 나는 그런 "영소"가 순전히 물리적 견지에서 충분히 이해될 수 없다는 점을 언급했다. 우리는 추상적으로 인식된 공간의 영역을 함께 구성하는 위치들에 속하는 하나의 위치를 갖는 것으로서 공간의 한 지점을 이해할 수 있다. 그럼에도 불구하고 봉쇄의 개념은 그런 최소의 의미로서 내포를 완전히 넘어선다. 봉쇄에는 분화된 형태의 공간성의 구축이 수반된다. 그리고 "안"과 "밖" "내부"와 "외부"의 용어들로 표현될 수 있는 그와 결부된 방향성의 확립을 수반한다. 그것은 하나의 확장된 균질적 영역으로서 이해되는 공간에는 부합할 수 없는 것이다. 그런 방향성, 그와 함께 장소와 공간에 대한 우리 자신의 파악에서 "안"과 "밖"의 개념들이 담당하는 중요한 역할은 2장에서 논의된 공간의 경험의 필연적인 시각적 성격과 직결된다.

"프루스트적 공간"에 대한 풀레의 설명에서는 물론이고 프루스트에서 명확히 나타나는 장소의 개념은 봉쇄의 개념과 경계성의 개념을 모두 함축한다. 마르셀의 콩브레는 나름의 경계를 지녔고 경계 안에 집과 정자, 공원과 정원, 광장과 거리가 모습을 드러낸다. ……그리고 심지어 콩브레 자체가 모습을 드러낸다. 이런 점에서, 장소는 행동과 경험의 어떤 정적인 배경으로 인식될 수 없으며 상관된 요소들이 놓일 추상적 틀로 인식될 수도 없다. (장소가 다른 장소들과 사물들을 둘러싸고 있는 한편 다른 장소들 안에 둘러싸여 있거나 영소한 것으로 이해될 수 있는 방식을 통해) 경계가 있고 봉쇄되고 봉쇄하는 특성만으로도 장소는 복잡한 구조를 만들기에 충분하다. 주관성과 객관성, 차원성과 행동의 분화된 구조를 포괄하므로, 이는 물론 장소와 결부된 복잡성을 훨씬 뛰어넘는 복잡성이다. 장소는 언제나 열려 있어서 그 안의 다른 장소들을 드러낸다(정원이나 집이나 도시나 시골 지역인 장소 안에 서로 다른 행동, 서로 다른 사물, 서로 다른 분위기, 서로 다른 사람들을 위한 장소들이 있다). 반면 특정 장소 안에서 한 사람은 밖을 내다보며 더 큰 범위 안에 있는 자신을 발견한다(자신이 앉아 있는 방 안에서 자신이 살고 있는 집을 바라볼 수 있다).

물론, 프루스트에 관한 풀레의 논의에서 분명하게 드러났던 것처럼 공간의 파악과 장소의 파악은 행위와 결부되어 있다. 이런 점에서 장소의 구체적인 의미는 행위를 하는 능력과 행위의 객체가 되는 구체적인 능력과 묶여 있다(환경으로부터 영향을 받는 한 사람의 능력은 행위에서도 공간과 장소의 파악에서도 중요한 요소이다). 이에 따른 결과 가운데 하나로, 행위를 하거나 반응하는 우리의 능력이 하나의 장소를 적게 포용할수록, 우리의 장소 파악은 더 추상적이다. 이런 점에서, 예를 들어, 방에서 아파트로, 건물로, 거주지로, 도시로, 주나 도로, 국가로 …… 등등으로의 움직임의 경우 인용된 장소들, 다른 것 안에 포함되는 장소들은 모두 성격이 동일하지 않다. 일반적으로 좀 더 포괄적인 장소로의 이동은 더 큰 추상성으로의 이동이다. 아래로의 이동, 더 작은 '장소들'로의 이동도 마찬가지이다. 위로의 이동과 아래로의 이동은 모두 우리를 **장소**로부터 멀어져 점점 더 추상적 **공간**의 의미로 데려가는 움직임이라는 의미가 있다. 그렇다면 장소와 활동의 연결은 장소에 어떤 제약을 가한다. 그것은, 스트라우스가 분명하게 지적하듯이, 여러 측면에서 행위 능력의 경계, 반응을 위한 능력의 경계에 묶인 장소들의 경계 짓기에 반영되는 제약들이다.[24] 그럼에도 불구하고, 장소에 대한 이런 경계들을 고려할 때조차도 여전히 그런 장소들에 따르는 결정적인 경계 설정은 없다. 장소의 경계 설정은 단순한 공간적 구획 짓기와 관련된 것이 아니다.

장소들은 측면들의 다양성에서 나타나는데, 그 다양성은 장소들이 다른 장소들과 관련해서 스스로를 '위치'시킬 수 있는 다양한 방식들을 반영할 뿐만 아니라 어떤 구체적 장소의 경계 안에서도 가능하며 그 안에 사물의 등장을 허용하는 하나의 구조로서 장소의 개방성 자체를 반영하는 다양한 방향과 관점들의 견지에서 그렇게 한다. 장소들은 밖으로 향해 다른 장소와 위치들을 드러낼 수 있다. 또한 안으로 향해 자체의 특성이나 주관이 자신과 그 장소를 동일시할 수 있는 특성을 드러낼 수도 있다. 이 점에서, 메를로퐁티가 세계를 온전히 안에 있는 것으로서 그리고 나를 온전히 나 자신의 밖에 있는 것으로서 말할 수 있었던 이유는 바로 장소가 다양한 방향을 갖는 것으로 여길 가능성, 안이나 밖으로 영소할 수 있는 것(혹은 그 자신의 구조의 어떤 것을 드러내거나 세계 자체의 특징들을 드러내는 방식으로 '펼쳐진다'고 말할 수도 있을 것이다)으로 받아들여질 가능성이 있기 때문이다.

장소의 이런 '포개지는'(장소 안에 나타난 어떤 것을 향해 '안으로' 포개지고 다른 장소들을 향해 밖으로 포개지는) 특성은 특정 장소가 그런 장소에 의해 형성되는 바로 그 틀 안에서 스스로 나타날 수 있는 방식에서 특히 중요하다. 여기서 중요한 점은, 예를 들어, 마르셀의 콩브레가 어떻게 여러 개별자들이 나타날 수 있는 장소일 뿐만 아니라 그 자체가 어떤 의미에서 자신의 경계 안에서 나타날 수 있는 무엇인지를 보는 것이다. 그러므로 장소는 그 안에서 장소가 등장하는 것을 허용한다. 이는 두 가지 점에서 그렇다. 첫째로, 내부에서 경험이 가능한 장소가 **그 경험의** 장소로서 경험되는 방식의 견지에서이고, 둘째로, 어쩌면 좀 더 단조롭게, 장소가 **재현된** 형식—(이름, 묘사, 지도의 준거, 상징 등등을 통한) 어떤 개념화, 혹은 그런 개념화의 구체적 표현 형식으로 재현됨으로써 장소의 구체성과 특수성으로부터의 추상화로서—에서이다. 이런 식으로 재현될 수 있는 장소들은 장소들을 인식할 가능성에 결정적으로 중요하다. 물론, 좀 더 일반적으로, 이런 재현 능력은 장소에 관해서든 우리 자신에 관해서든, 다른 어느 것에 관해서든, 개념화와 언어 능력과 결부되어 있다. 즉 자아, 타자, 객체들—혹은 장소—을 그 자체로서 정교하게 파악할 가능성에 필수적이다. 그러나 재현에서 우리는 또한 그 표현의 구체성으로부터 재현된 것을 추상화한다. 우리가 흔히 장소를 추상적으로 재현하는 방식을 통해 장소를 확인하는 한—지도 위의 위치라는 차원에서,

객체들의 특정한 배열이라는 견지에서, 다른 장소와 객체에 대한 관계에서의 어떤 "위치"라는 견지에서, 이름의 견지에서 장소를 확인하는 한—우리는 너무 자주 그런 장소들을 순전히 그것들의 추상화되고 재현된 정체라는 견지에서만 다룰 뿐 그 장소들이 스스로를 보여주는 구체성에는 주목하지 않는다. 그렇게 하면서 흔히 장소를 행위나 경험의 정적인 배경으로만 볼 뿐 토대나 틀로는 보지 않게 된다.[25]

물론, 장소는 여전히 하나의 배경 이상의 것—물리적 공간 안의 어떤 "위치" 이상의 것—으로 남아 있다. 프루스트에 대한 풀레의 설명에서 명확하게 확인할 수 있는 것으로서 장소는 상관되고 상호 의존적인 구성요소들—주체와 객체, 공간과 시간, 자아와 타자—로 구성된 복잡하게 분화된 구조를 지닌다. 이런 복잡성 가운데 어떤 것은 앞의 장들에서 개진한 분석의 결과로 이미 명확해졌다. 이제 분명한 것은 장소의 구조가 포함하고 포함되며, 열렸지만 경계를 갖고, 안팎으로 포개지며, 구체적으로 경험되고 추상적으로 재현된다는 특성 때문에 더 복잡해진다는 사실이다. 장소가 지극히 복잡한 구조를 지니며 분화된 다양한 방식으로 자신을 표현할 수 있다는 사실은 장소를 파악하고 이해하는 방식이 다수일 수밖에 없다는 사실로 이어진다. 장소는 자연적인 환경의 구체적인 특성을 강조하는 데에서 볼 수 있을 것이다. 사회적이거나 문화적인 특성들에 우선권을 부여하는 데에서 혹은 순전히 경험된 것으로서의 장소를 강조하는 데에서 볼 수 있을 것이다. 장소에 관한 많은 글들이 이런저런 표현 양식을 통해서만 장소를, 구체적인 장소를 다룬다. 그럼에도 불구하고 장소의 구조를 파악하는 서로 다른 방식들이 근거로 삼는 것은 장소의 복잡성이다. 그래서 그 복잡성을 철저히 논술하거나 전적으로 무시하는 식으로 장소를 파악하는 단일한 경로는 없다. 결국,

장소를 하나의 주관적 구조—'감정적 회상' 혹은 개인적 감정—로 다루는 것은 장소의 구조 안에서 **하나의** 요소에 의지하며 그런 요소에 우선성을 부여하는 방식으로 장소를 이해하려고 한다. 하지만 그것은 그런 구조를 철저하게 규정하지 않으며 객관적인 것을 완전히 잊는 식으로 전개될 수도 없다. 심지어 《지나간 것들의 기억(잃어버린 시간을 찾아서)》에서 프루스트적인 탐색이 오직 마르셀의 삶에서 기억의 축적과 개인적 경험에만 관심을 갖는 순전히 객관적인 탐색으로 여겨질 수 없다. 순전히 주관적인 것 안에 남는 것은 상실과 대체의 영역에 홀로 남는 것이 될 것이다. '잃어버린 시간'의 재획득, 삶의 재획득은 주관적인 것을 초월하고 구체적 장소, 사람, 객체, 행동, 사건을 포괄하는 사물의 실체에 대한 의식을 다시 얻는 것이다.

이런 면에서, 장소의 복잡성을 인정하는 것은 우리의 관심을 일원성으로, 장소 역시 그 안에 존재하는 일원성으로 이끄는 것이다. 장소의 복잡성은 요소들의 분산을 수반하지 않고 오히려 요소들의 다양성과 분화가 유지되고 부각될 수 있는 방식으로 해당 요소들이 '한데 모이는 것'—그들의 상관성과 일원화—을 가능하게 한다. 장소의 분화되고 복잡한 일원성은 세계의 복잡한 일원성 자체를 반영한다. 구체적 객체와 사건들과 관련해서 피조물의 능동적 개입을 통해 초점이 주어지고, 기억, 신념, 사유와 경험의 가능성에 도움이 되는 복잡한 일원성을 반영한다. 오직 장소 안에서만 주관성에 필요한 일원성이 확립된다. 프루스트는 주관성은 반드시 장소에 의지한다는 점을 특별히 강조한다. 그의 작품에서 자아의 탐구와 재건은 장소의 탐구와 재건이며 개인들은 언제나 거주하는 장소 안에서 그리고 장소를 통해서만 만나게 된다. 일반적으로 주관성과 구체적으로 개인의 본성과 정체성은 장소와의 관계에서만 이해되며 주체가 놓인 구체적 장소와의 관계에서만 이해되는 것이라는 점은 앞서 줄곧 논의되었으며, 물론 이 책의 출발점이 된 생각이기도 하다. 다음 장에서는 그런 관계를 좀 더 상세히 설명하고 장소 자체의 복잡한 일원성을 조명하기 위해 장소와 주관성의 관계에 좀 더 초점을 맞출 것이다.

장소, 과거 그리고 개인

내가 지금 이곳에서 희롱하는 것은 진정 내 삶이다. 따뜻한 돌들의 풍미가 있고 바다의 탄식과 귀뚜라미의 울음소리로 가득한 내 삶이다.
-알베르 카뮈, 〈티파사에서의 결혼식(Nuptials at Tipasa)〉[1]

3장과 4장에서 보았던 것처럼 주관성은 그런 요소들의 일원성이 독립적으로 확립된 바탕의 토대로서 이해되어야 하는 것이 아니라, 요소들의 상호작용의 견지에서 구성되고 행위의 개념과의 관계에서 구체적으로 조직된 것으로 이해되어야 한다. 물론 이에 따른 결과의 하나(5장과 6장에서 이미 어느 정도 탐색되었던 결과)는 주관성이 세계의 객체들과 사건들은 물론이고 다른 주관들을 포괄하는 좀 더 큰 구조와 무관하게 파악될 수 없다는 것이다. 주관성은 장소의 밀집된 구조 안에 놓인다고 말할 수 있을 것이다. 그리고 주관성이 그런 구조 안에서 발견되는 한, 주관성은 필연적으로 그런 구조 안에 있는 다른 요소들에 의지하고 구조 전체에 의지한다. 이 지점까지 내 논의의 많은 부분은 그 안에서 주체―사유와 경험의 가능성―가 형성되는 좀 더 일반적인 구조의 지형도를 그리는 것과 관련이 있다. 주관성과 장소의 더 구체적인 관계는 (4장의 주제이기는 했지만) 지금까지 충분히 검토된 적이 없었던 것으로서 그 관계에 따라 주체의 정신적 삶의 내용 자체와 주체 자신의 자아 정체성과 자아 개념의 특성 모두 주체가 자신을 발견하는 장소와 결부되어 있다. 이제 그것을 중심 주제로 삼을 때가 되었다.

장소에 대한 주체의 의존은 이미 프루스트의《지나간 것들의 기억(잃어버린 시간을 찾아서)》에서 중요한 요소로서 다루었다. 이런 의존성—사람은 단지 사람만이 아니라 사람**과** 장소를, 그리고 하나의 단일한 이미지의 부분으로서, 하나의 단일한 회상의 일부로서 둘 모두를 떠올린다—은 **기억** 속에서 사람과 장소의 구속과 관련해 프루스트에게서 가장 분명하게 드러난다. 풀레는 다음과 같이 적고 있다. "존재는 스스로를 발견하는 장소로 자신들을 둘러싼다. 위장인 동시에 특성의 규정인 겉치장으로 자신을 포장하는 방식이다. 장소가 없다면 존재들은 그저 추상일 것이다. 존재들의 이미지를 정확히 하고 그들에게 필요한 지원을 주는 것은 바로 장소들이다. 그 지원 덕분에 우리는 우리의 정신적 공간 안에서 존재들에게 하나의 장소를 부여하고 그들을 꿈꾸고 그들을 기억할 수 있다."[2] 그리고 기억 속에서 사람과 장소의 이런 구속은 내가 4장에서 언급했던 기억과 장소의 좀 더 일반적인 상관관계를 반영할 것이다. 기억, 개인적이거나 자전적인 구성요소들을 갖는 기억은 전형적으로 구체적인 공간과 장소에 맞춰진다.[3] 그리고 기억 속에서 사람이 장소에 이렇게 묶이는 것은 내가 4장에서 주목했던 기억과 장소의 좀 더 일반적인 상관관계를 반영할 수 있다. 우리가 구체적인 장소와 환경과의 관계에서 특정 상황을 함축하는 특징적인 자세나 분위기 속에서 사람들을 기억한다는 사실은 이런 좀 더 일반적인 현상의 한 예이다.

기억이 장소에 구속되는 것은, 그래서 기억이 특정 장소에 구속되는 것은, 주관성 자체가 필연적으로 장소 안에 놓이고, 공간화되고 체현된 활동 안에 놓이는 방식의 기능으로 볼 수 있다. 그러므로 '그들이 자신들을 발견하는 장소들로 자신들을 둘러싸고 있는' 사람들은 기억의 특성**과** 주관성의 특성을 모두 나타낸다. 그들의 자기규정과 타인들이 파악한 그들의 정체성의 견지에서 주체들의 정체성 자체가 그들 자신을 발견하고 타인들이 그들을 발견하는 구체적 장소들과 분리할 수 없이 연결되어 있는 한편, 좀 더 일반적인 의미에서, 주관성 자체가 가능한 것은 오직 그런 장소의 포괄적인 구조 안에서다. 사실 프루스트는 너무나 자주 사람들이 아주 기본적인 방식—오직 장소와의 관계에서 **기억된** 것뿐 아니라 구체적인 장소에 거주하고 구체적인 장소 안에서 그들의 상황을 통해 **그들이 누구이고 무엇이 되는 것**으로서—으로 장소에 묶여 있다고 생각하기라도 한 것처럼, 내가 이 책의 서문에서 "프루스트의 원칙"이라고 이름 붙인 방식으로 쓰고 있다. 그 원칙은 《지나간 것들의 기억(잃어버린 시간을 찾아서)》에서 프루스트가 추구하는 것의 본질이 시사하는 원칙이다. 마르셀의 정체성이 필연적으로 그가 살아간 장소와 공간들에 묶여 있어서 자아의 회복은 장소의 회복—그의 삶이 하나의 전체로서 파악될 수 있는 포괄적인 '장소'의 복원은 물론이고 구체적인 장소들의 복원 모두—이라는 형식을 취할 수 있다.

물론, 장소에 대한 자아 정체성의 이런 의존성은 주관성은 물론이고 다른 주체들과 다수의 객체들의 세계에 놓인 하나의 구조로서 주관성의 일반적 규정으로부터, 그리고 주체의 정신적 삶이 주변 환경에 대한 주체의 능동적 개입에 의존하고 특정 장소 안에서 그 상황에 의존하는 좀 더 특정한 방식으로부터 도출된다. 특정 장소에 대한 자아 정체성 특유의 의존성은 자아의 개념화와 장소의 개념화가 동일한 구조 안에서 상호 의존적인 요소가 되는 방식에서 비롯된 뚜렷한 결과이다. 그렇게 해서 우리의 정체성은 장소의 포괄적 구조 안에서 주관성과 정신적 삶의 구조화를 통해 특정 장소나 위치에 묶여 있다. 특정 장소가 우리의 자기 개념화와 자기 정체성 안으로 들어오게 되는 것은 우리가 위치해서 객체와 다른 사람들, 혹은 무엇보다 우리 자신과 조우할 수 있는 장소의 파악에서, 그리고 그런 장소의 파악을 통해서만이다. 이런 면에서, 자아 정체성과 자아 개념이 장소 안의 위치에 달려 있다고 주장하면서, 나는 우리가 살았거나 강한 기억이나 애착을 가진 특정 장소들을 언급함으로써 규정되는 우리 자신을 생각하는 데서 비롯된 결과에 대해 어떤 단순한 심리학적 주장도 역설하고 있지 않다는 사실을 인정하는 것이 중요하다(그런 심리학적 주장은 여기서 쟁점이 되는 좀 더 기본적인 주장의 결과로 여겨질 수 있다). 대신에, 내가 주장하는 바는 오직 우리가 장소 안에서 능동적인 개입의 콘텍스트에서만 생각하고 기억하고 경험하는 종류의 피조물들이라는 사실이다. 우리 자신에 대한 개념과 자아 정체성, 장소와 위치에 내용을 부여할 때, 장소와 로컬리티가 결정적 역할을 할 것이다. 우리의 정체성은 뗄 수 없이 그리고 근본적으로 장소와 결부되어 있다고 말할 수 있을 것이다.

장소에 대한 우리의 관계가 까다롭고 불가피한 것이라는 사실에 크게 주의를 기울일 필요는 없다. 결국, 우스꽝스럽게 들릴 수도 있지만 우리가 살고 있는 장소들은 언제나 우리와 함께 있으며 이례적인 상황—예를 들어, 우리의 상황이 급변하거나 우리가 일정한 분위기와 정신의 틀 안에서 자신을 발견할 때—에서만 우리의 주의를 끈다. 더욱이, 가장 기본적인 여러 점들에서 장소에 대한 우리의 의존성은 언제나 묵시적이고 상당히 어렵게 설명될 수 있는 것으로 남아 있다. 그럼에도 불구하고 장소와 현장(locale)에 대한 고려가 그런 사유에서 특히 중요한 역할을 하는데 이는 우리 자신에 대한 사유에서 특징적인 점이다. 우리의 주관성이 장소와 뗄 수 없이 연결되어 있는 한, 우리의 자아 정체성과 자아 개념(그리고 타인들에 대한 우리의 이해)은 장소와 관련해서, 그리고 장소에 대한 우리의 능동적 개입과 관련해서만 성취할 수 있는 것이다. 이는 우리가 그런 사실을 분명하게 인식하는지 여부와 관계가 없다. 그러나 이런 식으로 성취되는 자아 정체성은 순전히 정적인 공간 안의 단순한 위치에 묶여 있지 않다. 이는 앞선 장들의 논의에서 이미 분명해졌어야 하는 것이다. 그리고 '능동적 개입'과 관련해서 성취할 수 있는 자아 정체성의 강조에도 함축되어 있다. 분명히, 프루스트의 경우에 사람이 장소에 묶여 있는 것은 호박에 갇힌 곤충들처럼 불변의 공간이나 위치에 붙들려 있는 주체의 문제가 아니다. 우리가 만약 세기 전환기 프랑스라는 프루스트의 세계에서 걸어 나와 좀 더 현대적인 배경 속으로 들어온다면 흔히 하나의 장소를 추구한다는 견지에서 제시된 자아 정체성의 의미를 추구하는 것이 필연적으로 공간적이고 시간적인 것의 추구임을 발견하게 된다. 프루스트 안에서 장소의 복원을 통해 시간이 복원되었던 것처럼, 프루스트 밖에서도 장소를 추구하는 것은 시간을 추구하는 것이다.

이 점을 구체적으로 보여주는 좋은 예는, 서부 오스트레일리아에 있는 나 자신의 구체적 위치와 관계 있는 좋은 예로서 샐리 모건(Sally Morgan)의 《나의 장소(My Place)》에서 찾아볼 수 있을 것이다. 최근 서부 오스트레일리아 문학에서 가장 영향력 있고 인기 있는 작품 가운데 하나인 이 책은 자신과 가족의 역사를 밝히려는 그녀의 노력에 관한 자전적 설명이다. 그 이야기는 과거에 관한 모건의 관계만큼이나 어머니와 할머니와 그녀의 관계를 많이 술회하는 지극히 개인적인 이야기인 한편, 모건의 직계 가족을 넘어서는 의미를 지닌 이야기이기도 하다. 그 책은 유럽의 지배 이후 오스트레일리아 애보리진의 역사에 중요한 공헌을 했기 때문이다. 그 책의 절정은 모건이 어머니와 함께 외가의 고향인 서부 오스트레일리아 북서부의 한 지역을 방문했을 때의 이야기다. 모건은 다음과 같이 적고 있다.

> 엄마와 나는 오래된 담벼락에 앉아서 멀리 있는 지평선을 바라보았다. 우리 둘 다 그것이 옛 사람들에게는 과연 어땠을지 상상해보려고 애썼다. 부드럽고 푸른 언덕들이 역을 완전히 둘러싸고 있었다. 우리에게 그 언덕들은 신비로운 마법처럼 보였다. 날이 저물 때 바로 지금 우리처럼 나란히 앉아 지평선을 바라보고 있는 낸과 아서, 로지와 릴리와 앨버트를, 꿈꾸고 생각하는 그들을 쉽게 상상할 수 있었다. "아름다운 곳이구나." 엄마가 탄복했다. 나도 고개를 끄덕이며 동조했다. "왜 할머니는 우리에게 이곳이 흉측한 곳이라고 했을까? 할머니는 내가 이곳에 오기를 원치 않았어. 할머니는 그저 애보리진이고 싶지 않았던 거야." 우리 둘 다 조용히 앉아 있었다. ……어머니와 나는 우리가 도리스의 집을 떠나던 때를 생생히 떠올렸다. ……우리는 모두에게 입을 맞추며 작별인사를 한 후 널러긴으로 향했다. 엄마와 나 모두 눈물을 글썽였다. 아무 말도 없었지만 엄마 역시 나와 같이 느끼고 있음을 알았다. 갑자기 고향에 왔던 것처럼 이제 우리는 떠날 채비를 하고 있다. 그러나 이제 우리에게는 장소에 대한 어떤 느낌이 있다.[4]

이 단락은 여러 가지 흥미로운 특징들을 제시한다. 좀 더 분명한 주장

가운데 하나는 프루스트의 작품에서처럼 (문체와 언어의 차이에도 불구하고) 사람들의 정체성과 이미지들이 그들의 삶이 결부된 특정 장소들과 긴밀히 연결되어 있는 방식과 관련이 있다. "낸, 아서, 로지, 릴리 그리고 앨버트"는 코루나의 풍경의 일부처럼 보인다. 그리고 이 점이, 곧 개인과 기명된 장소—이 경우엔 코루나—의 관계라는 견지에서 표현된다는 사실이 지명을 사용함으로써 환기되는 좀 더 복잡한 일단의 상호작용들을 모호하게 만들어서는 안 된다. 좀 더 중요한 것은, 이는 이 특정 단락의 특징일 뿐만 아니라 그 책 자체의 특징일 수 있는데, 모건이 북서부의 방문에서, 그리고 애보리진이라는 자신의 배경을 발견함으로써 얻은 것을 **고향**으로의 회귀와 장소의 **의미**의 회복이라는 용어들로 묘사하기로 선택했다는 점이다. 모건의 여행이 특정 지역으로 향해 그곳을 돌아보는 여행일 뿐만 아니라 과거와 가족의 역사를 찾는 여행일지라도 이는 마찬가지이다(장소와 시간의 이런 의미가 그런 물리적 여행을 통해 발견된다는 사실이 중요하지 않은 것은 아니다). 물론 가정과 장소의 의미를 획득하면서 모건은 자신의 **정체성**—코루나의 풍경, 그리고 그 풍경과 연결된 모든 것이 상당히 특별한 역할을 하는 정체성—을 발견한다.

정체감과 과거의 연결, 그리고 (자신의 이야기를 들려주는 《나의 장소》가 그 안에 개별적으로 포함된 것으로서 아서, 글래디, 데이지 코루나의 이야기들을 담고 있기 때문에 모건의 경우에 꽤 분명하게 드러나는) 하나의 서사 혹은 일단의 서사와 정체감의 연결은 모건의 작품과 같은 작품들에서 찾아볼 수 있는 관념 가운데 하나이다. 앞서 언급했듯이, 이는 자아 정체성이 사람과 장소의 단순한 동일시로, 혹은 장소의 이미지나 기억과 동일시로 환원될 수 있음을 의미하지 않는다. 이는 장소 안에서 주관성과 정신적 삶의 근본토대가 장소와 위치의 견지에서 이루어진 주체 자신의 자기 개념화에 반영되는 방식을 보여준다. 그럼에도 불구하고 이 점에 더해 모건의 작품은 **과거**의 의미를 지니는 것과 그에 어울리는 서사들이 **장소**의 인식, 그리고 확인 가능한 로컬리티들을 인식하는 방식을 보여준다. 주관성, 그리고 서사성과 기억의 체현되고 **공간화된** 활동과의 긴밀한 상관관계와 관련해서 이미 확인했던 것을 고려하건대, 문제가 어떻게 다를 수 있는지는 알기 어렵다.

과거의 인식이 시간적으로 정돈된 경험의 시퀀스를 파악하는 문제만은 아니다. 경험의 정리—정신적인 것 자체의 정리—는 경험적인 것과 공간적인 것의 시퀀스이다. 그것은 하나의 구체적인 시공간적 틀, 상호주관적 틀 안에서 특정 객체의 위치와 관련해, 그리고 객체들의 일상적 관계와 구조와 관련해서 행위자(작인)의 능동적 개입을 통해 확립되는 질서이다. 과거의 인식은 언제나 구체적 공간 안에서 특정 장소와 관련해 상호작용할 때 특정 개인과 특정 객체들의 관계에서만 명확해질 수 있는 복잡한 "역사" 안에 현재와 과거의 조건들이 놓이는 방식을 인식하는 것이다.[5] 한 사람이 자신의 과거를 인식한다는 것은 특정 공간 안에서 한 사람의 체현된 활동의 "이야기"와의 관계 속에서, 그리고 특정 객체와 사람들에 관해서 한 사람이 자신의 현재를 파악하는 것이다. 과거는 장소로부터—구체적인 시공간적 지역들 안에서 상호작용하는 객체와 사람들로부터—떨어져서 평가될 수 없다. 이는 개인적 전기의 일환으로서 설명될 수 있는 과거와 공동체의 서사와 역사(물론 어느 것도 타자로부터 독립적이지 않다)를 통해 명확해지는 과거에 대해서도 마찬가지이다.

과거는 장소 안의 위치와 무관하게 파악될 수 없다. 과거, 현재, 미래를 파악할 수 있는 피조물은 오직 장소 안에만 있을 수 있고, 과거를 파악하는 데 의지할 수 있는 사물의 시공간적 질서는 오직 장소의 범위 안에만 있을 수 있다. 장소에 대한 과거의 의존성은 상당히 구체적인 방식으로 프루스트에 대한 풀레의 논의에서 이미 발견한 바 있다. 다시 말해 과거와 시간이 주변 환경의 특징들 속에서 체현되고 공간화된 형식을 취하는 것으로 여겨질 수 있는 방식의 논의에서 이미 그런 의존성을 만난 바 있다. 콩브레의 교회와 마찬가지로 게르망테는 기억으로 가득하다. 그래서 "시간은 거기서 공간의 형태를 취한다."[6] 마찬가지로, 그저 개인적인 것이 아니라 집단적인 것을 가리키는 것으로 여겨질 수 있는 수준에서 그렇기는 하지만, 윌리엄 포크너는 〈감옥〉에서 하나의 건물이 도시의 축적된 역사와 경험을 담아내는 방식에 관해 적고 있다.

> 그래서 무엇보다도 더 오래된 그 건물은 모든 것, 변용과 변화를 보았고 그런 의미에서 그것들을 기록했다. ……눈에 띄지 않게 꼭꼭 채워진 채로 해마다 회반죽과 크레오소트로 덧칠한 유치장과 감방의 내벽 아래에, 또 보이지 않는 외벽에도, 처음엔 단순히 진흙으로 틈새를 메운 통나무 벽이었고 그다음에는 대칭적인 벽돌로 쌓아올려 만든 외벽의 보이지 않는 곳에도, 휘갈겨 써서 읽기도 어렵고 상상력 없이 반복되는 서툰 시구와, 원근법도 무시하고 거의 선사시대를 방불케 하는 성에 관한 상형문자들과 이미지들에도, 그 도시에 관해서만이 아니라 그곳의 하루하루와 한 해 한 해에 대한 파노라마가 적혀 있다.[7]

프루스트의 경우처럼 포크너의 경우에도 현재 우리 주변의 객체들 속에서—공간화되고 물질화되고 기억된 형태로—시간적인 것이 발견된다.[8] 그리고 내가 앞서 주목했듯이 풀레는 때로 이를 시간이 공간으로 변한 것으로 보지만, 이런 시간과 공간의 "객관화"는 가장 일반적인 수준에서 시간성과 공간성 모두 언제나 장소의 단일한 차원에서 함께 주어지는 방식을 나타내는 것으로 보는 편이 낫다. 장소에서, 그리고 오직 장소에서만 우리는 과거와 미래, 근접성과 원격성, 시간성과 공간성의 가능성과 조우할 수 있다. 오직 장소의 복잡한 일원성 안에서만 그런 조우가 가능하다.

과거의 의미가 장소의 의미와 묶여 있는 것처럼, 기억 역시 그렇다. 특히 개인적이고 자전적인 기억은, 마찬가지로, 장소와 위치에 묶여 있다. 더욱이, 기억이 중요한 측면에서 서사성과 묶여 있기 때문에, 기억과 장소의 연결은, 내가 앞서도 지적했던 것처럼, 장소와 서사의 평행적인 관계를 나타낸다. 기억의 통합은, 앞서 보았듯이, 주관성의 전제조건인 정신적 삶의 통합에서, 그리고 자아 정체성을 위한 핵심 요소이며, 기억의 일원화, 특히 개인적이고 자전적인 기억의 통합은 다양한 서사 구조들 속에 기억을 위치시키는 능력에 달려 있다. 물론, 그런 서사를 구성하는 능력 자체가 기억하는 능력에 의존하는 한 일정한 상호 의존성이 존재하며, 한 사람의 기억의 범위가 넓을수록 서사가 한 사람의 삶에 통합될 가능성은 더 풍부하고 복잡하다. 이것이 기억과 서술 사이에서 의문스러운 순환성을 얻게 될 것을 함축하지는 않는다. 오히려 여기서 쟁점이 되는 수많은 개념들과 함께 기억과 서사는 단일한 구조 안에 있는 상호 의존적인 요소들로 여겨져야 한다. 그러므로 자아 정체성의 의식은 기억과 서술 능력에 묶여 있다(그리고 어떤 면에서 자아 정체성이 그 자체가 되게 하는 것은 바로 자아 정체성의 의미이다). 기억과 서사와 자아 정체성의 의미 사이의 관계를 고려할 때, 또 이미 주목했던 기억과 서사와 장소의 관계를 고려할 때, 자아의 인식이 왜 장소의 인식과 긴밀히 연결되는지, 그리고 시간의 인식과 과거의 인식이 마찬가지로 긴밀히 묶여 있는지 쉽게 알 수 있다. 설사 계획 능력과 한 사람의 지속적인 기획이 부분적으로 자아 정체성을 결정한다고 보더라도, 그런 계획과 기획들은 여전히 하나의 특징에, 그리고 과거를 포용하는 서사에 뿌리를 두고 있다.

자아 정체성에 대해 기억이 갖는 중요성, 그리고 기억과 장소의 관계는 《지나간 것들의 기억(잃어버린 시간을 찾아서)》에 나타나는 한 가지 특징을 예시한다. 뿐만 아니라 많은 일상적 경험, 말하자면 자아 성찰이 너무도 자주 과거의 장소와 사물들에 대한 성찰과 기억의 형태를 취하는(그리고 너무도 자주 노스탤지어의 형태에 가까운) 방식을 보여준다. 이와 결합되어, 과거의 장소와 사물들을 경험하는 것이 너무도 자주 강력한 자기 성찰을 위한 기회가 되는 방식을 보여준다. 이는 어쩌면 어린 시절 기억의 경우에, 그리고 어린 시절 장소들과의 관계에서 특히 뚜렷하다(단순히 어린 시절의 기억과 장소의 경우만이 아니라 우리 삶의 형성기에 비롯된 기억과 장소들의 경우에도 마찬가지이다). 나이가 들면 그런 기억이 우리에게 더 중요해지는 경우가 많다. 성장기나 유년 시절의 장소들과 전형적으로 결부된 강력한 감정들(좋은 감정이든 싫은 감정이든)은 그런 장소들이 우리 자신에 관한 서사와 자아 정체감의 확립에서 토대 역할을 한다고 볼 수 있다. 아마도 그런 과거의 장소들이 자주 이상화된 형식을 취하는 것은 놀라운 일이 아니다. 어린 시절 기억과 과거의 장소들의 목가적 특성(현재의 황폐함과는 대조적으로)에 관한 생각은 레이먼드 윌리엄스가 주목했던 것이다.[9] 그리고 뉴질랜드 문학에서 브루스 메이슨(Bruce Mason)의 《황금빛 초원의 끝(The End of the Golden Weather)》은 어린 시절과 장소, 그리고 과거와 장소의 내밀한 관계에 관한 탁월한 예를 제공한다. 메이슨은 자신의 독자들에게 "과거로의 항해에, 우리가 어린 시절이라 부르는 영토로의 여행에 합류하도록" 청했다. 만약 의향이 있다면 테파렝가(Te Parenga)를 생각해보라. 길이가 1킬로미터를 넘고 낮은 곳의 수심이 9킬로미터를 넘는 해변이다. ……이것이 테파렝가이다. 나의 유산이며 나의 세계이다."[10] 여기서 메이슨이 로컬리티와 움직임에 관한 이미지들을 활용한 것은 그가 과거, 고향, 유산의 인식과 장소의 인식 사이에 환기하는 관계로서 주목할 만하다.

자아 정체성과 여기서 쟁점이 되는 장소 파악의 이런 관계는, 나이가 들수록, 그리고 우리가 자전적 기억에 접근하는 일이 잦아질수록 우리 삶의 더 넓은 서사를 구성하는 능력으로 여겨질 수 있다(자아 정체성의 인식과 자아의 서술 능력이 결부된 하나의 현상이다). 그래서 과거와 연결된 과거의 장소와 사물 역시 더 중요해진다. 진부하기까지 한 기억과 노화의 이런 특징은 자전적 기억에 대한 심리학적 연구에서 인정되는 것이다. 그러므로 클레어 쿠퍼 마커스(Clare Cooper Marcus)는 다음과 같이 말한다. "청소년들에게는 스테레오와 운동기구(자기중심적이고 현재적인 경험)가 가장 소중할 테지만 그들의 조부모에게는 가족사진이나 가구 같은 의미 있는 물품들(과거의 친밀한 관계와 가족의 연결망을 일깨우는 것들)이 소중할 것이다. 마커스는 이를 근거로 "노인들이 다른 비개인적 거처나 양로원에 자신의 가구를 가져오도록 허용하는 것은 개인적 연속성을 확립하는 데 매우 중요하다고 주장한다. 그들에게서 그런 객체를 박탈하는 것은 자아 자체를 분리시키는 것이다"[11]라고 말한다.

일단 우리가 주관성이 체현되고 능동적인 공간성 및 특정 장소들과 묶이는 방식을 이해하면, 장소와 소유물로부터 격리되는 것이 어떻게 자아의 부분들로부터 격리되는 것일 수 있는지 이해할 수 있다. 그리고 이런 관찰의 가장 흥미로운 측면 가운데 하나는 특정 객체를, 중요한 상호 주관적 연결을 수반하는 것으로서 강조하는 것이다. 사실, 자아 정체성의 인식은 타자들의 정체성에 대한 인식의 발전이라는 견지에서 윤곽을 그려볼 수 있다. 확실히, 이는 자아 개념과 타자 개념의 발전이 필연적으로 함께 묶이는 방식에 대한 내 설명과 완전히 일치한다. 자아와 타자의 구체적 정체감의 발전에서 그런 병행의 범위와 관계없이, 여전히 분명한 것은 자아와 타자 모두와 우리 자신의 대면이다. 우리 자신이 자아와 타자의 정체성을 파악하는 일은 언제나 특정 장소들과의 관계 속에, 그리고 특정 객체와 환경들과의 관계 속에 놓이고 그 속에서 명확해진다. 기억과 정체성이 공간성, 체현, 세속적 위치와 묶인다는 일반적인 명제는 경험심리학의 여러 연구들을 포함한 다른 자료들에서는 물론이고 광범위한 문학작품과 시를 통해 친숙해진 명제이다.[12]

주관성은, 문화와 사회에서 발견되는 상호 주관성은 물론이고 자아-주관성 모두 체현되고 공간화된 활동의 견지에서 그런 활동과 근본적으로 연결되고, 그래서 장소의 구조 안에서, 그리고 구조를 통해 연결되는 개인적인 문화적 서사의 견지에서 작용할 수밖에 없다. 그럼에도 불구하고 장소 자체가 서사적으로 구조화된 인간 주체들의 개인적이고 집단적인 활동을 통해 객관적이고 물리적인 환경 안에서 효력을 갖게 되고 명확해진다. 이는 《지나간 것들의 기억(잃어버린 시간을 찾아서)》의 중요한 주제이다. 프루스트는 개인을 장소와 묶인 것으로 보는데 그에게는 장소 자체가 개인의 속성들을 취한다. 그는 "장소에는 개인적인 어떤 것이 존재한다(il y a quelque chose d'individuel dans les lieux)"[13]고 말한다. 어쩌면 워즈워스를 사로잡았던 호수 지대의 풍경에 관해 헤니가 말했던 것처럼 프루스트가 주의를 기울였던 장소들에 관해 그것들은 "인간화되었을 뿐만 아니라 인간화하는 것"이라고 말할 수 있을지 모른다. "인간화되고", "개인화된" 장소의 특성은 그 자체를 첫째로 그 자체(어떤 이름이 주어지는 것에서 표현되는 어떤 것)의 특정한 정체성과 구체성을 지닌 일원적인 구조로, 둘째로 장소와 사람 사이의 일방적 의존성이 아니라 어떤 상호 의존성의 획득을 나타내는 것으로 여길 수 있다.

하나의 장소가 단순히 공간의 한 지역으로 환원될 수 없는 한, 특정 장소의 정체성 역시 단순하고 명확히 규정된 일단의 매개변수들이 아니라 그런 장소에 의해 포괄되는 요소들로부터 도출되는 복잡한 요인들에 의해서 확정된다. 장소들 자체가 장소의 포괄적 구조 안에서 서로 떼어놓을 수 없이 결합된 주관적, 상호 주관적, 객관적 구조들의 복합체와의 관계에서 확립된다. 그러므로 마르셀의 콩브레(물론 반은 허구이고 반은 실제인 장소)나 워즈워스의 호수 지대인 장소들의 정체성은 자연적인 풍경, 날씨와 하늘의 양상, 공간과 자원의 인간적 질서, 그리고 장소에 스며든 개인적이고 집단적인 서사를 수반하는 복잡한 요인들의 결합이라는 견지에서 이해되어야 한다. 인간이 세계에 개입할 가능성은 오직 그런 장소 안에서 그런 장소를 통해서만 주어질 수 있는 반면, 장소의 일원성은 그 안에 사는 인간의 조직적인 활동 안에서 그런 활동에 의해 명확해진다. 내가 서문에서 지적했듯이 그런 상호 의존성이 장소를 주관적인 것으로 만들지는 못한다. 장소는 독립된 주체의 존재 안에 근거할 수 없는 구조로 남는다. 더욱이 어떤 장소의 일원성과 정체성은 객관적 환경에 능동적으로 개입하는 인간 주체와의 관계 속에서, 그리고 상호 주관적인 콘텍스트 안에서만 성취될 수 있다. 주관성에 대한 장소의 의존성, 그리고 객관성과 상호 주관성에 대한 장소의 의존성은 필연적으로 이 모든 요소들을 포괄하고 그 안에서 관련 요소들이 스스로를 형성하는 구조로서 장소의 특징에서 비롯되는 의존성(어쩌면 상호 의존성)이다.

공간과 장소의 질서가 주관성에 대해 갖는 부분적 의존성은 특히 중요한 방식으로 그런 질서에서 서사의 역할에 반영된다. 서사는 비슷한 방식으로, 자아 정체성 자체가 달성되고 확립되는 장소와 풍경들을 구조화하고 기억과 자아 정체성을 구조화하는 것으로 여겨질 수 있다.[14] 여기서 서사를 환기하는 것은 보편적 "서사 원칙"의 우선성을 시사하고자 하는 것이 아니다. 그것은 자아와 정신을 조직하는 데서 결정적인 것으로서 우리가 마주치게 되는 종류의 구조들이 세계에 대한 우리의 이해에, 행위의 가능성에서, 행위를 통해, 행위가 가능한 장소들의 가능성에서 결정적 구조가 되는 방식을 나타내고자 하는 것이다. 우리는 구체적인 공간에서 가능한 종류의 '행위의 서사들'을 파악함으로써 그런 공간을 이해한다. 우리가 하나의 장소와 풍경을 이해하는 것은 그 안에서 구획되고 장소에 구체적인 일원성을 부여하고 그 안에서 구체적인 배경, 혹은 가능성들을 확립하는 역사적이고 개인적인 서사들을 통해서이다.

어떤 수준에서, 서사 형식들을 통해 한 장소를 정리하는 것(이곳을 지배하는 단 하나의 형식은 없다) 자체가 한 문화와 사회의 물질적 예시와 결부되어 있다. 우리의 문화 같은 경우 방, 집, 사무실, 공공건물, 도로 등의 건설을 통해 공간과 환경을 형성하는 데서, 또 땅에 대해 덜 불편한 관계에 있는 문화들의 경우에는 통로와 부지들의 건설을 통해, 이런 구조들은 그 공간에 거주하는 개인들의 행위와 삶을 확립하고 제약하는 방식으로 공간을 정리하고 재정리한다. 사실, 그 구조들은 공간을 정리하고 재정리하기 때문에, 그런 공간 안에서 가능한 주관성의 형식들 역시 조정하고 재조정한다. 이는 푸코가 신체의 훈육과 공간의 구조화와 조직을 통해 행사되는 것으로서 권력을 다루는 데서 하나의 중요한 요소이다〔흔히 "파놉티콘(Panopticon)"의 이미지에 예시된 것으로 여겨지는 관념이다〕.[15] 그것은 또 전혀 다른 형식을 통해, 도구성과 이미 수중에 있는 구조에 대한 하이데거적 분석을 통해 특별히 주의를 기울이는 관념이기도 하다.[16] 앙리 르페브르(Henri Lefebvre)의 연구에서 정신적 질서와 사회적 질서와 공간적 조직의 형태들 사이의 긴밀한 관계를 보여주는 또 다른 예가 제시된다.[17] 또 다른, 전혀 다른 수준에서 땅의 정리는 활동이나 사회조직의 구체적 형태들을 물리적 환경 위에 위치시키는 문제가 아니다. 오히려 그 표면 위에, 그리고 그 경로들, 기념물과 유적들에 문화적 기억과 관념들의 저장고를 유지하고 있는 땅의 문제이다. 그러므로 사람이 거주하는 거의 모든 지역에서, 사람들 주위의 장소와 이정표들에는 거기 사는 사람들의 문화를 규정하는 이야기가 시를 '기억의 각인'으로 규정한 워즈워스의 개념을 떠올리게 하는 방식으로 '적혀 있다'는 것을 발견하게 된다.

개인적 기억과 정체성이 장소와 지역에 직결된 것처럼, 문화적 '기억'과 정체성 역시 풍경과 물리적 환경에 묶여 있다. 어쩌면 이에 관한 가장 충격적이고 잘 알려진 예는 오스트레일리아 애보리진들의 경우 풍경 자체가 "노래로 불려" 존재하게 되는 수단으로서 서사—노래들—가 풍경을 구획하는 방식이다.[18] 그러나 서사가 풍경 속에 놓이는 것이 애보리진 문화에만 고유한 것은 아니다. 아론 섬의 역사와 지형에 관한 로빈슨의 상세한 설명[19]은, 문화적 형식은 크게 다르지만, 그런 섬들에 사는 사람들의 서사와 삶이 깊이 각인된 섬의 풍경에 관한 설명을 제공한다. 섬은 들려준 이야기들과 살았던 삶들을 통해 현재와 같은 것이 된다. 모든 문화적 풍경은 근본적으로 로빈슨이 그려낸 상세한 "지형도"에 예시된 것과 유사한 방식으로 확립된다. 혹은 오스트레일리아 애보리진들의 노래와 이야기들 속에 담긴 것과 유사한 방식으로 확립된다. 물리적 환경에 새겨진 것은 개인적이고 문화적인 역사의 풍경이며 사회적인 질서와 상징체계의 풍경이다. 그리고 로빈슨이 아란의 지질학과 지리학에 관한 이야기를 통해서만 아란의 이야기를 들려줄 수 있었듯이, 문화화되고 인간화된 땅의 서사들 역시 물리적인 구조와 분리해 평가할 수 없다.

물론, 서사는 공간이나 장소가 아니라 기억과 함께 시간에 훨씬 더 구체적으로 연결된 것으로서 이해되는 경우가 훨씬 더 많다. 서사성이 시간성의 이해에 중심이 되며 서사는 시간의 '아포리아적' 성격—예를 들어, 과거, 현재 미래로 시간의 해체, '현상적' 시간과 '우주적' 시간의 양립의 어려움—을 극복할 수 있다는 생각이 폴 리쾨르의 《시간과 서사(Time and Narrative)》가 취하는 주요 주제 가운데 하나이다. 그러나 시간과 공간이 서로 연관된 **차원**의 형식들로서 함께 이해되어야 마땅한 것처럼 서사 역시 시간과 연결될 뿐만 아니라 공간과도 연결된 것으로 이해되는 것이 옳다. 서사가 하나의 공간이나 지역의 일원성을 파악하고 분명히 하는 수단을 제공하듯이, 서사 자체는 그런 공간적이고 지형적인 구조들과의 관계에서만 성취될 수 있다. 이는 이미 서문에서 간단히 언급했던 것으로서 소설의 기원이 기행문학에 있다는 관념에 내재해 있으며 앞의 몇 단락에서 전개된 논의에도 내재한 주제이다. 이는 또한 생각과 경험의 가능성에서 공간적이고 지형적인 개념들의 필수적 역할을 위해 이 책에서 펼친 주장으로부터 직접 도출된 것으로 볼 수 있다. 리쾨르가 취한 시간의 '아포리아적' 성격은 《지나간 것들의 기억(잃어버린 시간을 찾아서)》에서 프루스트 자신의 기획이 갖는 문제의 일부이며 프루스트에서 시간적인 만큼이나 공간적이기도 한 "지형적" 일원성을 확립하는 서사를 통해 해소될 수 있는 상실, 대체, 다양성이라는 유사한 문제들을 반영하는 것으로 여겨질 수 있다.[20]

문화의 견지에서든 인격의 견지에서든 자신을 인식한다는 것은 또한 장소를 인식하는 것이기도 하다. 물론, 그런 장소의 의미는 대체로 생물학적이거나 진화적인 요인들의 결과로 여겨질 수 있고 때로 그렇게 여겨지기도 한다.[21] 여기서 그리고 앞의 장들에서 고려한 점들은 내가 그런 접근법들을 근본적으로 잘못된 것으로 받아들인다는 사실을 분명하게 나타낸다. 장소의 인식은 인간의 심리학이나 생물학의 지속적 특징의 하나로서 구성되지 않고 인간에게서 예시되는 종류의 경험이나 사유를 가능하게 하는 바로 그 구조에 뿌리를 둔 것으로 설명된다(그렇다고 해서 장소에 대한 우리의 반응이 갖는 어떤 구체적인 특징들이 우연한 토대가 될 가능성을 배제하는 것은 아니다). 정체성이 장소와 결부된(그리고 사람들이 사물과 조우할 수 있고 하나의 세계가 파악될 수 있는 하나의 시공간적 영역에 결부된) 의식은, 그 안에서 정체성의 인식이 특정한 '감정적 회상'과 묶여 있을 뿐만 아니라 일반적이고 구체적으로 주관성의 성격 자체와 사유와 감정의 내용이 필연적으로 우리가 살아가고 활동하는 장소와 장소들에 의존하는 방식에서 도출될 수 있는 의식이다. 《풍경과 기억(Landscape and Memory)》의 말미에서 사이먼 샤마(Simon Schama)는 헨리 데이비드 소로의 저서 한 단락을 인용한다. "우리 자신과 동떨어진 야생을 꿈꾸는 것은 헛된 일이다. 그런 것은 존재하지 않는다. 그런 꿈을 자극하는 것은 우리의 머리와 우리 속에 있는 소택지이며 우리 안에 있는 자연의 원초적 활력이다."[22] 우리 자신과 동떨어진 야생을 꿈꾸는 것은 실로 헛된 일이다. 하지만 샤마가 다른 곳에서 말했듯이, 우리가 주변에서 발견하고 우리의 꿈과 사유와 감정들을 채울 거리를 제공하는 것은 마찬가지로 우리 안에 있는 풍경이다. 그 풍경은 크든 작든 그 안에서 우리의 활동을 통해 형성될 뿐만 아니라 우리의 성격과 정체성을 형성하는 것이다. 그러므로 우리가 자신을 발견하고 우리의 규정에 작용하는 풍경은, 우리가 먹는 음식과 우리가 숨 쉬는 공기가 그런 것처럼, 우리 자신, 우리의 정신, 우리의 행위와 우리의 자아의 일부이다.

장소의 의미를 파악하는 것은 자아의 파악이나 심지어 타자들의 상호 주관적 영역의 파악에만 중요한 것은 아니며 세계 자체를 파악하는 데도 중요하다. 내가 앞서 주장했듯이 이해나 지식의 가능성 자체가 위치되어 있음(locatedness)에, 그리고 장소에 놓여 있음(embeddedness)에 있다. 런던 택시 운전사의 '지식'은 어쩌면 언제나 그런 위치되어 있음이나 '자리 잡기'의 형태로서 지식 자체—늘 장소 안에 있으며 장소에 관한 지식으로서—에 관해 생각해야만 한다는 것을 지시할지도 모른다. 시인 존 클레어(John Clare)는 '자서전'에서 인용한 글에서 이런 지식과 로컬리티의 연결을 반향하는 방식으로 '지식'을 사용한 어린 시절의 일화에 관해 쓰고 있다.

> 나는 에몬세일스라고 불리는 거대한 평원을 자주 보았었다. 그곳엔 노란 금작화가 알 수 없는 황야까지 내 눈 앞에 펼쳐져 있었다. ……그리고 그 날 아침 나는 호기심을 이기지 못하고 그곳을 탐색할 기회를 잡았다. …… 그리고 그 야생의 꽃들이 나를 아랑곳하지 않는 듯했을 때 나는 나를 잊은 채 온종일 금작화를 따라 정신없이 돌아다니며 거닐었다. 그리고 나는 상상했다. 그 꽃들이 새로운 나라의 주민들이고 태양 역시 새로운 태양이고

> 하늘의 다른 영역에서 빛나고 있는 것만 같았다. 그럼에도 내게는 경이로움을 좇는 나의 행복이 가능하지 않으리라는 두려움이 전혀 없었다. …… 그리고 내 자신의 들판으로 돌아왔을 때 나는 모든 것이 너무도 달라 보인다는 것을 알지 못했다.[23]

다시 한 번, 누군가의 지식을 넘어선다거나 벗어난다는 생각을 강조하면서 우리는 지식을 친숙한 물리적 장소와 단단히 결부시키는 지식의 의미를 발견한다.[24] 여기에 관련된 지식의 의미에서 '안다는 것'은 단순히 어떤 것에 친숙하다는 것이 아니며 참으로 정당화된 일체의 주장들의 파악을 의미하지도 않는다. 그것은 한 사람이 특정 지역 안에 위치하는 문제이다. 그런 지역 안에서 한 사람의 방식을 발견하는 능력의 문제이고 어쩌면 무엇보다도, 적어도 클레어에게는 '집(고향)에' 살거나 집에 있는 문제이다. 이런 의미에서, 누군가의 '지식'은 그 안에서 그리고 그것을 통해 한 사람의 삶이 확립되고 규정되는 영역이다〔어쩌면 이는 장소, 자아와 정체성의 논의에서 너무나 자주 등장하는 '집(고향)'의 개념이 갖는 진정한 의미이다〕. 그런 '지식'에는 흔히 이름이 붙여질 수 있다. 클레어에게는 그 이름이 헬프스턴이다. 프루스트의 마르셀에게 그 이름은 콩브레였다고 말할 수 있을 것이다. 그런 '지식'은 구체적인 것들에 관한 좀 더 구체적인 지식을 가능하게 할 뿐만 아니라 우리의 삶 자체가 기반을 두고 있는 것이기도 하다. 그러므로 마르셀에게 그런 '지식'을 다시 얻는 것은 삶을 다시 얻는 것이다. 클레어의 경우에 지식의 상실은 그 자신의 맑은 정신과 자아를 상실한 것과 무관하지 않다.[25]

클레어의 시에는 특정 장소에 대한 클레어 자신의 깊은 감정이 있을 뿐 아니라 그 장소와 그 안에서 발견되는 장소들의 특성에 대한 강한 인식이 있다. 뿐만 아니라 장소의 취약성과 허약성에 대한 인식도 강하다. 무엇보다 울타리치기를 통해 장소의 파괴를 겪은 그 자신의 경험을 고려할 때 더욱더 그렇다.[26] 우리의 삶 자체가 우리가 자신을 발견하는 장소와 공간으로부터 뗄 수 없이 연결된 것으로 보이는 한, 그런 장소들의 취약성은 우리 자신의 삶과 정체성에서 그에 상응하는 취약성을 나타낸다. 워즈워스의 시에서 이는 특히 흥미로운 방식으로 나타난다. 워즈워스의 시적 전개를 장소의 개념, 거주와 집의 개념에 집중된 것으로 볼 수 있지만(예를 들어, 앞서 서론에 등장했던 시, 〈마이클〉에 등장하는 모든 개념들), 또한 어떤 집착, 곧 워즈워스의 글 전체를 관통하는 집착, 지상의 어떤 집도 할 수 없는 방식으로 지속될 거처, 집을 찾는다는 관념에 대한 집착을 찾아볼 수 있다. 그렇게 해서 존 케리건(John Kerrigan)은 워즈워스의 이력 전체가 "사라지지 않는 거처를 찾으려는 그의 요구에 의해 형성되었다"[27]고 적고 있으며 그는 워즈워스의 시적 전개를 셋으로 구분한다. 워즈워스가 '작은 농장과 오두막'의 거처를 살펴보는 초기 국면, '돌로 지어진 거처'의 불안과 취약성의 자각에서 생겨나고 대신에 '거처할 변치 않는 장소'로서 무덤과 묘지를 보는 중간 국면, 마침내 묘지조차 임시 거처가 되는 듯하고 시인이 진정으로 영원한 거처와 천상의 거처를 보여주는 지상의 이미지로서 예배당과 교회로 생각을 집중하는 마지막 국면.[28] 이런 점에서, 워즈워스의 '장소의 추구'는 상실과 취약성으로부터의 탈피를 추구하는 것으로 여길 수 있다. 그럼에도 불구하고 여기에는 명백한 역설이 존재한다. 만약 내가 서문에서 '프루스트의 원칙'—내가 언급했던 원칙은 워즈워스에게도 귀속시킬 수 있는데 인간의 정체성은 장소와 로컬리티로부터 분리될 수 없는 것이라는 원칙이다—으로 언급한 인간의 정체성과 장소의 불가분의 관계에 관한 원칙을 받아들인다면, 인간의 삶의 취약성과 유한성은 인간의 거주 장소나 공간에 따르는 것과 다를 바 없는 취약성과 유한성으로, 그리고 불가피한 것으로 보일 것이다.[29]

안전한 거주 장소에 대한 워즈워스 식의 열망, 곧 부식이나 황폐화에 압도되지 않는 장소에 대한 열망은 장소의 의의에 대한 예리한 인식에서 비롯되는 것으로 여겨질 수 있는 한편, 장소의 무상함과 허약성으로부터의 탈피를 추구하는 것은 장소 자체로부터 탈피를 추구하는 것이다. 프루스트에서 자명해졌듯이, 인간의 삶이 곤란해지는 장소들은 '병치'와 '대체'를 통해, 활동과 움직임을 통해 형성되는 장소들이다. 그렇다면, 인간의 거주 장소와 공간은 변하고 분해될 뿐만 아니라 그런 장소와 공간들은 그 흔적을 따라 변화와 교체를 일으키는 과정들을 통해서만 스스로를 드러낸다. 사실, 그런 장소와 공간들은 움직임과의 관계 속에서, 그리고 변화와의 관계 속에서 드러난다. 그렇다면 영원한 장소나 거처라는 개념은 인간의 거주와 사유와 경험일 수도 있는 것에 관한 전혀 다른 개념을 요구할 것이다. 변화에서 자유롭고 쇠퇴와 분해에서 자유로운 장소의 개념은 아무것도 나타나지 않는 '장소'—자아도 타자도 나타나지 않으며 세계의 것들도, 심지어 장소 자체도 나타나지 않는 장소—의 개념이다. 이런 점에서, '영원성'—끝없이 사는 삶—의 개념은 단순한 인간의 거주뿐 아니라 거주 그 자체의 개념에도 부합할 수 없는 것이다. 사유와 경험의 가능성 자체와 부합할 수 없다. 확실히, 인간 존재의 패러다임적 방식으로 세계에 관여할 수 있는 피조물이 된다는 것은 필연적으로 허약하고 유한한 존재를 갖춘 하나의 피조물이 된다는 것이기도 하다.[30]

우리가 우리의 환경과 분리할 수 없이 연결된다는 사실을 인정하는 것은 우리 자신의 유한성(finitude)과 필멸성을 인정하는 것이다. 더욱이, 우리의 필멸성이 우리가 장소에 놓일 수밖에 없는 존재라는 데 따른 결과라면 (그래서 그것이 단지 우리 죽음의 불가피성이라는 견지에서만 이해될 수 없는 것이라면) 그렇게 장소에 놓인다는 것은 우리가 경험을 하는 능력 자체에 필수 조건이라는 것 역시 맞는 말이다. 우리의 필멸성, 느끼고 사고하는 우리의 능력, 그리고 장소에 놓이는 것은 우리를 우리로 만드는 바로 그 구조의 일환으로서 한데 묶여 있다. 필멸성과 맞서지 못하는 워즈워스의 무능은 근본적으로 장소에 기반을 두는 인간 존재의 성격과 씨름하지 못하는 무능이다. 이런 점에서 그것은 자신의 삶이 기반을 두고 있는 것으로부터의 소외—장소로부터의 소외—의 형태를 표상한다. 죽음은 이례적으로 (사실, 예외없이) 그냥 일어나는 어떤 '사고'가 아니다. 우리가 누군가가 되고 어떤 사람이 된다는 것은 곧 장소에 위치하는 공간화된 그 존재가 그 행적을 따라 필연적으로 죽음을 부르는 피조물이 된다는 것이다. 말할 필요도 없을지 모르지만, 우리가 죽는 피조물이기에 우리는 죽음을 두려워할 수 있다. 그럼에도 불구하고 우리가 누구이며 어떤 사람인지를 인정한다는 것—곧 우리가 우리 자신이 살아가고 우리의 존재가 뿌리를 둔 장소와 장소들의 관계에서 우리 자신을 파악한다는 것—은 또한 우리의 필멸성이 우리에게 필수적인 것으로서, 그래서 장소가 우리에게 속하고 우리가 장소에 속한 것과 마찬가지로, 우리가 필멸성에 속한 것처럼 필멸성을 우리에게 속한 어떤 것으로서 파악한다는 의미이다. 그런 식으로 우리의 필멸성의 필수적 성격을 파악한다고 해서 반드시 죽음에 대한 두려움을 잃게 되는 것은 아니다(두려움이 그저 단순한 하나의 반응인 경우는 드물다). 그러나 그런 파악에 따라 죽음의 장소와 우리 자신의 삶의 적절한 장소를 제대로 알게 된다. 이런 면에서, 필멸성의 필수적 성격을 파악한다고 해서 죽음을 숙고하거나 죽음의 '가치를 유지하거나' 혹은 사물의 무상함이 수반되지 않는다. 그런 반응들은 정확히 죽음이나, 우리의 삶도, 심지어 그 적절한 장소도 제공하지 않는다.[31]

프루스트의 시간, 장소, 삶의 추구—《지나간 것들의 기억(잃어버린 시간을 찾아서)》의 많은 지면을 통해 수행한 추구—는 피할 수 없는 상실의 결과로 나타나는 것일 수밖에 없다. 그래서 그런 추구가 상실의 경험이 야기한 고통을 해소시킨다면, 그것은 우리가 우리 자신을 발견하는 지상의 세계 밖에 존재하는 천상의 거주 양식을 발견함으로써 이르게 되는 고통의 해소가 아니라 살았던 것으로서의 삶과 그런 삶이 형성되는 데 개입하는 장소, 사람, 광경, 소리의 촘촘히 짜인 일원성을 더 잘 이해하게 됨으로써 얻는 고통의 해소이다(사랑하는 이의 얼굴, 멀리 보이는 지평선 위 언덕의 능선, 우리가 잠을 자는 친숙한 방과 따뜻한 돌의 풍미와 귀뚜라미 소리……). 오직 그럼으로써만—체현되고 장소에 기반을 두고 경계 지어진 존재의 구체성에서—우리는 그 안에서 삶의 가치와 의의가 발견되는 것을 이해할 수 있게 된다. 그런 모든 삶이 취약성과 상실로부터 보호될 수 없는 풍요 속에 사는 것이듯이, 그런 삶은 장소의 경이로움과 취약성 모두를 경험하는 것으로 규정된다. 그러므로 장소를 잃고 되찾는 경험에 의해, 그리고 "인간화되고 인간화하는" 것으로서 장소를 경험함으로써 규정된다.

결론: 철학의 장소

우리가 데모크리토스처럼 빈 공간에서 걷기 전에 우리는 형이상학이라는 나비의 날개를 타고 그곳으로 날아갔고 거기서 영적인 존재와 대화를 나누었다. 이제, 정신을 일깨우는 자아 인식이라는 힘으로 인해 부드러운 날개들이 접히고, 우리는 경험과 상식이라는 토대 위에서 우리 자신을 다시 발견한다. 다행스럽게도, 우리가 그곳을 우리에게 할애된 장소로 본다면, 우리는 결코 그곳을 떠나 무사할 수 없고 우리가 유용하다고 주장하는 한 우리를 만족시킬 모든 것이 그곳에 담긴다.
－임마누엘 칸트, 《시령자의 꿈(Dreams of a Spirit-Seer)》[1]

앞의 아홉 개 장에서 지나온 여정은 장소의 개념과 함께, 그리고 장소 안에 놓일 수밖에 없는 경험의 성격과 함께 시작되었다. 그리고 그 여정은 바로 그 장소에 놓일 수밖에 없음에 따른 결과로서 필멸의 불가피성이라는 개념으로 끝을 맺었다. 우리의 탐험에는 일원적인 영역을 횡단하는 중첩되는 일련의 유람이 포함되었고 그 영지의 모양과 구조는 그 영역을 지나는 우리의 여행으로 차츰 모습을 드러냈다. 그러므로 앞선 논의에서 이루어진 탐험에 관해서는 비트겐슈타인이 《철학적 탐구(Philosophical Investigations)》에서 그 자신의 물음들에 관해 이야기했던 것과 같은 이야기를 할 수 있을 것이다.

이 책의 철학적 언급들은, 말하자면, 길고 그에 포함된 여러 여정에서 만들어진 풍경을 담은 여러 스케치이다. 같은 점들이 혹은 거의 같은 점들이 언제나 서로 다른 방향에서 전혀 새롭게 접근될 수 있었다. 이 가운데 많은 수가 전적으로 나약한 화가의 결함 때문에 형편없이 그려지고 특징 없이 그려진다. 그리고 그것들이 거부될 때 관용할 만한 것들이 남겨졌다. 이제 그것들은 정돈되어야 하고 때로는 축소되어야 한다. 그래서 여러분이 그것들을 본다면 풍경의 그림을 얻을 수 있을 것이다. 그러므로 이 책은 정말로 한 권의 앨범이다.[2]

그리고, 풀레가 프루스트의《지나간 것들의 기억(잃어버린 시간을 찾아서)》을 비유한 앨범과 마찬가지로, 이 책은 또한 (병치와 대체를 통해, 횡단과 삼각법을 통해 동일한 풍경의 다양한 스케치를 통해) '빈 공간'이 아니라 하나의 복합적이며 상호 연관된 영역—우리 자신의 정체성이 근거하고 다른 사람들과 세계의 다른 사물들과 조우할 수 있는 바로 그 영역—을 드러내려 시도해왔다.

그 때문에, 이 책에서 나는 장소의 개념에 주로 관심을 가졌던 만큼, 장소 자체의 개념을 탐색하고 경험의 구조를 연구하는 수단으로서 장소의 개념을 활용하려 했다. 그런 탐구와 탐색의 과정에서, 특정 '장소'나 영역 역시 지형도가 그려졌고 언어와 정신의 인식론과 철학의 논의들만이 아니라 정체성, 로컬리티와 장소의 관념들에 대한 문학적이고 심리학적인 접근도 포괄했다. 그러므로 이 책의 지형학적 성격은 장소를 하나의 이론적 개념으로, 심지어 '방법론적' 개념으로 채용한 데서, 그리고 장소가 논의의 초점으로 등장한 데서, 그리고 하나의 단일 범위 내의 서로 다른 학문적 '위치들'의 상호 연결이라는 견지에서 분명하게 드러난다. 물론, 어떤 '순환성'을 가져다주는 것으로 보일 수 있다는 바로 그 이유 때문에 내가 여기서 채용한 '지형학'의 개념 자체를 문제 삼을 수 있을 것이다. 여기서 문제가 되는 지형적 구조 안의 각 요소는 다른 요소들과의 관계에서 일원성을 찾을 것이다. 모든 요소는 다른 모든 요소에 의지한다. 7장의 프루스트에 관한 논의를 보자. 병치를 통해 달성된 일원성은 분명히 대체에 의지한다. 더욱이 대체를 통해 달성된 일원성은 병치에 의지한다. 그러나 우리가 왜 그런 명백한 '순환성'을 문제 삼아야 하는지는 분명치 않다. 예를 들어 데이비드슨이 언급한, 그리고 주관성, 상호 주관성, 객관성을 포괄하는 삼각 구조는 세 가지 요소로 구성된 하나의 단일 구조이며 각 요소는 서로 의존하지만 그로 인해 더없이 알기 쉬운 것이다. 그 구조는 정확히 서로 다른 요소들의 상호작용을 통해 형성되며 그 일원성은 그들의 구조적 상호작용을 통해 주어진다.[3]

내 자신의 논의에서 쟁점이 되는 지형적 구조(데이비드슨의 '삼각법'에서 어느 정도 예시된 구조)는 오직 그 구조의 일환으로서만 형성되는 여러 요소들의 상호작용을 통해 형성되는 구조이다. 예를 들어, 회화에서 서로 다른 요소들은 전체적인 구성의 콘텍스트에서만 구체적인 성격과 정체성을 얻는다. 물론, 그런 요소들과 하나의 전체로서의 구조는 어떤 바탕에 놓인 객체들과 과정들의 물리적 속성의 견지에서 설명될 수 있지만 순전히 물리적인 객체와 과정으로 이해된 회화도 경험도 사유도 장소도 없다. 복잡한 구조들을 더 원초적인 수준의 분석으로 환원하려는 철학적 과학적 경향이 널리 분포하지만 그런 환원은 전형적으로 설명의 초점이 된 하나의 변동을 수반한다. 그러므로 그들은 객체를 설명하는 것이 아니라 변화시킨다. 물감, 붓, 캔버스의 화학적 물리적 속성들을 익히고 숙달하는 것만으로 위대한 화가가 될 수는 없다. 오직 예술의 '어휘' 자체도 숙달할 수 있어야 가능한 일이다. 마찬가지로, 회화의 구조가 만들어낸 예술적 문화적 환경을 참고하기보다는 그 구조의 물리적 조성을 참고함으로써 회화의 구조를 설명할 때 어떤 다른 일을 할 수 있다. 바로 그 교훈은 철학 연구 전반에도 적용될 수 있으며 구체적인 인간의 사유와 경험에 관한 연구에도 적용될 수 있다.

메를로퐁티는 세계에 대한 우리의 정상적 '개입'을 철학 연구의 주제로 만들기 위해 그런 개입 밖으로 걸어 나올 필요성을 언급한다.[4] 그럼에도 불구하고 우리는 철학이 그 기원과 토대를 가지고 있는 '여기 사물의 한복판에' 있는 장소로부터 물러서지만 철학은 여전히 그 장소를 시야에서 놓칠 수 없다. 그리고 철학적 성찰을 위한 출발점은 빈 공간이나 인간 이외의 객체들이 아니며 오롯이 주관적 감각의 영역이나 '감각-정보'의 영역이 아니며 활동과의 관계에서 주어지는 하나의 세계이기 때문에, 곧 주체의 관점에서 파악된 객체의 세계이자 우리가 그 속에서 우리 자신을 발견하는 세계일 뿐만 아니라 서로 다른 개인들의 세계이기 때문에, 우리의 철학적 탐색이 언제나 설명되고 그 설명들이 언제나 돌아가야 하는 세계이고 그 설명이 전개되는 장소이다. 이 세계, 이 장소가 시야에 분명하게 포착되는 것은 철학이 철학 자체에 관련된 질문들을 적절히 설명하기 위해서만 중요한 것이 아니다. 다른 학문들의 관심사(예를 들어, 물리적 학문들의 관심사만이 아니라)와 폭넓은 대중의 관심들을 설명하기 위해서도 중요하다. 현대의 풍토에서, 곧 철학이 세계의 실질적인 일들이 발생하는 공간과 대체로 격리된 학문 가운데 하나로 여겨지기 쉬운 풍토에서는 동시대의 문화 안에서 자신의 위치와 관련해, 그리고 동시대의 삶의 구체적인 위치들과 관련해 철학이 스스로를 설명할 수 있는 것이 중요하다.

물론, 이런 면에서 내 자신의 연구는 상당히 추상적인 틀—예를 들어,

사회적이거나 정치적으로 구체적인 쟁점들로부터 격리되고 젠더와 섹슈얼리티의 쟁점들로부터 벗어난 하나의 틀—안에 남아 있다. 물론, 이 책에서 시도한 것은 그런 경험과 사유가 장소에 토대를 두고 있음을 드러내고 장소 자체의 복잡한 구조를 보여줄 경험과 사유—인간 존재에서 특징적으로 예시되는 것으로서의 경험과 사유—에 대한 설명의 윤곽을 그리는 것이다. 기획 자체는 대단히 야심찬 것이지만, 전반적인 쟁점들을 어느 정도 건드리지 않은 채 남겨둔다는 데는 의심의 여지가 없다. 예를 들어, 여기서 윤곽을 그린 종류의 지형학적 설명은 도덕적, 정치적 문제들에 대한 우리의 이해에 어떤 의미가 있는가? 장소에 대한 우리의 이해는 젠더나 계급이나 문화에 대한 고려에 얼마나 영향을 받을까? 그리고 우리가 살아가는 공간과 장소에 대한 우리의 관계와 관련된 좀 더 구체적인 문제들을 위해 여기서 더 고려해야 할 것이 있을까? 사실, 바로 이런 물음들을 설명하는 상당히 확장된 문헌들—내가 이 책에서 제대로 다룰 수 없었던 일단의 문헌과 물음들—이 이미 존재한다. 이런 점에서, 말하기는 좀 이상하지만, 내 목적은 상당히 제한적인 것이었다. 나는 공간과 장소에 대한 철학적 취급에 존재하는 꽤 구체적인 간극으로 보이는 것을 메우려는 것이었으며 넓은 범위의 학문들을 가로지르며 인간의 사유와 행동의 서로 다른 영역들에 널리 분포하는 지형적 공간적 개념들의 중심성에 관한 생각들에 좀 더 적절한 철학적 토대를 제공하려고 노력했다. 결과적으로, 여기서 추구한 기획이 어떤 면에서 장소에 대한 우리의 구체적 관계, 특히 사회-문화적 관계를 채우려 했던 기획들과 공통분모가 없다고 생각할 필요는 없다. 이 기획이 그런 기획들 가운데 일부가 쉽게 규정될 수 있고 방향을 정할 수 있는 하나의 틀을 제공하는 것으로 볼 수는 있을 것이다.

이런 주장이 시사하는 바는 이 책이 장소의 '정치'에 관련된 쟁점들에서(적어도 한 가지 점에서는) 의미가 있다는 것이다. 현대의 많은 논의에서 장소는 낭만적 겉치레나 해묵은 보수주의에서 발생한 것으로서 상당한 의혹의 눈길을 받아온 개념이다.[5] 그러나 앞의 지면에서 전개된 주장들을 진지하게 받아들인다면, 장소가 이런 식으로 일축되거나 구체적인 보수주의를 지지하는 것으로서 아무런 문제의식 없이 받아들여지지는 않을 것이다. 장소의 복잡한 구조, 단순한 범주화나 개념화에 대한 저항, 주관적 요소와 객관적 요소의 포괄, 행위와의 필연적 상관관계, 이 모든 것은 장소의 개념이 어떤 정치를 초래하는 것이 아니라 정치적인 것 자체가 위치해야 하는 바로 그 틀을 규정하는 것임을 시사한다. 근본적으로 장소 안에 있고 장소를 통한 존재로서 우리의 존재에 합당한 정치의 가능성을 생각하는 일은 정치적인 것이 생성될 수 있는 장소에 대한 파악으로부터 시작할 수 있다.

서론: 장소의 영향

1. Henry David Thoreau, *Journal Vol 3: 1848-1851, The Writings of Henry David Thoreau*, ed. Robert Sattelmeyer, Mark R. Patterson and William Rossi (Princeton University Press, 1990), p. 318.
2. William Wordsworth, 'Michael: A Pastoral Poem', from 'Poem on the Naming of Places', *Lyrical Ballads, in Wordsworth: Poetry and Prose* (London: Rupert Hart-Davis, 1955), p. 195.
3. Seamus Heaney, "The Scene of Place", *Preoccupations: Selected Prose 1968-1978* (London: Faber & Faber, 1984), p. 145. 물론 헤니의 시 역시 '장소 감각'—그 감수성에서 지형학적이고 역사학적이며 우리의 발밑에 있는 흙 속에 묻힌 것으로서의 역사에 집착하고 있다는 점에서 거의 '고고학적' 감각—으로 특징지워진다. 예를 들어, 헤니의 시에서 나타나는 장소 감각에 관해서는 다음의 논문들을 참고. Harold Bloom (ed.), *Seamus Heaney* (New Haven: Chelsea House, 1986), 또한 *Preoccupations*에서 이런 문제들에 관한 헤니 자신의 논의를 참고하라. 물론, 그 자신의 시에서도 그런 주제들이 다루어진다. 특히 다음을 참고. Jonathan Bate, *Romantic Ecology: Wordsworth and the Environmental Tradition* (London: Routledge, 1991). 또한 Geoffrey Hartman, 'Wordsworth, Inscription and Romantic Nature Poetry' and 'Romantic Poetry and the Genius Loci' in *Beyond Formalism: Literary Essays 1958-1970* (New Haven: Yale University Press, 1970) 참고: 그리고 John Kerrigan, 'Wordsworth and the Sonnet: Building, Dwelling, Thinking', *Essays in Criticism*,

35 (1985), 45-75 참고.

4. *Wordsworth: Poetry and Prose*, p. 195.

5. Fred R. Meyers, *Pintupi Country, Pintupi Self* (Canberra: Australian Institute of Aboriginal Studies, 1986), p. 51. 땅과의 연결을 상실한다는 것이 애보리진의 자녀들과 토레스 해협 섬 주민의 자녀들이 가족들로부터 강제 격리된(식민 시대부터 1970년대까지 줄곧 이어진 제도화된 관행의 하나) 후 나타난 중요한 사후 효과 가운데 하나라는 점은 의미심장하다. 이는 '도둑맞은 세대'에 대한 전국적인 연구 보고서에서 주목된 바이다. 제출된 글 가운데 하나는 이를 다음과 같이 표현한다. "격리는 애보리진들이 다른 애보리진들과 맺고 있던 연결이 끊어지고 해체되는 것이며 중요한 것은 우리가 우리 고장, 우리 땅과 맺고 있는 영적 연결이 파괴되고 해체된다는 점이었다. 이런 결속을 재확립하거나 재확인하는 것이 우리의 치유 과정에 몹시 중요하다."〔가족과 격리된 애보리진의 자녀들과 토레스 해협 섬 주민 자녀들에 관한 전국적 연구 (오스트레일리아) *Bringing Them Home: Report of the National Inquiry into the Separation of Aboriginal and Torres Strait Islander Children from their Families* (Sydney: Human Rights and Equal Opportunity Commission, 1997)〕.

6. Tony Swain, *A Place for Strangers* (Cambridge University Press, 1993), p. 39. 스웨인은 어떤 지역들에서 장소-정체성에 대한 강조가 가부장적 원칙들로의 전환에 압도되었다는 점에 주목한다. 그는 그것이 대체로 애보리진 이외의 민족들과 접촉한 데 따른 결과라고 주장한다(*A Place for Strangers*, pp. 39-43 참고). 장소의 영향이라는 견지에서 임신을 바라보는 애보리진들의 시각은 반드시 출산에서 성적 결합이 하는 역할에 그들이 무지했음을 의미(자주 그렇게 간주되지만)하지 않으며 훨씬 더 근본적인 역할이 장소의 영향에 부여된다고 주장하는 것으로 여길 수 있다는 점 역시 주목해야 한다.

7. Trudie McNaughton, compiled, *Countless signs: The New Zealand Landscape in Literature* (Auckland: Reed Methuen, 1986), pp. 3-4에서 재인용. H. -K. Yoon, *Maori Mind, Maori Land, Essays on the Cultural Geography of the Maori People from an Outsider's Perspective* (Berne: Peter Lang, 1986) 참고. 땅과의 연결과 장소나 위치를 환기하는 것은 지난 20여 년 이상 영어로 발표된 마오리족들의 글에서 중요한 요소이다. 예를 들어, 《탕기(Tangi)》 (Auckland: Heinemann, 1973) 같은 소설에서 위티 이히마에라(Witi Ihimaera)가 수행한 작업 참고.

8. 예를 들어, 지극히 다양한 문화적 물리적 환경에서 그런 관념의 등장에 관해서는 다음의 논의 참고, Mark Nuttall, 'Place, Identity and Landscape in North-West Greenland', in Gavin D. Flood (ed.), *Mapping invisible Worlds*, Cosmos, Yearbook of the Traditional Cosmology Society 9 (Edinburgh University Press, 1993), pp. 75-88. 이-푸 투안(Yi-Fu Tuan)은 여러 문화를 가로지르는 장소와 풍경에 결부된 관념들을 개괄하고 있는데 상당히 유용하다. Yi-Fu Tuan, 'Geopiety: A Theme in Man's Attachment to Nature and to Palce', in David Lowenthal and Martyn J. Bowden (eds.), Geographies of the Mind: Essays in Historical Geosophy (New York: Oxford University Press, 1976), pp. 11-39.
9. 피터 리드(Peter Read)는 다양한 배경을 가진 동시대 오스트레일리아인들에게 장소와 로컬리티가 자아 정체성의 핵심적인 구성요소가 되는 방식을 훌륭하게 증명해낸다. Peter Read, *Returning to Nothing: The Meaning of Last Places* (Cambridge University Press, 1996).
10. 프랑스어 원제는 *A la recherché du temps perdu*로 그대로 번역하면《잃어버린 시간을 찾아서》이지만 내가 언급한 프루스트 작품의 영어 제목(《지나간 것들의 기억》)이 독자들에게는 가장 친숙한 것이 아닐까 한다. 좀 더 최근 번역된 영역본은 원제를 사용한다. *In Search of Lost Time*, trans. C. K. Scott Moncrieff & Terence Kilmartin, revised by D. J. Enright (London: Chatto and Windus, 1992) 참고.
11. Georges Poulet, *Proustian Space*, trans. Elliott Coleman (Baltimore: Johns Hopkins University Press, 1977), pp. 19-33.
12. 'Landscape and Character', Spirit of Palce. *Mediterranean Writings* (London: Faber & Faber, 1969), p. 156.
13. Georges Poulet, *Proustian Space*, p. 27.
14. Gaston Bachelard, The Poetics of Space, trans. Maria Jolas (Boston: Beacon Press, 1969), p. 8. 다른 곳에서 바슐라르는 노엘 아르노(Noël Arnauld)의 작품을 인용한다. "나는 내가 있는 공간이다(Je suis l'espace où je suis)"(앞의 책, p. 137).
15. *The Phenomenology of Perception*, trans. Colin Smith (London: Routledge and Kegan Paul, 1962), p. 407.
16. 워즈워스 자신의 시 가운데 아주 많은 수가, 아니 어쩌면 그의 시 대부분이 단지 '기억화'의 예로 여겨질 수 있다.
17. 예를 들어, Percy Adams, *Travel Literature and the Evolution of the Novel* (Lexington,

Kentucky: University Press of Kentucky, 1983).

18. Melville, *Redburn: His First Voyage* (New York: Doubleday, 1957), p. 151. 그런 논평이 등장하는 것은 화자가 낡았지만 진정어린 리버풀 안내서의 비현실성을 발견한 어느 장에 등장한다. 그는 우리에게 이렇게 말한다. "안내서는 문헌 가운데 가장 신뢰할 수 없는 것이다. 그런데 어떤 의미에서 거의 모든 문헌이 안내서로 이루어져 있다."
19. Jeff Malpas, *Heidegger's Topology of Being*, 참고.
20. 1969년 르토르에서 열린 세미나에서 하이데거는 자신의 사유의 마지막 단계를 장소 혹은 존재의 로컬리티라는 문제〔'Ortshaft des Seins'〕에 집중되는 것으로 규정한다. 《존재의 지형학(Topolgie des Seins)》이라는 명칭은 그 때문이다. Martin Heidegger, *Seminare, Gesamatausgabe*, vol. 15 (Frankfurt: Klostermann, 1986), p. 344. 하이데거의 사상에서 장소의 개념에 대해 좀 더 상세한 분석과 탐색은 Jeff Malpas, *Heidegger's Topology of Being*에서도 이루어진다.
21. 특히 Karsten Harries, *The Ethical Function of Architecture* (Cambridge, Mass: MIT Press, 1997) 참고.
22. 예를 들어, Christen Norberg-Schulz, *The Concept of Dwelling* (New York: Rizzoli, 1985).
23. 특히 앤 버티머(Anne Buttimer)와 데이비드 시먼(David Seamon)의 연구를 참고하라. 예를 들어, 다음에서 예시된다. Buttimer and Seamon (eds.), *The Human Eperience of Space and Place* (London: Croom Helm, 1980). 하이데거의 영향을 차치하더라도, 지리학의 글쓰기에는 물리적 환경이 인간의 삶에 끼친 결정적 영향, 특히 대규모 사회적 · 역사적 발전에 끼친 영향을 강조하는 오랜 전통이 있다. 프리드리히 라첼(Friedrich Ratzel)의 연구는 특히 19세기 후반부터 20세기로 넘어가는 시기 '지리적 결정론'의 개념들이 발전하는 데 영향력을 끼쳤다〔*Anthropogeographie* (Stuttgarte: J. Engelhorns Nachf, 1921-2)〕. 극단적 형태의 지리적 결정론은 때때로 널리 회자된 인종 이론의 특징이었다. 특히 1920년대와 30년대 독일에서 널리 확산된 형식들이 그런 예들이다〔예를 들어, Ludwig Ferdnand Clauss, *Die nordische Seele: Eine Einfuhrung in die Rassenseelenkunde* (Munich: 1932)〕. 인종주의 이데올로기와 자주 결부되는 것을 차치하더라도 지리적 결정론은 가장 완곡한 형식을 제외하고 더 이상 현대의 사유에서 강력한 힘을 발휘하지 못한다(최근에 대규모 역사 과정과 서로 다른 문화의 발전에서 환경과 지리학의 역할을 이해하려는 시도에 관해서는 다음을 참고. Jared Diamond, *Guns, Germs and Steel: The fates of*

human Societies (New York: W. W. Norton & Co., 1997). 동시대의 일부 지리학자들 사이에서 새롭게 영향력을 발휘하고 있으며 지역과 로컬리티의 개념들에서 지리학 연구의 바탕이 되는 접근법에 관해서는 프랑스 지리학자 폴 비달 드 라 블랑슈(Paul Vidal de la Blanche) 참고〔예를 들어, Vidal de la Blanche, *Principles of Human Geography*, trans. M. T. Bingham (New York: Henry Holt, 1926). 또한 Vincent Berdoulay, 'Place, Meaning and Discourse in French Language Geography', in John A. Agnew and James S. Duncan (eds.), *The Power of Place* (Boston: Unwin Hyman, 1989), pp. 125-8에서 비달의 유산에 관한 간단한 설명 참고〕. 블랑슈의 접근법은 뤼시앵 페브르 같은 학자들의 연구를 통해 프랑스 아날 학파에도 영향을 끼쳤다. 〔리오넬 바테용(Lionelle Bataillon)과 공동 작업으로 나온 Febvre, *A Geographical Introduction to History*, trans. E. G. Mountford and J. H. Paxton (London: Keagan Paul, Trench, Trubner & Co., 1925). 페브르는 라첼을 경멸하지만 블랑슈에 대해서는 찬사를 아끼지 않는다〕. 그러나 존 애그뉴(John Agnew)가 지적한 것처럼, 최근 지리학과 사회과학에서 공간적 개념과 지형학적 개념들을 강조하는데 이는 블랑슈와 같이 지역에 기반을 둔 접근법에서 비롯된 것이 아니며 사회조직과 정치권력의 공간화된 개념들로의 전면적인 전환의 또 다른 부분이다. John A. Agnew, 'The Devaluation of Place in Social Science' in John A. Agnew and James S. Duncan (eds.), The Power of Place, pp. 1-28. 1945년 이래 지리학적 사고에 관한 개관을 위해서는 R. J. Johnston, Geography and Geographers (New York: Edward Arnold, 1991 4th edn) 참고. 그리고 고대부터 18세기에 이르는 문화와 환경의 상호작용에 관한 생각들을 탁월하게 개관한 것으로는 다음을 참고. Clarence J. Glacken, Traces on the Rhodian Shore (Berkeley: University of California Press, 1967).

24. 하이데거의 영향이 지리학계와 환경학계에서 느껴졌던 다양한 이유들의 교차 영역에 관해서는 다음을 참고. David Seamon and Robert Mugerauer (eds.), *Dwelling, Place and Environment* (New York: Columbia University Press, 1989).
25. 예를 들어, Geoffrey R. Lilburne, *A Sense of Place: A Christian Theology of the Land* (Nashville: Abingdon Press, 1989).
26. Casey, *The Fate of Palce* (Berkeley: University of California Press, 1997), pp. 197-330.
27. Gilles Deleuze and Felix Guattari, *A Thousand Plateaus: Capitalism and Schizophrenia, trans. Brian Massumi* (Minneapolis: University of Minnesota Press, 1987). 공간적 개념

과 지형적 개념들의 그런 활용이 문제의 용어들을 자구적으로가 아니라 메타포적으로 활용하는 데 달렸다고 말하기는 망설여진다. 다음 논의에서 분명해지겠지만 이런 구분이 여기서 어떤 문제를 야기하는 것으로 보이기 때문이다. 물론 공간과 장소의 개념들을 순전히 전략적으로 사용하는 것과 달리 그 개념들을 부각시키고 있는 《천 개의 고원(A Thousand Plateaus)》에서도 많은 문제들이 발견되기 때문이다.

28. *Being and Time*, trans. John Macquarrie and Edward Robinson (New York: Harper & Row, 1962), section 70 H369 참고.

29. Mark Johnson, *The Body in the Mind* (University of Chicago Press, 1987), p. xxxviii.

30. 예를 들어 Tyler Burge, 'Cartesian Error and the Objectivity of Perception', in Philip Pettit and John Mcdowell (eds.), *Subject, Thought and Context* (Oxford: Clarendon Press, 1986), pp. 117-36과 'Individualism and Self-Knowledge', *Journal of Philosophy*, 85 (1988), 649-63 참고. 버지의 초기 논문들 ('Individualism and the Mental', in P. A. French, T. E. Uehling Jr. and H. K. Wettstein (eds.), *Midwest Studies in Philosophy*, 4 (Minneapolis: University of Minnesota Press, 1979), 73-121)은 정신적 내용이 물리적 환경이 아닌 사회적 환경에 의해 결정되는 방식을 더 강조했다. 또한 Hilary Putnam, 'The Meaning of "Meaning"', *Mind, Language and Reality: Philosophical Papers*, vol. 2 (Cambridge University Press, 1975), pp. 215-71 참고.

31. 데이비드슨은 다음에서 자신의 현상론과 버지의 현상론을 대비시킨다. 'Epistemology Externalised', *Dialectica*, 45 (1991), 195-202.

32. 예를 들어, 'The Myth of the Subjective', in Michael Krausz (ed.), *Relativism: Interpretation and Confrontation* (University of Notre Dmae Press, 1989), pp. 159-72 참고.

33. 이 점에 관한 데이비드슨 주장의 다양한 제시에 관해서는 다음을 참고. Davidson, 'Thought and Talk', *Inquiries into Truth and Interpretation* (Oxford: Clarendon Press, 1984), pp. 168-70; 'The Method of Truth in Metaphysics', *Inquiries into Truth and Interpretation*, pp. 199-214; 'A Coherence Theory of Truth and Knowledge', in Ernest LePore (ed.), *Truth and Interpretation: Perspectives on the Philosophy of Donald Davidson* (Oxford: Basil Blackwell, 1986), pp. 307-19; 'Empirical Content', in LePore (ed.), *Truth and Interpretation*, pp. 320-32; 'Epistemology Externalised', 191-202.

34. Marcia Cavell, *The Psychoanalytic Mind* (Cambridge, Mass.: Harvard University

Press, 1993), p. 39.

35. 이는 내가 다음의 글에서 고려한 쟁점 가운데 하나이다 'Space and Sociality', in *International Journal of Philosophical Studies*, 5 (1997), 53-79 (이 글의 자료 가운데 일부가 2~6장에 포함되었다). 여기서 암시된 상호 주관성 문제는 6장 이후 구체적으로 다루어진다.

36. 특히 Strawson, *Individuals* (London: Macmillan, 1959)와 Evans, 'Thing Without the Mind', in his *Collected Papers* (Oxford: Clarendon Press, 1985), pp. 249-91에 그 책의 2장에 대한 에번스 자신의 논평 참고. 칸트가 체현되고 공간화되고 위치를 갖는 인간 존재의 특성을 전적으로 부정하는 철학자라는 시각이 있기는 하지만 이 같은 시각이 전적으로 옳은 것은 아니다. 예를 들어, Hoke Robinson, 'Kant on Embodiment', Philip D. Cummins and Guenter Zoeller (eds.) *Minds, Ideas and Objects*, North American Kant Society Studies in Philosophy 2 (Atascadero, California: Ridgeview Publishing, 1992), pp. 329-40; Sarah Furness, *A Reasonable Geography: A Argument for Embodiment* (University of Essex: Ph. D. Dissertation, 1986). 칸트에서 체현의 역할은 내 글 "constituting the Mind: Kant, Davidson and the Unity of Consciousness', *International Journal of Philosophical Studies* 7 (1999) 에서도 탐색된다. 형식이 조금 다르기는 하지만 이 책에 채택된 주제들 가운데 많은 수가 이 논문에 등장한다.

37. Campbell, *Past, Space and Self* (Cambridge, Mass.: MIT Press, 1994).

38. Cassam, *Self and World* (Oxford: Clarendon Press, 1997).

39. 예를 들어 Baxter, *In Fires of No Return. Poems* (London: Oxford University Press, 1958) 참고. 백스터의 시는 장소와 땅에 대한 깊이 있는 인식을 드러낸다. 그의 여러 시들은 특정 장소에 묶여 있고, 워즈워스와 마찬가지로, 묘비명이나 기념비의 성격이 뚜렷하다. 백스터의 시선은 상당히 어둡지만 땅에 대한 관계를 비극과 기쁨을 모두 포괄하는 것으로 본다.

    우리에게 땅은 생명의 근원이자 복수에 찬 파괴자라.
    나뭇가지들에서 전해오는 낮은 소리,
    석양의 불길한 징조가 음산하게 알려주네
    ('Poem in the Matukiruki Valley', In *Fires of No Return*, p. 22.)

40. 로컬리티와 장소에 관한 조이스 자신의 관심은 《율리시즈(Ulysses)》—주인공의

여행을 어느 정도 반영하는 여행으로서의 소설이라는 발상에서, 그리고 더블린이 라는 도시에 대한 집착에서—에서 두드러진다.

41. 2~5장에서 개진한 논의들은 어느 정도 형태는 다르지만, 객관성, 일원성, 정체성의 개념들이 자의식의 가능성에서 담당하는 근본적 역할과 관련해 카심 케이섬의 《자아와 세계》에서 찾아볼 수 있는 개념들과도 유사하다. 현재의 논의에서 객관성에 초점을 맞춘 것은 5장의 핵심이다. 반면 주관성의 구조, 그리고 주관성의 특징적인 일원성과 정체성은 2장, 3장, 5장에서 다루어진다.

42. Marcia Cavell, *The Psychoanalytic Mind*, p. 41

1. 장소의 모호함

1. Forward to Max Jammer, *Concepts of Space: the History of Theories of Space in Physics* (Cambridge, Mass: Harvard University Press, 1970, 2nd edn.), p. xii.
2. Michel Foucault, 'Of Other Spaces', *Diacritics*, 16 (1986), 22.
3. Elizabeth Grosz, *Space, Time and Perversion* (New York: Routledge, 1995), p. 123.
4. Edward S. Casey, *The Fate of Place* pp. 133ff. 케이시는 간혹 이런 구분을 명확히 설명하기보다는 전제하고 있는 것 같다. 그 책에서 공간과 장소의 상관성은 그가 각별히 공을 들여 상세히 분석하는 것이 아니다. 최근 발표한 논문에서 케이시는 내 방식에 견줄 만한 직접적이고 흥미로운 방식—적어도, 장소와 공간의 필연적 관계를 강조한다는 점에서—으로 장소와 공간의 관계라는 쟁점을 다룬다. 'Smooth space and Rough-edged Places: the Hidden History of Place', *Review of Metaphysics*, 51 (1997), 267-96; Casey, *Getting Back into Place* (Bloomington: Indiana University Press, 1993) 참고. (공간 자체를 더 자주 강조하기는 하지만) 케이시 자신의 배경은 지극히 현상학적이고 어쩌면 공간과 장소 개념들을 가장 폭넓게 검토한 현상학의 틀 안에 있다. 특히 Elizabeth Stroker, *Investigations in Philosophy of Space, trans. Algis Mickunas* (Athens, Ohio: Ohio University Press, 1987), 그리고 Merleau-Ponty, *Phenomenology of Perception*도 참고.
5. 프랑스의 철학자이자 사회이론가인 앙리 르페브르는, 푸코와 마찬가지로, 사회학적 분석과 사회지리학적 분석에 적용할 수 있는 개념으로서 공간성의 발전에 특별한 영향을 준 인물이다. 그러나 르페브르의 분석은 부분적으로 그가 공간적 개념들의 무차별적 적용이라고 여기는 것에 대한 불만에서 비롯되었다. *Production of*

Space 〔trans. Donald Nicholson-Smith (Oxford: Blackwell, 1991)〕 참고. 르페브르는 이 점에서 푸코를 주목할 만한 공격자로 꼽는다. *Production of Space*, pp. 3-4 참고. 르페브르의 접근법은 롭 쉴즈의 연구에 중요한 영향을 주었다. Rob Shields, *Places on the Margin: Alternative Geographies of Modernity* (London: Routledge, 1991) 참고. 쉴즈는 내 접근법의 면면들과 비교하는 형식으로 공간화 자체의 복합적인 결정을 강조한 것은 물론이고 사회적 실천의 구조에서 공간화의 역할도 강조한다. 공간성의 개념에 관심을 기울이는 사회 이론가들 가운데서 피트림 소로킨의 연구 역시 주목할 필요가 있다. Pitirim Sorokin, *Sociocultural Causality, Space, Time* (New York: Russell & Russell, 1964), 특히 pp. 97-154 참고. 그러나 소로킨도, 쉴즈도, 르페브르도 공간과 장소, 혹은 그들 사이의 관계에 대해 이 글이 시도한 것과 같은 종류의 철학적 분석을 시도하지 않는다.

6. Doreen Massey, 'Politics and Space/Time', in Keith and Pile(eds.), *Place and the Politics of Identity*, pp. 141-2; Neil Smith and Cindi Katz, 'Grounding Metaphor: Towards a Spatialized Politics', in *ibid*, pp. 67-83. 매시의 논평은 다른 저자들에게서도 반향되지만, 이 문제에 대한 그녀의 우려는 부분적으로 공간과 공간성 개념의 무분별한 사용에는 이 개념들에서 어떤 정치적 내용도 삭제하게 될 위험이 도사린다는 시각에서 비롯되었다. 그래서 그녀는 이를 문제 있는 것으로 본다. 매시는 공간 개념이 정치 사회학적 콘텍스트에 등장할 때 이를 명확히 하라고 주장하지만, 장소의 개념—혹은 장소의 특정 개념—을 포기할 것을 주장한다. 현대 지리학과 문화 이론에서 장소에 대한 의혹에 관해서는 David Harvey, 'From Space to Place and Back Again: Reflections on the Condition of Postmodernity', in John Bird, Barry Curtis, Tim Putnam, George Robertson and Lisa Ticktner (eds.), *Mapping the Futures* (London: Routledge, 1993) 참고. 하비와 매시는 수많은 인문지리학자들의 연구에서 장소의 개념이 지나치게 단순화되는 것에 반발하는 듯하지만, 두 사람 모두 장소에 대해 다소 단순한 시각을 취하는 것 같다.

7. 이 점에서, 많은 영어권 지리학자들은 특히 '장소(place)'의 개념을 연구를 자극하는 개념으로서 받아들이는 반면, 뱅상 베르둘레가 지적하듯이, 프랑스어에서 장소에 가장 상응하는 용어인 tieu는 프랑스어권 지리학자들에 의해 "비공식적 의미로 사용된다. 그래서 연구를 자극하는 개념으로 사용되지 않는다." (Vincent Berdoulay, 'Place, Meaning and Discourse in French Language Geography', in Agnew and Duncan (eds.), *The Power of Place*, p. 124.)

8. *The Oxford English Dictionary*, 2nd edn, prepared by J. A. Simpson and E. S. C. Weiner (Oxford: Clarendon Press, 1989), xi, p. 937.

9. *The Oxford English Dictionary*, pp. 937-42 참고. 사전의 '장소' 항목에 이 모든 의미가 포함된다. 실제로 거기엔 스물일곱 개의 서로 다른 의미가 열거된다. 여기 제시된 요약은 장소의 가장 중요하고 기본적인 의미들을 포착하려는 시도이다.

10. *The Oxford English Dictionary*, p. 937 참고. 대체로 유럽의 용어들(플라스, 피아차 등)은 영어의 '장소'와 어원이 유사하지만, 그 영어 단어에 결부된 것과 같은 의미의 영역을 갖고 있지는 않다는 점에 주목해야 한다〔Davis E. Sopher, 'The Structuring of Space in Place Names and Words for Place', in David Ley and Marwyn S. Samuels (eds.), *Humanistic Geography: Prospect and Problems* (London: Croom Helm, 1978), pp. 262-3 참고〕.

11. *The Oxford English Dictionary*, xvi, p. 87, *A Latin Dictionary* (founded on Andrew's edn of Freund's Latin Dictionary), rev. Charlton T. Lewis and Charles Short (Oxford: Clarendon Press, 1879), p. 1735.

12. 그 용어는 또한 경주로, 곧 예를 들면, 공원 안에 일정한 목적—무용을 위한 경우처럼—을 위해 남겨둔 영역(산책로나 길)을 지시하는 데 사용되었다. *A Greek-English Lexicon*, compiled by Henry George Liddell and Robert Scott (Oxford: Clarendon Press, 1968, rev. edn), p. 1631.

13. 하이데거는 단일화된 구조로서의 시간과 공간이라는 관념을 지시하기 위해 '시공간'을 활용한다. *What is Thing?* Trans. W. B. Barton Jr. and Vera Deutsch (Chicago: Henry Regnery, 1967), p. 16.

14. 예를 들어, Elizabeth Grosz, Space, *Time and Perversion*, pp. 11-24 참고. 그녀의 논의는 특히 루스 이리가레의 연구에 의지한다(이리가레는 자신의 책 곳곳에서 코라와 토포스의 개념을 모두 취한다). Luce Irigaray, Space, Time and Perversion, pp. 111-24 참고.

15. 《물리학》에서 아리스토텔레스는 **토포스**를 '에워싸고 있는 것, 변할 수 없는 첫 번째 경계'로 규정한다 (Aristotle, *Physics*, iv, 5, 212a20, *Aristotle's Physics Book III and IV*, trans. Edward Hussey (Oxford: Clarendon Press, 1983). **토포스**에 관한 아리스토텔레스의 더 상세한 논의에 관해서는 Keimpe Algra, *Concepts of Space in Greek Thought* (Leiden: E. J. Brill, 1995), pp. 121-91 참고. 케이시 역시 플라톤은 물론 아리스토텔레스에 대해 폭넓게 논의한다. Edward S. Casey, *The Fate of Place*,

pp. 23-71 (2장과 3장) 참고.

16. *Timaeus*, 52b 〔trans. From F. M. Cornford, *Plato's Cosmology* (London: Routledge and Kegan Paul, 1937)〕. '코라'(종종 '저장소'로 번역된다)에 대한 플라톤의 생각은 하나의 사물이 생겨나거나 다른 어떤 것으로 변할 수 있는 방식을 고려하는 과정에서 생겨났다. 플라톤에 따르면, 그런 생성 과정에는 세 가지 요소가 필요하다. 생겨나는 것, 생겨나는 것의 모델이 되는 것, 그렇게 생겨나는 것을 위한 자리 혹은 장소가 되는 것(*Timaeus*, 50c 참고). 여기서 세번째 요소가 **코라**이다. 이는 그것은 생성하는 사물의 특징이 나타나는 장소이다. 엄밀히 말해 **코라**가 사물의 특징이 나타나도록 허용하지만, 이를 위해 그 자체의 어떤 특징을 제공하는 것은 아니기 때문에, 플라톤은 **코라** 자체는 완전히 불확정적인 것임에 틀림없다고 주장한다(*Timaeus*, 51a-51b).

17. 살로몬 보크너는 그리스인들이 **토포스**로서 장소의 견지에서만 공간을 이해했다고 주장한다. Solomon Bochner, 'Space', Dictionary of the History of Ideas (New York: Charles Scribner's Sons, 1973), pp. 295-307. 또한 하이데거는 "그리스인들에게는 '공간'에 해당하는 낱말이 없었다"고 주장한다. 이는 우연이 아니다. 그들은 범위가 아니라 장소(**토포스**)에 근거해 공간적인 것을 경험했기 때문이다. 그들은 공간적인 것을 **코라**로서, 곧 장소도 공간도 의미하지 않으며 그 안에 있는 것에 점유된 것으로서 경험했다〔*An Introduction to Metaphysics*, trans. Ralph Manheim (New Haven: Yale University Press, 1959), p. 66〕.

18. 예를 들어, 아리스토텔레스의 해석자들 가운데 일부는 아리스토텔레스가 그 용어들을 이런 식으로 자주 활용했다고 생각한다. 그래서 자주 **코라**가 "범위"로 이해된 공간 가까이에 있는 것을 지칭하는 반면, **토포스**는 '위치'와 좀 더 유사한 것을 지칭한다고 전제한다. 그러나 일반적으로, 카임프 앨그라가 주목하듯이, "그리스어에는 장소와 공간의 개념적 구분에 적합한 용어의 구분이 없다." (Keimpe Algra, *Concepts of Space in Greek Thought*, p. 32, pp.32-8 참고). 여기서 쟁점이 되는 두 그리스어 가운데 '**코라**'는 아마도 다양한 것을 의미하는 더 오래되고 더 구체적인 단어일 것이다. '사물이 있는' 공간이나 여지, 장소, 지점, 장(場), 시골, 땅, 영토, 영지, (예를 들어, 사회나 군의 서열에서) 해당 위치 등 다양한 의미를 갖는다(Liddell and Scott, *A Greek-English Lexicon*, p. 2015). **코라**는 또 **코리스**(*choris*)라는 용어와도 연결될 수 있다. **코리스**는 부사로는 '떨어져서'를 의미하고 명사로는 '창 혹은 쪼개진 한 조각'을 의미하는데 이 점은 구획된 땅의 한 부분 혹은 상속될 땅

의 한 부분과 같은 할당분이라는 관념과의 연결을 시사하는 것으로 받아들일 수 있다. **토포스**는 본래 더 추상적인 용어인 듯하다(분명 이는 정도의 문제이지만, **토포스**는 현대의 용어들, 달리 말하자면, 유사한 용어들에 없는 구체성을 담고 있다). 그러나 **코라**와 마찬가지로 **토포스**도 다양한 의미를 내포한다. 곧, 장소나 위치(그리고 이런 의미에서 그것은 물리적 장소는 물론이고 한 저자의 문서나 문단에서 위치나 지점을 지시하는 데 사용될 수 있다), 영역, 지리적 위치, 자리, 매장지, 혹은 수사(修辭)의 한 요소(Liddell and Scott, *A Greek-English Lexicon*, p.1806 참고) 등을 내포한다. **토포스**가 좀 더 추상적인 개념인 위치와 연결되고 코라가 구체적인 장소의 개념에 연결되는데 이는 초기의 지리학 저서들과 프톨레마이오스에게서 분명하게 드러난다.〔Lukermann, 'The Concept of Location in Classical Geography', *Annals of the American Association of Geographers*, 51 (1961), 특히, pp. 195-6 참고〕. 역시 프톨레마이오스의 **코라**와 **토포스**의 활용을 언급한 월터는 **토포스**가 객관적 위치나 자리를 의미하기 위해 사용되고 **코라**가 '장소에 대한 감정적 언급'에 등장하는 좀 더 '주관적인' 용어로 사용된 점을 강조한다〔E. V. Walter, *Placeways* (Chapel Hill: University of North Carolina, 1988), p. 120. 월터는 또한 플라톤이 《파이드로스(Phadrus)》에서 **토포스**를 활용하는 방식이 이에 대한 예외를 표상한다는 점에 주목한다〕. 월터는 헬레니즘 시대 그리스어에서는 **토포스**가 성스러운 장소를 지시하는 용어로 채용되고 **코라**가 "기술적이고 행정적인 의미"를 지니게 되었지만, 전반적으로 "저자들이 신성한 장소를 **토포스**가 아니라 **코라**로 부르는 경향이 있었다"고(*Placeways*, p. 120) 지적한다.

19. Keimpe Algra, *Concepts of Space in Greek Thought*, pp. 38-70 and 263ff 참고.

20. Edward Grant, *Much Ado About Nothing: Theories of Space and Vacuum from the Middle Ages to the Scientific Revolution* (Cambridge University Press, 1981) 참고.

21. Foreword to Max Jammer, *Concepts of Space*, p. xiii에서 아인슈타인이 이와 비슷한 비유를 사용한다. 물론, 근대와 그 이전 시대의 여러 사상가들에게 그런 순수한 공간적 범위의 영역은 몸의 개념들에서 도출된 추상화에서 **생각할 수 있는 것**이지만, 그럼에도 불구하고 몸과 분리되어 존재할 수 없었다. 데카르트가 공간과 몸의 범위를 하나이자 동일한 것으로 취급하고 그에 따라 실질적인 허공이나 진공의 가능성을 거부한 것은 그의 공간 개념과 뉴턴의 개념 사이에서 나타나는 중요한 차이점 가운데 하나이다.

22. Foreword to Max Jammer, *Concepts of Space*, p. xv에서 이에 대한 아인슈타인의

간단한 언급과 'The Problem of Space, Either and the Field in Physics', in Albert Einstein, *Ideas and Opinions*, trans. Sonja Borgmann (New York: Crown, 1956), pp. 276-85에 수록된 논의 참고. 사실, 봉쇄의 개념은 어쩌면 근본적으로 장소에 기반을 두고 공간을 사고하는 좀 더 풍부한 방식이지만 바로 이런 이유 때문에 물리학 이론 안에서 더 순수한 "물리학적" 개념에 자리를 빼앗긴 어떤 것의 자취를 담고 있을지 모른다.

23. Jammer, *Concepts of Space*, p. 1.

24. 예를 들어, *Encyclopedia of Philosophy* (ed. Paul Edwards (New York: Macmillan, 1967)에는 맥스 잼머에 의해 좀 더 상세한 형식으로 다루어졌던 것과 유사한 개념사에 초점을 맞추어 〔스마트(J. J. Smart)가 쓴〕 다섯 쪽 분량의 '공간'에 관한 항이 있는 반면, '장소'에 관한 항은 전혀 없다는 점에 주목하는 것은 흥미로운 일이다.

25. Casey, *Getting Back into Place*, p. xiv.

26. **코라**와 **토포스**(둘 모두 근대성의 확장된 물리적 공간보다 "장소"와 좀 더 일상적으로 결부된 개념들을 훨씬 더 강하게 강조하는 것으로 여겨질 수 있다)에 관한 고대의 개념들을 개괄한 일부 논의들에서 이미 시사되었던 것처럼, 확실히 전근대의 논의들을 장소의 개념과 같은 것에 더 중요한 역할을 부여하는 것으로, 그리고 공간에 포함될지도 모르는 것에 관한 더 풍부한 개념을 지닌 것으로 받아들일 수 있다. 이에 관해서는 특히 *The Fate of Place*, pp. ix-xi, 3-132에서 케이시의 논의 참고. 장소의 외면이 단지 철학 이론—예를 들어, 하이데거는 장소를 세계에 대한 어떤 '기술적' 태도의 역할과 직결된 것으로 본다〔'The Question Concerning Technology', in *The Question Concerning Technology and Other Essays*, trans. William Lovitt (New York: Harper & Row, 1977)〕—만의 특징은 아니다. 근대적인 기술과 사회 변화에 직면해 장소의 본질과 구조에 관해 설명해야 할 중요한 한 가지 문제—불행히도 내가 여기서 활용할 수 있는 공간에서 취하기에는 너무 크고 중요해서 다른 기회로 미뤄야 할 문제이다—가 있다.

27. René Descartes, *Principia Philosophiae*, II: 13 amd 14; *Oeuvres de Descartes*, ed. Charles Adams and Paul Tannery (Paris: Librairie Philosophique, J. Vrin, 1982), VIII-I, pp. 47-8; *The philosophical Writings of Descartes*, vol. I, trans. John Cottingham, Robert Stoothoff and Dugald Murdoch (Cambridge University Press, 1985), 228 and 229에서 번역.

28. Newton, Scholium to The Definitions, *Sir Isaac Newton's Mathematical Principles*

of Natural Philosophy and His System of the World, vol. I, trans. Andrew Motte, rev. Florian Cajori (Berkeley: University of California Press, 1934), p. 6.

29. Richard Swinbune, *Space and Time* (London: Macmillan, 1968), pp. 12-13.

30. *The Concept of Space in Greek Thought*, p. 20에서 앨그라가 분명히 하고 있듯이.

31. 다시 한 번 *The Fate of Place*, pp. ix-xi, 3-132에서 케이시의 논의 참고.

32. *Jammer, Concepts of Space*, pp. 7-8.

33. 장소라는 쟁점에 대한 여러 "인문주의적" 접근법의 경우에 특히 그렇다. 그러므로 이-푸 투안은 장소에 관한 환경론적 논의에서 중요한 선구적 인물로서 종종 장소의 개념을 순전히 심리적이거나 경험적인 '구성물'로서 시사하는 방식으로 장소를 다루는 경향이 있다. 투안의 연구 대부분은 명백히 '경험의 관점(perspective)'에서 쓰인 것이다. 《공간과 장소》의 부제가 그랬던 것처럼. 경험은 투안에 의해 '한 사람이 하나의 현실을 알거나 구성하는 다양한 양식들을 포괄하는 용어'로서 규정된다〔*Space and Place: The Perspective of Experience* (Mineapolis: University of Minnesota Press, 1977), p. 8〕. 투안의 연구에는 장소에 관한 저술들에 공통된 것으로서 한편으로 경험을 일으키는 장소나 공간과, 다른 한편으로 경험적 구성물로서의 장소나 공간 사이의 다의성이 있지만, 그럼에도 불구하고 그의 연구는 장소를 심리적이거나 정서적인 개념으로 보는 시각 안에서 작동한다. 또 다른 저술에서 투안은 그의 연구를 '환경적인 인식, 태도, 가치'의 연구라는 견지에서 규정한다〔Tuan, *Topophilia* (New York: Columbia University Press, 1974), p. 245〕. 그리고 환경심리학 논문이라는 자기 연구의 성격을 꽤 명확하게 한다. 또한 사료와 자신이 관심을 가지고 있는 주제 사이의 간극을 잘 알고 있음을 분명히 하고 그의 연구를 인도하는 '모든 것을 포괄하는 단 하나의 개념'은 없다는 점을 인정한다(*Topophilia*, pp. 2-3 참고).

34. 예를 들어, Yi-Fu Tuan, *Topophilia*, p. 113 참고. "물론 그 이미지들을 환경에서 취한다고 해서 환경이 그 이미지들을 '결정했다'는 의미는 아니다. 어떤 환경들은 토포필리아 감정들을 자극하는 저항할 수 없는 힘을 지닌다고 믿어야 하는 것도 아니다. 환경은 토포필리아의 직접적인 원인이 아닐 수도 있다. 하지만 환경은 감각적 자극을 제공하고 그 자극은 인지된 이미지들로서 우리의 기쁨과 이상을 형성한다."

35. J. Nicholas Entrikin, *The Betweenness of Place* (Baltimore: Johns Hopkins University Press, 1991), p. 14. 엔트리킨은 곧바로 다음과 같이 주장을 이어간다. "무의미하지

는 않지만 좀 더 조심스러운 목적은 사람과 장소의 특정한 관계를 포착하려는 우리의 시도에 구조를 부여하는 서사와 같은 특질을 더 잘 이해하는 것이다." 엔트리킨이 순전히 정신적이고 주관적인 구성물로서 장소 개념과 관련된 쟁점들 일부를 분명하게 다루고 자신의 설명에 장소의 '객관적' 측면과 '주관적' 측면들을 모두 포괄하는 데 관심을 기울이지만(*The Betweenness of Place*, pp. 6-26 참고) 어떻게든 주관적인 것과 객관적인 것 '사이에서' 어떤 위치를 얻기 위해 그가 취한 서사 개념에 호소함으로써 이를 시도한다는 점은 주목할 만한 것이다(*The Betweenness of Place*, pp. 132-4). 사실, 엔트리킨은 장소가 근본적으로 '주관적인' 구조라고 여기는 시각을 견지하는 듯하다.

36. *The Fate of Place*에서 케이시는 장소에 대한 하이데거의 전유를 다룬 장에 'Proceeding to Place by Indirection'이라는 제목을 붙인다. *The Fate of Place*, p. 284, 그리고 좀 더 전반적으로, pp. 243-84 참고.
37. Martin Heidegger, *Being and Time*, H54; *Heidegger's Topology of Being*, chapter 3 참고.
38. 나중에 다시 보겠지만, 봉쇄의 개념은 단순한 물리적 봉쇄에 결부된 것보다 더 복잡하다. 하이데거는 《존재와 시간》에서 그 점을 제대로 지적하지 못했던 것으로 보인다.
39. 인식론의 전통적인 문제에 관한 하이데거의 입장을 다룬 상세한 분석으로는 다음을 참고. Charles Guignon, *Heidegger and the Problem of Knowledge* (Indianapolis, Indiana: Hackett Publishing, 1983).
40. Heidegger, 'Einleitung Zu: "Was Ist Metaphysik"' (202), in *Wegmarken, Gesamtausgabe*, vol. 9 (Frankfurt: Klostermann, 1976), p. 373.
41. 환원적인 설명의 거부—평범한 언어를 물리학의 '좀 더 순수한' 언어로 환원하는 것이든, 장소의 풍부함을 공간적 위치의 단순한 순서로 환원하는 것이든, 혹은 정신의 영역을 신경정신분석학의 용어로 바꾸는 것이든—는 내 설명의 중심적인 특질이다. 그런 환원주의의 거부를 지지하는 다양한 주장들은, 이어지는 장들에서 전개한 분석 과정에서 개진되었다. 비록 대부분의 주장들이 초점을 맞추고 있는 것은 장소에 관한 긍정적 설명의 개진이고, 대안적 설명들을 모두 아우르며 상세히 다루는 일에 초점을 맞추지 않는다.
42. 예를 들어 다음을 참고. Davis Harvey, *Justice, Nature and the Geography of Difference* (Cambridge, Mass: Blckwell, 1996), p. 324.

43. 이런 면에서, '사회적인 것'은 '개인적인 것'보다 명백히 우선하는 것으로 여겨질 수 없다. 두 가지 모두 동일한 포괄적 구조 안에서 생긴다.

44. 이런 관념과 메를로퐁티가 《지각의 현상학》(특히 pp. 405-7 참고)에서 명확히 한 '세계'의 관념 사이에는 분명한 친화력이 있다. 그리고 그는 어느 순간 그에 관해 다음과 같이 쓴다. '세상은 우리 경험의 장이다. 그리고 …… 우리는 세계에 대한 하나의 시각에 다름 아니다'(같은 책, p. 406). 사실 메를르퐁티가 채용했던 세계 개념이 바로 내가 여기서 상세히 설명했던 지형학적 구조(하나의 장이나 영역)의 개념이다. 이는 또한 여기서 수행한 작업이 어느 정도로 어떤 '초월적' 특성—주체와 객체, 경험과 자아의 가능성 자체가 근거하는 구조의 분석을 수행하는 문제이다—을 지니는지를 나타낸다.

45. 이런 이유로 객관성과 주관성은 상관된 개념들이다. 그리고 일반적으로 말해 주관적인 것을 주체로부터 도출되거나 세계 안에서 주체의 위치나 세계에 대한 주체의 경험의 특징들에 달려 있는 것으로 규정할 수 있고 '객관적인 것'은 객체로부터만 도출된 것으로 규정할 수 있는데 그렇다고 이 용어들이 다른 것과는 완전히 독립된 것이라는 의미를 갖는 것은 아니다. 객체와 관련해 중요한 것과 주체와 관련해 중요한 것은, 사실 그 안에 구체적인 연구나 관행이 확립되어 있는 틀에 달려 있다. 그러므로 우리는 물리적 세계의 '객관적' 특징들에 관해서는 물론이고 사회적이거나 정신적인 삶의 '객관적' 특질들에 관해 이야기할 수 있다. 이런 점에서 '객관적인 것'을 반드시 순수한 물리학적 분석 안에서 주어지는 세계의 특질들만 가리키는 것으로 받아들여서는 안 된다.

46. Marcia Cavell, *The Psychoanalytic Mind*, p. 41.

47. *Textbook of Topographical Surveying* (London: Her Majesty's Stationery Office, 1965, 4th edn), p. 1.

48. Wiitgenstein, *Wittgenstein's Lectures on The Philosophy of Mathematics: Cambridge 1939*, ed. Cora Diamond (Hassocks: Harvester, 1976), p. 44. 《분석과 형이상학(Analysis and Metaphysics)》(Oxford University Press, 1992), pp. 2-3에서 스트로슨은 그가 라일(Ryle)에 귀속시킨 '개념적 지리학이나 개념적 작도'의 형식으로서 철학 개념을 언급한다. 그러나 그 개념에는 큰 진전이 없다. 그래서 스트로슨은 그 그림에 '장점이 있음'을 인정함에도 불구하고, 그것이 '불편할 만큼 메타포적'이라는 것을 깨닫는다. 어쩌면 나는 스트로슨만큼 형이상학의 위협을 염려하지 않는다. 그러나 여기서 윤곽을 그린 철학의 지형학적 개념이 중요하고 방법론적

으로 시사하는 바가 많다고 생각한다.

49. *Being and Time*, section 70, H367-H369, 또 *Heidegger's Topology of Being*도 참고. 공간성을 이런 식으로 부차적인 것으로 보려는 시도는 하이데거가 후에 거부한 어떤 것이다 〔"Time and Being", *On Time and Being*, trans. Joan Stambaugh (New York: Harper & Row, 1972), p. 23〕. 사실, 1935년에 그는 자신의 입장을 수정한 것으로 보인다(*What is a Thing?*, p. 16 참고). 초기 횔덜린에서 장소와 공간에 대한 하이데거의 사유에서 일어난 변화에 관한 스튜어트 엘든의 논의 또한 참고. Stuart Elden, "Heidegger's Holderlin and the Importance of Place", *Journal of the British Society for Phenomenology*, 근간

50. 하이데거가 시간을 우선시하는 것에 대한 비판을 위해서는 다음을 참고. *Heidegger's Topology of Being* 참고. 그리고 maria Voella-Petit, "Heidegger's Conception of Space", in Christopher Macann (ed.), *Critical Heidegger* (London: Routledge, 1996), pp. 134-57.

51. 사실, 이어지는 논의에서 분명해질 텐데, 내 논의의 상당 부분이 장소와 공간성에 초점을 맞추지만 장소 자체는 시간과 공간을 포괄하는 것으로 이해되어야 한다. 이 점에 관해서는 다음을 참고. Don Pakes and Ni gel Thrift, "Putting Time in its Place", in Tommy Carlstein, Dom Pakes and Nigel Thrift, *Timing Space and Sapcing Time*, vol. I, Making Sense of Time (London: Edward Arnold, 1978), pp. 119-29.

2. 공간성의 구조

1. *The Varieties of Reference*, ed. John McDowell (Oxford: Clarendon Press, 1982), p. 221.

2. Ernst Mach, *Space and Geometry in the Light of Physiological, Psychological and Physical Inquiry* (Chicago: Open Court, 1906), p. 32.

3. 나는 앞서 '어떤 틀의 활용 능력을 지닌다는 것'이 무엇인지를 의도적으로 '3인칭'으로 규정한 바 있다. 그런데 그렇게 할 경우 문제의 틀을 파악하는 일의 정확한 성격은 확정되지 않은 채로 남는다. 그것은 문제의 능력에 대한 '얄팍하고' 다소 간접적인 규정이다. 하지만, 그에 대한 좀 더 풍부한 규정의 가능성을 배제하는 것은 아니다. 물론, 구체적으로 세련된 언어 능력을 갖추지 못한 피조물에게서 그런 좀 더 풍부한 규정이 정확히 무엇인지는 결코 분명치 않다. '어떤 틀을 활용하는 능력을 지닌다는 것'이 무엇인지를 스스로 규정할 능력이 없는 피조물들의 경우 그런

미니멀리즘의 3인칭 용어들이 아니고는 그런 식의 규정을 제공할 방법이 없다.

4. 여기서 쟁점이 되는 구분이 가능한 한 가지 길은, 이제는 철학과 심리학 문헌들에서 유행하고 있는 것으로서 개념적 내용과 비개념적 내용의 구분이라는 견지에 있다. 이런 구분을 활용하면, 피조물이 공간 개념을 파악하지 못한 채 공간을 파악할 수 있다는 사실이 의미하는 것은 공간의 파악이 비개념적인 내용의 파악을 의미한다고 말할 수 있을지 모른다는 점이다〔이는 《참고의 다양성》에서 에번스의 입장에 가까운 것이다. 다음에서 에번스에 관한 논의 참고. Sean Kelly, 'The Non-Conceptual Content of Perceptual Experience and the Possibility of Democrative Thought', *The Relevance of Phenomenology to the Philosophy of Language and Mind* (New York: Routledge, 2000)〕. 내 자신의 입장과 관련해서 주목하고자 하는 두 가지 논점이 있다. 첫째, 개념적인 내용과 비개념적인 내용의 대비는 보통 단순히 행동 유형들의 대비가 아닌 내용 유형들의 대비로서 의도되었다. 그러나 개념적인 것/개념적이지 않은 것의 구분을 내용 유형들의 구분으로 활용하지 않는다. 둘째, 인간의 경험은 그 자체로서 중요한 비개념적 구성요소를 갖는다고 주장되기는 하지만, 인간에게만 특징적인 종류의 세계 파악에 적용될 때, 비개념적인 내용이라는 개념의 유용성에 관해 나는 확신이 없다(설사 그것이 오직 인지적 경험과 연결된 파악일지라도). 이는 내가 모든 인간의 경험을 개념적이거나 진술적인 차원에서 완전하게 포착될 수 있는 것으로 받아들이기 때문은 아니다(그것이 그렇게 파악될 수 없다는 것은 분명하다). 그것은 여기 채용된 내용이 여전히 모호하다고 생각하기 때문이며 인간의 경험을 총체적으로 바꾸기 위해 그 개념을 채용할 능력이 있기 때문이다. 이 점과 관련해서는 존 맥도웰이 비개념적 내용이라는 관념에 관해 말했던 바에 공감한다. *Mind and World* (Cambridge, Mass.: Harvard University Press, 1994), pp. 46ff. 그러나 개념적인 내용과 비개념적인 내용의 대립이라는 쟁점이 나의 주요 관심사와 무관하지 않고 간접적으로 관련이 있기는 하지만 여기서 상세히 논의될 쟁점은 아니다.

5. Davidson, 'The Problem of Objectivity', *Tijdscrift Voor Filosofie* 57 (1995), 209.

6. 내가 여기서 자신이 행동하고 있는 공간을 개념적으로 파악한 피조물과 행동의 용어로 표현될 수 있는 환경을 어느 정도 '파악'한 반면 개념적인 파악은 없는 피조물을 구분한 것은 맥도웰이 '세계 속에 사는' 피조물과 단순히 '환경 속에' 살고 있는 피조물을 구분한 것과 유사해 보인다. 맥도웰은 '환경〔움벨트(Umwelt)〕'과 세계〔벨트(welt)〕를 구분한 가다머에 의지해서 개념을 채용할 능력이 없는 동물은 그들

의 환경적인 특질들에 반응할 수 있더라도 세계 자체에 대한 어떤 지향도 없다고 주장한다. 결과적으로 그들은 환경 안에서 살지만 세계 속에 사는 것은 아니다(*Mind and World*, pp. 116-7 참고).

7. 물론, 개념적으로 파악된 것 사이의 관계가 순전히 행동적이고 비개념적인 방식으로 파악될 때 동일한 구조들 사이의 관계들을 반영할 거라고 기대할 수 있지만(예를 들어, 주관적인 공간과 객관적인 공간의 관계들이 그 자체로서 주관적인 공간과 객관적인 공간의 관계에 반영될 가능성이 있는 것과 마찬가지로), 적어도 관계의 그런 유사성이 늘 얻어지지 않을 가능성은 있다. 그러나 가장 중요한 것은, 비개념적인 사례에서 관계의 실패가 반드시 개념적인 것에서의 관계 형성에 대한 반증이 되지는 않으리라는 것이다. 그래서, 인간의 능력과 관련해, 인간이 아닌 동물들의 행위에 대한 고려를 바탕으로 결론을 도출하는 데 어느 정도 주의를 기울여야 한다.
8. 내가 여러 쟁점에서 데이비드슨과 나를 나란히 두고 그의 연구의 여러 측면들에 의지하는 한, 내 입장은 내용에 대해, 그리고 사고와 경험에 대해서도 개념적인 것과 언어적인 것을 강조하는 시각—쟁점이 되는 것에 관한 지나치게 편협한 개념을 수반하는 것으로 간주될 수 있는 시각—으로 향하는 경향이 있다. 그런 입장은 비개념적인 내용의 형식들의 가능성에 맞서는 것으로 여겨질 수 있을 뿐만 아니라 근거 없이 인간에 제한될 수도 있다. 비언어적인 피조물, 그리고 완전히 성숙한 판단이나 개념의 능력이 없는 피조물들조차 사유할 수 있는 어떤 의미가 있음을 부정할 생각은 없지만 그럼에도 불구하고 그런 활용에 어떤 의미가 따르는지는 여전히 불확실하다. 이런 점에서, '내용'에 관해 이야기하는 것은 그런 내용을 구체화하는 수단으로서 진술이나 문장을 참고할 수 있는 한 정확성과 유용성을 얻을 수 있는 것으로 보인다(4장의 주 27 참고). 개념성과 언어에 초점을 맞추고 있다는 점에서 내가 존 맥도웰과 같은 입장을 전제한다고 볼 수 있다. 그는 인간에게 그가 '동물 본성'이라 부르는 것이 있음을 받아들이지만 이런 본성이 개념적 사고와 언어를 사용할 수 있는 인간의 독특한 능력에 의해 급진적으로 변모할 수 있다고 주장한다(이를 좀 더 살펴보려면 다음을 참고. McDowell, *Mind and World*, pp. 69ff. 이 책에서 맥도웰의 접근법에는 문제가 있다. 그래서 나는 그의 입장 전체를 지지하지는 않는다). 여기서 한 가지 더 분명히 할 것이 있다. 개념성과 언어에 대한 이런 강조와 연결된 명제성의 강조가, 정신적 삶이 철저히 명제적이라거나 혹은 정신적 삶은 그 모든 세부적인 것들에서 명제적인 용어로 어느 정도 광범위하게 파악될 수 있음을 함축하는 것으로 여겨져서는 안 된다. 핵심은 어떤 식으로든 세련되게 피

조물의 행동 구조와 세계에 대한 관계의 윤곽을 그리는 것은 오직 명제를 통해서만 가능하다는 것이다. 그러므로 명제적인 내용들은 지형도 위의 선이나 기호와 같은 것이다. 그것들은 우리가 어떤 풍경의 복잡하고 상호 연결된 구조를 파악할 수 있게 한다. 이 경우 행위적이고 정신적인 풍경은, 설사 그것이 언제나 그런 구체적인 작도를 통해 주어질 수 있는 것 이상을 포함한다고 해도, 명제적 내용을 파악하지 못하는 어떤 피조물의 무능력이 그런 피조물의 행위를 묘사하면서 명제적 내용에 대한 모든 호소를 배제하지 않지만, 앞서 주목했듯이, 그런 설명의 복잡성과 정교함의 수준에 엄격한 한계를 설정하고 그렇게 해서 그 정확성과 유용성에도 엄격한 한계를 설정한다.

9. 다음을 참고. Marwyn S. Samuels, 'Existential and Human Geography', in David Ley and Marwyn S. Samuels (eds.), Humanistic Geography: Prospects and Problems (London: Croom Helm, 1978), p. 29.

10. 물론 우리의 공간 파악에 관한 전망은 메를로퐁티가 《지각의 현상학》에서 주의를 기울였던 것이다. 그러나 러셀이 (접근법이 전혀 다르기는 하지만) 폭넓게 활용한 관념이기도 하다. Bertrand Russell, *Our Knowledge of External World* (London: George Allen & Unwin, 1926), pp. 94ff.

11. 우리는 여기서 쟁점이 되는 주관적 공간을 엘리자베스 스트뢰커(Elizabeth Stroker)의 문구인 '행위 공간'으로 여길 수 있을 것이다. *Elizabeth Ströker, Investigations in Philosophy of Space*, pp. 48ff 참고. 스트뢰커가 쓰고 있듯이, "행위 공간은 …… 활동 기획에서 형성된 하나의 공간이며 행동하는 주체의 상황과 그 존재와 상관이 있는 공간이다(p. 62). 그러나 아래에서 더 명확해지겠지만, '행위 공간'이 행동하는 주체에 의지하는 방식은 행위 공간에 선행하거나 그로부터 독립적인 것으로서 주체라는 개념에 어떤 토대를 제공하는 것이 아니다. 대신에, 둘은 서로 상관된 것으로 규정된다.

12. J. J. Gibson, *The Ecological Approach to Visual Perception* (Boston: Houghton Mlifflin, 1979) 참고.

13. 다음의 논의를 참고. Sean Kelly, 'The Non-Conceptual Content of Perceptual Experience and the Possibility of Demonstrative Thought.'

14. Campbell, *Past, Space and Self*, p. 14. 캠벨은 우리를 둘러싼 환경에 대한 우리의 파악이 캠벨이 '작동하는 개념들'(환경의 그런 인과적 특징들의 실질적인 파악으로 이루어진 파악의 개념들. 앞의 책, pp. 43-46 참고)이라고 부르는 것의 파악은

물론이고 '인과적 색인의' 개념들('내가 쉽게 들어 올릴 수 있는 무게이다'와 같은 개념으로, 이런 개념의 파악은 자신의 인과적 능력에 대한 파악이다)의 파악을 의미하는 '원초적 물리학'의 파악에 달려 있는 방식을 거론한다.

15. *The Varieties of Reference*, p. 154.

16. 다음에서 이 점에 관한 논의 참고. Sean Kelly, 'The Non-Conceptual Content of Perceptual Experience and the Possibility of Demonstrative Thought.'

17. 'General Introduction', in Naomi Eilan, Rosaleen McCarthy and Bill Brewer (eds.), *Spatial Representation* (Oxford: Blackwell, 1993), p. 10.

18. Campbell, *Past, Space and Self*, pp. 5-33.

19. 앞의 책, p. 5.

20. 예를 들어, 뇌의 해마로 알려진 부분의 구조에 바탕을 둔 인지 지도의 차원에서 하나의 피조물을 내적으로 표상하는 것으로서 공간을 이해할 수 있는 방식에 관한 설명으로는 다음을 참고. John O'Keefe and Lynn Nadel, *The Hippocampus as a Cognitive Map* (Oxford: Clarendon Press, 1978). 여기서 해마가 어떤 역할을 하는 것은 분명하지만 여기 적용된 '인지 지도'의 개념이 어느 정도 불분명하다는 것을 알게 될 것이다.

21. 그것은 숀 켈리(Sean Kelly, 'The Non-Conceptual Content of Perceptual Experience and the Possibility of Demonstrative Thought')로 하여금 비개념적인 내용이라는 개념에 호소하게 한 사고 노선이다. 그러나 내게는 여기서 쟁점이 되는 '내용'이 비개념적이어 보이는 한편, 문제의 주장은 그런 개념을 전혀 참고하지 않아도 된다는 것이 어떤 의미인지 분명치 않은 듯하다.

22. 지도의 한 가지 중요한 특징은 그것들이 **재현**하는 것이지 **묘사**하는 것이 아니라는 점이다. 다시 말해 지도는 그림이 아니라는 것이다(비록 그림을 포함하기는 하지만). 그 때문에 그들이 특정한 재현의 양식을 채용하기는 하지만 사물의 구체적인 '경관'을 보여주지는 않는다는 것이다. 지도의 비회화적 성격은 어쩌면 중세 지도의 지극히 도식적인 성격을 고려할 때 더 분명해질 것이다(런던의 지하 세계에 대한 유명하며 너무도 많이 복제된 지도와 같은 근대적인 예들은 물론이고). 중세의 지도, 그리고 근대와 중세 지도 제작법의 차이에 관한 탁월한 설명으로는 다음을 참고. Evelyn Edson, *Mapping Space and Time: How Medieval Mapmakers Viewed Their World* (London: British Library, 1997)

23. J. R. R. Tolkien, *The Lord of the Ring*, 3 vols. (London: George Allen and Unwin,

1955). 이 책들과 관련된 지도들이 양산되었다. 톨킨이 의지하고 있는 '중간계(Middle-Earth)'라는 가상 영역에 관한 다양한 지도들뿐만 아니라 다른 사람들이 제작한 지도들도 양산되었다.

24. 이 점에 특히 관심을 기울인 것으로 삽화를 곁들인 다음의 안내서가 있다. Hermann Lea, *Thomas Hardy's Wessex* (London: Macmillan, 1977-orig. 1913); Dennis Kay-Robinson, *The Landscapes of Thomas Hardy* (Exeter: Webb & Bower, 1984) 참고. 윌리엄 포크너는 또 한 사람의 주목할 만한 작가이다. 그의 문학적인 가상의 풍경—요크나파토파 카운티—은 실제 시골 지역—미시시피의 옥스퍼드 부근 지역—에 의거한다〔특히, Malcolm Lowry, ed., *The Portable Faulkner* (New York: Viking Press, 1967, rev. edn) 참고〕. 하디와 포크너 모두 허구의 공간은 다른 여러 면에서 실제 공간을 반영하지만 어떤 면들에서 실제의 공간과 구분된다. 특히, 도시 이름들과 지형적인 윤곽의 측면에서 그렇다.

25. 자아중심성의 본질에 대한 캠벨의 구체적인 규정이 그런 시각으로 이어진다고 여겨질 수 있는 이상, 내 설명에서는 여전히 수용될 수 없는 것으로 남을 수밖에 없다.

26. 캠벨은 오키프와 네이글과 마찬가지로(*The Hippocampus as a Cognitive Map*, pp. 1-2) 객관적 공간이 자아중심적인 공간에서 도출될 수 있다는 생각을 부정한다(Campbell, *Past, Space and Self*, pp. 19-33 참고). 칸트는 공간의 파악(그가 이 말로 의미하는 것은, 객관적인 공간이다)이 '타고난' 것일 수 없지만 경험으로부터 도출된 것일 수도 없다고 주장한다. 1770년에 발표된 칸트의 "Inaugural Dissertation", "Dissertation on the Form and Principles of the Sensible and Intelligible Worrd", section 15E (Corollary), in *Kant's Inaugural Dissertation and Early Writings on Space*, trans. John Handyside (Chicago: Open Court, 1929), p. 65 참고.

27. 여기서 우리는 《순수 이성 비판(Critique of Pure Reason)》에서 공간의 일원성에 대한 칸트의 강조 이면에 놓인 추론의 단서를 얻을 수 있을 것이다. 여기서 개진된 공간에 대한 설명은 중요한 점들에서 《순수 이성 비판》에서 칸트가 제시한 공간에 대한 설명과 분명하게 구별된다. 그럼에도 불구하고 공간적 개념과 지형학적 개념들에 핵심적인 역할을 부여하면서, 이 책의 분명한 목적은 칸트의 어떤 주제들—예를 들어, 앞서 서론에서 언급된 칸트의 저작들에서 공간과 체현에 관한 논의 참고, p. 13, 주 36.—과도 일치하는 것으로 여겨질 수 있다.

28. Nagel. *The View From Nowhere* (Oxford University Press, 1986), p. 5.

29. 앞의 책, p. 7. 이런 규정에는 내가 앞서 주목했던 객관성과 주관성의 상관관계가

담겨 있다. 결과적으로 그런 생각에 따르는 모호성 역시 포함되어 있다는 점을 주의하라.

30. 앞의 책, p. 6.

31. Bergson, *Time and Freewill*, trans. F. L. Pogson (London: George Allen & Unwin, 1910), p. 97. 좀 더 전반적으로 pp. 96-7 참고.

32. 밀이 주목했듯이, "방해받지 않는 근육의 움직임을 느끼는 것으로 우리는 빈 공간을 감지한다. 그리고 방해받지 않는 근육의 움직임을 느끼는 것은 채워진 공간을 감지하는 것으로 이루어진다. 공간은 여지—움직임을 위한 여지—이다. 공간의 독일어 명칭인 **라움**은 그 점을 분명하게 확인시킨다"〔John Stuart Mill, *An Examination of Sir William Hamilton's Philosophy*, ed. J. M. Robson (Toronto: University of Toronto Press, 1979), p. 221〕.

33. 엘리자베트 스트뢰커는 서로 다른 공간 개념들 사이의 상관관계를 강조한다. "우리는 주체가 자신의 활동에서 세계를 향한 자신의 행동 양식에서 그 자신의 육체적 기능 이외의 어떤 것을 채용한다는 점을 인정한다. 그러므로 그의 행위 공간은 오직 다른 공간, 곧 수학적 공간의 가능성으로부터만 배태될 수 있다. 이는 행동하는 신체가 그것을 인지하든 아니든 관계없이 타당하다. ……행위 공간은 여전히 탐색되어야 할 다른 공간의 존재를 드러낸다. 행위 공간의 주체는 언제나 그 등 뒤에 다른 공간을 가지고 있으며 그의 행위 공간은 처음부터 다른 공간에 의해 함께 결정된다."(*Investigations in Philosophy of Space*, p. 61).

34. Evans, *The Varieties of Reference*, p. 212. 에번스는 "네이글이 확립하고자 한 '주관적' 사유 양식과 '객관적' 사유 양식 사이의 간극은 위조된 것이다. 둘은 각각 서로 불가분으로 묶여 있다"고 덧붙인다. 여기서 언급된 '간극'은 《이타심의 가능성(The Possibility of Altruism)》에서 네이글의 주장에 등장하는 것이다〔Oxford: Clarendon Press, 1970), p. 103〕. 에번스가 말하듯이, 네이글의 주장은 다음과 같다. "우리는 우리가 객관적인 공간적-시간적 틀의 일환으로 인식된 객체들과 동일시되는 것이 무엇인지 제대로 이해하지 못한다."

35. 피조물이 객관적 공간을 어떻게든 '파악'할 것이라는 것은 이런 최소한의 의미에서일 뿐이다. 객관적 공간의 그런 파악은, 물론 타자중심 공간—어떤 환경적인 특징들—의 파악을 통한 객관적 공간의 파악이 될 것이다. 그러나 객관적 공간의 타자중심적 파악에는 해당 피조물이 세계에 대한 그 자신의 경험의 관점에서(그리고 바로 아래 논의의 용어들을 활용하면서) 공간의 어떤 타자중심적 **표현**에 어떻

계든 접근한다는 것이 함축되지 않는다. (캠벨이 그런 것처럼) 그 행위가 어느 정도 환경적 특질에 의해 결정되는, 그러나 자신은 그런 특질들을 개념적으로 파악할 능력이 없는 피조물이 객관적 공간을 파악하는 것으로 설명되기에는 최소의 의미가 너무 미미하다고 주장할지도 모른다. 이는 내가 설득력 있지만 또한 그와 병행하여 그런 피조물이 타자중심 공간을 어떤 식으로든 파악하고 있다는 생각의 거부를 수반하는 시각으로 보인다.

36. Colin McGinn, *The Subjective View* (Oxford: Clarendon Press, 1983), p. 73.

37. 맥긴(앞의 책, p. 80)은 불가분성의 명제와 같은 것을 지지하는 사람으로 브래들리뿐 아니라 버클리를 언급하고 버클리의 *Principles of Human Knowledge*에서 다음과 같이 인용한다. "나는 확장되고 움직이는 하나의 신체라는 관념의 틀을 만드는 일이 내 능력을 벗어나는 것임을 분명히 알고 있다. 하지만 나는 그것에 어떤 색채를 주거나 마음속에 존재한다고 인정되는 다른 감지할 수 있는 특질을 주어야 한다. 요컨대, 다른 모든 특징들로부터 추론된 확장, 특징, 움직임은 인식할 수 없는 것이다"(George Berkeley, *The Principles of Human Knowledge*, section 10).

38. McGinn, *The Subjective View*, pp. 80-1.

39. 여기서 공간을 그저 '물리적'이거나 객관적인 것으로서 경험하는 우리의 일상적인 공간 경험에 호소할 수 없으며, 그래서 공간성에 대한 우리의 모든 생각이 순수한 범위로서 객관적 공간의 경험—우리의 공간 경험은 '이미 언제나' 객관적이거나 물리적인 어떤 공간만의 구조를 넘어서는 복잡한 방식으로 구조화된다—에서 도출된다고 주장할 수 없다는 것을 주목하라. 간단히 말하자면, **우리는 공간을 순수한 물리적 확장으로서 경험할 수 없으며 그렇게 경험하지 않는다.**

40. Entrikin, *The Betweenness of Place*, p. 126.

41. 같은 책, p. 134.

42. 엔트리킨이, 리쾨르의 연구에 분명하게 의지하고 있기에, 서사로의 전환이 시간성의 의문스러운 성격을 극복하는 방식에 대한 리쾨르의 생각과 유사한 어떤 것을 염두에 두고 있을 것이라는 의심이 일기는 하지만—*Ricoeur, Time and narrative*, trans. Kathleen Mclaughlin and David Pellauer, 3vols. (University of Chicago Press, 1984-8)—서사가 장소의 이해에 중심이 된다는 데에는 엔트리킨에 동의한다. 그러나 여기서 근본 개념이 되는 것은 여전히 서사가 아니라 장소이다. 다음을 참고. *The Betweenness of Place*, pp. 109-31.

3. 전체론, 내용 그리고 자아

1. *Phenomenology of Perception*, pp. 406-7.
2. 이 논의에서나 다른 논의에서나 모두 나는 보통 신념, 욕망, 희망, 두려움, 경험 등으로 간주되는 정신적 상태들에 관해 이야기하고자 한다. '상태들'에 관한 그런 이야기는 좀 더 기질적이거나 역동적인 관념들에 호소할지도 모르는 정신 상태들을 보는 대안의 방법들의 배제를 의미하지 않는다.
3. 1982년 리들리 스콧이 연출하고 해리슨 포드가 출연한 이 공상과학 영화는 엄청나게 제한된 수명으로 인위적으로 만들어진 사람들('리플리컨츠')을 사냥하는 포드에 초점을 맞춘다. 영화의 중심 주제는 기억과 정체성—주요 등장인물 가운데 한 사람의 정체성은 인위적으로 인식된 거짓 기억들을 둘러싸고 형성된 것이 분명하며 감독의 편집본(상업적으로 개봉된 뒤 얼마쯤 시간이 지나서 출시되었다)에서, 관객들은 해리슨 포드가 연기한 등장인물도 이와 같은지를 궁금해하게 된다—의 관계이다.
4. Harold Nicloson, *Some People* (London: Pan Books, 1947), p. 9.
5. '거짓 기억'의 본질과 가능성은 소위 '억압된 기억 증후군'과의 관계에서 뜨겁게 논란이 되어온 쟁점이다. 이와 관련된 몇 가지 난점에 관환 논의로는 다음을 참고. Daniel L. Schacter, *Searching for Memory* (New York: Harper Collins, 1996), pp. 248-79.
6. 프로이트가 말했던 것처럼, "우리가 과연 어린 시절의 기억을 가지고 있기는 한 것인지 물을 수 있다. 우리의 어린 시절 기억들은 초기의 시절을 그대로 보여주는 것이 아니라 훗날 기억들이 떠오르는 시기에 여겨지는 대로 보여준다."〔Freud, 'Screen Memories', in The Complete Psychological Works, vol. 3 (1893-99), trans, James Strachey (London: Hogarth Press, 1966), p. 322〕. 도널드 스펜스(Donald P. Spence)가 쓴 다음의 글은 프로이트의 주장을 반향한다. "4세 이전에 일어난 것으로 보이는 사건들의 보고를 들을 때마다 나는 우리가 어떤 종류의 투사를 보고 있을지 모른다는 의심을 하곤 한다."〔Spence, 'Passive Remembering', in Ulric Neisser and Eugene Winograd (eds.), *Remembering Reconsidered* (Cmabridge University Press, 1988), p. 317)〕. 자서전 문학은 니콜슨의 경우와 같이 상당히 생생하지만 잘못된 어린 시절의 기억에 관한 많은 예들을 제공한다.
7. 어떤 내용을 갖는 것으로서 하나의 상태를 확인하는 일은, 그러므로 그 상태를 하나의 특정 주체에 귀속시키는 것과 별개의 문제이다. 이는 내용을 귀속시키는 일에서 우리에게 실수가 있을 수 없다는 뜻이 아니며 주체의 상태들에 내용을 귀속시

키는 것과 별개로 내용의 귀속에 의미를 부여할 수 없다는 뜻이다. 더욱이 내용을 귀속시킨 것에 대한 우리의 판단이 옳은지 아닌지는 해당 주체에게 다른 어떤 내용—우리와의 관계에서 그리고 주체의 환경에서 객체와 사건들과의 관계에서 주체가 어떻게 행동하는지에 달린 어떤 것—을 귀속시킬 수 있는지에 달려 있다. 그리고 이는 아래에서 곧바로 더 논의되는 정신적 내용에 관한 좀 더 일반적인 전체론을 반영한다. 위의 논의가 가리키듯이, 우리 자신의 사례에서, 우리 자신의 상태들을 특정 내용을 가진 것으로 파악하는 것은 또한 그 상태들을 우리 자신의 것으로 파악하는 것이기도 하다. 그리고 이는 우리가 오인할 수 없는 어떤 것이다(에번스가 *Varieties of Reference*, p. 180에서 주목한 것과 같다). 사실, 우리는 우리가 믿고 의미하는 것(훨씬 뒤에서 검토할 것이다, p. 90)을 아는 문제에 관한 한, 어떤 '권위'를 지닌다고 말할 수 있다.

8. 아래의 페이지들에서 자명해진 것처럼, 정신적인 내용, 그리고 전반적으로 정신적인 삶의 내용은 그렇게 해서 공간이나 장소의 개념들이 발견될 수 있는 하나의 기본 토대를 제공할 수 있는 주관성의 개념을 위한 여지가 있을 수 없게 된다. 정신적인 내용의 전체론적인 성격은 그 자체로서 구체화되고 공간화된 힘에 하나의 중심 역할을 부여할 수 있는 정신적 조직의 개념으로 이끄는 것이라고 여겨질 수 있다. 정신적인 내용의 전체론적 성격은 공간과 장소와 주관성의 필연적인 상호작용에 관한 더 큰 주장에서 중요한 요소이다.

9. 울릭 네제르가 지적하듯이, 일원적인 자아는 복잡하고 완전히 일관되지는 않은 구조이며 그런 구조는 여러 다른 '자아들'을 구성할 수 있는 것으로도 여겨질 수 있다〔네제르는 자아를 다섯 가지로 구분한다. 환경적 자아, 상호 개인적(interpersonal) 자아, 확장된 자아, 개인적 자아, 개념적 자아. Neisser, 'Five Kinds of Self-Knowledge', *Philosophical Psychology*, I (1988), p. 36〕. 네제르의 논의는 자아의 개념이 복잡성—그리고 상호관계—에 대해 유사한 복잡성을 보이는 정도를 가리킨다. 그러나 네제르가 주장하듯이, "우리 이웃들과 상호작용에서 개인으로서 우리의 자아에 대한 대체로 일관된 설명, 우리 이웃들이 우리에 관해 줄 수 있는 설명과 세부적인 것에서는 다르지만 거의 언제나 구조에서는 유사한 설명을 제공하면서" 가장 포괄적인 자아 개념을 제공하는 것은 '개념적 자아'이다(앞의 책, p. 55). 반면 "나머지 네 종류의 자아 지식 또한 개념적 자아에서 재현된다"(앞의 책, p. 54). 이런 근거에서, 자아와 자아 정체성에 관한 나 자신의 논의는 일차적으로 대부분 네제르가 설명한 것으로서 '개념적 자아'와 관련된 것으로 받아들일 수 있다. 서로 다른 종류의 자

기 지식에 대한 네제르의 구분은 확실히 인간 이외의 동물들과 관련해 자아에 관한 논의, 특히 자아 정체성과 자아 인식에 관한 논의에 흥미로운 함의를 갖는다〔예를 들어, 다음을 참고. Sue Taylor Parker, Robert W. Mitchell and Maria L. Boccia (eds.), *Self-Awareness in Animals and Humans: Developemental Perspectives* (Cambridge University Press, 1994)〕. 그러나 네제르가 설명한 자아에 관한 서로 다른 생각 가운데 일부가 그런 논의들 속에 내포된 반면, 네제르의 연구는 확실하게 윤곽이 그려지지 않은 것 같다. 이런 문제들에 대한 논의들을 둘러싼 모호함의 많은 부분이 쟁점이 되는 기본 개념들을 둘러싼 어떤 명징성의 결여에서 비롯된다는 데에는 의심의 여지가 없다.

10. MacIntyre, *After Virtue: A Study in Moral Theory* (London: Duckworth, 1981), p. 194.
11. *After Virtue*, pp. 190-209에서 서사의 역할에 관한 매킨타이어의 논의가 여기서 특히 타당하다. 서사와 개인적 정체성 사이의 관계에 대한 리쾨르의 논의 역시 참고. Paul Ricoeur, 'Life in Quest of Narrative', in David Wood (ed.) *On Paul Ricouer: Narrative and Interpretation* (London: Routledge, 1991), pp. 20-33. 리쾨르의 《시간과 서사(Time and Narrative)》에도 이 쟁점들과 관련 쟁점들에 관한 폭넓은 고찰이 담겨 있다. 기억을 통한 자아의 형성에서 서사의 역할에 관한 논의로는 다음을 참고. Craig R. Barclay, 'Remembering Ourselves', in G. M. Davies and R. H. Logie (eds.), *Memory in Everyday Life* (Amsterdam: Elsevier, 1993), pp. 285-309. 바클레이는 자아를 서사와 개인의 상호작용이 중요한 역할을 하는 기억하기의 과정을 통해 구축되고 재구축되는 어떤 것으로 본다.
12. 다시 한 번 다음을 참고. McIntyre, After Virtue, pp. 190-209.
13. 사실, 매킨타이어에게는 전통과 공동체가 중요한 역할을 한다(After Virtue, pp. 205-7). 삶에 관한 서사라는 관념, 그리고 그와 함께 자서전의 관념이 하나의 구체적인 역사적 기원을 갖는 것으로 보이지만〔예를 들어, 다음을 참고. Patricia Meyer Spacks, *Imagining a Self* (Cambridge, Mass.: Harvard University Press, 1976). 삶을 하나의 이야기로 여기는 생각, 그리고 적어도 유럽적 사유에서는, 하나의 지배적 형식으로서 소설의 등장에 상응하는 것으로 보이는 개인적 이야기의 부상〕, 이는 이런저런 형태의 서사 구조들이 정신적 삶의 질서에서 늘 중심이 된다는 생각을 벗어나지 않는다.
14. 나는 그런 신념들이 '일상적으로' 어떤 다른 것들을 배제한다고 말하지만, 지극히 이상한 사례들이 분명 떠오를 수 있다. 특히 정신분열증의 경우, 예를 들어, 다음

을 참고. Alan Baddeley, Andrew Thornton, Siew Eng Chua and Peter McKennea, 'Schizophrenic Delusions and the Construction of Autobiographical Memory', in David Rubin (ed.), *Remembering Our Past* (Cambridge University Press, 1996), pp. 384-428.

15. 정신 상태들의 어떤 체계에도 부여될 수 있는 가능한 설명이나 서사의 다원성—정신적인 것의 '불확정성'이라 부를 수 있는 것—은 다음과 같은 것을 시사한다. 곧 자아 정체성이 그런 정신 상태들과 묶일 수 있는 이상 그런 자아 정체성은 다수의 설명과 묘사를 할 수 있다. 그것이 자아 정체성을 불안정하게 할 수 있기 때문에 이는 그런 자아 정체성의 개념에 문제를 안기는 것으로 여겨질 수 있다. 다음 책에 대한 데이비드 우드의 서론에서 이런 지적에 관한 논의 참고(*On Paul Ricouer: Narrative and Interpretation*, p. 4). 그러나 나는 리쾨르와 마찬가지로, 그런 '불확정성'을 정신적인 내용이나 자아 정체성에 관한 전체론적 관념이나 서사주의 관념들에 대한 반대가 아니라(우드의 서론 p. 5 참고) 그런 관념들이 작동하는 한계 가운데 하나를 지적하는 것으로 본다. 더욱이, 여기서 왜 더 큰 결정성이나 '안정성'을 기대해야 하는지 혹은 기대하는 것이 정당한지는 분명치 않다. 정신적인 내용이나 자아 정체성까지도 '불확정적'이라는 사실이 그런 내용의 사실성을 해치지는 않는다. 참인 묘사가 다수라는 사실이 설명되는 것의 비현실성을 함축하지 않으며 동일 객체에 대한 묘사가 다수라는 사실이 그런 설명의 필연적 거짓성을 함축하는 것도 아니다. 정신적인 내용과 관련한 불확정성의 논의와 방어에 관해서는 다음의 내 책 참고. *Donald Davidson and Mirror of Meaning* (Cambridge University Press, 1992), pp. 104ff.

16. 여기에 신념에 관한 크리프케의 유명한 수수께끼와 연관이 있다〔Saul Kripke, 'A Puzzle About Belief', in A. Margalit (ed.), *Meaning and Use* (Dordrecht: Reidel, 1979), pp. 239-83〕. 프랑스에서 성장한 피에르는 영어를 사용하는 유모에게서 'Londres est jolie(런던은 아름답다)'고 배웠다. 말년에 피에르는 런던의 단조로운 지역에 살러 갔고 '런던은 아름답지 않다'는 신념을 얻는다. 그러나 피에르는 Londres가 런던이라는 사실을 깨닫지 못하고 계속해서 'Londres est jolie(런던은 아름답다)'와 '런던은 아름답지 않다'는 신념을 모두 유지한다. 우리는 이 두 개의 서로 다른 신념을 피에르에게 귀속시키는가? 우리는 이 신념들을 모순되는 것으로 받아들일까? 우리는 오직 'Londres'에서 런던이라는 언급을 빼버리는 위험을 감수하고 피에르의 'Londres'과 런던을 연결시키는 인과적/역사적 주장을 무시함으

로써만 모순을 피할 수 있다. 크리프케의 문제가 내용에 관한 하나의 전체론적 이론에서 비롯된 것으로 보는 시각에 대한 추가 논의를 위해서는 다음을 참고. Akeel Bilgrami, *Belief anf Meaning* (Cambridge, Mass.: Blackwell, 1992), pp. 16-19, 56-60.

17. 데이비드슨이 지적하듯이, '표준적인 이유의 설명에서 …… 다양한 신념과 욕망들의 명제적인 내용들이 서로에 대해 그리고 신념, 태도, 혹은 그들이 설명에 기여하는 의도의 내용들에 대해 적절한 논리적 관계들을 맺는다. 신념과 욕망의 실질적 상태들은 설명된 상태나 사건을 유발한다. 불합리성의 경우에, 인과적 관계들은 남아 있는 반면, 논리적 관계는 상실되거나 왜곡된다'〔'Paradoxes of Irrationality', in Richard Wollhein and James Hopkins (eds.), *Philosophical Essays on Freud* (Cambridge University Press, 1982), p. 298〕. 여기서 데이비드슨이 고려하고 있는 선들을 따라 정신적인 것들의 상호 연관적인 성격에 균열이 생길 수 있다. 그 선들에서는 아래에서 작스의 주장에서 제시된 것처럼 어떤 구체적인 물리적 사건이, 말하자면 주체의 신체에서 일어나는 평범한 일상적 과정에 "간섭하는" 방식으로는 물론이고, 주체의 나머지 정신적 삶과 어떤 적절한 합리적 관계도 없는 일단의 정신적 사건들을 일으킴으로써, 어떤 합리적 연결도 없는 두개의 정신 상태 사이에서 어떤 인과적 관계가 성립될 수 있다. 물론 두 경우 사이에는 중요한 차이가 있다. 데이비드슨의 경우, 인과적이기는 하지만 합리적이지는 않게 연결된 내용이 담긴 일단의 상태들을 갖게 되는 반면, 작스의 경우에 우리는 다른 상태들과 합리적으로 단절된 일단의 내용 있는 상태들을 등장시키는 합리성이 없는 원인을 갖게 된다. 데이비드슨은 전자를 불합리성의 사례('Two Paradoxes of Irrationality', p. 299 참고)로 다룬다.

18. Oliver Sacks, *The Man Who Mistook His Wife For a Hat* (London: Pan Books, 1985), pp. 125-42.

19. 이는 또한 정신적인 것이 실제로 어떻게 해서 중첩되기는 해도 분리된 '영역들'로 '분할되고', 그래서 도널드 데이비드슨이 〈불합리성의 역설〉에서 주장했던 선들을 따라 일정한 형태의 불합리성이 생기는 것을 허용하게 되는지를 이해할 수 있게 한다.

20. Daniel C. Dennett, *Content and Consciousness* (London: Routledge, 1993), pp. 93-4. 데넷은 하위-개인적 수준으로의 변화가 개인적 수준의 포기를 수반한다는 점을 지적한다. 그래서 고통의 경우, 예를 들어, "개인적 수준의 설명을 포기하는 것은 고통을 **포기하고** 어떤 물리적 사건과 동일시하기 위해 고통을 수반하지 않는 것과

똑같다"(p. 94).

21. 변칙적인 일원론의 성격에 관한 최근 논의로는 다음을 참고. Davidson, 'Thinking Causes', in John Heil and Alfred Mele (eds.), *Mental Causation* (Oxford: Clarendon Press, 1993), pp. 3-18. 그 입장에 관한 고전적인 주장은 다음에서 볼 수 있다. "Mental Events", in *Essays on Actions and Events* (Oxford: Clarendon Press, 1980), pp. 207-24. 데이비드슨이 경험주의적 근본주의를 거부한 것과 관련해서는 다음을 참고. "A Coherence Theory of Truth and Knowledge", 특히 pp. 312-14.
22. *Phenomenology of Perception*, p. 407.
23. 특히 데이비드슨의 관점(perspective)에서 상태들의 동일성은 다른 상태들과 그 상태들의 인과적 관계의 문제일 뿐이라고 주장할 수 있을 것이다. 그러나 그들의 내용을 직접적으로 결정하는 것은 상태들 사이의 인과적인 관계들이 아니라 그들의 **합리적인** 관계들이다.
24. 이 점에 관한 좀 더 상세한 논의를 위해서는 다음의 내 글들 참고. "Self-knowledge and Scepticism"과 "Constituting Mind: Kant, Davidson and the Unity of Consciousness". 또한 Davidson, "First-Person Authority", *Dialectica* 38 (1984), 101-11 과 "Knowing One's Own Mind", *Proceedings and Addresses of the American Philosophical Association*, 61 (1987), 441-58. 케이블은 《정신분석학적 정신(The Psychoanalytic Mind)》, pp. 9-41에서 (여기서 문제가 되는 전반적인 논점들과의 관계에서 데이비드슨의 입장에 대한 탁월한 요약을 제공하는 것은 물론이고) 이 쟁점에 관한 유용한 논의를 제공한다.

4. 일원성, 지역성, 작용

1. *The Self as agent* (London: Faber & Faber, 1957), p. 54.
2. 그러므로 우리가 어떤 신념을 견지하게 되면, 그것이 아무리 작용하지 않는 상태로 남아 있을지라도, 의식적 행위와의 관계에서 직접적으로 효력을 발휘하는 다른 어떤 신념이나 신념들의 복합체 혹은 어떤 욕망을 견지하게 되는 경향이 있다.
3. C. S. Peirce, 'How to Make Our Ideas Clear', in *Collected Papers of Charles Sanders Peirce*, vol. 5, *Pragmatism and Pragmaticism* (Cambridge, Mass: The Belknap Press, 1935), p. 397. 토머스 볼드윈은 "유일한 행위자(작인)가 인지할 수 있다는……고전적 실용주의의 명제"〔Thomas Baldwin, 'Objectivity, Causality and agency', in

José Luis Bermudez, Anthony Marcel and Naomi Eilan (eds.), *The Body and the Self* (Cambridge, Mass.: MIT Press, 1995), p. 107]와 "신념의 내용이 신념이 진실일 경우 주체의 욕망을 충족시킬 수 있는 행위들을 야기하는 데 도움을 주는 그 역할의 견지에서 정의될 수 있다는 신념에 관한 실용주의 이론"(p. 108)을 언급한다.

4. 물론, 행위의 성격에 관한 그런 시각(대체로 비트겐슈타인 식의 계통수를 갖는 시각)의 고전적인 진술은 데이비드슨의 'Actions, Reasons and Causes'로 Davidson, *Essays on Davidson: Actions and Events* (Oxford: Clarendon Press, 1980), pp. 3-20에 재수록되었다.
5. 서사를 자아의 형성과 정의에 결정적으로 중요할 뿐만 아니라 행위의 구조와 가능성에도 결정적으로 중요한 것으로 여기는 입장을 보여준다는 점에서 리쾨르의 연구는 중요하다. Paul Ricoeur, *Onself as Another*, esp. pp. 88-163 참고.
6. '의도성'은 프란츠 브렌타노(Franz Brentano)의 연구에, 특히 에드문트 후설(Edmund Husserl)의 연구에 핵심이 되는 생각이다.
7. 신념의 내용을 판단하는 데서 신념의 객체들을 확인하는 것의 중요성은 우리가 언어 능력과 긴밀히 연결되어 있는 태도들을 지닐 수 있는 한 가지 이유이다(이런 주장은 2장에서도 볼 수 있다. 주 8번). 데이비드슨의 설명에서 특히 화자에게 귀속되는 신념이 무엇인지는 신념의 원인을 확인함으로써 신념의 객체를 확인하는 데에 달려 있다. 신념들은 다른 태도들과 응집되어야 하고 그래서 신념의 확인 역시 화자에게 귀속되는 다른 신념과 태도들에 합치되는 설명 아래 신념의 객체들을 확인하는 데에 달려 있다. 언어 능력이 없는 피조물은 서로 다른 설명을 받는 동일 객체를 구별할 수 없는 피조물일 테고, 그 결과 그 태도들이 어떤 상세하거나 정확한 설명을 받을 수 없는 피조물일 것이다. 이 점에 관해서는 스퍼스(Suppes)에 대한 데이비드슨의 답변 참고(*Essays on Davidson*, p. 252).
8. 이런 관념은 내가 (정도가 덜하고 방식이 달랐지만) 다른 곳에서 '기획'에 관한 관념 언저리에서 발전시켰던 관념이다. *Donald Davidson and the Mirror of Meaning*, pp. 78-9, 127-38 참고.
9. Akeel Bilgrami, *Belief and Meaning*. 빌그리미에게는 정신적인 내용과의 관계에서 행위의 중요성을 인정하는 것 역시 어떤 윤리적 고려의 결과일 수 있는 것 같다. 분명히 그런 고려들은 부록에 담긴 자기 인식에 관한 그의 짤막한 논의의 핵심이다(*Belief and Meaning*, p. 250).
10. 앞의 책, pp. 10-12, 141-150. 빌그라미는 특히 제리 포더의 반론들에 맞서 내용 이

론의 일원성을 옹호하는 데 관심이 있다. 포더는 전체론—혹은 적어도 그가 '의미의 전체론'이라 부르는 것—을 '미치광이 교리'로 본다〔Fodor, *Psychosemantics* (Cambridge, Mass.: MIT Press, 1987), p. 60 참고〕. 포더가 어니스트 르포어(Ernest Lepore)와 함께 저술한 *Holism: A Shopper's Guide* (Oxford: Blackwell, 1992)는 퀸(Quinn), 더머트(Dummett), 데이비드슨과 같은 철학자들의 연구에 나타나는 다양한 전체론적 접근법들을 공격한다. 포더의 입장에 관한 논의를 위해서는 (*Holism: A Shopper's Guide*를 포함한) 포더의 두 책에 대한 아킬 빌그라미의 서평 참고(*Journal of Philosophy*, 92(1995), 330-44. 또한 다음에 수록된 논문들도 참고. Foder and Lepore (eds.), *Holism—A Consumer Update* (Amsterdam: Rodopi, 1993). 행위가 정신적 상태들의 조직과의 관계 속에서 '지역화된' 콘텍스트를 제공하는 방식에 대한 내 강조가 포더에서 발견되는 종류의 반론들을 사전에 차단하려는 것으로 보일 수도 있겠지만, 나는 여기서 포더의 주장과 같은 반론들에 맞서 전체론 명제들을 상세하게 옹호하려 하지는 않는다(전체론은 그 자체로서 논의의 초점이 아니다. 전체론은 내가 상당히 길게 논하고 다음의 책에서 옹호했던 어떤 것이다. *Donald Davidson and The Mirror of Meaning*.

11. 예를 들어, Belief and Meaning, p. 11.
12. 'Paradoxes of Irrationality'와 'Description and Dvision', in Ernest LePore and Brian McLaughlin (eds.), *Actions and Ernest: Perspectives on the Philosophy of Donald Davidson* (Oxford: Blackwell, 1984), pp. 138-48 참고.
13. J. J. Gibson, *The Ecological Approach to Visual Perception*, p. 9.
14. Ulric Neisser, 'Nested Structure in Autobiographical Memory', in David C. Rubin (ed.), *Autobiographical Memory* (Cambridge University Press, 1986), pp. 73-5.
15. 앞의 책, pp. 73-4.
16. 앞의 책, p. 73.
17. J. J. Gibson, *The Ecological Approach to Visual Perception*, p. 34. 여러 편의 다른 논문들에서는 물론이고 'Nested Structure in Autobiographical Memory', p. 73에 재인용.
18. Neisser, 'What is Ordinary Memory the Memory Of?', in Neisser and Winograd (eds.), *Remembering Reconsidered*, p. 369.
19. 앞의 책.
20. 모든 사건은 우리로 하여금 하나의 사건이 다른 사건 안에 시공간적으로 포함될

수 있는 방식으로 하나의 직설적 의미를 제공하게 하는 하나의 시공간적 위치를 갖는다는 생각에 이의를 제기한다 해도, 우리는 여전히 사건 안에 그리고 그런 객체들과의 공간적 관계 안에 포함되는 객체들, 사건과 객체의 순서를 정하는 데서 발견될 수 있는 영소하는 구조의 설명을 시작하는 근거로서 다른 객체들과 객체의 부분들 사이의 사건과 공간적 관계들 속에 포함된 객체들을 언제나 볼 수 있다.

21. Yates, *The Art of Memory* (London: Routledge and Kegan Paul, 1966).

22. Neisser, "What is Ordinary Memory the Memory Of?", p. 369와 "Domains of Memory", in P. Solomon, G. R. Goethals, C. M. Kelley and B. R. Stephens (eds.), *Memory: Interdisciplinary Approaches* (New York: Springer-Verlag, 1989), pp. 78-9 참고.

23. Cicero, *De oratore*, II, lxxxvi, 354 〔trans. E. W. Sutton and H. Rackham (Cambridge, Mass.: Harvard University Press, 1942, Loeb edn), pp. 466-7〕. 키케로의 안토니우스 역시 아테네의 카르메데스와 아시아에서 셉시스의 메트로도루스를 언급한다. "그들은 각각 그가 밀랍에 글자들을 새기는 것과 마찬가지로, 이미지들을 수단으로 자신의 소유물에 있는 일정한 '로컬리티들'에 그가 기억하고자 하는 것들을 적는다고 말하곤 했다"(de Oratore, II, lxxxviii, 360, Loeb edn, pp. 472-3).

24. Edward S. Casey, *Remembering: A Phenomenological Study* (Bloominston: Indianan University Press, 1987), pp. 214-15. 케이시 자신이 그의 최근 연구에서 장소에 초점을 맞추고 있는 것(그리고 장소 기억에 관한 장에서 논의의 상당 부분이 비록 훨씬 더 요약적인 형태이기는 하지만, 장소 그 자체에 관한 케이시의 연구에서 개진된 관념들의 윤곽을 그려주는 것 같다)이 장소와 기억의 관계에 관한 그의 연구에서 비롯된 듯하다는 점은 주목할 만한 흥미로운 사실이다.

25. 앞의 책, pp. 189ff.

26. Strawson, *Individuals*, 2장, pp. 59-86.

5. 작용과 객관성

1. *The Primary of the Senses*, trans. Jacob Needleman (New York: Macmillan, 1963), p. 235.

2. Shaun Gallagher, 'Body Schema and Intentionality', in Bermudez, Marcel and Eilan (eds.), *The Body and the Self*, p. 227.

3. 앞의 책, p. 228.

4. 훨씬 더 극단적인 사례는 이안 워터맨의 경우에서 볼 수 있을 것이다. 그는 희귀한 신경증을 앓게 된 후 자신의 팔다리에 세심한 주의를 기울이고 의식적으로 통제함으로써 움직일 수 있는 능력을 다시 얻을 수 있었다〔Jonathan Cole, *Pride and a Daily Marathon* (Cambridge, Mass.: MIT Press, 1995)〕.

5. 의지하는 것과 행동하는 것 사이에 긴밀한 관계가 있다는 생각은 쇼펜하우어에게서 찾아볼 수 있을 것이다〔*The World as Will and Representation*, vol. I, trans. E. F. J. Payne (New York: Dover, 1966), pp. 101ff 참고.〕 토머스 볼드윈이 언급하듯이 ('Objectivity, Causality and Agency', p. 116), 브라이언 오쇼니시의 연구에서 찾아볼 수 있다〔O'Shaughnessy, *The Will* (Cambridge University Press, 1980)〕.

6. James Russell, *Agency: Its Role in Mental Development* (Hove, East Sussex: Erlbaum (UK) Taylor and Francis, 1996), pp. 76-7. 러셀의 추론은 폰 홀스트(Von Holst)와 미틀슈테트(Mittelstaedt)의 추론을 따르고 있는데 그들은 이 영역에서 기본적인 연구를 수행했다 (러셀은 다음에 수록된 그들의 연구에 대한 언급을 인용한다. C. R. Gallistel, *The Organisation of Action: A New Synthesis* (Hillsdale, N. J.: Lawrence Erlbaum Associates Inc., 1980).

7. Strawson, *Individuals*, p. 61.

8. 앞의 책

9. 네이글과 달리, 스트로슨은 경험의 가능성을 넘어설 수 있는 객관적 방식의 가능성에 관심이 없다. 대신에 그의 관심은 객관성의 개념에 있다. 경험의 객체들과 경험을 구별하는 데서 하나의 피조물이 파악할 수 있는 것으로서 객관성의 개념에 관심이 있다. 이에 관해서는 다음을 참고. Gareth Evans, 'Things Without the Mind—A Commentary upon chapter two of Strawson's *Individuals*', *Collected Papers*, pp. 251-2.

10. Evans, "Things Without the Mind", p. 249.

11. Strawson, *Individuals*, p. 62.

12. 앞의 책.

13. Onora O'neill, "Space and Objects", *Journal of Philisophy*, 73 (1976), 30.

14. "Dissertation on the Form and Principles of the Sensible and Intelligeble World 〔1770〕", in *Kant's Inagural Dissertation and Early Writings on Space*, trans. John Handyside (Chicago: Open Court, 1929), section 15A, p. 59.

15. *Critique of Pure Reason*, A26-B42.

16. Bertrand Russell, *Foundations of Geoetry* (New York: Dover, 1956), p. 186 참고. 또한 앞 부분에서 러셀의 언급들 또한 참고. 또한 다음을 참고, O'Neill, "Space and Objects", p. 43.
17. Strawson, *Individuals*, P. 63.
18. 앞의 책
19. 앞의 책, p. 65.
20. 앞의 책, p. 66.
21. O'neill, "Space and Objects", pp. 33-4.
22. Strawson, *Individuals*, p. 75.
23. 앞의 책, p. 74.
24. 앞의 책, pp. 74-5.
25. 앞의 책, p. 75.
26. 앞의 책, pp. 75-6.
27. 에번스는 마스터 사운드가 제공하는 높이의 질서가 스트로슨의 논의에서 실질적으로 아무 역할도 하지 않는다고 말한다. 내가 보기에 이는 실수이다. 높이의 질서는 결코 스트로슨이 필수적인 것으로 여기는 거리의 개념에 내용을 제공하는 방식일 수 없다. 그러나 높이의 질서에 호소하지 않고도 그런 질서를 제공할 수 있다는 점에서 에번스는 옳다. 각 장소(location)가 다른 장소들과의 관계라는 견지에서 규정되는 정연한 장소 체계라는 생각을 통해 위치 p는 o에서 q로 움직이기 위해 통과해야 하는 위치로 규정된다. Evans, "Things Without the Mind", p. 225 참고.
28. Strawson, *Individuals*, p. 81.
29. Evans, "Things Without the Mind", p. 260.
30. Strawson, Individuals, p. 80.
31. 앞의 책
32. 앞의 책, p. 65.
33. 앞의 책, p. 81.
34. 앞의 책, p. 82.
35. 앞의 책, pp. 82-3.
36. 앞의 책, p. 83-4 참고.
37. 앞의 책, p. 85.
38. "Things Without the Mind", p. 280.

39. "Agent Causation", in Timothy O'Connor (ed.), *Agent, Causes and Events* (New York: Oxford University Press, 1995), p. 175.

40. "Objectivity, Causality and Agency", pp. 115-16. 볼드윈의 주장은 개스킹이 개진한 주장에 가깝다. D. Gasking, "Causation and Recipes", *Mind*, 54 (1955), 479-87. 또한 Von Wright, *Explanation and Understanding* (Ithaca, New York: Cornell University Press, 1971)과도 유사하다.

41. "Objectivity, Causality and Agency", p. 115.

42. 볼드윈의 입장에 관한 좀 더 충분한 설명을 위해서는 특히 앞의 책, pp. 116-21 참고.

43. 앞의 책, p. 113.

44. 앞의 책, p. 121.

45. Max Scheler, *Die Formen des Wissens und die Bildung* (Bonn: Friedrich Cohen, 1925), p. 47, n. 24; cited by Heidegger, *History of the Concept of Time, trans. Theodore Kiesiel* (Bloomington: Indiana University Press, 1985), p. 221.

46. Heidegger, *History of the Concept of Time*, p. 222.

47. 하이데거가 세계의 구성에서 사물에 대한 우리의 실질적 관여에 핵심적인 역할을 부여하고 있다는 사실을 가지고 볼드윈은 하이데거의 입장과 여기서 작용이 근본이라는 개념이 상치되지 않는다고 생각하도록 오도되고 있다는 생각을 하게 된다. 그러나 이는 작용에 대한 우리의 경험이 우리가 세계을 파악하는 토대임을 함축하지 않는다. 단지 작용의 경험이 세계의 구조에 필수적인 한 부분임을 함축할 뿐이다. 사실, 한 사람은 "세계의 세계성" 그 자체의 파악을 통해 작용을 파악할 수 있다. 이는 셸러에 대한 하이데거의 논의—그 논의에서 하이데거의 관심은 어떤 의미에서 세계를 파악해야 할 필요성이 의지의 경험보다 우선이라고 주장하면서 셸러가 세계를 파악하는 토대로서 순수한 지적 이해를 거부한 것에 자신이 동의한다는 점을 인정하는 것이다—에서 대체로 중요한 부분인 듯하다.

48. "Objectivity, Causality and Agency", pp. 107-8.

49. 앞의 책, p. 108.

50. 앞의 책, p. 107.

51. 앞의 책, p. 108. 볼드윈은 다음과 같이 덧붙인다. "그것들의 잠재적인 인지적 기능을 인정하지 않는다면, 그것들〔지각〕은, 나무가 견디는 기후 유형에 따라 그 너비가 함께 달라지는 나이테처럼, 비의도적이고 내용이 없는 것이다."

52. 사실, 이는 잘못된 것이다. 고통이 이런 식으로 위치한다면, 분명 다른 부차적인

속성들 역시 같은 식으로 놓인다. 그리고 같은 논리에 따라 고통은 주관적인 것으로 여겨져야 한다. 그러나 그런 경험들을 일으키는 객체나 사건들이 세계 속에 위치하는 한, 혹은 우리가 그런 경험들을 그저 정신적 실체들로만 다루는 한, 우리는 거의 모든 경험을 세계 속에 위치하는 것으로서 다룰 수 있음을 보여줄 따름이다.

53. "Objectivity, Causality and Agency", p. 110.

54. 행위자(작인)가 기대하는 인과적 관계를 획득할 수 없을지라도 행위자(작인)가 시도한 행위들이 성공적이라고 확신하는 데카르트적 악마나 미치광이 과학자의 가정은, 그럼에도 불구하고, 세계와 작용의 필수적 상관관계가 유지됨을 확신하는 것이라는 점을 주목하라(악마의 개입은 우인론이 그려내는 제한적인 우주를 형성하는 것으로 여겨질 수 있다). 만약 이런 일이 지속적으로 일어난다면, 행위자(작인)는 여전히 그 악마의 정기적인 (그러나 인식되지는 않는) 개입을 통해 그 행위를 통제할 수 있다. 만약 그런 개입이 지속적이지 않다면, 행위자(작인)는 **간단히(simplicitur)** 통제된 행동을 할 능력도, 행위를 할 능력도 지녔다고 얘기될 수 없다.

55. Campbell, "The Role of Physical Objects in Spatial Thinking", in Eilan, Mccarthy and Brewer (eds.), *Spatial Representation*, pp. 65-95 참고, 스트로슨은 다음에서 그런 주장을 한다. *Individuals*, p. 37.

56. "On the First Ground of the Distinction of Regions in Space", in *Kant's Inaugural dissertation and Early Writings on Space*, p. 23.

57. 그러므로 오직 시각적으로 제시되는 세계 혹은 촉각을 통해서만 제시되는 세계는 스트로슨이 상상한 세계와 유사한 방식으로 제한될 수 있다. 문제는 스트로슨의 세계를 청각적인 것에 국한하는 것이 아니라 하나의 단일한 감각적 양상에 국한하는 것이다.

58. Furness, *A Reasonable Geography*, pp. 255-6; p. 218 참고. Ströker, *Investigations in Philosophy of Space*, pp. 61ff. 스트뢰커는 다음과 같이 언급한다. "행위 공간에게는 그것이 신체를 갖는 존재를 통해 형성된다는 사실이 결정적이다."

59. 섹슈얼리티와 젠더의 쟁점들—특히 페미니즘 문헌들의 공간성에 관한 여러 논의에서 비중 있게 그려진다—이 여기서 개진되고 있는 설명의 중심 주제는 아니지만, 신체적 분화, 작용, 주관성의 필연적인 관계가 어떻게 공간성에 대한 "성적" 설명의 토대로 사용될 수 있는지를 이해하기는 쉽다. 더욱이 인간 행위자(작인)가 자신들을 발견하는 "공간들"의 형성은 신체적 분화에만 달린 것이 아니라 좀 더

일반적인 면에서 사회적 실천의 형식들을 포함한 구조화의 다른 형식들로부터도 도출되기 때문에, 행위자(작인)의 행위 공간은 또한 잠재적으로 "젠더화된" 공간으로 이해될 수도 있을 것이다.

60. Wittgenstein, *Philosophical Investigations*, trans. G. E. M. Anscombe (Oxford: Basil Blackwell, 1974), p. 178.

61. "지식"은 1979년에 만들어진 유스턴 영화사에서 연극으로 제작되었다. "잭 로젠탈(Jack Rosenthal)이 각본을 쓰고 보브 브룩스(Bob Brooks)가 연출한 〈지식(The Knowledge)〉은 택시 운전자의 녹색 배지를 얻으려는 "지식 소년들"의 경험을 상세히 들려준다. 그 연극은 그들 스스로 실제 도로를 주행해야만 배울 수 있는 어떤 것으로서 지식을 강조한다. 〔나이젤 호손(Nigel Hawthorne)이 분한〕 한 극중 인물이 얘기하듯이, "지식을 얻는 유일한 방식은 당신의 자전거에 올라 열심히 달리는 것이다!" 지식은 런던경시청의 경관을 통해 정리되고 20세기 전환기 즈음에 자동차 택시가 도입되면서 현재의 형식으로 확립되었다.

62. 후자는 움직임의 주관적 경험에서 도출되는 것은 아니지만 주관적 경험과의 관계 속에서만 가능하다. 그리고 이런 점에서 누군가가 자기 자신의 사례에서 움직임을 파악하는 것과 일반적인 움직임을 파악하는 것의 관계는 주관적 공간과 객관적 공간 사이의 관계 파악을 반영한다.

63. Quassim Cassam, *Self and World*, p. 198. 케이섬의 논의에는 여기서 추구된 논증의 노선들을 반영하는 여러 주제들이 있다.

6. 자아와 타자의 공간

1. Mead, *Mind, Self and Society* (University of Chicago Press, 1934), p. 195.
2. Bergson, *Time and Freewill*, p. 138; p. 97 참고.
3. Levinas, *Totality and Infinity, trans. Alphonso Lingis* (Pittsburgh: Duquesne University Press, 1969), p. 291.
4. 데이비드슨이 본래 〈진실과 지식의 응집 이론〉에서 채용했던 개념이지만 그후 "The Second Person", *Midwest Studies in Philosophy*, 17 (1992), p. 263.을 포함해서 그의 연구 곳곳에 등장한다.
5. 물론, 대부분의 삼각 구조들은 짝을 이루어 중첩된 일단의 구성요소들로 구성된 것으로 취급될 수 있다. 아래의 논의에서 보게 되겠지만, 데이비드슨은 주관성, 상호

주관성, 객관성 사이의 삼 방향의 견지에서 제시하는 하나의 삼중 구조를 제시한다. 그런 삼중 구조를 유지하는 것의 장점은 그것이 세 가지 구성요소 모두의 동등한 중요성과 그들의 상호 의존성을 좀 더 이분법적인 구조를 활용했다면 모호해졌을 방식으로 강조한다는 것이다.

6. Davidson, "Three Varieties of Knowledge", in A. Phillips Griffiths (ed.), *A. J. Ayer: Memorial Essays, Royal Institute of Philosophy Supplement* 30 (Cambridge University Press, 1991), p. 165.
7. Davidson, 'Reply to Burge', *Journal of Philosophy*, 85 (1988) 665.
8. Davidson, 'The Second Person', 263. 다음에서 데이비드슨의 논평들 또한 참고, Davidson, 'Rational Animals', in LePore and McLaughlin (eds.), *Actions and Events*, p. 480.
9. 존 헤일(John Heil)은 이런 노선을 따라 데이비드슨의 입장에 대한 반론을 개진한다. John Heil, *The Nature of True Minds* (New York: Cambridge University Press, 1992), pp. 217-19.
10. Davidson, "The Third Man", *Critical Inquiry*, 19 (1995), pp.608-9.
11. "객관성에 대한 우리의 인식은 또 다른 종류의 삼각법, 곧 두 피조물을 요하는 삼각법에 따른 결과이다. 두 피조물은 각각 하나의 객체와 상호작용하지만 각각에게 사물들이 객관적으로 존재하는 방식의 개념을 제공하는 것은 피조물들 사이에 언어에 의해 형성된 기본선이다. 그들이 진실의 개념을 공유한다는 사실은 그들이 신념을 가지고 있다는 주장, 곧 그들이 객체들에게 공적 세계에서 하나의 지위를 부여할 수 있다는 주장을 이해할 수 있게 한다"(Davidson, "Rational Animals", p. 480). 또한, "Thought and Talk" 참고.
12. McGinn, *The Subjective View*, pp. 80-1.
13. Ricooeur, *Oneself as Another*, p. 116; 'Narrative Identity', in Wood (ed.), *On Paul Ricoeur*, p. 189 참고. 리쾨르는 '동일성'으로서 정체성과 대비되는 자아로서의 정체성이라는 이런 생각을 강조한다.
14. 사실, 데이비드슨은 그 논문의 후기 판본을 다음과 같은 제목으로 출간했다. 'subjective, Intersubjective, Objective', in Paul Coates and Daniel D. Hutto (eds.), *Current Issues in Idealism* (Bristol: Thoemmes Press, 1996), pp. 155-78.
15. 초월적인 논증과 전반적으로 초월적인 추론의 본질에 관한 좀 더 상세한 논의를 위해서는 다음의 내 글 참고. 'The Transcendental Circle', *Australasian Journal of*

Philosophy, 75 (1997), 1-20.

16. 이런 반론의 잘 알려진 판본은 다음에서 발견될 것이다. Barry Stroud, 'Transcendental Arguments', *Journal of Philosophy* 65 (1968), 241-56 (스트로드는 《개인들》에서 스트로슨의 논증을 자신의 논의의 구체적인 초점으로 삼는다). 다음 또한 참고. Judith Jarvis Thomson, 'Private Languages', *American Philosophical Quarterly*, I (1964), 20-31; A. J. Ayer, 'The Concept of a Person', *The Concept of a Person and Other Essays* (New York: St. Martin's Press, 1963), p. 110.

17. Ludiwig Wittgenstein, *On Certainty*, ed. G.E. M. Anscombe and G. H. Wright, trans. Denis Paul and G. E. M. Anscombe (Oxford: Basil Blackwell, 1977), section 341. 여기서 쟁점이 되는 주장을 표현하는 또 다른 방식은 다음과 같다. '모든 것은 우리가 생각하는 것과 다를지도 모른다'는 생각처럼, 우리가 최소한 가장 기본적이고 근대적인 형태(곧, 고대의 회의주의와 비교해서 지향이 다른 것은 물론이고, 여러 면에서, 좀 더 극단적인 형태)의 회의주의를 취한다고 가정해보자. 우리는 무엇으로 그런 사유를 하며 그런 사유를 표현할 문장들을 만드는가? 우리가 만약 이런 회의적인 관념을 진지하게 받아들여야 한다면, 그리고 모든 것이 우리가 받아들이는 것과 다를 수 있다는 가능성을 진지하게 받아들여야 한다면, 우리가 이런 사유를 표현하기 위해 사용하는 바로 그 문장 자체가 우리가 생각하는 것과 다를 수 있다. 사유가 존재한다는 생각 자체가 보기와 다를 수 있다. 이 지점에서 회의주의는 실제로 어떤 내용을 지니는 하나의 입장이 아니라 그저 영원히 되풀이되는 '만약에……'로 보이게 된다. 그 의미는 거의 철저히 그리고 완전히 모호한 채로 남는다.

7. 장소의 일원성과 복잡성

1. Martin Heidegger, "Art and Space", trans. Charles Seibert, *Man and World*, I (1973), 4.; *Die Kunst und der Raum* (St Gallen: Erker Verlag, 1969), p. 6 재인용.
2. Marcel Proust, Swann's Way, in *Remembering of Things Past*, vol. I, trans. C. K. Scott Moncrieff (New York: Random House, 1932), p. 36.
3. 자주 지적되듯이, 영어본 제목《지나간 것들의 기억(잃어버린 시간을 찾아서)》—그런 번역은 프루스트에게 큰 충격을 안겼다—에서 후자의 논점은 모호한 어떤 것이다.

4. *The Past Recaptured*, trans. Frederick A. Blossom, Remembrance of Things Past, vol. 2 (New York: Random House, 1932), p. 1124.
5. Georges Poulet, *Proustian Space*, p. 16.
6. 예를 들어, 앞의 책 pp. 32-3 참고.
7. 앞의 책, pp. 103-5.
8. 앞의 책, p. 106. 같은 콘텍스트에서 조지 스탐볼리안은 "마르셀의 잃어버린 시간은 모두 현재에 공간화되었다"고 논평한다. *Marcel Proust and the Creative Encounter* (University of Chicago Press, 1972), p. 190.
9. *Proustian Space*, pp. 91-2.
10. 앞의 책, pp. 105-6 참고.
11. "영원한 현재"라는 이런 관념은 프루스트에 관한 제이너의 논의에 등장한다. R. C. Zaehner, *Mysticism: Sacred and Profane* (Oxford University Press, 1961). 다음 글에서 피에르 헤도는 현재에서 이런 영원성의 의미와 관련된 문제들을 탁월하게 논한다. '"The Present Alone is Our Joy": The Meaning of the Present Instant in Goethe and in Ancient Philosophy', Diogenes, 133 (1989), 60-82. 조르주 풀레는 '시간의 죽음'이기도 한 창조적인 '시간의 작용'이라는 관념의 탐구를 통해 몽테뉴, 보들레르 등의 저술에서 프랑스 사상의 유사한 주제를 다룬다. POPOU, *Studiesin Huamn Time* (New York: Harper, 1959) 참고. 영원한 순간이나 영원한 현재라는 개념, "창조적 시간의 작용"이라는 풀레의 개념, 장소의 개념 사이에는 긴밀한 관계가 있다. 비록 문제성 있는 것이긴 하지만 말이다.
12. *Le temps retrouvé*, in *A la recherche du temps perdu*, vol.3 (Paris: Gallimard, 1954), p. 1048. 앞에서 언급했듯이, 풀레 자신은 종종 공간과 장소를 대비시킨다. 특히 *Proustian Space*, pp. 32-3 참고. 여기서 문제가 되는 무한히 확장되는 것으로서의 장소라는 프루스트의 규정은 필연적으로 경계 안의 어떤 개방성과 연결되는 것으로 보인다. 물론 프랑스 원문은 "une place au contaraire prolongée sans measure"이며, 글자 그대로 하면 "정반대로 무한히 확장되는 장소"이다. 여기서 결정적인 개념은 내적 경계가 없는 장소가 아니듯이, 그 차원들은 결코 소멸되지 않는 경계 없는 장소—가두는 대신에 엄청나게 풍부한 경험과 기억으로 해방시키는 장소—가 분명 아니다.
13. The Guemantes Way, *Remembrance of Things Past*, vol. I, p. 979; *Le côté de Guermantes, A la recherché du temps perdu*, vol. 2, p. 365. Poulet, *Proustian*

Space, pp. 85-8 참고.

14. 앞의 책, p. 73.

15. Proust, *Swann's Way, Remembrance of Things Past*, vol. I, p. 138.

16. Proust, *Within a Budding Grove, Remembrance of Things*, vol. I, p. 497.

17. Poulet, *Proustian Space*, p. 80. 풀레는 또한 이 문단이 '거의 비할 데 없이 중요하다'고 언급한다.

18. 풀레는 다음과 같이 논평한다. 여기서 쟁점이 되는 다원화와 단일화의 현상이 가능하기 위해 "자신이 옮겨질 필요도 없고 탈 것을 타야 할 필요도 없다", "마치 우리 자신이 그것을 더 잘 보기 위해 몸을 돌리는 것처럼 풍경이 우리 눈 앞에서 차츰 스스로를 변형시키기 위해 태양의 빛이 하나의 풍경 위에서 장소들을 변화시키는 것을 보는 것으로 충분하다"(앞의 책, pp. 81-2). 그러므로 여기서 쟁점이 되는 움직임은 단순히 장소의 전반적인 변화와 결부된 움직임이 아니다. 일반적으로 공간과 그 안의 객체들이 파악될 수 있는 것은 우리의 몸과 우리 몸의 일부를 움직이는 우리의 능력을 통해서만, 그리고 그와의 관계 속에서 가능하다.

19. 캠벨의 용어로 하자면, 그것은 "인과적으로 지시적인" 인과적 개념들의 파악이다. Campbell, *Past, Space, and Self*, pp. 43-6 참고.

20. Poulet, *Proustian Space*, p. 80.

21. Strauss, *The Primary World of the Senses*, p. 243. 스트라우스는 이것이 "엄밀히 말해서, 한 사람은 죽은 것들에 대해 그들이 하나의 공간 안에, 말하자면 하나의 방 안에 있다고 말할 수 없다"는 결론을 수반하는 것 같다는 점을 인정한다.

22. 앞의 책, p. 244.

23. 앞의 책, p. 24. 스트라우스가 활동을 공간성보다 우선시하는 것으로 여겨질 수 있는 한, 그는 하이데거가 《존재와 시간》에서 공간성을 세계 내 존재라는 구조에 부차적이거나 파생된 요소의 하나로서 취급한 것을 분명하게 연상시키는 하나의 시각을 받아들이고 있는 것으로 보일 것이다. 더욱이 스트라우스가 움직임이나 활동의 관념과 분리된 하나의 공간 안에서 관계의 불가능성을 강조한 점은 또한 순전히 데카르트적인 공간 안에는 사물들 사이의 적절한 관계가 있을 수 없다고 주장한 하이데거에게서도 엿볼 수 있는 것이다. *Being and Time*, section 12, H55 참고. 이 점이 "봉쇄"와 연결된 "내부의 존재"라는 관념을 객관적인 물리적 범위에 관한 데카르트적 시각을 수반하는 것으로 이해하고자 하는 자신의 주장에 어떤 문제를 야기하는지를 하이데거가 인지하지 못한 것은 주목할 만한 점이다

(*Being and Time*, section 12, H55 참고).

24. 장소를 활동과 반응의 영역에 묶여 있는 것으로 이해될 수 있는 한, 유목 민족이랄 수 있는 사람들을 어떤 의미에서도 장소에 매이지 않는 방식으로 살아가고 있는 것으로 다루는 분석들이 의지하고 있는 것은 유목 생활 자체는 물론이고 장소의 본질에 대한 잘못된 정체된 이해일 수 있다. 장소는 (배타적이지는 않지만) 활동과의 관계에서 확립된다. 그리고 "유목"민들이 살아가며 그들이 정기적으로 횡단하는 지역은, 그러므로, 단일화된 활동의 넓은 영역에 걸쳐 펼쳐진 단일한 장소로, 혹은 정기적으로 횡단되는 (정기적으로 "행동이 일어나는") 장소들로 이해될 수 있다. 물론, 크림 벤트락, 스티븐 뮈케와 패디 로가 지적한 것처럼 우리가 땅에 속한다는 것은 고정된 존재 형식을 수반하는 것이라고 가정하는 것은 문화적 편견 때문일 수 있다. 그들은 유목민은 정확히 "고장을 떠나지 않는 사람"이라는 점을 강조한다〔Krim Benterrak, Stephen Muecke and Paddy Roe, *Reading the Country: Introduction to Nomadology* (Fremantle Arts Centre Press, 1984), p. 224. P. 15. 참고〕. 또한 장소와 활동의 관계를 고려할 때, 장소는 그저 우리가 태어난 "장소들"이 아니다. 우리는 능동적인 참여를 통해 장소와 연결된다.

25. 프루스트가 문학에서 추상화 경향에 반대하고 개별적인 것과 구체적인 것들을 강조하도록 이끈 것은 바로 장소와의 관계에서뿐 아니라 일반적인 우리의 경험과의 관계에서 나타나는 이런 경향이다. 이 점에서 프루스트 자신이 분명하게 하듯이, 《지나간 것들의 기억 (잃어버린 시간을 찾아서)》에서 수행된 "잃어버린 시간의 추구"—장소의 추구이기도 한 추구—는 예술을 통해 사물의 실체—본질—를 재생하려는 시도이다. 프루스트는 다음과 같이 쓰고 있다. "진정한 예술의 장엄성은 그런 현실을 재발견하고 다시 파악하고 다시 우리 앞에 두는 것이다. 곧 그것을 대체한 공식적 지식이 점점 더 두터워지고 무감해짐에 따라 우리가 지금까지 제거당한 채 살고 있고 점점 더 격리되고 있는 그 현실, 우리가 알지도 못하는 사이 죽게 될지도 모르는 엄청난 위험이 도사리고 있지만 그럼에도 불구하고 그저 우리의 삶인, 그 자체로서의 삶이며 마침내 드러나 명확해진 삶인 그 현실을 재발견하고 다시 파악하고 우리 앞에 둔다." (*The Past Recaptured, Remembrance of Things Past*, vol. 2, p. 1013; *Le temps retrouvé, À la recherche du temps perdu*, vol. 3, p. 895). 그리고 사물의 실체 혹은 '본질'의 이런 '노출'과 '명료화'는 그 근본적인 성격에 대한 어떤 환원적 설명을 통해서가 아니라 공간화되고 시간화된 하나의 차원을 매개로 하는, 곧 치환과 병치를 수단으로 하는 수없이 많은 요소들의 일원화를 통해 초래된다.

8. 장소, 과거 그리고 개인

1. Albert Camus, *Lyrical and Critical Essays*, ed. Philip Thody (New York: Vintage, 1970), p. 69, trans, Ellen Conroy Kennedy; from the French, "Noces a Tipasa", in Camus, *Noces* (Paris: Gallimard, 1959), pp. 11-21, 인용문 p. 16.
2. Georges Poulet, *Proustian Space*, pp. 26-7.
3. 바슐라르는 우리의 기억이 우리들 자신처럼 우리가 살고 있는 바로 그 건물 안에 '거주하는' 것이라고 여긴다. *The Poetics of Space*, p. 8 참고.
4. Sally Morgan, *My Place* (Fremantle Arts Centre Press, 1989), pp. 228-30.
5. 캠벨의 주장 이면에도 유사한 지적이 놓인 것을 발견할 수 있다. 기억이 한 사람의 배경에 대한 독립적인 유형의 인식론적 접근이라고 생각지 않는다. 기억은 인식을 통해 한 사람의 환경에 관해 아는 여러 방법들에 의지하기 때문에 한 사람의 과거 삶에 관한 지식을 주는 기능을 할 수 있다. (*Past, Space, and Self*, p. 221)
6. Poulet, *Proustian Space*, p. 105 참고. 인용문은 다음에서 인용된 것이다. Marcel Proust, *Contre Sainte-Beuve, Suivi de Nouveaux Mélanges* (Paris: Gallimard, 1954), p. 285 (이런 언급은 1971년에 출간된 *Contre Sainte-Beuve*의 1954년 판본에만 등장한다).
7. William Faulkner, "The Jail", in *The Portable Faulkner*, p. 666. 공간화된 환경 안에서 과거의 기록은 물론 기억과 역사와는 무관하다. 데이비드 로웬탈이 강조하듯이, "기억, 역사, 유품은 그 결합에서 가장 잘 추적되는 과거로 향하는 길을 제공한다. 각 길은 그 여행이 의미 있고 믿을 수 있는 것이 되기 위해 서로를 필요로 한다" 〔Lowenthal, *The Past is a Foreign Country* (Cambridge University Press, 1985), p. 249〕.
8. 시간이 공간 안에서 발견된다는 생각은 마이클 레이턴(Michael Leyton)의 주장에서 특히 극단적이지만 까다로운 형태를 띤다. "시간의 원천은 형태이다"〔Michael Leyton, *Symmetry, Causality, Mind* (Cambridge, Mass.: MIT Press, 1992), p. 3〕. 레이턴은 과거가 오직 객체들을 통해서만, 특히 객체들의 물리적인 형상을 통해서만 주어진다고 주장한다(과거의 사건과 과정들을 기록하는 것이 형상이기 때문이다). 그러므로 기억은 객체의 공간적이고 지형적인 구조에서 추출된다.
9. 그의 고전적인 연구 *The Country and the City* (New York: Oxford University Press, 1973), 특히 pp. 297-8 참고.
10. *The End of the Golden Weather: A Voyage into a New Zealand Childhood* (Wellington: Victoria University Press, 1970), p. 31. 장소에 대한 어린 시절 기억의

특별한 역할은 또한 버지니아 울프의 자전적인 글들 가운데 하나에 등장하는 문단에서 멋지게 예시된다. "인생에도 그것이 서 있는 토대가 있다면, 그것이 한 사람이 채우고 채우는 하나의 그릇이라면, 그렇다면 내 그릇은 의심할 바 없이 이 기억 위에 선다. 그것은 세인트 이브즈의 유치원에서 반쯤은 잠이 들고 반쯤은 깬 채 침대에 누워 있는 기억이다. 그것은 부서지는 파도소리를 듣는 기억이며 …… 맹인이 바닥에 작은 도토리들을 던지는 소리를 듣는 기억이며 …… 누워서 파도소리와 이 빛을 듣는 기억이다"〔*Moments of Being: Unpublished Autobiographical Writings, ed. Jeane Schulkind* (Sussex: The University Press, 1976), pp. 64-5〕. 테니슨은 편지에서 다음과 같이 쓰고 있다. "아는 풍경이 내게는 오래된 친구처럼 내 자신의 어린 시절과 반쯤 잊힌 것들을 들려주는 것만 같다."〔제프리 그리슨(Geoffrey Grison)의 재인용. The Introduction to Grigson (ed.), *The Faber Book of Poems and Places* (London: Faber & Faber, 1980), p. 31.〕

11. Clare Cooper Marcus, "Environmental Memories" in Irwin Altman and Setha M. Low (eds.), *Police Attachment* (New York: Plenum Press, 1992), p. 101. 기억과 정체성의 쟁점에 관해서는 다음 또한 참고, Louisa Chawla, "Children Place Attachments", in Altman and Low (eds.), *Place Attatchment*, pp. 63-86.
12. 알트만과 로우의 《장소 애착(Place Attatchment)》은 특히 심리학적 자료의 풍부한 출전이다. 의학적인 적용(적어도 하나의 특정 영역)의 관점(perspective)에서 이런 쟁점들에 접근하는 논의를 위해서는 다음을 참고. Michael A. Godkin, "Identity and Place: Clinical Applications Based on Notions of Rootedness and Uprootedness", in Ann Buttimer and Davis Seamon (eds.) *The Human Experience of Space and Place*, pp. 78-85 참고. 특히 정신분열증과 관련된 논의로는 다음을 참고. Harold F. Searles, *The Nonhuman Environment* (New York: International Universities Press, 1960).
13. *Swann's Way*, p. 142; *Du côté de chez Swan*, p. 185.
14. 대규모의 문화적 서사들과의 분명한 관계에서(어쩌면 그 책 도입부의 지극히 개인적인 색채를 고려할 때, 훨씬 더 개인적인 서사들과의 관계에서) 풍경과 기억 모두를 검토하는 것은 사이먼 샤마의 《풍경과 기억》(London: HarperCollins, 1995)의 중심 주제이다.
15. Michel Foucault, *Discipline and Punish: The British of the Prison* (New York: Vintage Books, 1979).

16. *Being and Time*, H102ff 참고.

17. Lefebvre, *The Production of Space*. 롭 쉴즈(Rob Shields)는 《주변부 장소(Place on the Margin)》에서 공간화된 사회구성체들 안에서 신체적이고 환경적인 요인들뿐 아니라 사회적 관행과 차별화 형태의 공간화의 역할과 개인적인 구조와 집단적인 구조들의 필연적인 상호작용을 모두 강조한다.

18. 이는 브루스 채트윈(Bruce Chatwin)의 *The Songlines* (London: Pan, 1988)의 중심 주제이다. Benterrak, Muecke and Roe, *Reading the Country* 또한 참고.

19. Tim Robinson, Stones of Aran: Labyrinth (Harmondsworth: Penguin, 1995)

20. 리쾨르와 프루스트의 직접적인 비교를 위해서는 다음을 참고 Rhiannon Goldthorpe, "Ricoeur, Proust and the Aporias of Time", in Wood (ed.), *On Paul Ricoeur*, pp. 84-101.

21. 그런 요인들을 참고해 기억과 경험에서 장소의 중심성을 설명하려 시도하는 일부 설명들에 관한 간단한 요약을 위해서는 다음을 참고. Robert B. Riley, "Attachment to the Ordinary Landscape", in Altman and Low (eds.), *Place Attatchment*, pp. 14-15.

22. 샤마의 인용 Landscape and Memory, p. 578.

23. "The Autobiography", The Prose of John Clare, ed. J. W. and Anne Tibble (London: Routledge and Keagan Paul, 1951), p. 13.

24. 우리가 클레어에서 발견하는 "지식"의 사용은 런던의 택시 운전사에 관한 "지식"에서 그 울림이 지속되는 것으로서 (앞의 5장의 말미에서 논의를 보라) 《옥스퍼드 영어사전》 같은 표준 사전에 등장하지 않는다. 하지만 1905년에 발간된 《영어 방언 사전(English Dialect Dictionary)》에는 등장한다. 그 사전에서 우리는 다음과 같은 것을 발견한다. "지식, sb……. 속어, I. 범위, 기억, 견해; 특히 문구로 한 사람의 지식을 넘어서거나 벗어나는 것, 한 사람의 길을 잃는 것〔《영어 방언 사전》, 3권, ed. Joseph Wright (Oxford University Press, 1905), p. 485〕. 단어의 이런 활용을 위한 사료들은 랭커셔, 노팅엄셔, 리체스터셔와 와위크셔에서 온 것으로 언급된다.

25. 인클로저 운동은 노스햄튼셔에 있는 클레어의 집의 친숙한 풍경이 파괴된 원인이었고 그의 많은 시는 땅의 변화와 그의 삶에서 발생하는 땅에 대한 태도 변화들에 대한 반감을 반영한다. 클레어는 정신병동에서 생을 마감했고, 그의 정신적 불안은 복합적인 요인들의 결과임이 분명하지만 그가 그토록 집착했던 풍경의 파괴가 그에게 깊은 영향을 끼쳤음이 분명하다. 클레어와 그의 삶과 시에 관한 더 상세한

분석을 위해서는 다음을 참고. John Barrell, *The Idea of Landscape and the Sense of Place 1730-1840: An Approach to the Poetry of John Clare* (Cambridge University Press, 1972). 배럴 역시 클레어의 작품에 등장하는 장소의 의미와 워즈워스와 하디 같은 작가들에서 등장하는 장소의 의미 사이에서 나타나는 어떤 흥미롭고 중요한 차이들을 지적한다. 클레어와 워즈워스에 관한 존 루카스의 논의 참고. John Lucas, "Places and Dwellings: Wordsworth, Clare and the Anti-Picturesque", in Denis Cosgrove and Stephen Daniels (eds.), *The Iconography of Landscape* (Cambridge University Press, 1989), pp. 83-97.

26. 특히 Lucas, "Places and Dwellings", pp. 89ff 참고. 루카스는 그의 다음 논의에서 특히 클레어의 시에 초점을 맞춘다. "The Flitting"과 "To a Fallen Elm".
27. John Kerrigan, "Wordsworth and Sonnet: Building, Dwelling, Thinking", pp. 45-75.
28. Kerrigan, 앞의 책, 특히 pp. 50-1 참고.
29. 만약 상실의 경험이 장소의 경험에 필연적으로 수반되는 것이라면, 피터 리드(Peter Read)가 《무로의 회귀(Returning to Nothing)》에서 묘사한 "잃어버린 장소들"의 경험은 문화나 위치와는 무관한 인간의 삶 고유의 특징이다.
30. 이런 결론에 관한 좀 더 상세한 논증을 위해서는 다음의 내 글 참고. "Death and the Having of a Life", in Jeff Malpas and R. C. Solomon (eds.), *Death and Philosophy* (London: Routledge, 1999), pp. 120-34.
31. (살아가는 것을 통해) 장소의 적절한 의미와 죽음의 의미 사이의 관계를 강조한 설명으로는 다음을 참고. Karsten Harries, *The Ethical Function of Architecture*, esp. pp. 254-67.

결론: 철학의 장소

1. Trans. E. F. Goerwitz (London: Swann Sonnenschein & Co, 1900, Thoemmes Press reprint, 1992), p. 114.
2. *Philosophical Investigations*, p. ix.
3. 스트로슨의 《개인들》의 논의에서 (그리고 그 논의의 초점이 되어온 하나의 이론을 언급하면서) 에번스는 말한다. "하나의 커다란 원 안에서 각 사람이 뒤에 있는 사람의 무릎에 앉을 수 있지만, 이는 두세 사람만이 부릴 수 있는 묘기이다. 어쩌면 반론은 하나의 이론 안에 원이 있다는 것이 아니라 …… 그 원이 너무 작다는 것이다"

("Things Without the Mind", p. 266). 데이비드슨의 삼각 구도를 고려해보라. 세 가지 요소면 충분하다.

4. *Phenomenology of Perception*, p. xiii.

5. 앞서도 언급했던 것처럼 이는 도린 매시의 장소에 관한 논의의 일부에서 그렇다. 분명 그 개념에 대한 데이비드 하비의 논의의 특징이기도 하다. 다음의 몇몇 논문들 역시 참고. Jonathan Boyarin(ed.) *Remapping Memory: The Politics of Timespace* (Minneapolis: University of Minnesota, 1994). 특히 첫 논문인 다음의 글을 참고. Boyarin, "Space, Time and Politics of Memory", pp. 1-37.

Adams, Percy, *Travel Literature and the Evolution of the Novel* (Lexington, Kentucky: University Press of Kentucky, 1983).

Agnew, John A., 'The Devaluation of Place in Social Science', in Agnew and Duncan, (eds.), *The Power of Place*, pp. 1-28.

Agnew, John A. and Duncan, James S. (eds.), *The Power of Place* (Boston: Unwin Hyman, 1989).

Algra, Keimpe, *Concepts of Space in Greek Thought* (Leiden: E. J. Brill, 1995).

Altman, Irwin and Low, Setha M. (eds.), *Police Attachment* (New York: Plenum Press, 1992).

Aristotle, *Aristotle's Physics Book III and IV*, trans. Edward Hussey (Oxford: Clarendon Press, 1983).

Ayer, A. J., *The Concept of a Person and Other Essays* (New York: St. Martin's Press, 1963).

Bachelard, Gaston, *The Poetics of Space*, trans. Maria Jolas (Boston: Beacon Press, 1969).

Baddeley, Alan, Thornton, Andrew, Chua, Siew Eng and McKenna, Peter 'Schizophrenic Delusions and the Construction of Autobiographical Memory', in David Rubin (ed.), *Remembering Our Past* (Cambridge University Press, 1996), pp. 384-428.

Baldwin, Thomas, 'Objectivity, Causality and Agency', in Bermudez, Marcel and Eilan (eds.), *The Body and the Self*, pp. 107-26.

Barclay, Craig R., 'Remembering Ourselves', in G. M. Davies and R. H. Logie (eds.), *Memory in Everyday Life* (Amsterdam: Elsevier, 1993), pp. 285-309.

Barrell, John, *The Idea of Landscape and the Sense of Place 1730-1840: An Approach to the Poetry of John Clare* (Cambridge University Press, 1972).

Bate, Jonathan, *Romantic Ecology: Wordsworth and the Environmental Tradition* (London: Routledge, 1991).

Baxter, James K., *In Fires of No Return. Poems* (London: Oxford University Press, 1958).

Benterrak, Krim, Muecke, Stephen and Roe, Paddy, *Reading the Country: Introduction to Nomadology* (Fremantle Arts Centre Press, 1984).

Berdoulay, Vincent, 'Place, Meaning and Discourse in French Language Geography', in Agnew and Duncan (eds.), *The Power of Place*, pp. 124-39.

Bergson, Henri, *Time and Free Will*, trans. F. L. Pogson (London: George Allen & Unwin, 1910).

Bermudez, José Luis, Marcel, Anthony and Eilan, Naomi (eds.), *The Body and the Self* (Cambridge, Mass.: MIT Press, 1995).

Bilgrami, Akeel, *Belief anf Meaning* (Cambridge, Mass.: Blackwell, 1992).

_____, "Review of Jerry A. Fodor: *A Theory of content and Other Essays* and Jerry A. Fodor and Ernest Lepore: *Holism: A Shopper's Guide*", *Journal of Philosophy*, 92 (1995), 330-44.

Bird, Jon, Curtis, Barry, Putnam, Tim, Robertson, George and Ticktner, Lisa, (eds.), *Mapping the Futures* (London: Routledge, 1993).

Bloom, Harold (ed.), *Seamus Heaney* (New Haven: Chelsea House, 1986).

Bochner, Salomon, 'Space', *Dictionary of the History of Ideas* (New York: Charles Scribner's Sons, 1973), pp. 295-307.

Boyarin, Jonathan, 'Space, Time and Politics of Memory', in Jonathan Boyarin (ed.), *Remapping Memory: The Politics of Timespace* (Minneapolis: University of Minnesota Press, 1994), pp. 1-37.

Burge, Tyler, 'Cartesian Error and the Objectivity of Perception', in Philip Pettit and John McDowell (eds.), *Subject, Thought and Context* (Oxford: Clarendon Press, 1986), pp. 117-36.

_____, 'Individualism and Self-Knowledge', *Journal of Philosophy*, 85 (1988), pp. 649-63.

_____, 'Individualism and the Mental', in P. A. French, T. E. Uehling Jr. and H. K. Wettstein (eds.), *Midwest Studies in Philosophy 4* (Minneapolis: University of

Minnesota Press, 1979), pp. 73-121.

Buttimer, Anne and Seamon, Davis (eds.), *The Human Experience of Space and Place*, (London: Croon Helm, 1980).

Campbell, John, *Past, Space and Self* (Cambridge, Mass.: MIT Press, 1994).

_____, "The Role of Physical Objects in Spatial Thinking", in Eilan, McCarthy and Brewer (eds.), *Spatial Representation*, pp. 65-95.

Camus, Albert, 'Noces à Tipasa', in *Noces* (Paris: Gallimard: 1959), pp. 11-21; English translation as 'Nuptials at Tipasa', in Philip Thody (ed.), *Lyrical and Critical Essays*, trans. Ellen Conroy Kennedy (New York: Vintage, 1970), pp. 65-72.

Casey, Edward S., *The Fate of Palce* (Berkeley: University of California Press, 1997).

_____, *Getting Back into Place* (Bloomington: Indiana University Press, 1993).

_____, *Remembering: A Phenomenological Study* (Bloominston: Indianan University Press, 1987).

_____, 'Smooth spaces and Rough-Edged Places: the Hidden History of Place', *Review of Metaphysics*, 51 (1997), 267-96.

Cassam, Quassim, *Self and World* (Oxford: Clarendon Press, 1997).

Cavell, Marcia, *The Psychoanalytic Mind: From Freud to Philosophy* (Cambridge, Mass.: Harvard University Press, 1993).

Chatwin, Bruce, *The Songlines* (London: Pan 1988).

Chawla, Louisa, "Childhood Place Attachments", in Altman and Low (eds.), *Place Attachment*, pp. 63-86.

Clare, John, *The Prose of John Clare*, ed. J. W. and Anne Tibble (London: Routledge and Kegan Paul, 1951).

Cicero, *De oratore*, trans. E. W. Sutton and H. Rackham, (Cambridge, Mass.: Harvard University Press, 1942, Loeb edn).

Clauss, Ludwig Ferdnand, *Die nordische Seele: Eine Einführung in die Rassenseelenkunde* (Munich: 1932).

Cole, Jonathan, *Pride and a Daily Marathon* (Cambridge, Mass.: MIT Press, 1995).

Cole, Jonathan, *Pride and a Daily Marathon* (Cambridge, Mass.: MIT Press, 1995).

Cosgrove, Denis and Daniels, Stephen (eds.), *The Iconography of Landscape* (Cambridge University Press, 1989).

Cornfold, F. M., *Plato's Cosmology* (London: Routledge and Kegan Paul, 1937).
_____, *Countless signs: The New Zealand Landscape in Literature*, compiled by Trudie McNaughton (Auckland: Reed Methuen, 1986).
Davidson, Donald, *Essays on Actions and Events* (Oxford: Clarendon Press, 1980).
_____, *Inquires into Truth and Interpretation* (Oxford: Clarendon Press, 1984).
_____, 'A Coherence Theory of Truth and Knowledge', in Ernest LePore (ed.), *Truth and Interpretation: Perspectives on the Philosophy of Donald Davidson* (Oxford: Blackwell, 1986), pp. 307-19.
_____, "Deception and Division", in Ernest LePore and Brian McLaughlin (eds.), *Actions and Events: Perspectives on the Philosophy of Donald Davidson* (Oxford: Blackwell, 1984) 138-48.
_____, 'Empirical Content', in Ernest LePore (ed.), *Truth and Interpretation: Perspectives on the Philosophy of Donald Davidson* (Oxford: Blackwell, 1986), pp. 320-32.
_____, Epistemology Externalised', *Dialectica*, 45 (1991) 191-202.
_____, 'First-Person Authority', *Dialectica*, 38 (1984), 101-11.
_____, 'Knowing One's Own Mind', *Proceedings and Addresses of the American Philosophical Association*, 61 (1987), 441-58.
_____, 'The Myth of the Subjective', in Michael Krausz (ed.), *Relativism: Interpretation and Confrontation* (University of Notre Dmae Press, 1989), pp. 159-72.
_____, "On the Very Idea of a Conceptual Scheme", in *Inquiries into Truth and Interpretation*, pp. 183-98.
_____, 'Paradoxes of Irrationality', in Richard Wollhein and James Hopkins (eds.), *Philosophical Essays on Freud* (Cambridge University Press, 1982), pp. 289-305.
_____, 'Rational Animals', in Ernest LePore and Brian McLaughlin (eds.), *Actions and Events: Perspectives on the Philosophy of Donald Davidson* (Oxford: Blackwell, 1984), p. 473-80.
_____, 'Reply to Burge', *Journal of Philosophy*, 85 (1988) 664-5.
_____, 'Reply to Suppes', in Bruce Vermazene and Jaakko Hintikka (eds.), *Essays on Davidson: Actions and Events* (Oxford: Clarendon Press, 1986), pp. 247-52.
_____, 'Subjective, Intersubjective, Objective', in Paul Coates and Daniel D. Hutto (eds.), *Current Issues in Idealism* (Bristol: Thoemmes Press, 1996), pp. 155-78.

_____, 'The Problem of Objectivity', *Tijdscrift Voor Filosofie*, 57 (1995), 203-19.

_____, 'The Second Person', *Midwest Studies in Philosophy*, 17 (1992), pp. 255-67

_____, 'The Third Man', *Critical Inquiry*, 19 (1995), pp.607-15.

_____, 'Thinking Causes', in John Heil and Alfred Mele (eds.), *Mental Causation* (Oxford: Clarendon Press, 1993), pp. 3-18.

_____, 'Thought and Talk', *Inquiries into Truth and Interpretation*, pp. 168-70.

_____, 'Three Varieties of Knowledge', in A. Phillips Griffiths (ed.), *A. J. Ayer: Memorial Essays*, Royal Institute of Philosophy Supplement 30 (Cambridge University Press, 1991), pp. 153-66.

Deleuze, Gilles, *Proust and Signs* (New York, G. Braziller, 1972).

Deleuze, Gilles and Guattari, Felix, *A Thousand Plateaus: Capitalism and Schizophrenia*, trans. Brian Massumi (Minneapolis: University of Minnesota Press, 1987).

Dennett, Daniel C., *Content and Consciousness* (London: Routledge, 1993).

Descartes, René, *Principia Philosophiae*, in Charles Adams and Paul Tannery (eds.) *Oeuvres de Descartes*, (Paris: Libraire Philosophique, J. Vrin, 1982), VIII-I; English Translation in *The Philosophical Writings of Descartes*, vol. I, trans. John Cottingham, Robert Stoothoff and Dugald Murdoch (Cambridge University Press, 1985).

Diamond, Jared, *Guns, Germs and Steel: The Fates of Human Societies* (New York: W. W. Norton & Co., 1997).

Durrell, Lawrence, *Spirit of Palce. Mediterranean Writings* (London: Faber & Faber, 1969).

Eilan, Naomi, McCarthy, Rosaleen and Brewer, Bill (eds.), *Spatial Representation* (Oxford: Blackwell, 1993).

Einstein, Albert, 'The Problem of Space, Either and the Field in Physics', in Albert Einstein, *Ideas and Opinions*, trans. Sonja Borgmann (New York: Crown, 1956), pp. 276-85.

Elden, Stuart, 'Heidegger's Hölderlin and the Importance of Place', *Journal of the British Society for Phenomenology*, forthcoming.

_____, *The English Dialect Dictionary*, ed. Joseph Wright (Oxford University Press, 1905).

Entrikin, J. Nicholas, *The Betweenness of Place* (Baltimore: Johns Hopkins University Press, 1991).

Evans, Gareth, *Varieties of Reference*, ed. John McDowell (Oxford: Clarendon Press, 1982).

_____, *Collected Papers* (Oxford: Clarendon Press, 1985).

Faulkner, William, *The Portable Faulkner*, ed. Malcolm Lowry (New York: Viking Press, 1967, rev. edn).

Febvre, Lucien, *A Geographical Introduction to History* (London: Keagan Paul, Trench, Trubner & Co., 1925).

Fodor, Jerry, *Psychosemantics* (Cambridge, Mass.: MIT Press, 1987).

Fodor, Jerry and LePore, Ernest, *Holism: A Shopper's Guide* (Oxford: Blackwell, 1992).

Foucault, Michel, *Discipline and Punish: The British of the Prison* (New York: Vintage Books, 1979).

_____, 'Of Other Spaces', *Diacritics*, 16 (1986), 22-7.

Freud, Sigmund, 'Screen Memories', in *The Complete Psychological Works*, vol. 3 (1893-99), trans, James Strachey (London: Hogarth Press, 1966), pp. 299-322.

Furness, Sarah, 'A Reasonable Geography: A Argument for Embodiment' (University of Essex: Ph.D. Dissertation, 1986).

Gallagher, Shaun, 'Body Schema and Intentionality', in Bermudez, Marcel and Eilan (eds.), *The Body and the Self*, p. 225-44.

Gasking, D., 'Causation and Recipes', *Mind*, 54 (1955), pp. 479-87.

Gibson, J. J., *The Ecological Approach to Visual Perception* (Boston: Houghton Mlifflin, 1979).

Glacken, Clarence J., *Traces on the Rhodian Shore* (Berkeley: University of California Press, 1967).

Godkin, Michael A., "Identity and Place: Clinical Applications Based on Notions of Rootedness and Uprootedness", in Buttimer and Seamon (eds.) *The Human Experience of Space and Place*, pp. 78-85.

Goldthorpe, Rhiannon, 'Ricoeur, Proust and the Aporias of Time', in Wood (ed.), *On Paul Ricoeur*, pp. 84-101.

Grant, Edward, *Much Ado About Nothing: Theories of Space and Vacuum from the Middle Ages to the Scientific Revolution* (Cambridge University Press, 1981).

A Greek-English Lexicon, compiled by Henry George Liddell and Robert Scott

(Oxford: Clarendon Press, 1968, rev. edn).

Grigson, Geoffrey (ed.), *The Faber Book of Poems and Places* (London: Faber & Faber, 1980).

Grosz, Elizabeth, *Space, Time and Perversion: The Politics of Bodies* (New York: Routledge, 1995).

Guignon, Charles, *Heidegger and the Problem of Knowledge* (Indianapolis, Indiana: Hackett Publishing, 1983).

Hadot, Pierre, '"The Present Alone is Our Joy": The Meaning of the Present Instant in Goethe and in Ancient Philosophy', *Diogenes*, 133 (1989), 60-82.

Harries, Karsten, *The Ethical Function of Architecture* (Cambridge, Mass: MIT Press, 1997).

Hartman, Geoffrey, *Beyond Formalism: Literary Essays 1958-1970* (New Haven: Yale University Press, 1970).

Harvey, David, *Justice, Nature and the Geography of Difference* (Cambridge, Mass: Blckwell, 1996).

_____, 'Between Space and Times: Reflections on the Geographical Imagination', *Annals of the American Association of Geographers*, 80 (1990), 418-34.

_____, 'From Space to Place and Back Again: Reflections on the Condition of Post-modernity', in Bird et al. (eds.), *Mapping the Futures*, pp.3-29.

Heaney, Seamus, *Seeing Things* (London: Faber & Faber, 1991).

_____, *Preoccupations: Selected Prose 1968-1978* (London: Faber & Faber, 1984).

Heidegger, Martin, *Being and Time*, trans. John Macquarrie and Edward Robinson (New York: Harper & Row, 1962).

_____, *History of the Concept of Time*, trans. Theodore Kiesiel (Bloominton: Indiana University Press, 1985).

_____, *On Time and Being*, trans. Joan Stambaugh (New York: Harper & Row, 1972).

_____, *The Question Concerning Technology and Other Essays*, trans. William Lovitt (New York: Harper & Row, 1977).

_____, *Seminare, Gesamataausgabe*, vol. 15 (Frankfurt: Klostermann, 1986).

_____, *Wegmarken, Gesamtausgabe*, vol. 9 (Frankfurt: Klostermann, 1976).

_____, *What is Thing?*, Trans. W. B. Barton Jr. and Vera Deutsch (Chicago: Henry Regnery, 1967).

_____, 'Art and Space', trans. Charles Seibert, *Man and World*, I (1973), 3-5.; *Die Kunst und der Raum* (St Gallen: Erker Verlag, 1969).

Heil, John, *The Nature of True Minds* (Cambridge University Press, 1992).

Ihimaera, Witi, *Tangi* (Auckland: Heinemann, 1973).

Jammer, Max, *Concepts of Space: the History of Concepts of Space in Physics*, (Cambridge, Mass: Harvard University Press, 1970, 2nd edn).

Johnson, Mark, *The Body in the Mind* (University of Chicago Press, 1987).

Johnston, R. J., *Geography and Geographers: Anglo-American Human Geography since 1945* (New York: Edward Arnold, 1991, 4th edn).

Joyce, James, *Ulysses*, ed. Danis Rose (London: Picador, 1997, rev. edn).

Kant, Immanuel, *Kant's Inaugural Dissertation and Early Writings on Space*, trans. John Handyside (Chicago: Open Court, 1929).

_____, *Dreams of a Spirit-Seer*, trans. E. F. Goerwitz (London: Swann Sonnenschein & Co, 1900, Thoemmes Press reprint, 1992).

Kay-Robinson, Dennis, *The Landscapes of Thomas Hardy* (Exeter: Webb & Bower, 1984).

Kelly, Sean, 'The Non-Conceptual Content of Perceptual Experience and the Possibility of Demonstrative Thought', *Mind*, forthcoming.

Kerrigan, John, 'Wordsworth and Sonnet: Building, Dwelling, Thinking', *Essays in Criticism*, 35 (1985), pp. 45-75.

Kripke, Saul, 'A Puzzle About Belief', in A. Margalit (ed.), *Meaning and Use* (Dordrecht: Reidel, 1979), pp. 239-83.

A Latin Dictionary (founded on Andrew's edn of Freund's Latin Dictionary), rev. Charlton T. Lewis and Charles Short (Oxford: Clarendon Press, 1879).

Lea, Hermann, *Thomas Hardy's Wessex* (London: Macmillan, 1977; orig. 1913).

Lefebvre, Henri, *Production of Space*, trans. Donald Nicholson-Smith (Oxford: Blackwell, 1991).

Levinas, Emanuel, *Totality and Infinity*, trans. Alphonso Lingis (Pittsburgh: Duquesne University Press 1969).

Ley, David and Samuels, Marwyn S. (eds.), *Humanistic Geography: Prospect and Problems* (London: Croom Helm, 1978).

Leyton, Michael, *Symmetry, Causality, Mind* (Cambridge, Mass.: MIT Press, 1992).

Lilburne, Geoffrey R., *A Sense of Place: A Christian Theology of the Land* (Nashville: Abingdon Press, 1989).

Lowenthal, David, *The Past is a Foreign Country* (Cambridge University Press, 1985).

Lucas, John, 'Places and Dwellings: Wordsworth, Clare and the Anti-Picturesque', in Denis Cosgrove and Stephen Daniels (eds.), *The Iconography of Landscape* (Cambridge University Press, 1989), pp. 83-97.

Lukermann, F., 'The Concept of Location in Classical Geography', *Annals of the American Association of Geographers*, 51 (1961) 194-210.

Mach, Ernst, *Space and Geometry in the Light of Physiological, Psychological and Physical Inquiry* (Chicago: Open Court, 1906).

MacIntyre, Alasdair, *After Virtue: A Study in Moral Theory* (London: Duckworth, 1981).

MacMurray, John, *The Self as Agent* (London: Faber & Faber, 1957).

Malpas, J. E. *Donald Davidson and The Mirror of Meaning* (Cambridge University Press, 1992).

_____, 'Constituting Mind: Kant, Davidson and the Unity of Consciousness', *International Journal of Philosophical Studies*, 7 (1999), in press.

_____, 'Death and the Unity of a Life', in Jeff Malpas and Robert C. Solomon (eds.), *Death and Philosophy* (London: Routledge, 1999), pp. 120-34.

_____, 'Self-Knowledge and Scepticism', *Erkenntnis* 40 (1994), pp. 165-84.

_____, 'Space and Sociality', *International Journal of Philosophical Studies*, 5 (1997), 53-79.

Marcus, Clare Cooper, 'Environmental Memories', in Altman and Low (eds.), *Place Attachment*, pp. 87-112.

Mason, Bruce, *The End of the Golden Weather: A Voyage into a New Zealand Childhood* (Wellington: Victoria University Press, 1970).

Massey, Doreen, 'Power-Geometry and a Progressive Sense of Place', in Bird et al. (eds.), *Mapping the Futures*, pp. 59-69.

McDowell, John, *Mind and World* (Cambridge, Mass.: Harvard University Press, 1994).

McGinn, Colin, *The Subjective View* (Oxford: Clarendon Press, 1983).

Mead, George Herbert, *Mind, Self and Society* (University of Chicago Press, 1934).

Melville, Hermann, *Redburn: His First Voyage* (New York: Doubleday, 1957).

Merleau-Ponty, Maurice, *The Phenomenology of Perception*, trans. Colin Smith (London: Routledge and Kegan Paul, 1962).

Mill, John Stuart, *An Examination of Sir William Hamilton's Philosophy*, ed. J. M. Robson (University of Toronto Press, 1979).

Morgan, Sally, *My Place* (Fremantle: Fremantle Arts Centre Press, 1989).

Nagel, Thomas, *The Possibility of Altruism* (Oxford: Clarendon Press, 1970).

_____, *The View From Nowhere* (Oxford University Press, 1986).

National Inquiry into the Separation of Aboriginal and Torres Strait Islander Children form their Families [Australia], *Bringing Them Home: Report of the National Inquiry into the Separation of Aboriginal and Torres Strait Islander Children from their Families* (Sydney: Human Rights and Equal Opportunity Commission, 1997).

_____, 'Domains of Memory', in P. Solomon, G. R. Goethals, C. M. Kelley and B. R. Stephens (eds.), *Memory: Interdisciplinary Approaches* (New York: Springer-Verlag, 1989), pp. 67-83.

Neisser, Ulric, 'Five Kinds of Self-Knowledge', *Philosophical Psychology*, I (1988), 35-59.

_____, 'Nested Structure in Autobiographical Memory', in David C. Rubin (ed.), *Autobiographical Memory* (Cambridge University Press, 1986), pp. 71-81.

_____, 'What is Ordinary Memory the Memory Of?', in Neisser and Winograd (eds.), *Remembering Reconsidered*, pp. 356-73.

Neisser, Ulric and Winograd, Eugene (eds.), *Remembering Reconsidered: Ecoligical and Traditional Approaches to the Study of Memory* (Cambridge University Press, 1988).

Newton, Isaac, *Sir Isaac Newton's Mathematical Principles of Natural Philosophy and his System of the World*, trans. Andrew Motte, rev. Florian Cajori (Berkeley: University of California Press, 1934).

Nicloson, Harold, *Some People* (London: Pan Books, 1947).

Norberg-Schulz, Christian, *The Concept of Dwelling* (New York: Rizzoli, 1985).

Nuttall, Mark, 'Place, Identity and Landscape in North-West Greenland', in Gavin D.

Flood (ed.), *Mapping invisible Worlds*, Cosmos, Yearbook of the Traditional Cosmology Society 9 (Edinburgh University Press, 1993), pp. 75-88.

O'Connor, Timothy, 'Agent Causation', in Timothy O'Connor (ed.), *Agents, Causes and Events* (New York: Oxford University Press, 1995).

O'Keefe, John and Nadel, Lynn, *The Hippocampus as a Cognitive Map* (Oxford: Clarendon Press, 1978).

O'Neill, Onora, 'Space and Objects', *Journal of Philisophy*, 73 (1976), 29-45.

O'Shaughnessy, Brian, *The Will* (Cambridge University Press, 1980).

The Oxford English Dictionary, 2nd edn, prepared by J. A. Simpson and E. S. C. Weiner (Oxford: Clarendon Press, 1989).

Parker, Sue Taylor, Mitchell, Robert W. and Boccia Maria L. (eds.), *Self-Awareness in Animals and Humans: Developemental Perspectives* (Cambridge University Press, 1994).

Parkes, Don and Thrift, Nigel, *Times, Spaces, and Places: A Chronogeographic Perspective* (Chichester: John Wiley & Sons, 1980).

Parkes, Don and Thrift, Nigel, 'Putting Time in its Place', in Tommy Carlstein, Don Parkes and Nigel Thrift, *Timing Space and Sapcing Time—Vol. I, Making Sense of Time* (London: Edward Arnold, 1978), pp. 119-29.

Peirce, C. S., 'How to Make Our Ideas Clear', in *Collected Papers of Charles Sanders Peirce Vol V. Pragmatism and Pragmaticism* (Cambridge, Mass.: The Belknap Press, 1935).

Poulet, Georges, *Studies in Human Time* (New York: Harper, 1959).

_____, *Proustian Space* (Baltimore: Johns Hopkins University Press, 1977).

Proust, Marcel, *A la recherche du temps Perdu* (Paris: Gallimard, 1954); English edition, *Remembering of Things Past*, trans. C. K. Scott Moncrieff and Frederick Blossom (New York: Random House, 1932-4). 좀 더 최근 번역본으로 다음의 책을 활용할 수 있다. *In Search of Lost Time*, trans. C. K. Scott Moncrieff & Terence Kilmartin, revised by D. J. Enright (London: Chatto & Windus, 1992).

_____, *Contre Sainte-Beuve, Suivi de Nouveauz Mélanges* (Paris: Gallimard, 1954).

Putnam, Hilary, 'The Meaning of "Meaning"', in *Mind, Language and Reality: Philosophical Papers*, vol. 2 (Cambridge University Press, 1975), pp. 215-71.

Ratzel, Friedrich, *Anthropogeographie* (Stuttgart: J. Engelhorns Nachf, 1921-2).

Read, Peter, *Returning to Nothing: The Meaning of Last Places* (Cambridge University Press, 1996).

_____, *Oneself as Another*, trans. Kathleen Blamey (Chicago University Press, 1992).

Ricouer, Paul, *Time and Narrative*, trans. Kathleen McLaughlin and David Pellauer, 3 vols. (University of Chicago Press, 1984-8).

_____, 'Life in Quest of Narrative', in David Wood (ed.) *On Paul Ricoeur*, pp. 20-33.

_____, 'Narrative Identity', in Wood (ed.), *On Paul Ricoeur*, pp. 188-200.

Riley, Robert B., 'Attachment to the Ordinary Landscape', in Altman and Low (eds.), *Place Attatchment*, pp. 13-35.

Robinson, Hoke, 'Kant on Embodiment', Phillip D. Cummins and Guenter Zoeller (eds.) *Minds, Ideas and Objects*, North American Kant Society Studies in Philosophy 2 (Atascadero, California: Ridgeview Publishing, 1992), pp. 329-40.

Robinson, Tim, *Stones of Aran: Labyrinth* (Harmondsworth: Penguin, 1995).

Russell, Bertrand, *Foundations of Geometry* (New York: Dover, 1956).

_____, *Our Knowledge of External World* (London: George Allen & Unwin, 1926).

Russell, James, *Agency: Its Role in Mental Development* (Hove, East Sussex: Erlbaum (UK) Taylor and Francis Ltd, 1996).

_____, 'At Two with Nature: Agency and the Development of Self-World Dualism', in Bermudez, Marcel and Eilan (eds.), *The Body and the Self*, pp. 127-52.

Sacks, Oliver, *The Man Who Mistook His Wife For a Hat* (London: Pan Books, 1986).

Samuels, Marwyn S., 'Existential and Human Geography', in Ley and Samuels (eds.), *Humanistic Geography*, pp. 222-40.

Schacter, Daniel L., *Searching for Memory* (New York: HarperCollins, 1996).

Schama, Simon, *Landscape and Memory* (London: HarperCollins, 1995).

Scheler, Max, *Die Formen des Wissens und die Bildung* (Bonn: Friedrich Cohen, 1925).

Schopenhauer, Arthur, *The World as Will and Representation*, trans. E. F. J. Payne, 2 vols., (New York: Dover, 1966).

Seamon, David and Mugerauer, Robert (eds.), *Dwelling, Place and Environment* (New York: Columbia University Press, 1989).

Searles, Harold F., *The Nonhuman Environment—In Normal Development and in*

Schizophrenia (New York: International Universities Press, 1960).
Seddon, George, *Sense of Place* (Nedlands: University of Western Australia Press, 1972).
Shields, Rob, *Places on the Margin: Alternative Geographies of Modernity* (London: Routledge, 1991).
Slote, Michael, 'Causality and the Concept of a Thing', *Midwest Studies in Philosophy*, 4 (1979), 387-400.
Smart, J. J. C., 'Space', in *Encyclopedia of Philosophy*, ed. Paul Edwards (New York: Macmillan, 1967), 7/8, pp. 506-11.
Sopher, Davis E., 'The Structuring of Space in Place Names and Words for Place', in Ley and Samuels (eds.), *Humanistic Geography*, pp. 251-68.
Sorokin, P. A., *Sociocultural Causality, Space, Time* (New York: Russell, 1964).
Spacks, Patricia Meyer, *Imagining a Self* (Cambridge, Mass.: Harvard University Press, 1976).
Spence, Donald P., 'Passive Remembering', in Neisser and Winograd (eds.), *Remembering Reconsidered*, pp. 311-25.
Stambolian, George, *Marcel Proust and the Creative Encounter* (University of Chicago Press, 1972).
Strauss, Erwin, *The Primary of the Senses*, trans. Jacob Needleman (New York: Macmillan, 1963).
Strawson, P. F., *Analysis and Metaphysics* (Oxford University Press, 1992).
_____, *Individuals* (London: Macmillan, 1959).
Ströker, Elizabeth, *Investigations in Philosophy of Space*, trans. Algis Mickunas (Athens, Ohio: Ohio University Press, 1987).
Stroud, Barry, 'Transcendental Arguments', *Journal of Philosophy*, 65 (1968), 241-56.
Swain, Tony, *A Place for Strangers: Towards a History of Australian Aboriginal Being* (Cambridge University Press, 1993).
Textbook of Topographical Surveying (London: Her Majesty's Stationery Office, 1965, 4th edn).
Thomson, Judith Javis, 'Private Languages', *American Philosophical Quarterly*, I (1964), 20-31.
Thoreau, Henry David, *Journal Vol 3: 1848-1851, The Writings of Henry David Thoreau*,

ed. Robert Sattelmeyer, Mark R. Patterson and William Rossi (Princeton University Press, 1990).

Tolkien, J. R. R., *The Lord of the Ring*, 3 vols. (London: George Allen and Unwin, 1955).

Tuan, Yi-Fu, *Space and Place* (Minneapolis: University of Minnesota Press, 1977).

_____, *Topophilia* (Englewood Cliffs, N. J.: Prentice-Hall, 1974).

_____, 'Geopiety: A Theme in Man's Attachment to Nature and to Place', in David Lowenthal and Martyn J. Bowden (eds.), *Geographies of the Mind: Essays in Historical Geosophy* (New York: Oxford University Press, 1976), pp. 11-39.

Vidal de la Blanche, Paul, *Principles of Human Geography*, trans. M. T. Bingham (New York: Henry Holt, 1926).

Vielela-Petit, Maria, 'Heidegger's Conception of Space', in Christopher Macann (ed.) *Critical Heidegger* (London: Routledge, 1996), pp. 134-57.

Von Wright, Georg Henrik, *Explanation and Understanding* (Ithaca, New York: Cornell University Press, 1971).

Walter, E. V., *Placeways* (Chapel Hill: University of North Carolina, 1988).

Williams, Raymond, *The Country and the City* (New York: Oxford University Press, 1973).

Wittgenstein, Ludiwig, *On Certainty*, ed. G. E. M. Anscombe and G. H. von Wright, trans. Denis Paul and G. E. M. Anscombe (Oxford: Blackwell, 1977).

_____, *Philosophical Investigations*, trans. G. E. M. Anscombe (Oxford: Blackwell, 1974).

Wittgenstein's Lectures on the Philosophy of Mathematics: Cambridge 1939, ed. Cora Diamond (Hassocks: Harvester, 1976).

Wood, David (ed.) *On Paul Ricoeur: Narrative and Interpretation* (London: Routledge, 1991).

Woolf, Virginia, *Moments of Being: Unpublished Autobiographical Writings*, ed. Jeanne Schulkind (Sussex: The University Press, 1976).

Wordsworth, William, *Wordsworth: Poetry and Prose* (London: Rupert Hart-Davis, 1955).

Yates, Frances, *The Art of Memory* (London: Routledge and Kegan Paul, 1966).

Yoon, H. K. *Maori Mind, Maori Land, Essays on the Cultural Geography of the Maori People from an Outsider's Perspective* (Berne: Peter Lang, 1986).

Zaehner, R. C., *Mysticism: Sacred and Profane* (Oxford University Press, 1961).

찾아보기

*쪽수 옆 괄호 안의 숫자는 주 번호이다.

〈로컬리티 번역총서〉를 펴내며

로컬리티의인문학 연구단에서 번역총서를 내놓는다. 〈로컬리티 번역총서〉는 고전적 · 인문학적 사유를 비롯해서, 탈근대와 전지구화의 관점에서 해석되는 로컬리티에 대한 동서양의 다양한 논의를 담고 있다. 로컬리티 연구는 동서양을 막론하고 학문적 교차점, 접점, 소통성을 확보하는 것이 중요한 과제다. 이러한 의미에서 본 연구단에서는 장기적인 계획 아래, 로컬리티 연구와 관련한 중요 저작과 최근의 논의를 담은 동서양의 관련 서적 번역을 기획했다. 이를 통하여 로컬리티와 인문학 연구를 심화하고 동시에 이를 외부에 확산시킴으로써 로컬리티 연구의 저변을 확대하고자 한다.

우리가 로컬리티에 천착하게 된 것은 그동안 국가 중심의 사고 속에 로컬을 주변부로 규정하며 소홀히 여긴 데 대한 반성적 성찰의 요구 때문이기도 하다. 오늘날 로컬은 초국적 자본과 전 지구적 문화의 위세에 짓눌려 제1세계라는 중심에 의해 또다시 소외당하거나 배제됨으로써 고유의 정체성을 잃어가고 있다. 반면에, 전 지구화 시대를 맞아 국가성이 약화되면서 로컬은 또 새롭게 거듭나고 있다. 그동안 국가 중심주의의 그늘에 가려졌던 로컬 고유의 특성을 재발견하고 전 지구화에 능동적으로 대처하는, 이른바 로컬 주체의 형성과 로컬 이니셔티브(local initiative)의 실현을 위해 부단한 노력을 기울이는 모습들이 속속 드러나고 있다.

이제 로컬의 현상들을 파악하기 위해 기존의 지역 논의와 다른 새로운 사고가 절실히 필요하다. 지금까지 지역과 지역성 논의는 장소가 지닌 다양성과 고유성을 기존의 개념적 범주에 맞춤으로써 로컬의 본질을 왜곡하거나 내재된 복합성을 단순화하는 오류를 범했다. 이에 우리는 로컬을 새로운 인식과 공간의 단위로서 재정립해야 할 필요성을 다시 확인하며, 로컬의 역동성과 고유성을 드러내줄 로컬리티 연구를 희망한다.

〈로컬리티 번역총서〉는 현재 공간, 장소, 인간, 로컬 지식, 글로벌, 로컬, 경계, 혼종성, 이동성 등 아젠다와 관련한 주제를 일차적으로 포함했다. 향후 로컬리티 연구가 진행되면서 번역총서의 폭과 깊이는 더욱 넓어지고 깊어질 것이다. 번역이 태생적으로 안고 있는 잡종성이야말로 로컬의 속성과 닮아 있다. 이 잡종성은 이곳과 저곳, 그때와 이때, 나와 너의 목소리가 소통하는 가운데 새로운 생성의 지대를 탄생시킬 것이다.

우리가 번역총서를 기획하면서 염두에 둔 것이 바로 소통과 창생의 지대이다. 우리는 〈로컬리티 번역총서〉가 연구자들에게 로컬리티 연구에 대한 기반을 제공해줌으로써 학제간의 경계를 넘나드는 심화된 통섭적 연구가 이루어지고, 나아가 '로컬리티의인문학(locality and humanities)'의 이념이 널리 확산되기를 바란다.

부산대학교 한국민족문화연구소

(HK)로컬리티의인문학 연구단